高等卫生职业教育护理专业"双证书"
人才培养纸数融合系列教材
供护理、助产等专业使用

附数字资源增值服务

基础护理技术

JICHU HULI JISHU

主　编　刘永华　姜琳琳　谈菊萍
副主编　王　芳　卢　珊　李建慧　何夏阳
编　委　（以姓氏笔画为序）

上官静　枣庄科技职业学院
马音音　枣庄科技职业学院
王　芳　枣庄科技职业学院
王艳杰　辽宁中医药大学护理学院
石春娟　铁岭市中心医院
卢　珊　湖北职业技术学院
刘　佳　铁岭卫生职业学院
刘永华　枣庄科技职业学院
刘惠林　孝感市第一人民医院
李　丹　锦州医科大学
李　琴　湖北职业技术学院
李建慧　大兴安岭职业学院
吴丽妹　惠州卫生职业技术学院
何夏阳　广州卫生职业技术学院
张　琦　辽宁省人民医院
郑丹丹　锦州医科大学
侯晓雪　铁岭卫生职业学院
姜琳琳　铁岭卫生职业学院
谈菊萍　孝感市第一人民医院
董馨忆　孝感市第一人民医院
甄继飞　日照市中医医院

华中科技大学出版社
http://www.hustp.com
中国·武汉

内 容 提 要

本书是高等卫生职业教育护理专业"双证书"人才培养纸数融合系列教材。

本书以临床护理岗位的真实工作任务为依据,以"护理工作过程"为导向,将教学内容整合序化为接诊护理、入院护理、住院护理和出院护理四个项目十八个任务,每个任务后面都设有情境训练、直通护考和习题资源。

本书可供护理、助产等专业使用。

图书在版编目(CIP)数据

基础护理技术/刘永华,姜琳琳,谈菊萍主编. —武汉:华中科技大学出版社,2020.1(2023.7重印)
高等卫生职业教育护理专业"双证书"人才培养纸数融合系列教材
ISBN 978-7-5680-5893-3

Ⅰ. ①基⋯ Ⅱ. ①刘⋯ ②姜⋯ ③谈⋯ Ⅲ. ①护理学-高等职业教育-教材 Ⅳ. ①R47

中国版本图书馆 CIP 数据核字(2020)第 002639 号

基础护理技术
Jichu Huli Jishu
刘永华 姜琳琳 谈菊萍 主编

策划编辑:居 颖
责任编辑:孙基寿
封面设计:刘 婷
责任校对:张会军
责任监印:周治超
出版发行:华中科技大学出版社(中国·武汉) 电话:(027)81321913
        武汉市东湖新技术开发区华工科技园 邮编:430223
录 排:华中科技大学惠友文印中心
印 刷:广东虎彩云印刷有限公司
开 本:889mm×1194mm 1/16
印 张:19
字 数:598 千字
版 次:2023 年 7 月第 1 版第 3 次印刷
定 价:68.00 元

高等卫生职业教育护理专业"双证书"人才培养纸数融合系列教材

编委会

网络增值服务使用说明

欢迎使用华中科技大学出版社医学资源服务网yixue.hustp.com

1.教师使用流程

（1）登录网址：<u>http://yixue.hustp.com</u>（注册时请选择教师用户）

（2）审核通过后，您可以在网站使用以下功能：

管理学生
建立课程　　　　　　　　　　布置作业
下载教学　　　　　　　　　查询学生学习
资源　　　　　教师　　　　记录等

2.学员使用流程

建议学员在PC端完成注册、登录、完善个人信息的操作。

（1）PC端学员操作步骤

①登录网址：<u>http://yixue.hustp.com</u>（注册时请选择普通用户）

②查看课程资源

如有学习码，请在个人中心-学习码验证中先验证，再进行操作。

首页课程　—选择课程→　课程详情页　—→　查看课程资源

（2）手机端扫码操作步骤

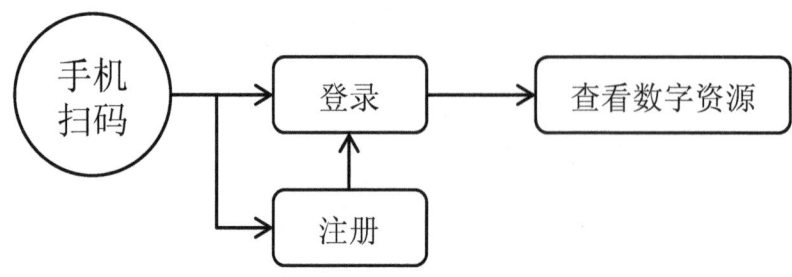

近年来,我国将发展职业教育作为重要的国家战略之一,高等职业教育已成为高等教育的重要组成部分,与此同时,作为高等职业教育重要组成部分的高等卫生职业教育的发展也取得了巨大成就,为国家输送了大批高素质技能型、应用型医疗卫生人才。截至2016年,我国开设护理专业的高职高专院校已达400余所,年招生规模近20万人,在校生近65万人。

医药卫生体制的改革要求高等卫生职业教育也应顺应形势调整目标,根据医学发展整体化的趋势,医疗卫生系统需要全方位、多层次、各种专业的医学专门人才。护理专业与临床医学专业互为羽翼,在维护人民群众身体健康、提高生存质量等方面起到了不可替代的作用。当前,我国正处于经济社会发展的关键阶段,护理专业已列入国家紧缺人才专业,根据国家相关机构颁布的《"健康中国2030"规划纲要》《关于深化医教协同进一步推进医学教育改革与发展的意见》《全国护理事业发展规划(2016—2020年)》等一系列重要文件,到2020年我国对护士的需求将增加至约445万人,到2030年我国对护士的需求将增加至约681万人,平均每年净增加23.6万人,这为护理专业的毕业生提供了广阔的就业空间,也对高等卫生职业教育如何进行高素质技能型护理人才的培养提出了新的要求。

教育部《关于全面提高高等职业教育教学质量的若干意见》中明确指出,高等职业教育必须"以服务为宗旨,以就业为导向"。《中共中央国务院关于深化教育改革全面推进素质教育的决定》中再次强调"在全社会实行学业证书、职业资格证书并重的制度"。上述文件均为新时期我国职业教育的发展提供了具有战略意义的指导意见。为了全面落实职业教育规划纲要,更好地服务于高等医学职业教育教学,创新编写模式,服务"健康中国"对高素质创新技能型人才培养的需求,变"学科研究"为"学科应用与职业能力需求对接"。2018年8月在全国卫生职业教育教学指导委员会专家和部分高职高专院校领导的指导下,华中科技大学出版社组织全国30余所高等卫生职业院校的近200位老师编写了本套高等卫生职业教育护理专业"双证书"人才培养纸数融合系列教材。

本套教材充分体现新一轮教学计划的特色,强调以就业为导向、以能力为本位、贴近学生的原则,体现教材的"三基"(基本理论、基本知识、基本实践技能)及"五性"(思想性、科学性、先进性、启发性和适用性)要求,着重突出以下编写特点。

(1) 紧跟教改,接轨"双证书"制度。紧跟教育部教学改革步伐,引领职业教育教材发展趋势,注重学业证书和执业资格证书相结合,紧密围绕执业资格标准和工作岗位需要,提升学生的就业竞争力。

(2) 创新模式,理念先进。创新教材编写体例和内容编写模式,迎合高职高专学生思维活跃的特点,体现"工学结合"特色。教材的编写以纵向深入和横向宽广为原则,突出课程的综合性,淡化学科界限,对课程采取精简、融合、重组、增设等方式进行优化,同时结合各学科特点,加强对学生人文素质的培养。

(3) 优化课程体系,注重能力培养。内容体系整体优化,注重相关教材内容的联系和衔接,避免遗漏和不必要的重复;重视培养学生的创新、获取信息及终身学习的能力,实现高职教材的有机衔接与过渡作用,为中高衔接、高本衔接的贯通人才培养通道做好准备。

(4) 紧扣大纲,直通护考。密切结合最新的护理专业课程标准,紧扣教育部制定的高等卫生职业教育教学大纲和最新护士执业资格考试大纲,随章节配套习题,全面覆盖知识点与考点,有效提高护士执业资格考试通过率。

(5) 全套教材采用全新编写模式,以扫描二维码形式帮助老师及学生在移动终端共享优质配套网络资源,使用华中科技大学出版社提供的数字化平台,将移动互联、网络增值、慕课等新的教学理念和教学技术、学习方式融入教材建设中,全面体现"以学生为中心"的教材开发理念。

这套规划教材作为秉承"双证书"人才培养编写理念的护理专业教材,得到了各学校的大力支持与高度关注,它将为新时期高等卫生职业教育护理专业的课程体系改革做出应有的贡献。我们衷心希望这套教材能在相关课程的教学中发挥积极作用,并得到读者的青睐。我们也相信这套教材在使用过程中,通过教学实践的检验和实际问题的解决,能不断得到改进、完善和提高。

高等卫生职业教育护理专业"双证书"人才培养
纸数融合系列教材编写委员会

　　本书是高等卫生职业教育护理专业"双证书"人才培养纸数融合系列教材,本书以高职高专护理类专业培养目标为导向,以职业技能培养为根本,以全面提高学生素质为核心,以培养学生的能力为重点,突出高职高专特色,充分体现高职高专"以服务为宗旨、以就业为导向、产学结合"的办学方针。

　　本书注重"岗位胜任力"等最新教学理念,在遵循教材"三基"(基本理论、基本知识、基本技能)、"五性"(思想性、科学性、先进性、启发性、适用性)的基础上,体现最新教学理念,注重整体、强化以服务对象为中心的整体护理,体现教材的人文性。以就业为导向,以高职护理临床岗位需求为标准;贴近护士执业资格考试要求,教材内容有效联系与衔接最新护士执业资格考试大纲考试内容,提高学生获取执业资格证书的能力,有利于学生就业,充分体现了高职护理专业"双证书"人才培养的需求。

　　全书以临床护理岗位的真实工作任务为依据,以"护理工作过程"为导向,将教学内容整合序化为四个项目:接诊护理、入院护理、住院护理和出院护理。每个项目又分为若干个任务,全书共十八个任务。针对高职高专学生思维活跃的特点,本书注重激发学生的学习兴趣和动机,因此在每个项目前有"护考提示",每个任务开头有明确的"学习目标",以便学生抓住学习要点;每个任务"学习目标"下面都编写了"案例引导",引导学生思考在临床实践中将会用到的知识和技能;每个任务后面都设有与任务对应的"情景训练""直通护考"和"习题资源",便于学生巩固所学知识和技能,在"直通护考"中适当引入了部分护士执业资格考试的历年真题,以提高护士执业资格考试的通过率;全书图例丰富,精选反映专业发展和应用的图片;注重新知识、新技能的拓展,以"知识链接"编入教材。每项任务都以护理程序为框架,以评估、诊断、计划、实施、评价为主线,体现了"以人的健康为中心"的整体护理观。

　　本书在编写过程中,得到了各编者单位相关领导和同事的大力支持和护理界同仁的热忱鼓励,在此一并表示诚挚的感谢。由于编者能力和水平有限,书中难免存在缺点和不当之处,恳请同行专家提出宝贵意见。

编　者

目 录
MULU

项目 三　住院护理

项目 四　出院护理

项目一 接诊护理

任务一 门诊护理技术

护考提示

1. 医院的概念、性质与任务。
2. 门诊的设置与布局,门诊的护理工作。
3. 急诊的设置与布局,急诊的护理工作。

学习目标

1. 知识目标:了解医院的性质、任务和种类;能够说出医院的组织结构;能够说出门诊的护理工作;熟悉门诊的设置和布局。
2. 能力目标:能正确进行预检分诊。
3. 素质目标:具有高度责任心、细心、耐心、独立思考能力、调研能力、团队协作能力,对患者关心体贴,确保安全。

 **案例引导**

王某,女,32岁,孕32周,晨起小便发现尿液颜色改变,疑似血尿,身体无其他不适,但是小王感到十分害怕,告知家人后立刻来院就诊。到达医院后,由于不知到底是什么问题,挂号成为难题,一家人很焦虑,丈夫甚至和挂号人员发生口角冲突。

如果你是门诊护士,如何对患者做好预检分诊工作?

一、医院

医院是对特定人群进行防病、治病的场所。医院应配有一定数量标准的医务人员、医疗设备和生活基础设施,是社会服务系统中的一个有机组成部分。

(一) 医院的性质与任务

1. 医院的性质 原卫生部于1982年1月12日颁布实施的《全国医院工作条例》中明确规定了医院的基本性质:"医院是治病防病、保障人民健康的社会主义卫生事业单位,必须贯彻党和国家的卫生工作方针政策,遵守政府法令,为社会主义现代化建设服务。"

2. 医院的任务 《全国医院工作条例》中明确指出,医院的任务是:"以医疗工作为中心,在提高医

PPT 课件

案例解析

情境训练

Note

1

疗质量的基础上,保证教学和科研任务的完成,并不断提高教学质量和科研水平。同时做好扩大预防,指导基层和计划生育的技术工作。"

(1) 医疗工作　医疗工作是医院的主要任务。医院的医疗工作以诊治疾病和护理服务两大业务为主体,与医院医技部门紧密配合,形成一个医疗整体,为患者提供服务。医院医疗通常分为门诊医疗、住院医疗、康复医疗和急救医疗。其中门诊、急诊医疗是第一线,住院医疗是中心。

(2) 教学工作　医院是进行医学临床教育的重要场所,承担医学专业学生在经过学校学习后的临床见习和实习任务。同时,医院也是在职医务人员不断接受新知识、新技术、新业务的重要场所,通过进修、学习与培训,进而提高和培养医疗护理队伍的整体素质,以满足医学科学发展和社会对医疗保健的需求。

(3) 科学研究　科学研究是提高医院医疗和教学质量的重要基础。丰富的临床病例资料是医院开展科研工作的优越条件,同时医院又是进行临床科学实践的重要场所。因此,医院开展科研工作,对提高其医疗业务水平及推动整个医学科学的发展都有重要意义。

(4) 预防保健和社区卫生服务　这是医院的社会责任。随着人们对健康保健问题认识的提高,通过加强预防和社区医疗卫生保健来提高健康水平,延长寿命,已经成了一种时代的需要。所以,主动参与和指导社区预防工作,为社区提供医疗服务,也是医院的工作任务之一。

(二) 医院工作特点

1. 医院工作以患者为中心　医院工作注重以患者为中心,为患者提供全方位的医疗、护理服务。

2. 科学性、技术性强　随着医学科学进步和现代护理的发展,各种医疗护理仪器设备的不断更新变化和广泛使用,如各种监护仪、微量泵、内窥镜检查及介入治疗等技术的应用,这些新仪器设备、新技术、新方法的推陈出新,充分体现医院工作的科学性和技术性。

3. 随机性大、规范性强

(1) 随机性　体现在医院各科的病种繁多、病情复杂,需要医护人员严密观察和及时处理;一些突发事件和难测性灾害的发生,又需随时应对和及时抢救。

(2) 规范性　体现在医院工作关系到人的生命安全,如何使这些随机性问题得到及时的应对、处理和抢救,医院必须建立有完善的规章制度和科学的管理机制,在医疗、护理工作程序、技术操作上严格规范,一丝不苟,才能保护服务对象的生命安全。

4. 时间性、连续性强

(1) 时间性　体现在时间就是生命,医院在诊治工作中必须分秒必争,以挽救护理对象生命为首。

(2) 连续性　服务对象的病情是一个连续、动态的变化过程,需要严密、全面、连续地观察病情变化,医院工作性质是日夜不间断的,医院要顺应这个特点科学排班,合理安排工作时间。

5. 社会性、群众性强　医院是一个复杂的开放系统,服务范围广,满足社会对医疗、护理的需求,同时也应争取社会的支持。

6. 复合型、创造性劳动　医院工作是脑力劳动和体力劳动相结合的复合型劳动,也是复杂的创造性劳动。

知识链接

现代综合医院门诊部护理工作特点

(1) 岗位多、工作杂　综合医院门诊护理的岗位一般设有咨询服务台、导医服务、挂号室、候诊室、分诊检诊室、验血室、输液室、手术室、保健咨询室、换药室、急救室等。通常还配有中西药房、常规检验、划价收费室、医技室以及住院处、观察室等,门诊护理工作主要涉及咨询服务、导医服务、挂号、抽血、注射、健康咨询等。

(2) 接待患者数量多　综合医院门诊一般每天接待千人以上不同的社会阶层患者。

（3）诊疗时间短　门诊患者要求接诊快。检查详细,诊疗正确合理,存在着患者数量服务质量矛盾。

（4）人群杂、病种多　患者及陪护者来自社会各阶层,患者中涉及病原面广,有一般急慢性疾病、感染性疾病,易造成患者与他人之间的感染。

（5）应急变化多　门诊的人数、病种、疾病轻重缓急,难以预测,护理人员必须随时做好应急准备和临时调动的潜力和能力。

（6）诊疗环节多　患者挂诊、候诊、放射、注射、治疗、取药等是一连串的流程。

（7）诊室多　医护人员变换多,门诊诊室几乎涉及所有临床科室,要提高护理质量需改善设施条件、装备新设备、合理布局、利用信息网络技术等。

（三）医院的种类与分级

1. 医院的种类

（1）按收治范围划分　综合性医院和专科医院。

①综合性医院:收治各类疾患,根据规模配备一定数量的床单位。由各科室与医疗辅助室组成,如:内科、外科、妇产科、儿科、耳鼻喉科、皮肤科等专科及检验、药剂、影像等医技科室;并配有相应的医务人员和设备,为护理对象提供综合治疗和优质的护理。

②专科医院:为诊治某专科疾病及提供相关的医疗保健服务而设立的医院。如口腔医院、心脏病医院、胸科医院、传染病医院、职业病防治院、妇幼保健院、肿瘤医院等。

（2）按特定任务和特定服务对象划分　军队医院、企业医院、教学医院、科研医院等。

（3）按所有制划分　全民所有制医院、集体所有制医院、个体所有制医院、中外合资医院。

（4）按经营目的划分　非营利性医院、营利性医院。

2. 医院的分级　1989 年卫生部(现卫健委)颁发了《综合医院分级管理标准》,依据医院的任务与功能、技术水平、科学管理、医疗服务质量和设施条件的综合水平,将医院分为三级(一级、二级、三级)十等(每级设甲、乙、丙三等,三级医院增设特等)(表 1-1-1)。

表 1-1-1　按医疗综合水平划分的等级

级　别	性　质	主要功能
一级医院 (甲、乙、丙)	是直接面向具有一定人口(10 万人口以下)的社区,提供预防、保健、医疗和康复服务的基层医疗卫生医院。主要指农村乡、镇卫生院和街道社区医院、地市级的区医院和某些企事业单位的职工医院	是提供社区初级保健和基本医疗服务,如管理社区的常见病、多发病患者,并将疑难重症患者向上一级医院转诊等工作
二级医院 (甲、乙、丙)	是直接面向多个社区(其半径人口在 10 万以上)提供全面连续的医疗护理、预防保健、康复服务的医院。主要指市、县医院及省辖市的区级医院和相当规模的厂矿、企事业单位的职工医院	是在综合性医疗服务的基础上,提供专科服务,并能承担临床教学与科研工作,同时指导下级医院解决疑难问题,帮助开展新业务、新技术工作
三级医院 (特、甲、乙、丙)	是直接跨地区、省、市以及向全国范围提供医疗服务的医院。主要指国家、省、市直属的市级大医院及医学院校的附属医院	是国家高层次的医疗机构,是医疗、预防、教学和科研相结合的技术中心,提供全面连续的医疗护理、预防保健、康复服务和高水平的专科服务。其主要功能是接受下级医院的转诊,诊治和护理疑难、危重患者。对一级、二级医院进行业务指导和培训,承担教学与科研任务

（四）医院的组织结构

我国医院内的组织部门基本上是按照工作性质和任务来划分的。当前医院的组织机构模式,大致

可分为三大系统,即诊疗部门、辅助诊疗部门和行政后勤部门(图 1-1-1)。

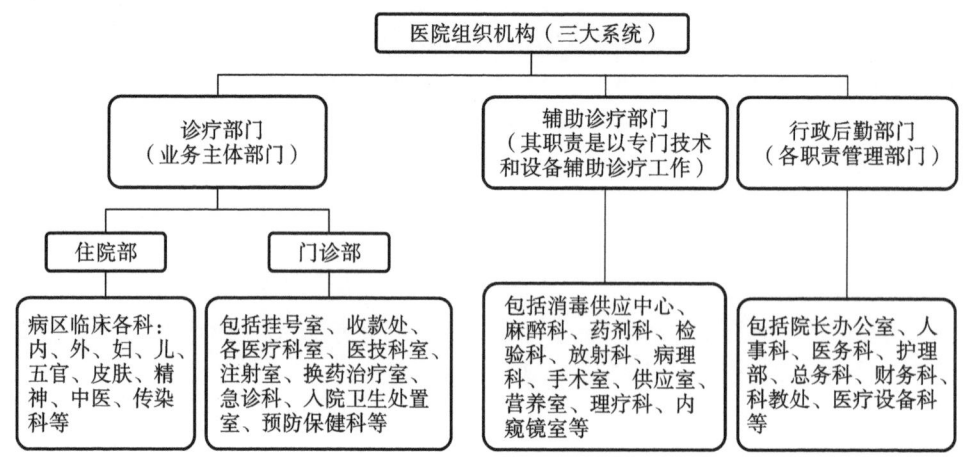

图 1-1-1　医院组织结构图

二、门诊部

门诊是医院面向社会的服务窗口,是医院医疗工作的第一线,是直接对人民群众进行诊断、治疗、护理和预防保健的场所。

1. 门诊的设置和布局　门诊大厅设立总服务台、导医处,展开以患者为中心的各种导医服务工作;门诊设有挂号处、收费处、检验科、放射科、药房、综合治疗室与分科诊查室等;各种标志和路牌需醒目,就诊程序快捷、简便;诊查室应备诊查床,床前有遮隔设备,室内设洗手池,桌面整洁,各种检查用具及化验单、检查申请单、处方等应放置有序;各科候诊室宽敞、整洁、安静、布局装饰应突出专科特色,候诊椅充足、美观、舒适,提供电视、饮水、书报和杂志等文化、生活服务供候诊护理对象使用。输液室、导尿、灌肠等综合治疗室内设有必要的急救设备,如氧气、电动吸引器、急救药品等。

2. 门诊的护理工作

(1)预检分诊　先预检分诊,后挂号就诊。医院预检分诊的工作应由临床经验丰富、医疗护理知识全面的资历深厚的护士担任此分诊工作。

①预检护士应做到主动、热情接待来医院就诊的患者。

②在简明扼要询问病情的基础上,依据患者的主要症状和体征,进行初步诊断,给予合理分诊,指导患者选科挂号,及时就诊。

③预检护士若发现传染病或疑似传染的患者,应即刻将其分诊到隔离门诊就诊,并严格做好隔离消毒和疫情报告工作。

(2)安排候诊与就诊　患者在护士指导下挂号后,分别到相应科室候诊室依次等待就诊。为确保患者候诊就诊的秩序,护士应做好候诊、就诊患者的护理工作。

①开诊前保持良好的候诊环境和诊疗环境,保持适宜的温湿度,准备齐全诊疗所用的各种检查器械用物,保证其性能良好。

②分理初诊与复诊病案,收集整理各种化验单、检查报告等。

③根据患者病情测量体温、呼吸、脉搏、血压、血糖等,记录于门诊病案上,若为妇科患者,指导其检查前需排空膀胱。

④按先后次序叫号就诊。必要时护士需协助医生进行诊查工作。

⑤应密切监测观察患者病情,遇到意识障碍、高热、剧痛、呼吸困难、出血、休克、胎膜早破等患者,需立即安排提前就诊或送急诊室处理;对病情较重或年老体弱者,可适当调整就诊顺序。

⑥指导就诊患者正确留取各种标本,耐心解答患者及家属提出的相关问题。认真听取患者及家属意见,不断改善提高护理工作。

(3)健康教育　利用候诊时间对患者展开健康教育。健康教育的内容应该丰富实用、通俗易懂、针

对性强。健康教育的形式可多样化,如可采用口头、图片、板报、电视录像或赠送有关健康教育方面的小册子等不同形式。对患者提出的询问应耐心、热情予以解答。

(4)治疗工作　门诊护士须遵医嘱为患者进行注射、输液、换药、导尿、灌肠等护理操作,必须严格执行查对制度和操作规程,确保治疗安全、有效。

(5)消毒隔离　门诊人群流量大,患者集中、病种杂,易发生交叉感染,因此要认真做好消毒隔离工作。门诊的空间、地面、墙壁、扶手、桌椅、诊查床、平车、轮椅等,定期进行清洁、消毒处理。

隔离门诊与普通门诊应分开设立,隔离门诊的标志醒目,如"发热门诊""肠道门诊"等。隔离通道应分设专用,指向、标志明确,工作人员要严格执行隔离消毒措施,防止疫情扩散。

(6)保健工作　经过培训的护士可直接参与各类保健门诊的咨询或诊疗工作,如展开健康体检、疾病普查、预防接种等保健工作。

知识链接

数字化医院

数字化医院是我国现代医疗发展的新趋势,数字化医院系统是医院业务软件、数字化医疗设备、网络平台所组成的三位一体的综合信息系统,数字化医院工程有助于医院实现资源整合、流程优化,降低运行成本,提高服务质量、工作效率和管理水平。

数字化医院简单讲就是利用先进的计算机及网络技术,将患者的诊疗信息、卫生经济信息与医院管理信息等进行最有效的收集、储存、传输与整合,并纳入整个社会医疗保健数据库的医院,使医院的服务对象由"有病求医"的患者扩展到整个社会。患者在世界上任何一个地方,只要通过网络接入,就可轻松查询个人健康档案、向医生进行健康咨询等;需要到医院就医时,可以在家中挂号或预约医生。

狭义数字化医院指利用计算机和数字通信网络等信息技术,实现语音、图像、文字、数据、图表等信息的数字化采集、存储、阅读、复制、处理、检索和传输。即数字化和医疗设备、医院信息系统(HIS)、医学影像和通信系统(PACS)和办公自动化系统(OA)。其特征:无纸化、无胶片化、无线网络化。

广义数字化医院是基于计算机网络技术发展,应用计算机、通信、多媒体、网络等其他信息技术,突破传统医学模式的时空限制,实现疾病的预防、保健、诊疗、护理等业务管理和行政管理自动化数字化运作。实现全面的数字化,即联机业务处理系统(OLTP)、医院信息系统(HIS)、临床信息系统(CIS)、联机分析处理系统(OLAP)、互联网系统(Intranet/Internet)、远程医学系统(Tele medicine)、智能楼宇管理系统。其特征:全网络(多系统全面高性能网络化)、全方位(医教研诸方面)、全关联(医院、社会、银行、社区、家庭全面关联)。

🏥 直 通 护 考

一、A1/A2 型题

1. 医院的主要任务是(　　)。

A. 医疗工作　　　B. 预防工作　　　C. 卫生保健　　　D. 教学工作　　　E. 科学研究

2. 对前来门诊就诊的患者,护士应首先进行(　　)。

A. 查阅病案　　　B. 预检分诊　　　C. 心理安慰　　　D. 健康教育　　　E. 卫生指导

3. 患者,男,40 岁。右上腹肝区隐痛伴恶心、呕吐,门诊查血清谷氨基转移酶升高。护士应立即采取的措施是(　　)。

A. 进行心理护理　　　　　　B. 告知门诊医生提前接诊　　　　　　C. 转入隔离门诊诊治

D. 详细询问病史　　　　　　E. 测量患者生命体征

4. 不属于候诊室护理工作范围的是(　　　)。

A. 按挂号顺序查对患者　　　　　　　　B. 候诊者多时,应协助医生诊治

C. 了解最近就诊情况　　　　　　　　　D. 随时观察候诊者的病情变化

E. 指导转科就诊前的检查

5. CCU护士发现新入院的大面积急性心肌梗死患者,血压下降,为抢救患者生命实施必要的紧急救护时,护士不用必须做到的是(　　　)。

A. 等待医生,必须有医生在场指导

B. 根据患者的病情变化和自身能力立即展开急救

C. 立即通知医生

D. 避免对患者身心造成伤害

E. 依照诊疗和护理技术规范

6. 初孕妇,妊娠9个月,宫口已开,急诊入院,住院处护士应首先做的护理工作是(　　　)。

A. 通知产科医生　　　　　　B. 给予孕妇心理护理　　　　　　C. 会阴部常规消毒

D. 立即建立静脉通道　　　　E. 用平车送入产科

(铁岭卫生职业学院　姜琳琳)

任务二　急诊护理技术

 护 考 提 示

1. 医院的概念、性质与任务。

2. 门诊的设置与布局,门诊的护理工作。

3. 急诊的设置与布局,急诊的护理工作。

 学 习 目 标

1. 知识目标:能够说出急诊的护理工作;熟悉急诊的设置。

2. 能力目标:能正确地进行预检分诊并配合完成抢救任务。

3. 素质目标:具有高度责任心、细心、耐心、独立思考能力、调研能力、团队协作能力。

案例引导

　　王某,男,21岁,南京某工地工人,于7月某日高温天气下,高强度劳动时出现高热、抽搐、意识障碍,被工友送来急诊。

　　如果你是急诊护士,请完成以下任务:①如何有序地为患者进行预检分诊、候诊、就诊等,做好急诊护理工作?②急诊患者就诊,又将如何进行急诊护理工作?③配合抢救工作时,当医生到达前,应做好哪些抢救措施?医生到达后,应如何做好配合抢救和做好抢救记录?

　　急诊是医院诊治急危重症患者的场所,是医院中重症患者最集中、病种最多、抢救和管理任务最重的科室,是所有急诊患者入院治疗的必经之路。也是抢救急、危、重症患者的重要场所,是抢救患者生命的第一线。同时也对危及生命的患者及意外灾害事件,能提供快速、高效的服务。

参考答案

在线答题

PPT课件

一、概念

(一)急诊科

急诊科是诊治急诊患者、抢救生命实行 24 h 开放服务的场所。

(二)急诊

急诊是指医护人员对伤员或急症患者采取的紧急检查、诊断和处理的医疗护理活动过程。

二、急诊的设置和布局

急诊科的工作特点是患者发病急骤、来势凶险、时间性强,所以一切工作突出一个"急"字,要分秒必争、迅速处理。急诊科护士应具有良好的素质,具备一定的抢救知识和经验,动作敏捷、技术熟练。急诊的管理工作,应达到标准化、程序化、制度化。

(一)布局

急诊科应位于医院的一侧或前部,标志醒目,便于寻找。急诊科环境应宽敞、明亮、整洁,便于患者就诊和救治。

(二)设置

急诊科的设置在一般情况下均设有护士站、预检处、诊疗室、抢救室、监护室、观察室、清创室、治疗室、处置室等。并配有挂号室、药房、收费室、化验室、X 射线室、心电图室、挂号室、急诊超声室、急诊 CT 室等辅助部门,形成一个相对独立的工作单元。

预检分诊处一般设在急诊科入口处最醒目的位置;抢救复苏室设在靠近急救通道;诊疗室则按各专科特点备齐急诊所用器械和抢救用品;清创室和急诊手术室与抢救室、外科诊疗室相邻;治疗室和处置室设在靠近护士站或各诊察室中央。

急诊环境以方便患者就诊为目的,灵活地缩短候诊时间,最大限度地保证急救工作的顺利完成。急诊环境以提高抢救时机和抢救效率为原则,应做到宽敞明亮、通风安静和整洁。应设有专用电话、急救车、平车、轮椅等运送通信工具,设有专用路线和宽敞的通道通往医院各临床科室,标志清晰,路标指向明确,夜间有明显的灯光,以保证患者尽快得到救治。

三、急诊科护理管理

(一)护士要求

急诊科护士应有良好的素质,具备各种抢救知识,技术熟练、动作敏捷,积极配合医生抢救患者。急诊科有固定的急诊护士,且不少于在岗护士的 75%;急诊抢救室和监护室护士与病床比为(2.5~3):1;急诊科医护人员资质则要求急诊护士应当具有 3 年以上临床护理工作经验。

(二)组织技术管理

急诊的收治对象原则上包括所有生命体征不稳定和预见可能危及生命的各类急危重症患者,急诊科护理组织管理和技术管理应做到"三化",即标准化、程序化、制度化。

四、急诊的护理工作

(一)预检分诊

预检护士负责接待前来就诊的患者,在通过一系列简要的评估确定就诊的科室后护送患者到相应的诊室或抢救室。护士必须掌握急诊就诊的标准,做到一问、二看、三检查、四分诊,鉴别分诊快而准,以缩短候诊、分诊和诊疗时间。

Note

病情分级

卫健委拟将急诊科从功能结构上分为红黄绿"三区",将患者的病情分为濒危、危重、急症、非急症"四级",从而提高急诊患者分诊准确率,保障急诊患者医疗安全。急诊患者病情分级不仅仅是对患者排序,而且进行分流,使患者在合适的时间去合适的区域获得恰当的诊疗。

患者病情评估结果分为四级:一级是濒危患者;二级是危重患者;三级是急症患者;四级是非急症患者。一级、二级患者送至红色区域进行抢救,三级患者送至黄色区域救治,四级患者送至绿色观察区域。

急诊科同时承担着社会公众事件的急救任务,当遇到意外灾害事件时,立即通知相关部门并着手救治伤员;遇患有(或疑似)传染病患者来院就诊,应将其安排到隔离室就诊;遇到法律纠纷、刑事伤害、交通事故等事件,应尽快通知医院保卫部门或直接与公安部门取得联系,并请家属或陪送者留下以协助相关部门了解情况。

(二)抢救工作

抢救工作是急诊科的重要护理工作,当遇到濒危及危重的伤员、患者,需采取迅速及时的医疗手段配合医生完成抢救以挽救生命。

1. 物品准备 包括一般物品、无菌物品、抢救设备和急救药品以及通信设备。

(1)一般物品 包括血压计、听诊器、开口器、压舌板、舌钳、手电筒、止血带、输液架、吸氧管、吸痰管、胃管等。

(2)无菌物品 包括各种穿刺包、急救包、各种无菌手术包、各种无菌敷料包、各种型号的注射器、输液器、输血器、气管插管包、导尿包、无菌手套等。

(3)抢救设备 主要有抢救车、简易呼吸器、氧疗设备、吸引设备、多功能生命体征监测仪、电除颤器、心脏起搏器、呼吸机、超声波诊断仪、洗胃机、心电图机、血气分析仪、血液净化仪、体外起搏器、输液泵、注射泵、肠内营养输注泵及各种急救用具等。

(4)急救药品 主要有中枢神经兴奋剂、强心剂、利尿剂、镇痛镇静剂、血管扩张剂、抗心律失常药、拟肾上腺素药、抗胆碱药、止血药等,此外还有解毒药以及纠正水、电解质紊乱及调节酸碱平衡的药物等。

(5)通信设备 主要有传呼系统、电话、对讲机等。

一切急救药品和物品应做到"五定",即定数量品种、定人保管、定点放置、定期检查维修和定期消毒、灭菌,要求护士必须熟悉各种抢救物品的性能和使用方法,并能排除故障使所有抢救物品都处于良好备用状态。无过期、失效、变质物品;消耗性物品要定位、定量、无过期;急救物品完好率要求达到100%。

2. 配合抢救 护士必须严格遵守操作规程,争分夺秒实施抢救。在医生到达之前护士根据病情给予紧急处理,如保持呼吸道通畅、洗胃、体位固定、止血、配血、建立静脉输液通道、进行基本生命支持等,医生到达之后,立即汇报处理情况,正确执行医嘱,密切观察病情变化,及时判断抢救效果。对急危重患者以及成批伤员,要上传下达立即组织人力、物力进行及时有效的抢救。

3. 抢救记录和查对工作

(1)抢救记录内容包括病情变化情况、抢救时间及措施、参加抢救的医务人员姓名及专业技术职称等,并且一定要注明患者、医生到达的时间,抢救措施落实的时间。

抢救记录应符合及时、准确、清晰原则。急诊病历书写就诊时间应当具体到分钟,并详细记录各项抢救措施执行及停止时间(如用药吸氧、心肺复苏等),要详细记录执行医嘱的内容及患者病情动态变化。

一般情况下,医生不得下达口头医嘱。因抢救急危患者需要下达口头医嘱时,护士应当复诵一遍,双方确认无误后执行,抢救结束后,请医生及时补写医嘱和处方。

(2)认真执行查对制度。各种急救药品的空安瓿需经两人核对无误后方可弃去。输液空瓶、输血

空袋等应集中放置,以便进行统计和查对。

凡经抢救的患者,应有详细的病案及抢救记录。每次抢救过后,要组织技术人员进行总结讨论,提高应急能力和抢救水平,改进服务质量。

（三）病情观察

急诊通常设有观察室,室内配备一定数量的床位,用以收治暂时未确诊的患者,或已明确诊断但因各种原因暂时不能住院的患者,或只需短时观察即可返家的患者。观察时间一般为3~7日,观察室护士应做好下列工作。

（1）对留观的患者登记建立病案,详细填写各项记录,书写观察室病情报告。

（2）主动巡视和观察患者,及时执行医嘱,做好各项基础护理工作,加强心理护理以及各项治疗护理工作。对急诊留观的重病患者应及时配合医生以明确诊断,正确治疗,必要时给予监护。

（3）做好出入观察室患者及其家属的管理工作。

急诊科的运作程序就是分诊护士根据患者病情轻重缓急判断情况,通知接诊医生进行抢救及救治。患者抢救必需的各种检查治疗可优先进行,而后进行财务收费。同时做好查对及记录工作。急诊服务流程的每一个环节环环相扣,无缝衔接,确保给予患者快速、有序、安全、有效的急救服务。

（四）急诊科的工作质量要求

应具有完善的急诊护理组织架构,稳定的急诊护理专业队伍,明确的各级护理人员职责,健全的规章制度,优化的急诊工作流程,完善的急救备用物资管理机制,具有法律效应的医护记录和完整的护理质量管理体系。

（五）急诊护理领域科研工作

开展有关急症、危重症患者病情发生发展过程和护理方面的研究工作,从而总结诊治、护理等方面的经验及规律,提高急诊护理质量;定期组织医护人员进行学习与培训,加强国际间交流,学习最新急救知识;进一步找出问题,研究、分析急诊护理工作质量的检控。

直通护考

一、A1/A2 型题

1. 在记录抢救时间时,护士不需记录的是（　　）。

A. 电除颤的时间　　　　　　B. 使用药物的时间　　　　　　C. 病情变化的时间

D. 家属到达的时间　　　　　　E. 气管插管的时间

2. 急救物品应做到"五定",不包括（　　）。

A. 定时更换　　B. 定数量品种　　C. 定点放置　　D. 定人保管　　E. 定期消毒、灭菌

3. 急诊护士在配合抢救过程中,错误的是（　　）。

A. 做好抢救记录

B. 各种急救药品空安瓿经两人检查并记录后再丢弃

C. 输液瓶用后统一放置,便于查对

D. 医生到达前,应根据病情进行紧急处理,开放静脉通道

E. 口头医嘱复述一遍后即可执行

4. 男性,34岁。因车祸而致右下肢开放性骨折,大量出血,被送来急诊。在医生未到之前,接诊护士应立即（　　）。

A. 详细询问车祸发生的原因　　　　B. 向医院有关部门报告　　　　C. 给患者注射镇静剂

D. 给患者使用止血药　　　　E. 给患者止血、测量血压,建立静脉通道

参考答案

在线答题

（铁岭卫生职业学院　刘佳）

项目二　入 院 护 理

任务三　入院护理技术

护考提示

1. 病区的环境管理、卧床患者床的整理和更换床单。
2. 住院处的护理、患者入病区后的初步护理、分级护理。
3. 铺床法、运送患者护理技术。

学习目标

1. **知识目标**：能根据患者情况进行环境管理。能正确描述入院护理、分级护理的概念、分级护理的分级标准及相应的护理要点；能说出患者入院的程序。
2. **能力目标**：能够正确实施各种铺床法、能正确进行卧床患者床的整理和更换。能根据患者情况进行分级护理技术；能够正确安全地运送患者；能够正确填写入院相关表格。
3. **素质目标**：具有高度的责任心、细心、耐心、独立思考能力。

案例解析

案例引导

王伟，男，56岁，因有机磷农药中毒急诊收入院，急诊室已给予洗胃、输液、吸氧等紧急处理。之后护送入病区，该病区值班护士立即通知医生给予诊查，并进行了入院后系列初步护理。请思考：

①急诊护士选择何种方式护送患者入病区？运送过程中注意什么？

②作为值班护士，你将如何指导患者及家属办理相关住院手续？

③根据患者的病情选择护理级别并制定相应护理计划。

情境训练

一、病区

病区是医院的重要组成部分，是住院患者接受诊治、护理及康复休养、生活的场所，也是某一科室相对独立管理的医护人员全面开展医疗、预防、教学、科研活动的重要基地。因此，护士应为患者创造一个安静、整洁、舒适、安全的物理环境及身心愉悦、温馨和睦的社会环境，促进患者早日恢复健康。每个病区收住病种应为一个或几个医疗专科的病种。

（一）病区的设置和布局

1. 设置　每个病区均设有病室、治疗室、抢救室、急危重病室；护士站、医生办公室、护士办公室、盟洗室、配膳室、洗涤间、厕所、库房及医护休息室、示教室、会议室等。如果有条件应设置患者学习室、娱乐室、会客室、健身室等。

2. 布局 病区布局合理、方便治疗、护理等工作。如护士站应设在整个病区的中心位置，应与抢救室、病室邻近，以便观察病情变化和抢救患者。为了保证患者有适当的活动空间，每个病区设 30～40 张病床，每间病室的病床以 2～4 张为宜，两张病床之间最好设有屏风或布帘相隔，一方面可方便治疗和护理，另一方面可保证患者拥有自己的私人空间和保护患者的隐私。

（二）病区的环境管理

1. 病区的物理环境 病区的物理环境是影响患者身心舒适的重要因素。环境条件决定患者的心理状态，它关系着治疗效果及疾病的转归。病室的温度、湿度、安静、通风等是患者自身所不能控制的，因此，适当地调节医院的物理环境，使医院的物理环境保持整齐、舒适、安全及美观是护士的重要职责。健康的环境应考虑下列因素。

（1）空间 每个人都需要一个适合其成长、发展及活动的空间。患者在医院要有一定的活动空间，在医院条件许可的情况下，尽可能满足患者的需要，让他们对其周围环境拥有控制力，同时也方便治疗和护理操作。如儿童应尽量提供能进行游戏活动（游戏室）和学习的空间（学习室）；成人则需要从事社交活动或一个能独处的空间（休息室或会客室等）；老年人则需要一个能交流和休息的空间（老年娱乐室和休息室）。因此，在病室条件许可情况下尽可能满足患者的需要，让患者拥有周围空间的控制力，病室空间的风格和色彩设计，可根据各专科特点及患者不同年龄特点进行设置，以尽量减轻患者因住院而产生的"社交隔离感"。为方便治疗、护理和保证患者适当的活动空间，病床之间的距离应不少于 1 m。

（2）安静 声响是指有声音存在。人在健康的状态下需要一定的声音刺激。当健康状况不良时，对声音的耐受能力下降，即使是美妙的音乐也会被视为噪声。凡是不悦耳、不想听，使人生理及心理产生不舒服的声响都属于噪声。噪声会有损人的身心健康，严重的噪声甚至可以造成听力丧失。因此病区应避免噪声，保持安静，衡量声响强弱的单位是分贝（dB）。相关标准规定，一般病区白天较理想的声音强度应维持在 35～40 dB，夜间控制 30 dB 以下。重症监护室（ICU）白天的声音强度应控制在 45 dB 以下，夜晚应在 20 dB 以下。噪声的危害程度根据音量大小、频率高低、持续暴露时间和个人耐受性而定。一般噪声强度在 50～60 dB 时，即能产生相当的干扰，患者可感到疲惫不安，影响休息与睡眠。长时间暴露在 90 dB 以上的条件下，可以导致耳鸣、血压升高、血管收缩、肌肉紧张，以及出现疲倦、头痛、头晕、易怒、失眠、焦躁等症状。当声音强度达到 120 dB 时，即可造成高频的听力丧失，甚至永久性耳聋。完全没有声音也会使人产生意识模糊或非常寂寞的感觉。

医院周围环境的噪声虽非护士所能控制，但护士应尽可能地为患者创造安静的休息环境。工作人员在说话、行动与工作时应尽可能做到"四轻"。

①说话轻：说话声音不可过大，护士应评估自己的声量并且保持适当的音量。但也不可耳语，因为耳语会使患者产生怀疑、误会与恐惧。

②走路轻：走路时脚步要轻巧；操作时应穿软底鞋，防止走路时发出不悦耳的声音。

③操作轻：操作时动作要轻稳，处理物品与器械时避免相互碰撞，尽量避免制造不必要的噪声。推车轮轴定时滴注润滑油，并定期检查维修，以减少摩擦发出的噪声。

④关门轻：病室的门及椅脚应钉橡胶垫；开关门窗时，随时注意轻开轻关，不要人为地发出噪声。

患病时，人适应噪声的能力减弱，少许噪声即会影响患者情绪，使患者感到疲惫和不安，影响其休息和睡眠，久之会加重病情。减少噪音，可使患者得到很好的休息，有利于患者康复。护理人员应向患者、患者家属及其他人员宣传教育保持病室安静的重要性，共同维持病室环境的安静，为患者创造一个良好的休养环境。对于患者而言悦耳动听的音乐对人脑是良性刺激，避免病室"绝对的寂静"，有条件的病室可在床头增设耳机装置，让患者根据自己喜好选择收听适当的音乐、广播、曲艺等节目，也可利用电视、录像等调节患者的疗养生活，以减少患者寂寞感。

（3）温度 适宜的温度可以使患者感到舒适、安宁，减少消耗，有利于散热，并且可以减低肾脏负担。在适宜的室温下，有利于患者休息、治疗和护理工作的进行。一般病室内适宜的温度应保持在 18～

22 ℃。婴儿室、手术室、产房、老年病室,以及检查、治疗室,室内温度应略提高,以 22～24 ℃为最佳。

室内温度过高可使患者神经系统受到抑制,机体散热受到影响,不利于体力的恢复,同时使患者感到烦躁,且呼吸、消化功能均受到干扰。室内温度过低则因冷的刺激,使患者肌肉紧张,缺乏动力,产生畏缩不安,在接受治疗、护理时易受凉。

病室内应备有温度计,以便随时评估室内的温度并加以调控,满足患者身心舒适的需求。由于季节、地域的变换,气温差别很大,应该根据不同季节、地域采用不同的护理措施。夏季南方温度过高,有条件的医院可以使用空气调节器来调节室内温度,可开窗通风、室内放置冰块、使用电扇或空调来调节室温,从而增加身体热气蒸发速度,促进身体舒适。冬季北方温度过低,室内可用空调、暖气、地热等设备保持温度,农村和基层医疗单位中可用火炉、火墙等取暖。此外,还应注意根据气温变化适当增减患者的盖被及衣服。在执行护理活动时,应尽量避免不必要的暴露,以防患者受凉。

(4) 湿度 空气中含水分的程度。病室湿度一般是指相对湿度,即在一定温度的条件下,单位体积的空气中所含水蒸气的量与其达到饱和时含量的百分比。湿度会影响皮肤蒸发散热的速度,从而造成人对环境舒适感的差异性。人体对湿度的需求随温度的不同而不同,温度越高,对湿度的需求越小。湿度过高或过低都会给患者带来不舒适感觉。一般病室的相对湿度应以 50%～60% 为宜。当湿度过高时,空气潮湿,有利于细菌的繁殖,可增加院内感染的发生率;同时机体水分蒸发减少,出汗受到抑制,患者感到潮湿、气闷,尿液排出量增加,加重肾脏的负担。当湿度过低时,空气干燥,人体的水分被大量蒸发,引起口干舌燥、咽痛、烦渴等表现,对急性喉炎、呼吸道疾病、气管切开患者尤为不利。

病室应备有湿度计,以便护士根据评估情况对病室内的湿度进行适当的调节控制。当室内湿度过高且大于室外时,可使用空调除湿、开窗通风换气或使用空气去湿器,其中空气调节器是调整湿度的最好方法。室内湿度过低时,夏季可在地面上洒水、室内放置水盆,冬天可在暖气或火炉上安放水壶等蒸发水汽或使用加湿器,以达到提高湿度的目的。

知识链接

湿度对人体的影响

在湿度过低的环境中生活除了让人感觉不舒服外,还容易引起过敏、哮喘和免疫系统疾病。湿度过低除了会导致身体通过皮肤流失水分以外,还更容易受细菌和微生物繁衍影响。在喉咙黏膜和呼吸道脱水的情况下,尤其容易因为感染而诱发感冒和流感。正常情况下,这些黏膜能将进入人体空气中的微生物和病毒过滤掉。但在干燥、皲裂的情况下,会因为通道张开而增加细菌和微生物进入并导致喉咙痛和生病的风险;湿度过低时空气中的霉菌、真菌孢子、螨和其他过敏原也会通过无防护黏膜吸入并诱发过敏和哮喘。由于空气还会吸收过敏者皮肤上的水分,因此还会加重病情。此外,鼻腔和上呼吸道干燥和皲裂还会导致鼻血、呼吸困难和打呼噜。

---

(5) 通风 通风就是采用自然或机械方法使风的流通没有阻碍,可以穿过、到达房间或密封的环境内,以造成卫生、安全等适宜空气环境的技术。通风可使室内外空气得到交换,保持空气清新,并可调节室内的温湿度,刺激皮肤的血液循环,刺激汗液蒸发及热量散失,增加患者的舒适感,使患者感到清爽、愉悦。通风也能降低室内空气微生物的密度,是减少呼吸道疾病传播的有效措施。病室通风不良,会导致空气污浊、氧气不足,使人的正常生理及心理状况受到干扰,常产生烦躁、倦怠、头晕、食欲减退等表现。同时使室内空气中微生物的密度增加,可导致呼吸道感染,使患者病情加重,影响机体的逐渐修复。在暑热天气、湿度大和无风的高温环境下,易引起中暑。

病室应定时开窗通风换气,通风效果与通风面积(门窗大小)、室内外温差、通风时间及室外气流速度有关。一般通风 30 min 即可达到置换室内空气的目的。通风时应注意避免患者吹对流风(穿堂风),注意保护遮挡患者,以免着凉。

(6) 光线 病室采光有自然光源和人工光源。日光是维持人类健康的要素之一。太阳辐射的各种

光线,如可见光、红外线、紫外线,各种射线都有很强的生物学作用。自然的光照有利于患者的身心修复。采用自然光源时,应避免阳光直接照射眼睛,防止引起目眩;午睡时应用窗帘遮挡光线。适量日光的照射能使照射部位的温度升高,血管扩张,血流加快,改善皮肤和组织的营养状况,增加食欲,使人愉快舒适;同时日光中的紫外线有强大的杀菌作用,还可促进人体合成维生素 D。尤其 2 岁以下的婴幼儿,为了预防发生维生素 D 缺乏性佝偻病,应带婴幼儿进行户外活动,冬季也要保证每天 1~2 h 户外运动的时间。因此,病室应经常开启门窗,或协助患者到户外接受阳光照射,以增进其身心舒适。另外,日光的变化可减少患者与外界的隔离感,使其感受自己的存在。

为了夜间照明、病情观察、特殊检查和治疗护理的需要,病室应妥善备好人工光源。其设计及亮度可以根据其作用进行调控。楼梯、抢救室、监护室、药柜内的灯光要明亮;普通病室除一般吊灯外还应有地灯装置,既不打扰患者的睡眠,又可保证夜间巡视工作的进行;病室内还应有一定数量的立式鹅颈灯,以适用于不同角度的照明,为特殊诊疗提供方便。

(7)装饰　环境设计优美可使人产生愉快、舒适的感觉。病室是患者在医院停留时间最长的空间,病室的装饰应力求简单、美观整洁、优美悦目。这样不但可以增进患者身心的舒适感,而且可以提高患者精神愉快的感觉。近年来医院不仅按各类病室不同需要来配备和设计不同颜色,而且应用各式图画、各种颜色的被单、窗帘、壁纸等来布置患者单位,例如儿科病室的床单和护士服可用暖色,配一些可爱的卡通图案,给人甜蜜温馨感,减少惧怕感;手术室护士服可选择绿色或蓝色,可使人产生安静、信任的感觉。医院病区内的墙壁尽量避免选择全白色。病室、走廊可适当摆放一些绿色盆景、壁画、鲜花(呼吸科病室、过敏性疾病病室除外)等,既美观又增添生机,给人以生命和活力的启迪,增强战胜疾病的信心和勇气。病区周围栽种树木、草坪、建花坛、桌凳等,以供患者休息、散步、观赏,为患者创造一个舒适、优美休养环境。医院环境颜色如调配得当,不仅可促使患者身心舒适,还可产生积极的医疗效果。

知识链接

装饰对人体的影响

色彩会影响人的情绪、行为、健康。

1. 红色　使人联想血液,使人兴奋、烦躁。
2. 黄色　使人联想太阳,具有兴奋、刺激作用。
3. 红黄色　使人联想蜜柑,使人快活、爽朗。
4. 蓝色　使人联想海洋,使人心胸开阔、情绪稳定。
5. 绿色　使人联想绿叶,使人安静、舒适。
6. 紫色　使人联想葡萄,使人优美、温厚。

2. 病区的社会环境　医院是社会的一部分,人的生、老、病、死都与其有着密切的联系。医院的主要任务是对公众的健康需要或健康问题提供协助和服务,肩负着预防、诊断和治疗疾病、促进康复、维护健康的任务。病区又是一个特殊的社会环境,为满足患者在这个特殊的社会环境中的各种心理需求,护士有责任帮助患者尽快转变角色,适应环境变化,创建和维持一个良好的人际关系。

(1)人际关系　患病时常会伴随着行为及情绪上的变化,患者往往会出现焦虑、孤独、害怕、依赖、烦躁不安及缺乏自尊等心理。在日常活动中与他人的接触往来,可带给个人满足感和价值感,但当患者因疾病无法参与日常活动时,常常会有挫折感、缺乏自信心,甚至会感受到社交被隔离。因此,在为患者提供护理照顾时,要从需要层次理论角度出发,既要考虑患者的生理需要,同时也要考虑到患者心理、社会方面的需要,并提供舒适与安全的心理、社会环境。对住院的患者来说,影响其身心康复的重要人际关系概括起来包括护患关系和病友关系。

①护患关系:"护"指护士;"患"包括患者、患者家属以及除家属以外的患者的监护人(有时称作"患者方面")。在护理工作中,护士与患者之间产生和发展的一种工作性、专业性和帮助性的人际关系,也属于护患关系。良好的护患关系有助于患者身心的康复。在护患关系中,护士是处于相对主动地位的

群体,只有不断提高其心理素质,培养其人道主义情感,才能与患者群体建立良好的护患关系,并从根本上体现以患者为中心的服务宗旨及整体护理理念。因此,在具体的医疗护理活动中,需要做到不分性别、年龄、民族、信仰、职业、职位高低、远近亲疏,均一视同仁,一切从患者利益出发,满足患者的身心需求,尊重患者的权利与人格。同时患者需尊重护士的职业和劳动,在治疗护理中尽力与护士合作,以充分发挥护理措施的效果,早日康复。

②病友关系:病区中的每个人都是社会环境中的一名成员,所有成员在共同的治疗、康复、生活中相互影响。病友们在交谈的过程中常交流一些疾病的疗养知识和管理制度等,起到了义务宣传员的作用,病友间相互帮助与照顾,有利于增进其团结与友谊。护士应协助病友进行情感交流,并善于察觉某些消极情绪,做出正确引导,耐心解释。对不同病情的患者,尽量分别放置,以避免不良刺激的产生。

(2)医院规章制度　医院规章制度是依据国家相关部门有关医院管理的规定并结合医院自身的特点所制定的规则。每个医院根据各自的具体情况制定了院规,如入院须知、探视规则、陪护制度等。通过医院规则对患者进行正确的指导,确保诊疗护理工作的正常进行,使预防和控制医院内感染工作便于实施;同时,也保证了患者具有良好的休息环境,以达到帮助患者尽快恢复健康的目的。医院规则既是对患者的指导,又是对他们的一种约束,因而会对其产生一定的影响。因此,应协助患者熟悉院规,尽快适应医院环境。

知识链接

如何帮助患者熟悉院规

①耐心解释,取得理解。
②让患者对其周围的环境具有一定的自主权。
③满足患者的需求,尊重探视人员。
④提供有关信息与健康教育。
⑤尊重患者的隐私权。
⑥鼓励患者自我照顾。

3. 病区的安全环境　安全环境是指平安、无伤害、无危险的环境。由于患者不熟悉医院环境、不适应住院生活、不了解自身疾病及某些诊疗、护理手段,往往会感到安全受到威胁。护理人员应避免机械性、温度性、生物性因素导致的躯体损伤;采取预防医院内感染的相应措施,避免医院内感染的发生;避免医源性损伤的发生。为患者提供一个从生物、心理、社会各方面的安全环境,以满足患者对安全的需要。因此,需要采取有效措施,预防和消除一切不安全的因素。

(1)避免各种原因所致躯体损伤

①机械性损伤:患者从床上、椅子上跌下,或步态不稳而跌倒;躁动不安、神志不清、年老虚弱、偏瘫、婴幼儿等患者易发生坠床意外;有些患者因疾病、药物而致肢体无力,移动或取放物品时,易失去平衡而跌倒。因此,走廊、浴室、厕所应设置栏杆;病室、厕所地面应防滑,减少障碍物,并设呼叫系统;对意识不清、烦躁不安、婴幼病儿、偏瘫等患者,应使用床栏、约束带等进行保护,以防坠床;对长期卧床初次下床及活动不便的患者应注意搀扶,以防跌倒。

②温度性损伤:患者实施冷热疗时,操作不当或疏忽大意可造成患者的烫伤或冻伤;热伤害大部分来自于火,或有关热的装置及电路的故障;医院内的易燃物品较多,如氧气、液化气、乙醇等。因此应用冷、热疗时,应按操作要求进行,必要时需守护;注意易燃、易爆物品的安全使用和保管,有防火设施及紧急疏散措施。

③生物性损伤:因细菌、病毒感染而致院内感染性疾病,如蚊虫、苍蝇、蟑螂等昆虫的叮咬爬飞,不仅影响患者的休息,干扰睡眠与食欲,更严重的是传染疾病,延缓康复,直接威胁患者的生命。因此医院应有灭蚊、蝇、蟑螂等措施。

④避免化学性损伤:通常是由于药物使用不当或错用而引起的。例如药物剂量过大、浓度过高、用

药次数过多、用药配伍不当、给药途径不准确及用错药物等。

（2）预防医院内感染　严格执行医院预防、控制感染的各种制度，如患者入院卫生处置制度，消毒隔离制度，无菌技术操作原则，消毒灭菌效果监测制度等。

（3）避免医源性损伤　由于医务人员言语及行为不慎，对患者造成心理、生理上的损伤，称为医源性损伤。如对患者不尊重，交谈时用词不当，护理时动作粗暴，不按操作规程进行操作，责任心不强等，均可造成患者心理及生理上的损伤。因此，应加强医务人员职业道德教育，尊重关心患者，交谈时语言要规范，操作时动作要轻、稳，并严格执行操作规程，加强工作责任心，以避免医源性损伤。

（三）患者床单位的构成

患者床单位是指医疗机构提供给患者使用的家具与设备，它是患者住院时用以休息、睡眠、饮食、排泄、活动以及接受治疗、护理与康复的最基本的生活单位。由于患者大多数的时间均在床单位内活动，因此，护士必须注意患者床单位的整洁与安全，并安排足够的日常生活活动空间。患者床单位的设备及管理要以患者的舒适、安全和有利于患者康复为前提。每位患者床单位的固定构成（图 2-3-1）如下。

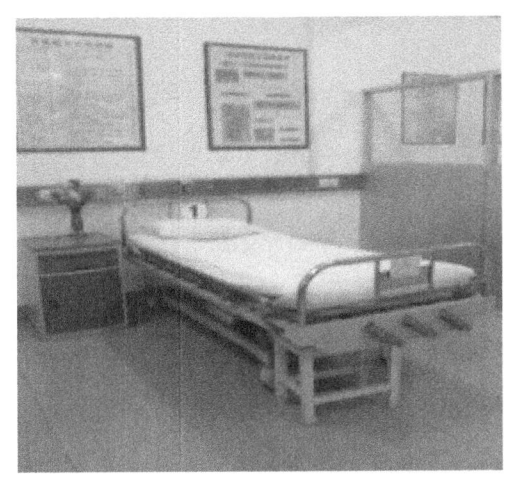

图 2-3-1　床单位设施

1. 床及床上用物　床、床垫、床褥、枕芯、棉胎或毛毯、大单、被套、枕套、橡胶单和中单（需要时）、床旁桌、床旁椅及过床桌（需要时）。

2. 床旁设施　床头墙壁上配有照明灯、呼叫装置、中心供氧和负压吸引管道等设施。

3. 床单位设施的标准和要求

（1）病床　病床是患者睡眠和休息时的用具，是病室中的主要设备。卧床患者的饮食、排泄活动、娱乐均在床上进行，所以病床一定要符合实用、耐用、舒适、安全的原则。患者床多为不锈钢或喷塑多功能床。普通病床一般为长 2.0 m、宽 0.90 m、高 0.60 m，床头和床尾均可摇起或支起，以便调节患者卧位。两侧配有床栏，床脚配有脚轮，便于移动。临床也可选择使用电动控制多功能床，根据患者病情的需要可通过电钮自行调控床位的高低、更换患者的体位及移动床栏等，多用于危重患者。电动按钮应设在患者可触及的范围内，便于清醒者随时自主调控。

（2）床垫　多选用棕丝、海绵、棉花、木棉或马鬃作垫芯，垫芯外面应多选用牢固的布料制作，因患者多数时间卧于床上，故床垫宜坚硬，以避免承受重力较多的部位凹陷。其长、宽与床规格相同，厚 10 cm。

（3）床褥　多选择棉花作褥芯，棉布作褥面，吸水性强，透气性好，铺于床垫之上，并可防床单滑动。长、宽与床垫规格相同。

（4）大单　选择棉布制作，长 2.50 m、宽 1.80 m。

（5）中单　选用棉布制作为佳，亦可使用一次性成品，长 1.70 m、宽 0.85 m。

（6）橡胶单　两端与白棉布（长为 0.40 m）缝制一起，长 0.85 m、宽 0.65 m。

（7）被套　选择棉布制作，尾端有开口并有系带或布带尼龙搭扣，长 2.50 m、宽 1.70 m。

(8) 棉胎　多选用棉花作胎芯，也可用人造棉或羽绒被等，长 2.30 m、宽 1.60 m。

(9) 枕套　选择棉布制作，长 0.65 m、宽 0.45 m。

(10) 枕芯　枕芯面选棉布制作，内可装木棉、蒲绒、羽绒或人造棉等，长 0.60 m、宽 0.40 m。

(11) 床旁桌　应放在患者床旁右侧，用于放置患者日常用物或护理用具。

(12) 床旁椅　每位患者床单位需有一把床旁椅，供患者或探访者使用。

(13) 床上桌(过床桌)　是可移动的专用过床桌，为患者在床上进食、阅读、写字或从事其他活动使用，其高度可调节。

(14) 床头灯　其亮度可调节，为患者阅读或医护人员的治疗、护理时照明。

(15) 墙壁呼叫系统　信号灯或红灯，是患者需要帮助时所发出的求助信息。使用方法应在患者入院时介绍。

(16) 其他装置　供氧、负压吸引管道等设备。

二、床单位准备

为患者提供的床单位应该符合舒适、平整、实用、耐用、安全的原则。常用的铺床工作有备用床、暂空床、麻醉床和卧床患者床的整理和床单更换。病床的铺床要求床单位要保持整洁平坦，床上用物须定期更换。

(一) 备用床

见实训 2-3-1。

实训 2-3-1　铺备用床(以被套式为例)

【目的】

(1) 保持病室整洁、美观。

(2) 准备迎接新患者。

【评估】

1. 床及床旁设施　如床头灯、呼叫系统、供氧、负压吸引管道等设施的性能是否完好无损。

2. 床及床上用物　查看其是否整洁、齐全、正确折叠，是否符合季节需要。

3. 其他　病室内有无患者进行治疗、护理或进餐。

【计划】

1. 操作者准备　着装整洁，修剪指甲，洗手，戴口罩。

2. 用物准备(以被套式为例)　治疗车、床、床垫、床褥、大单或床褥罩、被套、棉胎(毛毯)、枕芯、枕套、扫床刷及一次性外套、弯盘。

3. 环境准备　宽敞明亮、光线充足、安静、整洁、安全、通风、无患者进行治疗或进餐，便于操作。

【实施】

1. 操作步骤

操作步骤	要点说明
1. 放置用物　将铺床用物备齐，按铺床先后顺序放置于治疗车上，推车至床旁	• 治疗车与床尾间距离便于护士走动；便于拿取铺床用物，避免多次走动，以提高工作效率，节省体力 • 叠好用物，按自下而上的顺序摆放：枕芯、枕套、棉胎、被套、大单、床褥
2. 移开床旁桌椅　移开床旁桌距离床约 20 cm，移床旁椅至床尾正中，距离床尾约 15 cm，将用物放于床旁椅面上	• 便于操作
3. 检查床垫　检查床垫，根据需要翻转床垫，可纵翻转亦可横翻转，要求床垫上缘与床头平齐	• 保持床垫松软，避免床垫长期受压而局部凹陷

操作步骤	要点说明
4.铺床褥　将床褥上缘与床头平齐放置,铺平床褥	• 患者躺卧时舒适 • 放置时床褥中线与床中线对齐
5.铺床单或床褥单 ★大单法 (1)将已折好的大单(正面向上),对准床的纵向中线、横向中线放于床上,展开大单 ①纵向展:分别向床头、床尾纵向展开 ②横向展:见图2-3-2 (2)铺近侧大单 ①铺近侧床头(图2-3-3):将床头大单对齐中线,左右展平;右手将床头的床垫托起;左手伸过床头中线将大单拉平塞入床垫下 ②在离床头30 cm处向上提大单,使其与床边垂直,呈三角形,以床沿为界,将三角形分为两半,上半三角形覆盖于床上,先将下半三角形大单平整塞入床垫下,再将上半三角形以床沿为界翻下,塞入床垫下 ③至床尾拉紧大单,同床头法铺好床尾床角 ④两手将中部边缘拉紧,双手掌心向上将大单中部边缘平塞于床垫下	• 操作者取大单后,正确运用人体力学原理,双下肢左右分开站在床右侧中间,减少来回走动,省时节力 • 操作者双下肢前后分开站立,双膝略弯曲,保持身体平衡,使用肘部力量 • 注意遵循节力原则 • 铺大单顺序:先床头后床尾,先近侧后对侧 • 动作轻巧,以免尘灰飞扬,病原体随空气流动传播
(3)铺对侧大单:转至床对侧,同法铺好对侧大单	• 使大单平整、美观,无褶皱
★床褥单法 (1)将床褥单横、纵中线对齐床面横、纵中线放于床褥上,一次将床褥单打开 (2)同大单法的①到④的顺序分别将床褥单套在床褥及床垫上	• 用布按床垫的大小制成床垫单,此法被广泛应用 • 床褥单平紧 • 床褥单角与床褥、床垫角吻合
6.铺被套　将已折好的被套(正面向外)上端距床头15 cm,纵中线对准床的纵中线,放置于床上,从床头向床尾展开,先将近侧展平,再展开对侧,平铺于床上	• 盖被平整、美观,中线对齐 • 被套中线与床面中线和大单中线对齐
★"S"形 (1)将被套尾部开口端的上层打开至1/3处(图2-3-4) (2)将"S"形棉胎平放于被套口,将棉胎上缘由床尾拉至床头 (3)先床头后床尾、先对侧再近侧,将被套上下层及棉胎拉平,系带 (4)棉被上缘与床头平齐,两侧边缘向内折叠和床沿平齐,尾端向内反折与床尾齐,或塞于床垫下	• 有利于棉胎放入被套 • 棉胎上缘与被套被头上缘吻合、平整、充实,避免被头空虚 • 棉胎角与被套顶角吻合、平整、充实 • 盖被上端距床头15 cm
★卷筒式 (1)被套反面在外,齐床头平铺床上,开口端向床尾 (2)将棉胎平铺于被套上,上缘与被套封口边齐 (3)将棉胎与被套一并自床头卷至床尾(图2-3-5) (4)再自开口处翻转至床头,拉平各层,系带 (5)同上法折成被筒	• 盖被平整、美观,中线对齐
7.套枕套　将枕套套于枕芯上,整理枕头并拍松,将枕头横放于床头盖被上,开口侧背门	• 四角充实、平整,开口背门

操作步骤	要点说明
8.移回床旁桌、床旁椅	
9.推治疗车离开病室	• 保持病室整齐、美观
10.整理用物,洗手	• 放于指定位置

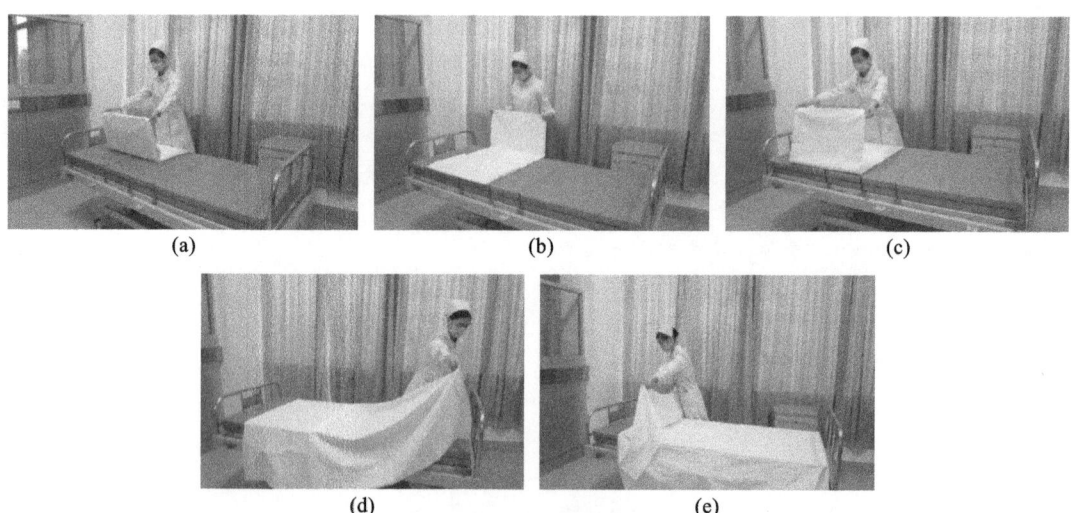

图 2-3-2 横向铺大单法

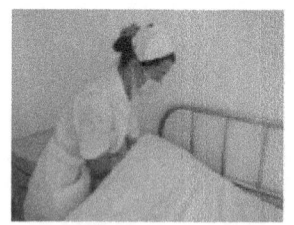
(a)托起床垫包塞大单

(b)离床头30 cm处提起大单

(c)提起大单的内侧面

(d)覆盖上半三角形床上   (e)塞下半三角形或梯形   (f)将上半三角形塞入床垫下   (g)成为一斜角

图 2-3-3 铺近侧床头大单

2. 注意事项

(1)病室内如有患者正在进行治疗、护理或进餐应暂停铺床。

(2)铺床操作中,动作要求轻、稳,以免尘土飞扬。

(3)遵循节力原则,操作前应备齐铺床物品并按顺序放置,计划周到以减少无用动作,避免多次走动;铺床前,能升降的床应将床升降至便于铺床的高度,以防腰部过度弯曲;铺床时,身体尽量靠近床边,上半身应保持直立,双膝稍弯曲以降低重心,两脚根据活动情况左右或前后分开,以扩大支撑面,有利于操作和维持身体的稳定性;操作中,使用肘部力量,动作要平稳、连续。

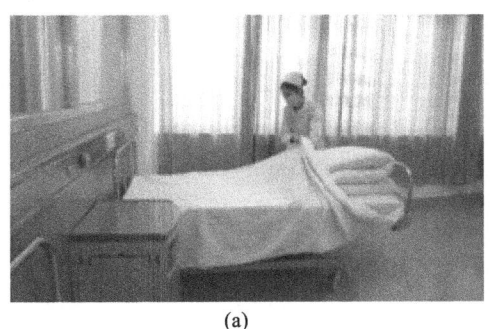
(a)

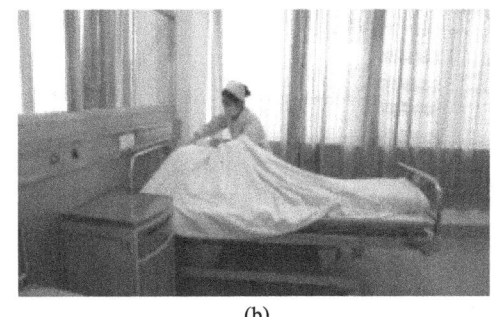
(b)

图 2-3-4 "S"形套棉胎

【评价】

(1) 操作方法正确、熟练,动作轻稳、节力。

(2) 大单紧扎,中线对齐,四角平紧。

(3) 被头充实,盖被平整,中线对齐,上缘齐床头,两边内折与床沿齐。

(4) 枕头平整,充实,四角充实。

(5) 符合舒适、安全、实用、耐用的原则。

(6) 病室及床单位整洁、美观(图 2-3-6)。

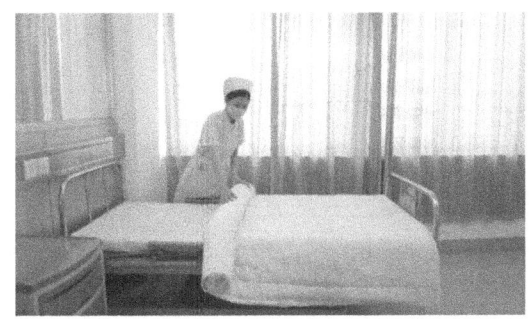

图 2-3-5 卷筒式套棉胎

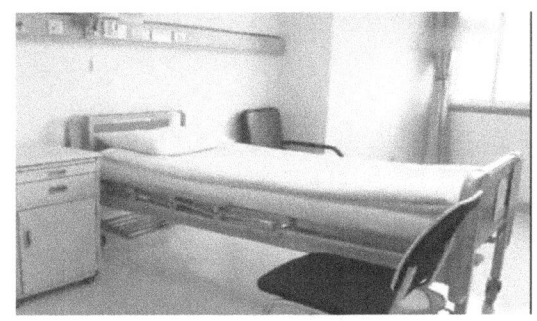

图 2-3-6 备用床

(二) 暂空床

见实训 2-3-2。

实训 2-3-2 铺暂空床

【目的】

(1) 准备接收新入院患者或暂时离床活动的患者使用。

(2) 保持病室整洁美观。

【评估】

(1) 同"铺备用床"评估 1—3。

(2) 新入院患者的病情及诊断。

(3) 住院患者的病情是否允许暂时离开病床活动。

【计划】

1. 操作者准备 着装整洁,修剪指甲,洗手,戴口罩。

2. 用物准备 同备用床,必要时备橡胶单、中单(按顺序放在被套之上;如果是将备用床改为暂空床,则放在枕芯之下)。

3. 环境准备 环境宽敞明亮、光线充足、安静、整洁、安全、通风、无患者进行治疗或进餐,便于操作。

Note

【实施】

1. 操作步骤

操 作 步 骤	要 点 说 明
1.改备用床为暂空床	• 方便患者上下床使用,保持病室整洁、美观
(1) 移开枕头,将备用床的盖被上端向内折1/4,然后再作扇形三折于床尾,并使之与各层平齐(图2-3-7(a))	
(2) 将盖被的上端1/3处,从床头向床尾扇形三折于床尾,并使之与各层平齐(图2-3-7(b))	• 数量根据病情需要铺床头或床尾
(3) 铺橡胶单、中单(图2-3-8)	
★铺近侧	
(1) 如铺于床的中部,两单上缘距床头45～50 cm	
(2) 如铺于床头部或床尾部,应使其边缘与床头或床尾平齐	• 中单应遮盖橡胶单,避免患者皮肤直接接触橡胶单而引起不舒适
(3) 取橡胶单铺于床面上,使其中线与床中线对齐并展开,再同法铺布中单于橡胶单上	
(4) 两单在床沿的下垂部分,将其一起平整地塞入床垫下	
★铺对侧　操作者转至对侧,同法分层拉紧并铺平各单,将盖被整理好,整理归位,还原枕头,移回床旁椅,洗手	
2.铺暂空床	
(1) 按照备用床铺床法至铺大单操作步骤	
(2) 铺完近侧大单后,铺橡胶单和中单	
(3) 转至床对侧,同法依次顺序铺大单、橡胶单、布中单	
(4) 其余步骤同备用床	

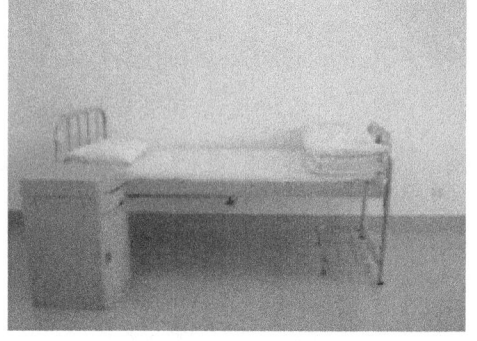 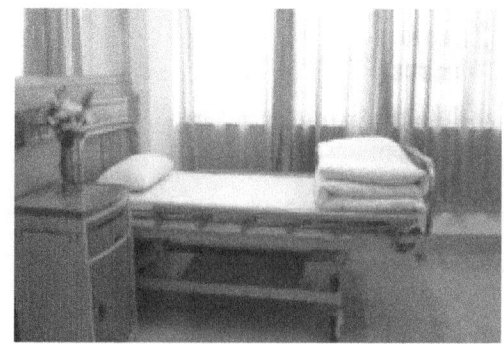

(a)上端内折1/4,扇形三折于床尾　　　　　(b)上端1/3处扇形三折于床尾

图 2-3-7　扇形三折于床尾

2. 注意事项

(1) 同备用床。

(2) 用物准备符合患者病情需要。

(3) 中单应遮盖橡胶单,以免患者皮肤直接接触橡胶单而引起不适。

【评价】

(1) 病床符合实用、耐用、舒适、安全的原则。

(2) 操作方法正确,符合节力原则。

(3) 方便患者上、下床及卧床舒适。

(三) 麻醉床

见实训 2-3-3。

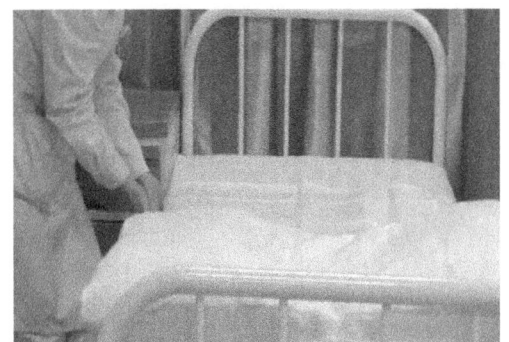

(a)上缘距床头45～50 cm　　　　　　　　(b)两单同时塞进床垫下

图 2-3-8　铺橡胶单、中单

实训 2-3-3　铺麻醉床

【目的】

(1) 便于接受、护理麻醉手术后患者。

(2) 避免床上用物被血渍或呕吐物等污染,便于更换。

(3) 保证患者舒适、安全,预防并发症。

(4) 保持病室整洁、美观。

【评估】

(1) 患者的病情、年龄、诊断、手术名称及部位、麻醉方式。

(2) 抢救和治疗的器械是否完好,物品、药物是否齐全。

(3) 病床及床单位设施性能是否完好。

【计划】

1. 操作者准备　着装整洁,修剪指甲,洗手,戴口罩。

2. 用物准备

(1) 床上用物　床、床垫、床褥、大单、橡胶单和中单各 2 块(根据病情需要准备)。被套、棉胎(毛毯)、枕芯、枕套、床刷及一次性外套、碗盘。

(2) 麻醉护理无菌盘　①无菌治疗巾内:开口器、舌钳、压舌板、牙垫、治疗碗、镊子、通气导管、吸氧导管、吸痰导管、纱布数块、棉签。②无菌治疗巾外:心电监护仪(血压计、听诊器)、手电筒、治疗巾、护理记录单及笔、弯盘、棉签、胶布、别针。必要时备:输液架、吸痰器、吸氧装置、胃肠减压器、天冷时需备热水袋(加布套)、毛毯。

3. 环境准备　同备用床。

【实施】

1. 操作步骤

操作步骤	要点说明
1.折除床单位　折除床单位原有的被套、枕套、大单	• 降低手术后的感染概率
2.铺近侧大单　同备用床步骤中"铺好近侧大单"	• 非全身麻醉手术患者,只需铺床的中部
3.铺橡胶单和中单　根据患者麻醉的方式和手术部位,按照需要铺平橡胶单和中单	• 颈、胸、腹部手术者可铺于床头 • 下肢手术患者,可铺于床尾
(1) 将橡胶单和中单分别对齐床中线铺于与床中部或尾部,两单在床沿的下垂部分,将其一起平整地塞进床垫下	• 如腹部手术后的患者,需要铺于床中部,两单上缘距床头 45～50 cm
(2) 于床头铺另一橡胶单和中单,两单在床沿的下垂部分一起平整地塞进床垫下	• 橡胶单和中单的上缘与床头平齐,下缘压在中部橡胶单和中单上

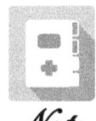

Note

21

操作步骤	要点说明
4.转对侧铺单　护士转至对侧,同种方法铺好大单、橡胶单和中单	• 中线要齐,各单应平整、紧扎,防褶皱
5.套被套　同备用床步骤6,边缘向内折和床沿平齐,被尾向内折叠与床尾齐,将盖被扇形三折叠于一侧床边,开口对门(图2-3-9)	• 盖被尾端向上反折25 cm
6.套枕套　套好枕套,横立于床头,开口背门	• 便于术后将患者由平车移至床上
7.移回桌椅　将床旁桌放回原处,床旁椅放于对侧床尾部	• 防止躁动患者撞伤头部
8.放麻醉护理盘　将麻醉护理盘放置床旁桌上,其他物品按需要放置	• 便于抢救、治疗和护理
9.整理用物,洗手	

图 2-3-9　麻醉床

2.注意事项

(1)铺麻醉床时,应注意全部更换为清洁被单。

(2)全身麻醉无菌护理盘及其他用物应按需准备,确保齐全,以便及时抢救和护理。

(3)中单需全部遮住橡胶单,防止橡胶单与患者皮肤直接接触,以确保患者舒适。

(4)保证患者安全舒适,使用热水袋者应注意交接班,以防烫伤。

【评价】

(1)病床符合实用、耐用、舒适、安全的原则。

(2)患者躺卧舒适、安全。

(3)床单位设施性能完好,用物准备齐全,能保证患者手术后和麻醉后抢救、治疗及护理的需要。

(4)其余同备用床。

(四)卧床患者床单位的整理和更换

长期卧床的患者因疾病的限制,使其饮食、排泄、治疗及护理均在床上进行。保持病室及床单位的整洁、美观,可使患者感到舒适及安全,也是护士的职责。因此,根据患者病情需要应进行卧床患者床单位的整理和更换。具体见实训2-3-4、实训2-3-5。

实训 2-3-4　卧床患者床单位的整理

【目的】

(1)保持病床平整、紧扎、舒适,预防压疮。

(2)保持病室整洁、美观、实用。

Note

【评估】

（1）患者病情、活动能力、心理反应、意识情况、合作程度和局部皮肤受压情况。

（2）床上盖被、各单等用物是否松散、皱褶、紧实、平整。

（3）环境是否安全、保暖,有无患者进餐或治疗。

【计划】

1. 护士准备　着装整洁,修剪指甲,洗手,戴口罩。

2. 用物准备

（1）清扫用物　微湿的扫床巾、床刷及一次性外套。

（2）酌情准备所需用物　酌情准备清洁衣裤、皮肤护理用物、备屏风。

3. 患者准备　病情稳定,了解了操作的目的、配合方法和注意事项。排空"大、小便",并做好配合准备。

4. 环境准备　同备用床。酌情关闭门窗,按季节调节室温。必要时用屏风遮挡患者。

【实施】

1. 操作步骤

操作步骤	要点说明
1.备物　推治疗车携带用物至床尾	
2.核对解释　核对床号、姓名和腕带,根据需要酌情关门窗	• 确认并尊重患者,取得其配合;注意保暖,避免受凉,便于操作
3.移开床旁桌、床旁椅　病情允许者,可放平床头和床尾支架	• 放平时速度宜慢,以免引起不适 • 意识不清者,需拉起对侧床栏,以防坠床
4.协助患者翻身侧卧　松开床尾盖被,移枕至对侧,协助患者翻身侧卧,背对护士,观察患者背部的皮肤情况	• 检查局部皮肤受压情况,预防压疮发生
5.整理床单位 （1）扫床　床头至床尾逐层松开近侧各层床单;逐层扫净中单、橡胶单后,依次搭在患者身上;过中线、由床头至床尾扫净大单上渣屑;刷子放置治疗车下层 （2）逐层铺单　依次将近侧已扫好的大单、橡胶单及中单拉平铺好 （3）移枕至近侧,协助患者侧卧于铺好的一侧 （4）转至床对侧,同种方法逐层扫净各单,并依次拉平、铺单	• 湿式清扫,减少灰尘的飞扬 • 过中线扫净枕下及患者身下的碎屑 • 护士在操作过程中,随时观察患者面色、脉搏、呼吸等情况,如发生异常立即停止操作 • 冬季注意保暖 • 保护隐私
6.整理盖被　协助患者平卧,整理盖被。将棉胎及被套拉平,并叠成被筒型,为患者盖好,取出枕头,将其松散后放回患者头下	• 四角充实,开口背门 • 禁忌在患者面前拍打枕头
7.移回床旁桌、床旁椅　必要时将床上支架支起,协助患者采取舒适卧位	
8.整理　清理用物,询问患者状态、感受及需求,开窗通风,感谢患者合作	

2. 注意事项

（1）保证患者安全、舒适。不宜过多翻动、暴露患者,保护患者隐私。

（2）为防止交叉感染,采用一床一无菌巾湿扫床单位。

（3）必要时使用床栏,以防止在操作过程中变换体位时患者坠床。

（4）操作中应注意节力原则,两人配合时,需注意动作应协调一致。

（5）翻身时应注意保护患者身上的各种管道完好、通畅,无扭曲、打折、受压。

(6)操作中应注意观察患者情况,与患者保持适当有效的沟通,若发现病情变化,立即停止操作,采取相应措施。

【评价】

(1)护士操作方法正确、熟练、动作轻稳、省力。

(2)护患沟通有效,满足患者身心需求。

(3)患者感到安全、舒适、无并发症。

实训 2-3-5 卧床患者更换床单

【目的】

同卧床患者床的整理。

【评估】

同卧床患者床的整理。

【计划】

1.护士准备 同卧床患者床的整理。

2.用物准备

(1)护理车上层放置更换用物 自下而上分别为枕套、被套、中单、大单。中层放床刷及一次性外套或扫床巾。下层放置便盆及便盆巾(必要时)。

(2)酌情备所需用物 必要时准备清洁衣裤(置护理车上层);皮肤护理盘(置护理车中层),屏风。

3.患者准备 同卧床患者床的整理。

4.环境准备 同卧床患者床的整理。

【实施】

1.操作步骤

操作步骤	要点说明
1~5,步骤同卧床患者床的整理	
6.更换床单	
★侧卧更换床单法	• 适用于长期卧床,病情允许翻身侧卧患者
(1)从床头至床尾将近侧各层床单从床垫下拉出	• 保持恰当的姿势,注意省力
(2)把中单污染面向内卷入患者身下至床中线,清扫橡胶单,搭于患者身上,将大单污面向内塞于患者身下,从床头至床尾扫净床褥上渣屑;刷子置于治疗车下层	• 污面向内翻卷 • 清扫原则:自床头至床尾;自床中线至床外缘。注意清扫过中线
(3)将清洁大单的中线与床中线对齐,将近侧大单向近侧下拉散开,将对侧大单正面向内卷塞于患者身下,依次铺好清洁大单床头、床尾及中部	• 注意大单平整、扎实 • 正面向内翻卷,塞入污染大单下
(4)铺平橡胶中单,铺清洁中单与橡胶单上,近侧部分下拉至床沿,将近侧橡胶单和中单一并塞入床垫下,对侧部分内折后卷至患者身下	• 注意观察患者,询问有无不适
(5)协助患者平卧位,将枕头移至近侧,护士转向床对侧,助患者移向近侧,翻身侧卧于铺好床单的一侧,背向护士	• 患者卧位安全,防止坠床,必要时加床栏 • 避免患者受凉
(6)松开各单,上卷中单至中线处,取出被污染的中单(简称污中单),放于护理车污染袋内。清扫橡胶单,并搭于患者身上,将污染大单自床头卷至床尾,取出被污染的大单(简称污大单)放入护理车下层或污物袋内	• 各单污面均向内 • 保持恰当的姿势,注意节力 • 过中线
(7)清扫床褥,依次拉出并铺好大单、橡胶单和中单	• 注意各单拉平整,铺紧
(8)助患者仰卧于床中央,并移枕于患者头下	• 取舒适体位

续表

操 作 步 骤	要 点 说 明
★平卧更换床单法 (1)取下枕套　托起患者头部,取出枕头,拆下枕套放入污物袋内或护理车下层,枕芯放于床旁椅上	• 适用于病情不允许翻身侧卧的患者
(2)抬身卷床头污单　托起患者头部,将床头大单、橡胶单、中单一起横向从床头卷至患者肩下	• 抬起患者时,高度适宜、动作平稳、以防不适、便于操作 • 骨科患者可利用牵引架拉手牵引抬起上身
(3)铺床头大单　将清洁的大单横卷成筒状铺于床头,中线对齐铺好床头	
(4)抬身撤下污染各单、拉清洁大单时抬起患者上半身,把污大单、橡胶单和中单一并从患者肩下卷至臀下,同时将清洁大单展平至臀部;放平患者,抬起臀部,迅速撤去污大单、橡胶单、中单,将清洁大单拉至床尾;橡胶中单置于床旁椅上,其余污物放于污物袋内或护理车的下层	• 随时观察患者,询问是否不适 • 亦可将污染大单上端反折1/3,系于床尾做成污物袋
(5)依次铺各单,将近侧大单展平铺好;铺中单、橡胶单同卧床患者床单位的整理	• 塞于床垫下时,应注意不要太紧,以免造成足部不适,防止足下垂
7.铺清洁被套于盖被上,将被套尾端开口打开,从污染被套里取出棉胎,以"S"形折叠并放入清洁被套内,套好被套。撤出污被套放于护理车的下层或污物袋内	• 注意速度不可过快,需及时询问患者,以防不适,保持病室整洁、美观
8.拉平盖被,系带,两边齐床沿形成被筒,被尾齐床尾向内折或塞于床垫下	
9.取枕更换枕套,置患者头下枕好	
10.移回床旁桌椅,根据患者病情支起床头和膝下支架	
11.整理床单位,帮助患者取舒适的体位,打开门窗	
12.清理物品,洗手	

2. 注意事项　同卧床患者床的整理。

【评价】

同卧床患者床的整理。

知识链接

拆 床 法

1. 移开床旁桌椅。

2. 拆下枕套,置于床尾下档,枕芯放于椅上。

3. 一手抬起近侧床垫中部,另一手自垫下向床头松单,随即换手向床尾垫下松单。

4. 将近侧棉被松开。

5. 转至对侧,同法松开大单、棉被。

6. 从被套开口处将棉胎一侧纵行向上折叠1/3,同法折对侧棉胎,手持棉胎前端,呈"S"形折叠拉出,放于椅上。

7. 将大单、被套、枕套由两端和两侧污面向内卷起。

8. 枕芯、棉胎放于床上,移回床旁桌。

三、入院接待程序

(一) 概述

1. 入院护理概念　入院护理是指患者经门诊或急诊医生诊查后,根据其病情确定需住院进行进一

Note

25

步观察、检查和治疗时,经诊查医生建议并签发住院证后,由护理人员为患者所提供的一系列护理活动,包括患者进入病区前的护理和进入病区后的初步护理。

2. 入院护理目的

(1) 帮助患者熟悉医院环境,适应医院生活,消除紧张、焦虑、不安等情绪。

(2) 满足患者身心需求,调动其配合医疗、护理工作的积极性,利于疾病恢复。

(3) 建立良好护患关系,为护理工作顺利开展奠定基础。

(4) 收集健康资料,为制定护理计划提供依据。

(5) 做好健康教育,满足患者对疾病信息的需求。

(二) 入院接待程序

入院接待程序是指门诊或急诊的患者经医生初步诊断确定需住院检查或治疗时,根据医生签发的住院证,从办理入院手续至进入病区的全过程。

1. 住院处的护理

(1) 办理入院手续 患者或家属凭医生签发的住院证到住院处办理住院手续,包括填写住院登记表和病例首页,说明保险种类及缴纳住院保证金等。手续办完后,住院处护士立即电话通知病区值班护士,根据患者病情需要提前做好迎接准备。但对于急危重症患者或急需手术的患者应先收入病房或先手术,再补办住院手续。

(2) 实施卫生处置 护士应根据医院的条件和患者病情及身体状况在卫生处置室协助其进行卫生处置,如修剪指甲、更衣、沐浴、理发等。对有头虱或体虱患者,应先灭虱处理,再进行以上的卫生处置;对急危重症患者、即将分娩者可酌情免浴;对传染病患者或疑似传染病患者应送至隔离室进行处置。患者换下的衣服和不需要的衣物可交还家属带回或按手续暂时存放在住院处。

(3) 护送患者入病区 住院处的护士携带门诊病案护送患者入病区。可依据患者病情选择不同的护送方式,如:能自行行走的患者选择搀扶其步行;不能行走或病情危重者可选用轮椅、平车或担架护送。护送途中需注意安全和保暖,像给氧、输液等必要的治疗不可中断(如给氧或输液等要保持通畅)。对于实施手术、昏迷、神志不清、无自主能力的重症患者需使用"腕带"以便正确辨识患者,保障患者的安全。送至病区后与病区值班护士就患者的病情、已采取的治疗、护理或需要继续的治疗、护理以及物品等进行详细交接班。

知识链接

患者标识腕带

标识腕带是一种系在护理对象手腕上,24 h贴身的特殊设计标识,它可以防止被调换或拆除,确保标识对象的唯一性和正确性(图2-3-10,图2-3-11)。

腕带标识上应标明:患者姓名、病区、床号、住院号、性别、年龄等,将标有患者重要资料的标识带系在患者手腕上进行24 h贴身标识,并确保记载的信息足够清晰和可辨认,才能够有效保证随时对患者进行快速准确的识别,提高对患者识别的准确性。

患者标识腕带是对在医院接受治疗的患者的身份进行准确而可靠的标记,有利于医疗护理工作管理的规范化,有效预防因错误识别患者而引发的医疗事故,从而提高护理工作质量。

移动护理PDA

移动护理PDA数据条码采集器,具有高效操作运算性能及多样化读取功能。移动护理PDA轻巧、方便携带,采用高性能激光扫描引擎,支持一维条码、二维条码扫描等多种数据采集方式,满足医院血袋、输液瓶、药品、腕带等多种扫描需要。对于护士而言,日常巡视工作内容繁多,容易出错。如测量患者体温血压等体征信息时,一般需要经过测量—纸质记录—手动输入系统的多个步骤,效率低,而且容易出错。借助移动护理PDA,可在测量后直接录入系统,准确高效,护理工作效率提升60%(图2-3-12)。

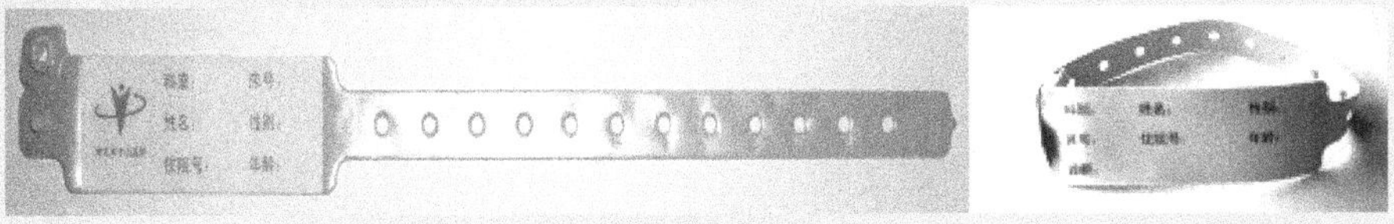

图 2-3-10　标识腕带

图 2-3-11　条码腕带

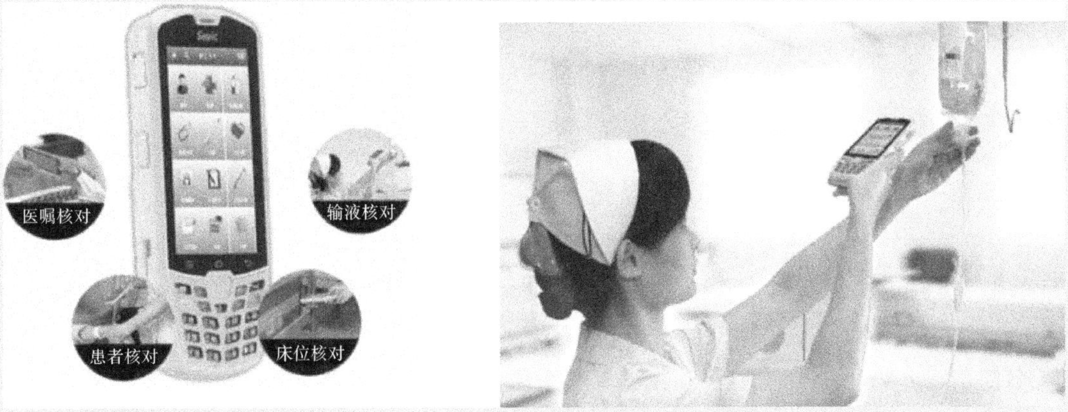

医嘱核对　输液核对　患者核对　床位核对

图 2-3-12　移动护理 PDA 数据条码采集器

2. 患者入院后的初步护理

1）一般患者的入院护理

（1）准备病床单位　病区护士接到住院处通知后，根据患者病情及治疗需要安排床位。将备用床改为暂空床，酌情加橡胶单和中单。若是危重患者应安置在重症监护室，传染病患者应安置在隔离室。准备齐全患者所需用物，如脸盆、热水瓶、痰杯等。

（2）迎接新入院患者　护士应热情迎接患者，将其妥善安置至指定床位，协助患者床上休息。向患者进行简单自我介绍，说明自己工作职责，同时介绍主管医生和同室病友等，并协助患者佩戴腕带标识。

（3）通知医生诊疗　告知主管医生前来诊视患者，必要时协助体检、治疗。

（4）入院护理评估　测量患者体温、脉搏、呼吸、血压，对能站立患者测身高、体重，并记录在体温单上。根据住院患者首次护理评估单收集患者的健康资料。通过对患者的健康状况进行评估，了解其身体情况、心理需要及健康问题，为制定护理计划提供依据。

（5）填写住院病历和有关护理表格

①用蓝色或碳素墨水钢笔逐页填写住院病历相关眉栏及各种表格。住院病历排列顺序：体温单（按时间先后倒排）→医嘱单（按时间先后倒排）→入院记录单→病史及体格检查→病程记录（包含手术、分娩记录单等）→会诊记录→各种检验及检查报告单→知情同意书→护理记录单→长期医嘱执行单→住院病历首页→住院证→门诊或急诊病案。

Note

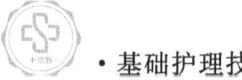

②填写体温单:在体温单 40～42 ℃之间相应时间栏内用红墨水笔纵向填写入院时间。

③填写"一本、二卡":填写入院登记本、诊断卡(一览表卡)、床尾(头)卡,并在计算机系统中审核及录人其基本信息。

(6) 做好介绍与指导 向患者及家属介绍病区环境、作息时间、有关规章制度、床单位及相关设备的使用方法,指导患者留取常规标本的时间、方法及注意事项。

①发放入院告知书,向患者或家属介绍有关的医生和护士。

②交代病区和病室环境的设置、医院的有关规章制度(陪护时间、作息时间和探视制度)。

③介绍床单位及设施的使用方法以及常规标本留取的方法、时间和注意事项。

④耐心倾听并解答患者或家属的咨询,并告知护理对象如有需要可及时通知护士。

(7) 执行入院医嘱 执行各项医嘱及护理措施;通知营养食堂准备膳食;遵照"分级护理"实施常规护理(表 2-3-1)。

(8) 完成入院评估 按照护理程序收集资料,对患者的健康状况进行评估、熟知患者的基本情况、身心需求和健康问题,为制定护理计划提供依据。同时填写入院护理评估单。

2) 急诊患者的入院护理

病区接收的急诊患者多是由急诊室或手术室转来的,病区护士接到通知后需立即做好以下准备。

(1) 准备病床单位 即刻准备好危重病室或抢救室床单位,病床上需加铺橡胶单和中单;对急诊手术患者,应备好麻醉床。

(2) 做好及时抢救准备 备齐急救设备、器材及药品,通知医生做好抢救准备。

(3) 使用标识腕带,作为患者身份识别标示 昏迷、神志不清、手术、无自主能力的危重症患者在诊疗活动中使用"腕带"作为用药前、操作前、输血前等诊疗活动辨识患者的一种有效手段。

(4) 积极配合抢救 妥善安置患者入病室后,密切监测病情变化,积极配合医生进行抢救,及时做好护理记录。

(5) 暂留陪送人员 对于神志不清的患者或婴幼儿,需暂留陪送人员,便于询问了解病史等相关情况。

3. 分级护理 分级护理是指患者在住院期间,医护人员依据其病情的轻、重、缓、急,身体状况和生活自理能力程度,确定并实施不同级别的护理。并将护理级别分为四个等级:特级护理、一级护理、二级护理、三级护理。各级护理级别的适用对象及对应的护理要点见表 2-3-1。

表 2-3-1　各级护理的适用范围和护理内容

护理级别	适用范围	护理要点
特级护理	①病情危重,随时可能发生病情变化,需观察以便进行抢救患者 ②各种疑难复杂大手术后患者 ③严重创伤和大面积烧伤患者 ④器官移植以及某些严重的内科疾病 ⑤重症监护患者 ⑥使用呼吸机辅助呼吸,并需要严密监护病情的患者 ⑦实施连续性肾脏代替治疗,并需要严密监护生命体征的患者 ⑧有其他生命危险,需要严密监护生命体征的患者	①安排专人 24 h 护理,需严密观察病情变化、监测生命体征 ②严格执行各项诊疗措施,制定护理计划,实施护理措施,依次、准确、及时、填写特别护理记录单 ③备齐急救药品及用物 ④根据医嘱,正确实施治疗、给药措施及准确测量出入液量 ⑤根据病情做好基础和专科护理,如口腔护理、压疮护理、气道护理及管路护理等,预防并发症,确保患者的安全 ⑥确保患者功能体位和舒适 ⑦实施床旁交班

续表

护理级别	适 用 范 围	护 理 要 点
一级护理	①病情趋向稳定的重症患者 ②手术后或者治疗期间需要严格卧床的患者 ③生活完全不能自理且病情不稳定的患者 ④生活部分自理,病情随时发生变化的患者,如昏迷、瘫痪、休克、大出血、高热、各种大手术后、肝肾功能衰竭者和早产儿等	①每小时巡视患者一次,密切观察病情及生命体征变化 ②严格执行各项诊疗措施,制定护理计划,实施护理措施,依次、及时、准确、填写特别护理记录单 ③按需准备急救用物及药品 ④根据病情做好基础和专科护理,如口腔护理、压疮护理、气道护理及管路护理等,预防并发症,确保患者的安全 ⑤根据病情,测量生命体征 ⑥提供护理相关的健康指导
二级护理	①病情较重但稳定,仍需卧床的患者 ②生活不能全部自理的患者。例如年老体弱、幼儿、大手术后病情稳定者及慢性病不宜多活动的患者等	①每2 h巡视患者一次,密切观察病情变化 ②根据病情测量生命体征、给药、治疗 ③按护理常规进行护理 ④提供必要的生活及心理支持,熟知病情动态,满足患者身心需求
三级护理	病情较轻,生活基本能自理的患者。如疾病恢复期及择期手术前准备阶段的患者、一般慢性病患者等	①每3 h巡视一次,密切观察病情变化 ②根据病情测量生命体征、给药、治疗 ③按护理常规进行护理 ④提供必要的生活及心理支持,熟知病情动态,满足患者身心需求

在临床工作中,为了方便了解患者的护理级别,及时观察患者病情和生命体征变化,在护士站患者一览表上的诊断卡及床头(尾)卡上,通常采用不同颜色的标志来表示患者的护理级别。特级护理和一级护理采用红色标志,二级护理采用黄色标志,三级护理采用绿色标志。

（三）运送患者的护理技术

患者在入院、住院期间的外出检查、治疗、手术或外出活动、出院时,根据患者病情不能自行活动的患者,护士可依据其病情酌情选择轮椅、平车或担架等工具运送患者。在运送的过程中,护士应该正确运用人体力学的原理,确保患者的安全和减少护患双方的不适与疲劳。

1. 轮椅运送技术 见实训2-3-6。

实训2-3-6 轮椅运送技术

【目的】

(1) 护送不能自行行走但可坐起的患者入院、检查、治疗或室外活动、出院等。

(2) 协助患者下床活动,促进其血液循环和体力的恢复。

【评估】

(1) 患者的体重、病情、意识状态与躯体活动能力与耐力。患者损伤的部位及合作程度、有无坐轮椅的经验。

(2) 向患者及家属解释轮椅运送的目的、方法和注意事项,指导如何配合,并取得合作。

(3) 检查轮椅各部件及功能状况是否完好。

【计划】

1. 护士准备 着装整洁,修剪指甲,洗手,戴口罩。

2. 用物准备 轮椅(各部件性能良好)、根据需求备外衣或毛毯、别针,备软枕(根据患者需要)。

3. 患者准备 了解轮椅运送的目的、使用方法及注意事项,积极主动配合。

4. 环境准备 环境宽敞,暂时移开室内障碍物,便于操作。

Note

【实施】

1. 操作步骤

操作步骤	要点说明
1. 检查轮椅 检查轮椅性能状况,将轮椅推至患者床旁	• 认真仔细检查轮椅各部件,如:椅座、椅背、车轮、脚踏板及制动闸等各部件性能,确保安全性
2. 核对解释 核对患者床号、姓名、住院号和手腕带,并解释取得合作	• 确认患者
3. 放置轮椅 使椅背与床尾平齐,椅面面向床头,将制动闸固定使轮椅制动,翻起脚踏板	• 防止轮椅滑行,防患者跌伤
4. 放毛毯 需要使用毛毯时,将毛毯单层、两侧对称平铺于轮椅上	• 寒冷季节注意保暖,使毛毯上端高过患者颈部约15 cm
5. 协助起床 将患者盖被扇形折叠于床尾,护士一手置于患者颈肩下,另一手于膝下,协助患者坐于床边,嘱咐其用手掌撑住床面利于维持坐姿,扶助患者穿衣、裤、袜、穿鞋	• 询问、观察患者有无眩晕和不适 • 寒冷季节注意患者保暖 • 便于患者下床
6. 协助患者上轮椅 (1) 护士面向患者双脚分开站稳,双手扶稳患者腰部,嘱咐患者双手置于护士肩上,协助患者转身下床站立	• 病情允许时,护士可站在椅背后,固定稳轮椅,患者可自行坐入轮椅,以防轮椅倾翻,确保患者安全
(2) 嘱患者扶住轮椅外侧把手,坐入轮椅中或由护士环抱患者,协助患者坐入椅中,患者坐在轮椅上时身体尽量向后靠,两手分别放置扶手上,并扶稳	• 嘱患者、不可前倾或自行站起、下轮椅
(3) 放下脚踏板,将患者脚置于脚踏板上	• 如果患者下肢水肿、溃疡或关节疼痛,需在脚踏板上垫软枕,将双脚抬高
(4) 如果使用毛毯,需将毛毯上端向外翻折约10 cm围在患者的颈部,用别针固定,同时用毛毯围住两臂,做成两个袖筒,用别针分别在两侧腕部固定,再用毛毯将上身、腰部、双下肢和两足包裹住,露出双手(图2-3-13)	• 保持舒适、安全 • 避免患者受凉
7. 整理 整理床单位 将床单位整理成暂空床	• 如果患者不能保持躯体平衡,应系安全带
8. 推轮椅 仔细观察患者后,确定无不适打开制动闸,推轮椅护送患者抵达目的地	• 推行过程中注意患者病情变化,过门槛时需翘起前轮,以免过大震动,确保患者安全
9. 协助患者下轮椅 (1) 将轮椅推至床尾,椅面面向床头,将制动闸固定使轮椅制动,翻起脚踏板	
(2) 护士站在患者前面,双脚前后分开,屈膝屈髋,双手扶稳患者腰部,嘱咐患者双手置于护士肩上,协助其站起,从轮椅慢慢转至床边坐回床沿	• 防止患者摔倒
(3) 协助患者脱下鞋及外衣,协助其取舒适卧位,帮助盖好盖被休息	
10. 整理床单位	• 观察患者病情
11. 推回轮椅至原处放置	• 便于他人使用

2. 注意事项

(1) 使用前需仔细检查轮椅各部件性能,以确保使用时安全性。

(2) 推轮椅时,嘱患者手扶稳轮椅扶手,身体勿向前倾尽量向后靠,不可自行下轮椅;需随时观察患者病情。

(3) 护送过程中,下坡时需减慢速度,防止患者感觉不适或发生意外。

(4) 寒冷季节注意保暖。

【评价】

（1）护士操作规范，动作协调、轻稳，关心保护患者。

（2）护患沟通交流有效，患者满意。

（3）在运送过程中患者无不适感，无病情变化，能积极主动配合；运送安全、顺利。

图 2-3-13　毛毯包裹患者

2. 平车运送技术　见实训 2-3-7。

实训 2-3-7　平车运送技术

【目的】

运送不能起床的患者入院、进行各种检查、治疗、手术或转运及出院等。

【评估】

（1）患者的体重、病情、意识状态与躯体活动能力与耐力及心理状态。患者损伤的部位及合作程度、有无坐轮椅的经验。

（2）向患者及家属解释平车运送的目的、方法和注意事项，指导如何配合，并取得合作。

（3）平车各部件状况及功能是否良好。

【计划】

1. 护士准备　着装整洁，修剪指甲，洗手，戴口罩。

2. 用物准备　平车上放置用大单和橡胶单包好的平车垫、枕头、盖被或毛毯。患者如果是骨折患者，平车上应放置木板；患者如果是颈椎、腰椎骨折或病情较重，应备好帆布中单或中单。

3. 患者准备　熟知操作目的，愿意配合，排空"二便"，做好配合准备。

4. 环境准备　环境宽敞，暂时移开室内障碍物，便于操作。

【实施】

1. 操作步骤

操作步骤	要点说明
1.备物　检查平车性能，并根据需求铺好平车，套好盖被或毛毯于平车垫	• 检查平车：车轮、车面、制动闸等各部件性能，保证患者安全
2.核对解释　推平车至患者床旁，核对患者床号、姓名和腕带，向其解释运送的目的、方法和所需配合事项	• 确认患者及患者家属是否准备完毕
3.搬运患者　妥善固定好患者身上的输液管、导管等，根据患者病情及体重，确定搬运方法	• 保持管道通畅，避免导管受压、扭曲、脱落和液体逆流

Note

续表

操作步骤	要点说明
★挪动法（图 2-3-14）	• 适用病情允许，能在床上配合的患者
（1）移开床旁桌、床旁椅，松开盖被，协助患者穿衣，协助患者移至床边	• 方便挪动患者至平车上
（2）将平车移动至紧靠床边与床平行，并将车头端靠床头，制动平车闸，调整平车或病床高度	• 大轮靠近床头
（3）协助患者移向平车，顺序依次按上身、臀部、下肢挪动	• 如平车一端为大轮，需使患者头部卧于大轮端，尽量减少颠簸和不适
（4）协助患者在平车上躺好，用盖被或毛毯包裹患者，先双足、再两侧，头部盖被需折成45°角	• 协助患者移回床上时，先移动下肢，再移动上身 • 患者舒适、保暖
★单人搬运法（图 2-3-15）	• 适用于上肢活动自如，体重较轻的患者
（1）推平车至患者床旁，使大轮端靠近床尾，平车大轮端与床成钝角，将制动闸止动，放下平车两侧的防护栏	• 便于操作者转体搬运 • 防止平车滑行，保证患者安全
（2）将盖被松开，协助患者穿好衣服	
（3）操作者两脚前后分开，站于床边，略屈膝，一手臂自患者近侧腋下伸至对侧肩部，另一手臂置于患者臀下；嘱患者双臂伸过并置于护士颈后；操作者抱起患者，转身移步将患者轻轻置于平车中央，将盖被盖好，拉起平车两侧防护栏	• 两脚一前一后，可扩大支撑面，降低重心，稳定度增强，利于转身 • 防止发生坠床
★二人、三人搬运法（图 2-3-16）	• 适用于活动不能自如且体重较重的患者
（1）同单人搬运法步骤（1）至（2）	• 搬运者从床头到床尾，按身高从高到低排列
（2）操作者依次站于床边，放置患者双手交叉于胸腹部，协助其移至床沿	• 将患者靠近操作者，可缩短重力臂达到节力的目的 • 各操作者手法到位，利于搬运
（3）二人搬运时：护士甲一手托住患者头、颈、肩部，另一手托住其腰部；护士乙一手托住患者臀部，另一手托住其腘窝处，两人同时抬起患者，并将患者身体稍向护士倾斜，一起移步转向平车，将患者轻放于平车中央，盖好盖被	• 一人喊口令操作者同时用力，动作需轻稳、协调一致，保证患者安全、舒适 • 身高的操作者托住患者上半身，使患者头处于高位，以减轻不适
（4）三人搬运时：护士甲双手托住患者头部、颈部、肩部和背部，护士乙双手托住患者腰和臀部，护士丙双手托住患者腘窝处和两小腿处。三人同时抬起患者，并将患者身体稍向护士倾斜，同时一起移步转向平车，将患者轻放于平车中央，盖好盖被	
★四人搬运法（图 2-3-17）	• 适用范围为颈、腰椎骨折或病情较重的患者
（1）与挪动法步骤（1）至（2）相同	
（2）在患者的腰、臀下铺中单或帆布中单，将患者双手交叉置于其胸腹部	
（3）操作者护士甲站于床头，负责托住患者的头部、颈部和肩部；护士乙站于床尾负责托住患者两腿；护士丙和护士丁分别站于病床及平车两侧，负责握紧中单或帆布中单的四角，由其中一操作者喊口令，四人同时用力抬起患者向平车处移动，动作轻稳、协调一致将患者轻稳放于平车中央，并盖好盖被	• 颅脑损伤、颌面部外伤及昏迷的患者，应将头转向一侧 • 骨折患者，车上需垫木板，并妥善固定好骨折部位 • 中单或帆布中单以能承受患者体重为宜 • 护士甲应随时观察患者病情变化
4.将床铺成暂空床	
5.运送　松开平车制动闸，推平车护送患者至指定目的地	• 保持病室整洁、美观 • 护士应站在患者头侧，利于观察病情，车速适宜，上下坡时，患者头部应位于高处，减轻不适

2. 注意事项

(1) 搬运前需要仔细检查平车性能,以保证患者安全。

(2) 搬运时需注意省力,身体尽量靠近患者,同时双腿分开,以扩大支撑面。搬运时动作要轻稳,多人搬运时应注意协调一致,以确保患者的舒适、安全。

(3) 运送的过程中,需注意:①患者头部应位于平车大轮端,以减轻因转动过多或颠簸所引起的不舒适感;②护士需站在患者头侧,有利于观察病情变化;③平车在上、下坡时,患者的头部应始终处于高位,以防引起患者的不适;④有输液管及引流管时,需要将其妥当固定并保持通畅,防止并发症发生;⑤运送骨折患者,平车上需要垫木板,固定好骨折的部位;⑥运送的过程中要注意保持车速平稳;⑦进出门时,应该先把门打开,不可用平车撞门,防止震动患者及损坏建筑物;⑧注意冬季要保暖,以免患者受凉。

【评价】

(1) 护患沟通交流有效,达到预期效果,患者满意。

(2) 护士操作熟练,动作轻稳、节力、协调。

(3) 患者积极配合,舒适,无并发症。

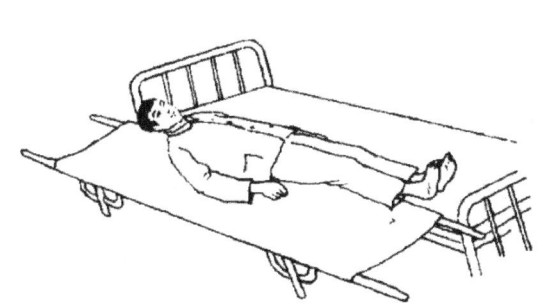

图 2-3-14 挪动法

图 2-3-15 单人搬运法

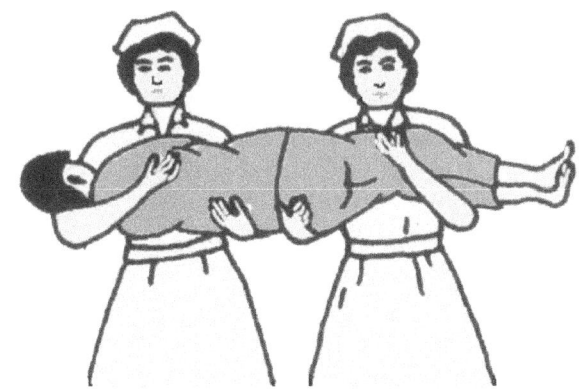

图 2-3-16 二人搬运法

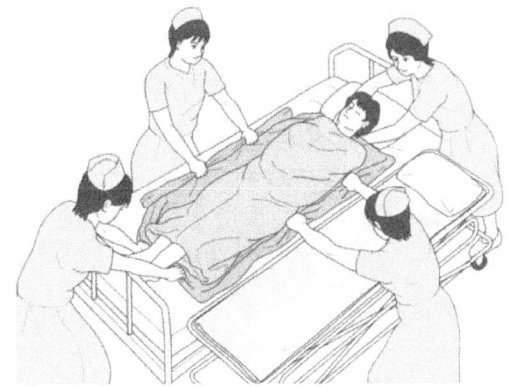

图 2-3-17 四人搬运法

直通护考

一、A1/A2 型题

1. 腹部患者术后为其铺中部橡胶单时,其上端距床头应为(　　)。

A. 35~40 cm　　　B. 40~45 cm　　　C. 45~50 cm　　　D. 50~55 cm　　　E. 55~60 cm

2. 急性阑尾炎患者术后需要准备(　　)。

A. 备用床　　　B. 暂空床　　　C. 麻醉床　　　D. 抢救床　　　E. 手术床

3. 下列哪项是麻醉护理盘内不需要准备的物品?(　　)

Note

A. 开口器　　　　B. 吸痰导管　　　　C. 舌钳　　　　D. 吸水管　　　　E. 输氧导管

4. 王某,男,神志清楚,因患破伤风,全身肌肉阵发性痉挛、抽搐,所住病室环境,下列不符合病情要求的是(　　)。

A. 室温 18～22 ℃　　　　　　　B. 相对湿度 50%～60%　　　　　C. 门、椅脚钉橡皮垫

D. 保持病室光线充足　　　　　　E. 护士要做到"四轻"

5. 林先生,56 岁。因呼吸道阻塞行气管切开,其病室环境护理应特别注意(　　)。

A. 调节温度、湿度　　　　　　　B. 保持安静　　　　　　　　　　C. 加强通风

D. 合理采光　　　　　　　　　　E. 适当绿化

6. 患者,男,48 岁。以"全身性黄染 20 天伴消瘦纳差"入院,诊断胰头癌。患者入院后情绪低落,思想负担较重。责任护士对其采取较为适宜的护理措施是(　　)。

A. 对患者隐瞒病情以取得配合　　　　　　B. 注意强调手术治疗的效果

C. 尽量避免谈及患者的病情　　　　　　　D. 介绍同病种术后康复期病友与其交流

E. 为了避免患者术前情绪波动,尽量减少探视

7. 某产妇,28 岁。顺产一男婴。护士查房时发现其门窗紧闭,该护士向其解释通风的优点,应排除(　　)。

A. 减少细菌数量　　　　　　　B. 降低二氧化碳含量　　　　　C. 改善空气质量

D. 减少感染的发生　　　　　　E. 增加氧含量

8. 护士为全麻术后患者铺麻醉床时下列操作不正确的是(　　)。

A. 床中部的中单及橡胶中单距床头 45～50 cm　　　　B. 枕头横于床头,开口向门

C. 换铺清洁被单　　　　　　　　　　　　　　　　　　D. 一床一巾湿扫法,防止交叉感染

E. 盖被折扇状折叠置于床的一侧,开口背门

9. 为达到置换病室内空气的目的,一般每次通风时间是(　　)。

A. 15 min　　　　B. 10 min　　　　C. 30 min　　　　D. 5 min　　　　E. 1 h

10. 某护士在急诊科工作 13 年,由于工作长期处于紧张状态,在患者行动不便时还要协助搬运患者,劳动强度较大,经常感到身心疲惫。近期腰部不适加重,检查为腰椎间盘突出。导致其损伤的职业因素属于(　　)。

A. 化学性因素　　B. 生物性因素　　C. 放射性因素　　D. 机械性因素　　E. 心理因素

11. 某患儿,出生 1 天,诊断为"新生儿窒息"入暖箱治疗。该新生儿室的湿度波动范围为(　　)。

A. 40%～50%　　B. 30%～40%　　C. 50%～60%　　D. 20%～30%　　E. 60%～70%

12. 手术室的室内温度合适的范围是(　　)。

A. 20～22 ℃　　B. 18～22 ℃　　C. 22～24 ℃　　D. 18～20 ℃　　E. 24～26 ℃

13. 下列哪项不符合特别护理要点?(　　)

A. 24 h 专人护理　　　　　　　　　　　B. 制定护理计划

C. 密切观察病情变化,检测生命体征　　　D. 加强基础护理,防止并发症

E. 给予卫生保健指导

14. 刘某,女,45 岁,因糖尿病而住院,由值班护士接待以下做法何项欠妥?(　　)

A. 介绍环境,消除陌生感　　　　　　　　B. 工作负责周到,让患者放心

C. 耐心地安慰,减轻焦虑　　　　　　　　D. 对患者的提问予以科学合理的解答

E. 满足患者提出的任何需要

15. 患者,林某,偏瘫长期卧床,因近日高热而入院治疗,患者体型较大,需两位护士协助其从平车上移到床上,平车放置的正确方法是(　　)。

A. 将平车与床尾成锐角　　　　　　　　　B. 将平车与床尾成钝角

C. 将平车与床头成锐角　　　　　　　　　D. 将平车与床头成钝角

E. 将平车靠紧床沿

16. 患者,56 岁。因乳腺癌在全麻下行乳腺癌根治术,手术顺利,术后返回病房。为患者准备麻醉床,不符合省力原则的是( )。

A. 铺床时身体靠近床铺 B. 使用肘部力量 C. 上身保持一定的弯度

D. 动作平稳 E. 两脚分开,两膝稍屈

17. 下列有关特级护理的护理内容错误的是( )。

A. 备齐抢救药品和物品 B. 实施床旁交接班

C. 及时准确填写特别护理记录 D. 给予卫生保健指导

E. 24 h 专人护理

18. 住院处办理入院手续的依据是( )。

A. 医生签发的住院证 B. 住院病历

C. 单位出具的住院介绍信 D. 门诊病历

E. 社区医院开具的转诊信

二、A3/A4 型题

(19～21 题共用题干)

患者,王某,男,30 岁,诊断为"多发性骨折伴创伤性休克",需立即手术,现给予双侧鼻导管吸氧,静脉输液。

19. 采用何种搬运方法运送患者?( )

A. 轮椅运送法 B. 平车挪动法 C. 平车单人搬运法

D. 平车二人搬运法 E. 平车中单或帆布中单搬运法

20. 应用平车将患者送往手术室途中,护士应注意( )。

A. 搬运患者时应在平车上垫一木板,并固定好骨折部位

B. 为了方便搬运患者,可暂时停止患者的吸氧,等安置好患者后再继续吸氧

C. 为了方便搬运患者,可暂时停止输液,等安置好患者后再继续输液

D. 为了赢取抢救时间,应以最快的速度推平车

E. 为了争分夺秒,可用平车直接撞开手术室门

21. 患者术后应该给予几级护理,需多长时间巡视护理一次?( )

A. 特级护理,严密观察病情变化及生命体征 B. 一级护理,每 30 min 巡视患者一次

C. 一级护理,每 1 h 巡视患者一次 D. 二级护理,每 2 h 巡视患者一次

E. 二级护理,每 3 h 巡视患者一次

(铁岭卫生职业学院　侯晓雪　辽宁省人民医院　张琦)

任务四　生命体征的观察及护理技术

护考提示

1. 生命体征的正常值及生理变化。
2. 异常生命体征的评估和护理。

学习目标

1. 知识目标:掌握生命体征的正常值、异常生命体征的评估和护理,熟悉生命体征的生理变化,了

参考答案

在线答题

PPT 课件

Note

解生命体征的形成、调节及影响因素。

2. 能力目标：能正确地测量体温、脉搏、呼吸和血压。

3. 素质目标：具有人文关怀的理念及严谨求实的工作作风,关心患者,动作轻柔。

案例引导

案例解析

　　患者,张女士,54 岁,高血压伴左侧肢体偏瘫 5 年。主诉:发热、头痛、咽痛 2 天,在家中测体温 38.5 ℃,服用退热药物后未见明显好转,来医院就诊。入院时患者神志清楚,面色潮红,精神较差,焦虑,检查咽喉部红肿。

　　如果你是责任护士,请完成以下任务:

　　①正确地为患者测量生命体征。

　　②正确地评估患者病情,提供相关的护理措施。

情境训练

　　生命体征是体温、脉搏、呼吸以及血压的总称。生命体征是机体内在活动的一种客观反映,是衡量机体状况的可靠指标。正常人生命体征在一定范围内波动变化且相对稳定,但是在病理情况下,变化却极其敏感,能够及时准确地反映病情。护士通过认真仔细地观察生命体征,可以了解机体重要脏器的功能活动情况,了解疾病的发生、发展及转归,为预防、诊断、治疗、护理提供依据。因此,掌握生命体征的观察和护理是临床护理中极为重要的内容之一。

一、体温的观察与护理

　　体温,也称体核温度,是指身体内部胸腔、腹腔和中枢神经的温度,其特点是相对稳定且较皮肤温度高。皮肤温度也称体表温度,可受环境温度和衣着情况的影响且低于体核温度。

(一) 正常体温与生理性变化

　　1. 体温的形成　　体温是由糖、脂肪、蛋白质三大营养物质氧化分解而产生的。三大营养物质在体内氧化时所释放的能量,其总量的 50% 以上迅速转化为热能,以维持体温,并且不断地散发到体外;其余不足 50% 的能量储存于三磷酸腺苷(ATP)内,供机体利用,最终仍转化为热能散发到体外。

　　2. 产热与散热

　　(1) 产热过程　　机体的产热过程是细胞新陈代谢的过程,人体以化学方式产热,人体主要的产热器官是肝脏和骨骼肌,产生热量的主要因素有食物氧化、骨骼肌运动、交感神经兴奋、甲状腺素分泌增多、体温升高等。

　　(2) 散热过程　　人体以物理方式散热,最主要的散热器官是皮肤,呼吸、排尿、排便也散发部分热量。人体的散热方式有辐射、传导、对流、蒸发四种。

　　①辐射:热量由一个物体表面通过电磁波的形式传至另一个与它不接触物体表面的一种方式。辐射是人体安静状态下处于气温较低环境中主要的散热形式。辐射散热量同皮肤与外界环境的温度差及机体有效辐射面积等有关。

　　②传导:传导是机体的热量直接传给同它接触的温度较低的物体的一种散热方式,传导散热量取决于所接触物体的导热性能。由于水的导热性能好,临床上运用冰袋、冰帽、冰(凉)水湿敷高热患者进行物理降温,就是利用传导散热的原理。

　　③对流:传导散热的一种特殊形式,是指通过气体或液体的流动来交换热量的一种散热方式。对流散热量受气体或液体流动速度的影响,它们之间呈正比关系。

　　④蒸发:水分由液态转变为气态,同时带走大量热量的一种散热方式。人体每蒸发 1 g 水可散发 2.4 kJ热量。临床上对高热患者采用乙醇擦浴方法,通过乙醇的蒸发,起到降温作用。当外界温度等于或高于人体皮肤温度时,蒸发就成为人体唯一的散热形式。影响蒸发散热的主要因素是环境温度和湿度。

Note

　　3. 体温调节　　包括自主性(生理性)体温调节和行为性体温调节两种方式。自主性体温调节是在下丘脑体温调节中枢(下丘脑前部为散热中枢,下丘脑后部为产热中枢)控制下,机体受内外环境温度刺激,通过一系列生理反应,调节机体的产热和散热,使体温保持相对恒定的体温调节方式。行为性体温调节是人类有意识的行为活动,通过机体在不同环境中的姿势和行为改变而达到目的。因此,行为性体温调节是以自主性体温调节为基础的,是对自主性体温调节的补充。

4. 正常体温及其生理变化

(1)正常体温 由于体核温度不易测试,临床上常以口腔、直肠、腋窝等处的温度来代表体温。在三种测量方法中,直肠温度最接近于人体深部温度,但日常工作中,采用口腔、腋下温度测量更为常见、方便。正常体温的范围见表 2-4-1。

表 2-4-1 成人正常体温的平均值及范围

部　位	平均值/℃	正常范围/℃
口腔	37.0	36.3～37.2
腋下	36.5	36.0～37.0
直肠	37.5	36.5～37.7

注:温度可用摄氏温度(℃)和华氏温度(℉)来表示。二者之间的换算公式为摄氏温度=(华氏温度-32)×5/9。

(2)生理变化 体温可随昼夜、年龄、性别、活动、药物等出现生理性变化,但其变化的范围很小,一般 24 h 内不超过 0.5～1.0 ℃。

①昼夜差异:正常人体温在 24 h 内呈周期性波动,清晨 2—6 时最低,白天活动后逐渐上升,午后 1—6 时最高。这种规律性的变化与下丘脑的生物钟功能有关,是由内在的生物节律决定的。

②年龄差异:不同年龄由于基础代谢水平不同,体温也不同。婴幼儿体温略高于成年人,老年人又略低于成年人。新生儿尤其是早产儿,由于体温调节功能尚未发育完善,调节功能差,因而其体温易受环境温度的影响而变化,因此对新生儿应做好防寒保暖护理。

③性别差异:当年龄、体型相仿时,女性体温比男性略高,约高 0.3 ℃,可能与女性皮下脂肪较厚、散热较少有关。成年女性的基础体温随月经周期呈规律性的变化,排卵前体温较低、排卵后体温上升,这与体内孕激素水平周期性变化有关,孕激素具有升高体温的作用。

④肌肉活动:剧烈肌肉活动(劳动或运动)可使骨骼肌紧张并强烈收缩,产热增加,导致体温升高。临床上测量体温应在患者安静状态下进行,小儿测温时应防止哭闹。

⑤药物影响:麻醉药物可抑制体温调节中枢或影响传入路径的活动并能扩张血管,增加散热,降低机体对寒冷环境的适应能力。因此手术患者术中、术后应注意保暖。

此外,情绪激动、紧张、进食、环境温度的变化等都会影响体温,在测量体温时,应加以考虑。

(二)异常体温的观察与护理

1. 体温过高 体温过高又称发热。发热是指机体在致热原的作用下,使体温调节中枢的调定点上移,使产热增加而散热减少,导致体温超出正常范围。一般而言,当腋下温度超过 37 ℃ 或口腔温度超过 37.5 ℃,一昼夜体温波动在 1 ℃ 以上时可称为发热。

发热原因很多,根据致热原的性质和来源不同,可以分为感染性发热和非感染性发热两类。感染性发热较多见,主要由各种病原体引起,如病毒、细菌、真菌等感染引起;非感染性发热由病原体以外的各种物质引起,如变态反应性发热、体温调节中枢功能失常引起的中枢性发热、无菌性坏死物质吸收引起的吸收热等。

(1)发热的临床分度 以口腔温度为例,发热程度可划分为如下几种类型。

低热:37.3～38.0 ℃。

中等热:38.1～39.0 ℃。

高热:39.1～41.0 ℃。

超高热:41.0 ℃以上。

人体直肠温度持续升高超过 41 ℃,可引起永久性的脑损伤;高热持续在 42 ℃以上 2～4 h,常导致

休克及严重并发症。体温高达43 ℃则很少存活。

（2）发热的临床表现 一般发热包括三个阶段。

①体温上升期：此期特点是产热大于散热，体温上升可有两种方式：骤升和渐升。骤升是体温突然升高，在数小时内升至高峰，多见于肺炎球菌性肺炎、疟疾等。渐升是指体温逐渐上升，数日内达到高峰，多见于伤寒等。主要表现是皮肤苍白、畏寒、疲乏不适、寒战、皮肤干燥。

②高热持续期：此期特点是产热和散热在较高水平上趋于平衡。主要表现是皮肤潮红、灼热，口唇、皮肤干燥，呼吸深而快，心率加快，头痛、头晕、食欲不振、全身不适、软弱无力，严重者可出现惊厥、谵妄、昏迷。

③退热期：此期特点是散热大于产热，体温恢复至正常水平。退热方式可有骤退和渐退两种。骤退是指体温在数小时内降至正常，如肺炎球菌性肺炎、疟疾等。体温骤退者由于大量出汗，体液大量丧失，易出现血压下降、脉搏细速、四肢厥冷等虚脱或休克现象。渐退是指体温在数天内恢复至正常水平，如伤寒、风湿热等。

另外，发热还常有一些伴随症状，如淋巴结肿大、肝脾大，关节肿痛，单纯疱疹，皮疹等。

（3）常见热型 将不同时间测得的体温数值记录在体温单上，将每个数值逐一连接，就构成了体温曲线，该曲线形态称为热型。一般发热性疾病具有其独特的热型，加强观察有助于对疾病的诊断。常见热型（图2-4-1）如下。

①稽留热：体温持续在39～40 ℃，达数天或数月，24 h波动范围不超过1 ℃。多见于肺炎球菌性肺炎、伤寒等。

②弛张热：体温在39 ℃以上，24 h内温差达1 ℃以上，体温最低时仍高于正常水平。多见于败血症、风湿热、化脓性疾病等。

③间歇热：体温骤然升高至39 ℃以上，持续数小时或更长，然后下降至正常或正常以下，经过一个间歇，又反复发作，即高热期和无热期交替出现，见于疟疾等。

④不规则热：发热无一定规律，且持续时间不定。见于流行性感冒、癌性发热等。

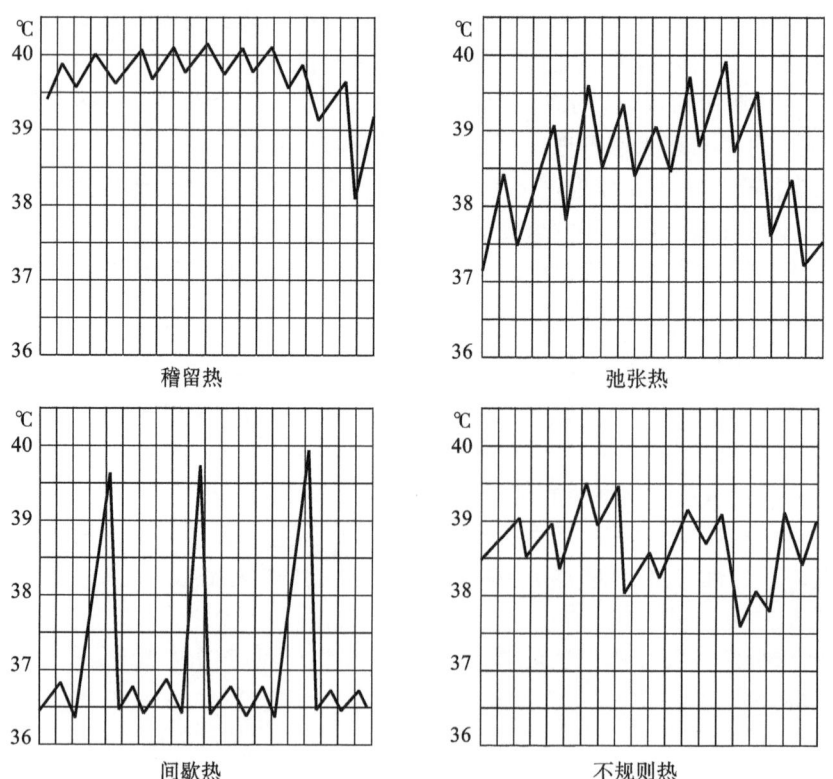

图 2-4-1 常见热型

（4）体温过高的护理措施

①加强病情观察：定时测量生命体征，一般每日测量体温 4 次，高热时应每 4 h 测量一次，待体温恢复正常 3 天后，改为每天 2 次。同时注意发热类型、临床表现、伴随症状及治疗效果等。

②降低体温：可选用物理降温或药物降温方法。物理降温有局部冷疗和全身冷疗两种方法，局部冷疗采用冷毛巾、冰袋、化学致冷袋，通过传导方式散热；全身冷疗可采用温水擦浴、乙醇擦浴方式，达到降温目的。药物降温是通过机体的蒸发散热而达到降温目的的，使用时应注意药物的剂量，尤其对年老体弱及心血管疾病者应防止出现虚脱或休克现象。行降温措施 30 min 后应测量体温并记录和交班。

③补充营养和水分：给予高热量、高蛋白质、高维生素、易消化的流质或半流质食物。注意食物的色、香、味，鼓励少量多餐，以补充高热的消耗，提高机体的抵抗力。鼓励患者多饮水，以每日 2500～3000 mL 为宜，以补充高热消耗的大量水分，并促进毒素和代谢产物的排出。

④促进患者舒适：提供室温适宜、环境安静、空气流通的休息环境。发热时由于唾液分泌减少，口腔黏膜干燥，且抵抗力下降，有利于病原体生长、繁殖，易出现口腔感染，因此护士应在晨起、餐后、睡前协助患者做好口腔护理，保持口腔清洁。退热期往往大量出汗，应随时擦干汗液，更换衣服和床单，防止受凉，保持皮肤的清洁、干燥。对长期持续高热者，应协助其改变体位，防止压疮、肺炎等并发症出现。

⑤卧床休息：高热者绝对卧床休息，低热者可酌情减少活动，适当休息，可减少能量的消耗，有利于机体康复。

⑥安全护理：高热患者中枢神经系统兴奋性升高，有时会出现烦躁不安、谵妄，应注意防止坠床和舌咬伤，必要时应加床栏或使用约束带保护患者。

⑦心理护理：护士应经常巡视患者，耐心解答患者提出的问题，尽量满足患者的需要，缓解其焦虑紧张的情绪。

⑧健康教育：与患者共同探讨发热的原因及预防措施，教会患者及家属准确监测体温，告知患者休息、饮食调节及清洁卫生的重要性。

2. 体温过低　由于各种原因引起的产热减少或散热增加，导致体温低于正常范围称为体温过低。

（1）原因

①散热过多：机体长时期暴露在低温环境中，使机体散热过多、过快；在寒冷环境中大量饮酒，使血管过度扩张导致热量散失过多。

②产热减少：重度营养不良使机体不能产生足够的热量；甲状腺功能减退、极度衰竭，使机体代谢降低产热减少。

③体温调节中枢受损：中枢神经系统功能不良，如脑出血、颅脑外伤、脊髓受损；药物中毒，如麻醉剂、镇静剂；重症疾病，如败血症、大出血。

④体温调节中枢发育不完善：新生儿特别是早产儿，由于体温调节中枢发育不完善，对外界环境的温度变化不能自行调节，也会导致体温不升。

（2）体温过低的临床分度

轻度：32～35 ℃(89.6～95.0 ℉)。

中度：30～32 ℃(86.0～89.6 ℉)。

重度：30 ℃(86.0 ℉)以下，瞳孔散大，对光反射消失。

致死温度：23～25 ℃(73.4～77.0 ℉)。

（3）临床表现　患者体温不升，皮肤苍白，四肢冰冷，口唇及耳垂呈紫色，轻度颤抖，心律不齐，脉搏细弱，心跳呼吸减慢，血压下降，尿量减少，感觉和反应迟钝，严重者可出现昏迷。

（4）体温过低的护理措施

①加强监测：生命体征观察，持续监测体温的变化，至少每小时测量一次，直至体温恢复至正常且稳定，注意呼吸、脉搏、血压的变化。随时做好抢救准备。

②环境温度：提供合适的环境温度，维持室温在 22～24 ℃。

③保暖措施：给予毛毯、棉被、电热毯、热水袋，添加衣服，防止体热散失，给予热饮，提高机体温度。

④病因治疗:去除引起体温过低的原因,使体温恢复正常。

⑤健康教育:向患者和家属讲解引起体温过低的原因,了解体温过低的护理方法。

(三) 体温的测量技术

1. 体温计种类与构造

(1) 水银体温计 又称玻璃体温计,分为口表、肛表、腋表三种(图2-4-2),它是一根真空毛细管外带有刻度的玻璃管,玻璃管末端的球部装有水银,当水银受热膨胀后沿毛细管上升,其高度与受热程度成正比,毛细管的下端和球部之间有一狭窄部分,使水银遇热膨胀后不能自动回缩,从而保证体温测试值的正确性。

(2) 电子体温计 采用电子感温探头来测量体温,测得的温度直接由数字显示,直观读数,测温准确,灵敏度高。为适应不同需要,有笔式、奶嘴式等。测温时开启电源键,将探头插入一次性塑料护套中,置于测温部位,当体温计发出蜂鸣音后取出即可看到所显示的体温值(图2-4-3)。

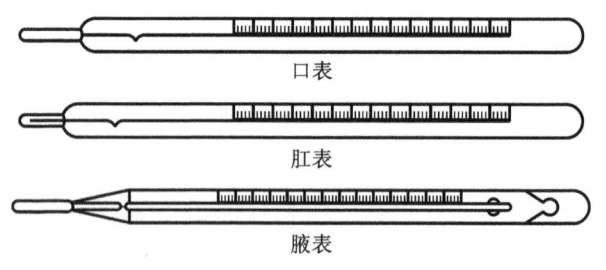

图 2-4-2 水银体温计

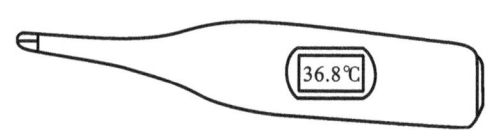

图 2-4-3 电子体温计

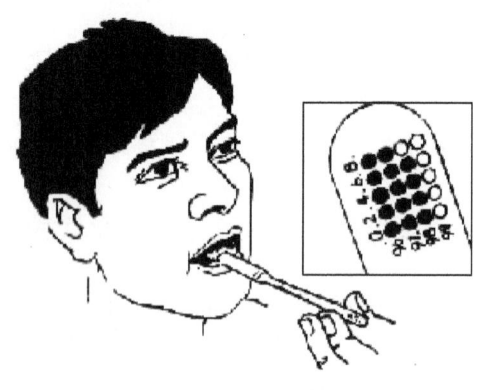

图 2-4-4 可弃式体温计

(3) 可弃式体温计 为单次使用的体温计,其构造为一含有对热敏感的化学指示点薄片,测温时点状薄片随着机体的温度而变色,最后的变色点位置即为所测温度,适用于测量口腔温度,放于口中测量 1 min (图2-4-4)。

(4) 红外线测温仪 红外线测温仪是通过接受人体红外线辐射检测,可在 1 s 内完成体温测试,具有快速测温、传染概率小的优点。目前临床上应用种类较多,如耳式红外线测温仪和额红外线测温仪。由于耳道深部的温度接近人体深部温度,且影响因素较少,耳式红外线测温仪较额红外线测温仪准确率高。

2. 水银体温计的消毒与检查

(1) 水银体温计的消毒

①常选用的消毒液:75%的乙醇溶液、1%过氧乙酸溶液、0.5%碘伏溶液等。一般科室消毒液应每日更换一次,容器、离心机等每周消毒一次,门诊急诊用量较大的应每天更换消毒液,容器、离心机等每周至少消毒两次。

②消毒方法:患者单独使用的体温计,用后放入消毒液中浸泡,使用前取出清水冲洗擦干净。测量体温后,将体温计全部浸泡于消毒液中,5 min 后取出清水冲洗,用离心机或腕部力量将水银甩至 35 ℃以下,再放入另一消毒液中浸泡 30 min,取出后清水冲洗擦干,放入清洁容器中备用。口表、肛表、腋表应分别消毒存放。甩体温计时,用腕部力量,不能触及他物,以防撞碎。

(2) 水银体温计的检查 在使用新体温计前或定期消毒体温后,应对体温计进行核对,检查其准确性。

方法:将全部体温计的水银柱甩至 35 ℃ 以下,于同一时间放入已测好的 40 ℃ 以下的水中,3 min 后取出检视;凡误差在 0.2 ℃ 以上或玻璃管有裂痕者,不能再使用;合格体温计用纱布擦干,放入容器内备用。

Note

实训 2-4-1 体温的测量方法

【目的】

(1) 判断体温有无异常。

(2) 动态监测体温变化,分析热型及伴随症状。

(3) 协助诊断,为预防、治疗、康复、护理提供依据。

【评估】

(1) 患者的年龄、病情、意识、治疗情况、心理状态、合作程度。

(2) 影响体温测量准确性的因素。

(3) 向患者解释测量体温的目的、方法和注意事项。

(4) 测量部位和肢体,有无皮肤黏膜损伤及功能障碍。

【计划】

1. 操作者准备　着装整洁,修剪指甲,洗手,戴口罩。

2. 用物准备　治疗盘内备容器两个(一个盛放已消毒的体温计,另一个盛放消毒液)、消毒液纱布、秒表、记录本、笔、弯盘。若测肛温,另备润滑油、棉签、卫生纸。

3. 患者准备　体位舒适,情绪稳定。测温前若有下列活动如运动、进食、喝冷热饮、冷热敷、洗澡、坐浴、灌肠等活动应休息 30 min 后再测量。

4. 环境准备　整洁、安静、安全,必要时拉上窗帘或用屏风遮挡。

【实施】

1. 操作步骤

操作步骤	要点说明
1.核对解释　备齐用物携至床旁,核对患者床号、姓名、腕带;解释目的、配合方法及注意事项,取得患者合作	• 确认患者,取得合作
2.测量体温 ★口腔测温 (1) 患者取舒适卧位 (2) 将口表水银端斜放于舌下热窝(舌系带两侧)(图 2-4-5) (3) 嘱患者紧闭口唇,勿用牙咬 (4) 测量 3 min	• 根据患者年龄、病情选择测量方法 • 适用于成人,清醒、合作状态下,无口、鼻疾病患者 • 婴幼儿、昏迷、精神异常、口腔疾病、口鼻手术、呼吸困难患者不宜测量口腔温度
★腋下测温 (1) 患者取舒适卧位,并暴露腋下,将体温计水银端放于腋窝深处紧贴皮肤 (2) 嘱患者屈臂过胸夹紧体温计(图 2-4-6) (3) 测量 10 min	• 常用于昏迷、口鼻手术、不能合作者和肛门手术者、腹泻婴幼儿 • 腋下有汗者,擦干汗液 • 腋下有创伤、手术、炎症、腋下出汗较多、肩关节受伤、极度消瘦患者,不宜测量腋温
★直肠测温 (1) 嘱患者侧卧,屈膝仰卧或俯卧位,露出臀部 (2) 体温计水银端涂润滑油,分开臀部,将体温计轻轻插入肛门 3～4 cm(婴儿 1.25 cm、幼儿 2.5 cm,图 2-4-7),用手扶持固定肛表 (3) 测量 3 min (4) 肛表取出后,分别用卫生纸擦净肛门、肛表	• 常用于不能用口腔或腋下测温者 • 直肠或肛门疾病及手术、腹泻、心肌梗死患者不宜测量肛门温度
3.检视记录 (1) 取出体温计,用消毒纱布擦拭 (2) 检视读数,记录体温数值	

Note

41

操作步骤	要点说明
4.消毒整理 (1)将体温计放入盛放消毒液的容器中浸泡 (2)协助患者取舒适卧位,整理床单位	
5.绘制曲线　洗手,将所测体温绘制在体温记录单上	

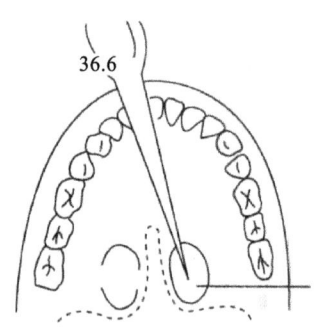

图 2-4-5　口腔测温法

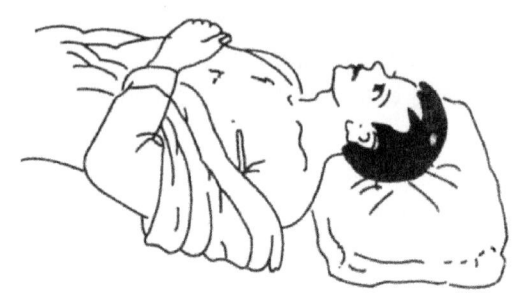

图 2-4-6　腋下测温法

2. 注意事项

(1)避免影响体温检测结果的各种因素　测温前若有下列活动如运动、进食、冷热饮、冷热敷、洗澡、坐浴、灌肠等活动应休息 30 min 后再测量。

(2)凡给婴幼儿、精神异常、昏迷及危重患者测温时,应有专人守护,以防发生意外。

(3)嘱患者测口温时切勿用牙咬体温计,如不慎咬破应立即清除玻璃碎屑,以免损伤口腔及消化道黏膜;同时口服大量牛奶或蛋白质,使汞和蛋白质结合,以延缓汞的吸收;

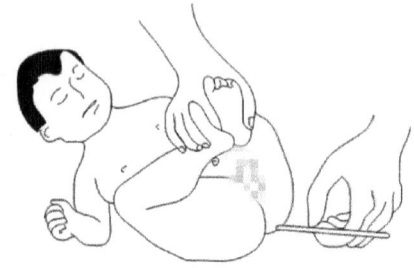

图 2-4-7　直肠测温法

在病情允许的情况下,可服大量粗纤维食物,加速汞的排出。

(4)发现体温与病情不相符合,应守护在患者身旁重测,必要时可同时进行口温和肛温对照复查。

【评价】

(1)护患沟通有效,患者理解测量体温的目的,愿意配合。

(2)护士测量方法正确,测量结果准确。

(3)测量过程中无意外发生,患者有安全感、舒适感。

知识链接

水银温度计摔碎后应如何处理

1. 由于水银在常温下就可蒸发成气态,易吸入,引起中毒。如果周围有发热设备,应该关闭,打开窗户和门进行通风,可以利用电扇加速空气流动,至少要通风 24 h。

2. 理想处理水银办法是用硫黄洒在上面,和水银(汞)反应生成不溶于水的硫化汞,大大减低伤害程度。没有硫黄时可用蛋清进行覆盖,也能起到一定的作用。处理时最好戴手套和口罩。

3. 收集处理,用湿润的小棉签等工具将洒落水银集中起来,放进可以封口的瓶子中加入少量水,注明含有"水银"等文字,交给相关部门专门处理。千万不要倒入下水道和乱丢弃。

4. 遇到的人如出现头痛、头晕、恶心、呕吐、咳嗽、咳痰、胸痛、呼吸困难等症状,以及伤口碰到水银时应尽快到医院进行医治。

二、脉搏的观察与护理

(一) 正常脉搏与生理性变化

1. 概念　在每个心动周期中,由于心脏的收缩和舒张,动脉内的压力也发生周期性的变化,导致动脉管壁产生有节律的搏动,称为动脉脉搏,简称脉搏。

2. 脉搏的形成　心脏窦房结的自律细胞发出兴奋冲动,传至心脏各部,致使心脏收缩。当心脏收缩时,左心室将血液射入主动脉,主动脉内压力骤然升高,动脉管壁随之扩张。当心脏舒张时,动脉管壁弹性回缩。这种动脉管壁随着心脏的舒缩而出现周期性的起伏搏动形成动脉脉搏。

3. 正常脉搏及其生理变动

(1) 脉率　每分钟脉搏搏动的次数(频率)。正常成人在安静状态下脉率为 60~100 次/分。正常情况下,脉率和心率是一致的,脉率是心率的指示,当脉率微弱得难以测定时,应测心率。

(2) 脉律　脉搏的节律性。它反映了左心室的收缩情况,正常脉律是跳动均匀规则,间隔时间相等的。但正常小儿、青年和一部分成年人中,可见到吸气时增快,呼气时减慢,称为窦性心律不齐,一般无临床意义。

(3) 脉搏的强弱　血液冲击血管壁的力度大小。正常情况下脉搏强弱相同。脉搏的强弱与心输出量、动脉充盈度、周围血管的阻力和脉压大小等因素有关。

(4) 动脉壁的情况　触诊时可感觉到动脉壁的状态。正常动脉管壁光滑、柔软且有弹性。

4. 脉搏的生理变化

(1) 年龄　儿童脉率平均约 90 次/分,随年龄的增长而逐渐降低。老年较慢,平均 55~60 次/分,到高龄时轻度增加(表 2-4-2)。

表 2-4-2　各年龄组平均脉率

年龄	平均脉率/(次/分)	年龄	平均脉率/(次/分)	
			男	女
出生 1 个月	120	12~14 岁	85	90
1~12 个月	120	14~16 岁	80	85
1~3 岁	100	16~18 岁	75	80
3~6 岁	100	18~65 岁	72	
6~12 岁	90	65 岁以上	75	

(2) 性别　女性比男性稍快,通常每分钟相差大约 5 次。

(3) 体型　身材细高者常比矮壮者的脉率慢(体表面积越大,脉搏越慢)。

(4) 活动　运动时脉率增快;休息、睡眠时脉率减慢。

(5) 情绪　兴奋、恐惧、愤怒、焦虑时脉率增快;忧郁、镇静时脉率减慢。

(6) 其他　进食、浓茶、咖啡、使用兴奋剂时脉率增快;禁食,使用镇静剂、洋地黄类药物时脉率减慢。

(二) 异常脉搏的观察与护理

1. 脉率异常

(1) 心动过速　在安静状态下成人脉率每分钟超过 100 次,称为心动过速(速脉)。常见于发热、甲状腺功能亢进、心力衰竭、休克、心肌炎等。一般体温每升高 1 ℃,成人脉率约增加 10 次/分,儿童则增加 15 次/分。

(2) 心动过缓　在安静状态下成人脉率每分钟少于 60 次,称为心动过缓(缓脉)。常见于颅内压增高、房室传导阻滞、甲状腺功能减退等。

2. 脉律异常

(1) 间歇脉　在一系列正常规则的脉搏中,出现一次提前而较弱的脉搏,其后有一较正常延长的间

歇(代偿间歇),称间歇脉(期前收缩)。如每隔一个或两个正常搏动后出现一次期前收缩,则前者称二联律,后者称三联律。常见于各种器质性心脏病患者,如心肌梗死、心肌病、洋地黄中毒等。正常人在过度疲劳、兴奋、体位改变时,偶尔也会出现期前收缩。发生机制是由于心脏异位起搏点过早地发生冲动而引起的心脏搏动提早出现。

(2)脉搏短绌 在单位时间内脉率少于心率,称为脉搏短绌(绌脉)。其特点是心律完全不规则,心率快慢不一,心音强弱不等。发生机制是由于心肌收缩力强弱不等,有些心输出量少的搏动可产生心音,但不能引起周围血管的搏动,造成脉率低于心率。常见于心房纤颤的患者。

3. 强弱异常

(1)洪脉 当心输出量增加,周围动脉阻力较小,动脉充盈度和脉压较大时,脉搏变得强大有力,称为洪脉。常见于高热、甲状腺功能亢进、主动脉瓣关闭不全等患者。

(2)细脉 当心输出量减少,周围动脉阻力较大,动脉充盈度降低时,脉搏细弱无力,触摸如细丝,称细脉(丝脉)。常见于心功能不全、大出血、休克、主动脉瓣狭窄等患者。

(3)交替脉 一种节律正常,而强弱交替出现的脉搏。主要由于心室收缩强弱交替出现而引起,为心肌损害的一种表现,常见于高血压心脏病、冠状动脉粥样硬化性心脏病等。

(4)水冲脉 脉搏骤起骤落,急促而有力。主要由于收缩压偏高,舒张压偏低使脉压增大所致。常见于主动脉瓣关闭不全、甲状腺功能亢进、先天性动脉导管未闭等。触诊脉搏时,如将患者手臂抬高过头并紧握其手腕掌面,就可感到急促而有力的脉搏冲击。

(5)奇脉 吸气时脉搏明显减弱甚至消失称为奇脉。常见于心包积液和缩窄性心包炎,是心脏压塞的重要体征之一。奇脉的产生主要与左心室搏出量的变化有关。正常人吸气时肺循环血容量增加,使循环血液向右心的灌注量亦相应地增加,因此肺循环向左心回流的血液量无明显改变。在病理情况下,吸气时肺循环血容量有所增加,但由于心脏受束缚,致体循环向右心回流的血量不能相应地增加,结果使肺静脉血液流入左心室的量较正常时减少,左心室搏出量减少,所以脉搏变弱甚至不能触及。

4. 动脉壁异常 早期动脉硬化,表现为动脉壁变硬,失去弹性,呈条索状;严重时动脉迂曲甚至有结节。原因为动脉壁的弹性纤维减少,胶原纤维增多,使动脉管壁变硬。

5. 异常脉搏患者的护理

(1)注意休息 嘱患者增加卧床休息时间,适当活动,减少心肌的耗氧量。

(2)给予氧气 根据患者病情给予氧疗。

(3)观察病情 观察患者脉搏的脉率、节律、强弱及动脉壁情况,指导患者按时服药,观察药物疗效和不良反应,并根据患者病情做好急救准备。

(4)心理护理 为患者提供有针对性的心理安慰,以缓解紧张焦虑心理。

(5)健康教育 向患者及家属介绍监测异常脉搏的重要性,告知患者脉搏的正常值,教育患者保持情绪稳定、戒烟限酒、饮食清淡易消化。

(三)脉搏的测量技术

1. 脉搏测量部位 凡靠近骨骼的浅表大动脉均可作为测量脉搏的部位(图2-4-8),临床上最常选择的诊脉部位是桡动脉。

实训2-4-2 脉搏的测量方法(以桡动脉为例)

【目的】

(1)判断脉搏有无异常。

(2)动态监测脉搏变化,间接了解心脏状况。

(3)协助诊断,为预防、治疗、康复、护理提供依据。

【评估】

(1)患者年龄、病情、意识状态、治疗情况、心理状态、合作程度。

(2)影响脉搏测量的因素。

(3)向患者解释测量脉搏的目的、方法和注意事项。

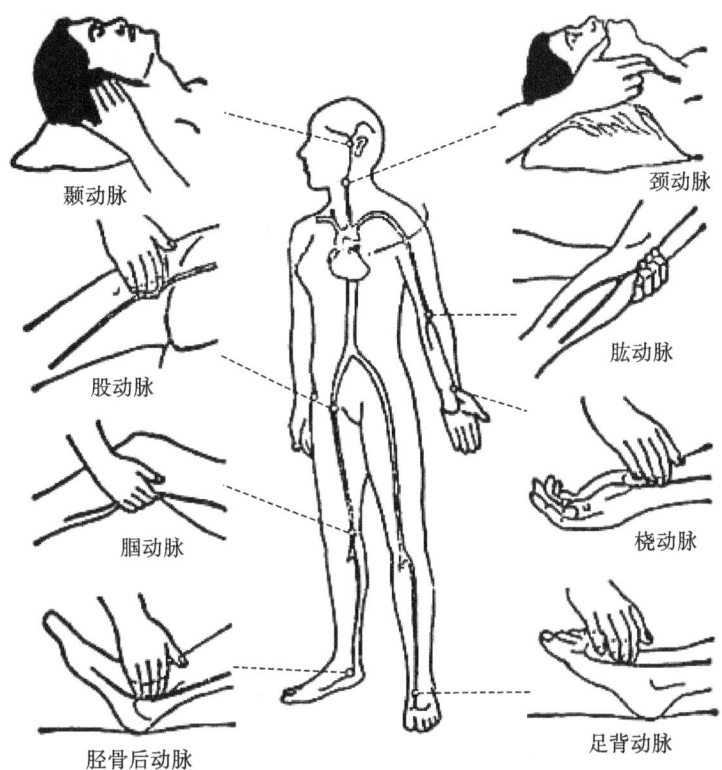

图 2-4-8　测量脉搏的部位

（4）测量部位和肢体，有无皮肤黏膜损伤及功能障碍。

【计划】

1. 操作者准备　着装整洁，修剪指甲，洗手，戴口罩。

2. 用物准备　治疗盘内有秒表、记录本、笔，必要时备听诊器。

3. 患者准备　体位舒适，情绪稳定，患者 20～30 min 内没有剧烈运动、紧张、恐惧、进食等影响脉搏测量的因素。

4. 环境准备　整洁、安静、安全。

【实施】

1. 操作步骤

操 作 步 骤	要 点 说 明
1.核对解释　携用物至床旁，核对床号、姓名、腕带，告知测量脉搏目的和配合方法	• 确认患者，取得合作
2.安置卧位　患者采取坐位或仰卧位，手腕伸展	• 患者取舒适卧位
3.测量脉搏 （1）护士将示指、中指、无名指（三指并拢），指端轻按于桡动脉处（图 2-4-9） （2）一般患者计数 30 s，所测得数值乘 2 即为脉率 （3）脉搏短绌的患者，应由两人同时测量，一人听心率，另一人测脉率，两人同时开始，由听心率者发出"起""停"口令，测 1 min（图 2-4-10） （4）记录整理　记录脉搏数值，协助患者取舒适卧位，整理床单位	• 压力的大小以清楚触到搏动为宜 • 异常脉搏（如心血管疾病、危重患者等）应测 1 min。当脉搏细弱而触不清时，可用听诊器听心率 1 min 代替触诊 • 两名护士同时开始，同时结束 • 记录为____次/分 • 脉搏短绌者记录为心率或脉率为____次/分
4.绘制曲线　洗手，将所测体温绘制在体温记录单上	

Note

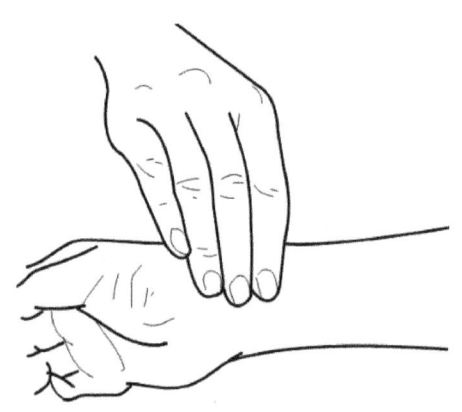

图 2-4-9　桡动脉测脉搏

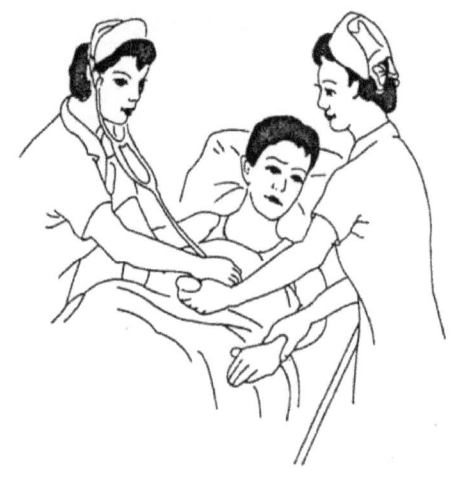

图 2-4-10　测量绌脉

2. 注意事项

(1) 如果测脉率前患者有剧烈运动、紧张、恐惧、哭闹等活动,应休息 30 min 后再测量。

(2) 不可用拇指诊脉,因拇指动脉搏动较强,易与患者脉搏相混淆。

(3) 患者如有偏瘫,应选择健侧肢体测量脉率。

【评价】

(1) 测量脉搏时患者安全,无损伤,无不适。

(2) 护士测量方法正确,测量结果准确。

(3) 护患沟通有效,患者主动配合,彼此需要得到满足。

三、呼吸的观察与护理

机体在新陈代谢过程中,需要不断地从外界环境中摄取氧气,并把自身产生的二氧化碳排出体外,这种机体与外环境之间进行气体交换的过程,称为呼吸。呼吸是维持机体新陈代谢和其他功能活动所必需的基本生理过程之一,护士应准确测量呼吸,了解患者病情变化。

（一）正常呼吸与生理性变化

1. 呼吸形成过程　呼吸的全过程由 3 个相互关联的环节组成:外呼吸、气体运输、内呼吸。外呼吸也称肺呼吸,是指外界环境与血液之间在肺部进行的气体交换,包括肺通气和肺换气两个过程。肺通气是指通过呼吸运动使肺与外界环境之间的气体交换。肺换气是指肺泡与毛细血管之间的气体交换。气体运输是指通过血液循环将氧由肺运送到组织细胞,同时将二氧化碳由组织细胞运送到肺的过程。内呼吸也称组织呼吸,即组织换气,是指血液与组织细胞之间的气体交换。

2. 呼吸调节

(1) 呼吸中枢　呼吸中枢是指中枢神经系统内产生和调节呼吸运动的神经细胞群,它们分布于脊髓、延髓、脑桥、间脑、大脑皮质等部位,在呼吸运动调节过程中,各级中枢发挥各自不同的作用,相互协调和制约。延髓和脑桥是产生基本呼吸节律性的部位,大脑皮质可随意控制呼吸运动。

(2) 呼吸的反射性调节

①肺牵张反射:由肺的扩张和缩小所引起的吸气抑制和兴奋的反射,称肺牵张反射,又称黑-伯反射。即当肺扩张时可引起吸气动作的抑制而产生呼气,当肺缩小时可引起呼气动作的终止而产生吸气。它是一种负反馈调节机制。其生理意义是使吸气不致过长、过深,促使吸气转为呼气。

②呼吸肌本体感受器反射:呼吸肌本体感受器传入冲动引起的反射性呼吸变化。呼吸肌本体感受性反射参与正常呼吸运动的调节,尤其在呼吸肌负荷增加时作用更大,即呼吸肌负荷增加,呼吸运动也相应地增强。

③防御性呼吸反射:包括咳嗽反射和喷嚏反射。喉、气管和支气管黏膜上皮的感受器受到机械或化

学刺激时,可引起咳嗽反射;鼻黏膜受到刺激时,可引起喷嚏反射。它们可以排出呼吸道刺激物和异物,是对机体有保护作用的呼吸反射。

(3) 呼吸的化学性调节 动脉血氧分压(PaO_2)、二氧化碳分压($PaCO_2$)和氢离子浓度$[H^+]$的改变对呼吸运动的影响,称化学性调节。当血液中 $PaCO_2$ 升高,$[H^+]$升高,PaO_2 降低时,刺激化学感受器,从而作用于呼吸中枢,引起呼吸的加深加快,维持 PaO_2、$PaCO_2$ 和$[H^+]$的相对稳定。

3. 正常呼吸及其生理变化

(1) 正常呼吸 正常成人安静状态下呼吸频率为 16～20 次/分,节律规则,频率与深度均匀平稳,呼吸运动无声且不费力。呼吸与脉搏的比例为 1∶4,男性及儿童以腹式呼吸为主,女性以胸式呼吸为主。

(2) 呼吸的生理变化

①年龄:年龄越小,呼吸频率越快。如新生儿呼吸约为 44 次/分。

②性别:同年龄的女性呼吸频率比男性稍快。

③活动:剧烈运动可使呼吸加深加快;休息和睡眠时呼吸减慢。

④情绪:强烈的情绪变化,如紧张、恐惧、愤怒、悲伤、害怕等可刺激呼吸中枢,引起呼吸加快或屏气。

⑤其他:环境温度升高、海拔增加时呼吸加深加快。

(二) 异常呼吸的观察与护理

1. 频率异常

(1) 呼吸过速 成人在安静状态下呼吸频率超过 24 次/分,称为呼吸过速,也称气促。见于发热、疼痛、甲状腺功能亢进等。一般体温每升高 1 ℃,呼吸频率增加 3～4 次/分。

(2) 呼吸过缓 成人呼吸频率低于 12 次/分,称为呼吸过缓。见于颅内压增高、脑肿瘤、巴比妥类药物中毒等。

2. 深浅度异常

(1) 深度呼吸 又称库斯莫呼吸,表现为呼吸深大而规则。见于糖尿病酮症酸中毒和尿毒症酸中毒等,通过深度呼吸排出较多的二氧化碳来调节血液中的酸碱平衡。

(2) 浅快呼吸 浅快呼吸是一种浅表而不规则的呼吸,有时呈叹息样。多见于呼吸肌麻痹、某些肺部疾病、腹水等患者。

3. 节律异常

(1) 潮式呼吸 又称陈-施呼吸,表现为呼吸由浅慢逐渐变为深快,然后再由深快转为浅慢,再经 5～20 s 呼吸暂停后,又开始重复上述周期性变化,如潮水涨落一般。潮式呼吸的周期可长达 30～60 s。多见于中枢神经系统疾病,如脑炎、脑膜炎、颅内压增高及巴比妥类药物中毒等。产生机制是由于呼吸中枢的兴奋性降低,只有当缺氧严重,二氧化碳积聚到一定程度时才能刺激呼吸中枢,使呼吸恢复或加强;当积聚的二氧化碳呼出后,呼吸中枢又失去有效的兴奋,呼吸又再次减弱继而暂停,从而形成了周期性变化。

(2) 间断呼吸 又称毕奥呼吸。表现为有规律的呼吸几次后,突然停止呼吸,间隔一个短时间后又开始呼吸,如此反复交替,即呼吸和呼吸暂停现象交替出现。其产生机制同潮式呼吸,但比潮式呼吸更为严重,预后更为不良,常在临终前发生。

4. 声音异常

(1) 蝉鸣样呼吸 表现为吸气时产生一种高调似蝉鸣样的声响。产生机制是由于声带附近阻塞,使空气吸入发生困难。常见于喉头水肿、痉挛、喉头异物等。

(2) 鼾声呼吸 表现为呼吸时发出一种粗大的鼾声,主要由于气管或支气管内有较多的分泌物积聚所致。多见于昏迷或神经系统疾病的患者。

5. 型态异常

(1) 胸式呼吸减弱,腹式呼吸增强 正常女性以胸式呼吸为主。当肺、胸膜或胸壁发生疾病,如肺炎、胸膜炎、肋骨骨折、肋骨神经痛等产生剧烈的疼痛时,均可使胸式呼吸减弱、腹式呼吸增强。

47

（2）腹式呼吸减弱，胸式呼吸增强　正常男性及儿童以腹式呼吸为主，当腹腔内压力增高时，如腹膜炎、大量腹水、肝脾极度肿大、腹腔内巨大肿瘤等，使膈肌下降受限时，可造成腹式呼吸减弱，胸式呼吸增强。

6. 呼吸困难　呼吸困难是一个常见的症状，患者主观上感到空气不足，客观上表现为呼吸费力，发绀、鼻翼扇动、端坐呼吸，辅助呼吸肌参与呼吸活动，伴有呼吸频率、深度、节律的异常。临床上可分为以下三种类型。

（1）吸气性呼吸困难　其特点是吸气显著困难，吸气时间延长，有明显的三凹征（即吸气时胸骨上窝、锁骨上窝、肋间隙出现凹陷）。由于上呼吸道部分梗阻，气流不能顺利进入肺内，肺内负压极度增高所致。常见于气管异物、喉头水肿等。

（2）呼气性呼吸困难　其特点是呼气费力，呼气时间延长。由于下呼吸道部分梗阻，气流呼出不畅所致。常见于支气管哮喘、阻塞性肺气肿患者。

（3）混合性呼吸困难　其特点是吸气、呼气均感费力，呼吸频率增加。由于广泛性肺部病变使呼吸面积减少，影响换气功能所致。常见于肺部感染、广泛性肺纤维化、大量胸腔积液、气胸等患者。

7. 异常呼吸患者的护理

（1）密切观察病情　密切观察患者呼吸的频率、节律、深度、声音有无异常；有无咳嗽、咳痰、咯血、发绀、呼吸困难等症状。

（2）提供舒适的环境　保持环境安静、整洁、空气清新，调节好室内的温度、湿度。如患者需要卧床休息，则应采取舒适卧位。

（3）保持呼吸道通畅　帮助患者翻身、拍背及进行有效的咳嗽，必要时采取雾化吸入、体位引流、吸痰等措施，及时清除呼吸道分泌物。

（4）改善呼吸困难　根据患者病情给予氧气吸入或使用人工呼吸机，改善缺氧症状。

（5）心理护理　有针对性地做好患者的心理护理，消除恐惧与不安，使患者情绪稳定，有安全感，主动配合治疗及护理。

（6）健康教育　教育患者养成良好的生活习惯，讲解保持呼吸道顺畅的方法，指导患者学会有效咳嗽。

（三）呼吸的测量技术

见实训 2-4-3。

实训 2-4-3　呼吸的测量方法

【目的】

（1）判断呼吸有无异常。

（2）动态监测呼吸变化，了解患者呼吸功能情况。

（3）协助诊断，为预防、治疗、康复、护理提供依据。

【评估】

（1）患者年龄、病情、意识状态、治疗情况、心理状态、合作程度。

（2）影响呼吸的因素。

【计划】

1. 护士准备　着装整洁，修剪指甲，洗手，戴口罩。

2. 用物准备　秒表、记录本、笔、必要时备棉花。

3. 患者准备　体位舒适，情绪稳定；保持自然呼吸状态。测量前 20～30 min 内无运动、情绪激动、紧张等影响呼吸的因素。

4. 环境准备　整洁、安静、安全。

【实施】

1. 操作步骤

操作步骤	要点说明
1. 核对解释 携用物至床旁,核对患者床号、姓名、腕带	• 确认患者
2. 安置体位 患者取舒适卧位,并处于放松状态	
3. 测量呼吸	
（1）护士在诊脉后仍保持诊脉状	• 记数时应避免患者察觉,使其处于自然呼吸状态
（2）观察患者胸部或腹部,一起一伏为一次	
（3）正常呼吸测 30 s,乘以 2	• 病情危重、呼吸微弱不宜观察的患者,可用少许棉花置于患者鼻孔前,观察棉花纤维被吹动的次数,记数 1 min
4. 记录整理 记录呼吸数值,协助患者取舒适卧位	
5. 洗手记录 洗手,将呼吸数值记录到体温单上	• 次/分

2. 注意事项

（1）测呼吸前如有剧烈运动、情绪激动等,应休息 30 min 后再测量。

（2）呼吸受意识控制,因此测量呼吸前不需解释,测量中不要使患者觉察,以免引起紧张,影响测量的准确性。

（3）病情危重、呼吸微弱不宜观察的患者,可用少许棉花置于患者鼻孔前,观察棉花纤维被吹动的次数,记数 1 min。

（4）在测量呼吸次数的同时,应注意观察呼吸的节律、深浅度及气味等变化。

【评价】

护士测量方法准确,测量结果正确。

四、血压的观察与护理

血压是血管内流动的血液对血管壁的侧压力,一般所说的血压是指体循环的动脉血压。在一个心动周期中,动脉血压随着心室的收缩和舒张而发生规律性的波动。在心室收缩时,动脉血压上升达到的最高值称为收缩压。在心室舒张末期,动脉血压下降达到的最低值称为舒张压。收缩压与舒张压之差,称为脉压。在一个心动周期中,动脉血压的平均值称为平均动脉压,约等于舒张压＋1/3 脉压或 1/3 收缩压＋2/3 舒张压。

（一）正常血压与生理性变化

1. 血压的形成 心血管系统内有足够的血容量是形成血压的前提,心脏射血、外周阻力及大动脉的弹性是形成血压的基本因素。在外周阻力存在的情况下,心脏收缩时所释放的能量,一部分用于推动血液在血管中流动,另一部分形成对血管壁的侧压,使血管壁扩张,形成收缩压;在心脏舒张期,动脉管壁回缩,继续推动血液向前流动,维持一定高度的舒张压。

2. 影响血压的因素

（1）每搏输出量 在心率和外周阻力不变的情况下,每搏输出量增大,射入主动脉的血量增多,收缩压明显升高,而舒张压升高不明显。因此,收缩压的高低主要反映每搏输出量的多少。

（2）心率 在每搏输出量和外周阻力不变时,心率增快,心脏舒张期缩短,心脏舒张期内流向外周的血量减少,心脏舒张末期主动脉内存留的血量增多,舒张压明显升高。因此,心率主要影响舒张压。

（3）外周阻力 在心输出量不变而外周阻力增加时,血液向外周流动的速度减慢,心脏舒张末期留在主动脉中血量增多,舒张压明显升高。在心脏收缩期,由于动脉血压升高使血流速度加快,收缩压的升高不如舒张压明显,脉压减小。因此,舒张压的高低主要反映外周阻力的大小。

（4）主动脉和大动脉管壁的弹性 大动脉管壁的弹性对血压起缓冲作用。动脉管壁硬化时,弹性纤维减少,胶原纤维增多,血管顺应性降低,大动脉的弹性储器作用减弱,使收缩压升高、舒张压降低,脉

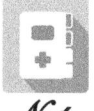

压增大。

（5）循环血量和血管容积　正常情况下，循环血量和血管容积相适应，才能使血管足够充盈，保持一定的体循环充盈压。如果循环血量减少或血管容积扩大，血压便会下降。

3. 正常值及其生理变化

（1）正常血压　测量血压，一般以肱动脉为标准。正常成人安静状态下的血压范围为收缩压 90～139 mmHg，舒张压 60～89 mmHg，脉压 30～40 mmHg。

血压也可以用千帕（kPa）来表示，其换算公式为

$$1 \text{ kPa}=7.5 \text{ mmHg} \qquad 1 \text{ mmHg}=0.133 \text{ kPa}$$

（2）生理变化

①年龄：血压随年龄的增长，收缩压和舒张压均有逐渐增高的趋势，但收缩压的升高比舒张压的升高更为显著（表 2-4-3）。

②性别：青春期前的男女血压差别不明显；女性在更年期前，血压略低于男性，更年期后，血压略升高，差别较小。

③昼夜和睡眠：大多数人的血压凌晨 2—3 时最低，上午 6—10 时及下午 4—8 时各有一个高峰，晚上 8 时以后血压呈缓慢下降趋势，表现为"双峰双谷"，这种现象称为动脉血压的日节律。在老年人动脉血压的日高夜低现象更为显著，有明显的低谷和高峰。睡眠不佳、过度劳累时，均可导致血压升高。

表 2-4-3　各年龄组的平均血压

年龄	平均血压/mmHg	年龄	平均血压/mmHg
1 个月	84/54	14～17 岁	120/70
1 岁	95/65	成年人	120/80
6 岁	105/65	老年人	140～160/80～90
10～13 岁	110/65		

④环境温度：寒冷环境可引起末梢血管收缩，血压略有升高；高温环境可引起皮肤血管扩张，血压略有下降。

⑤体型：通常体型高大、肥胖者血压较高。

⑥体位：一般情况下，立位血压高于坐位血压，坐位血压高于卧位血压，这与重力引起的代偿机制有关。对于长期卧床、贫血或使用某些降压药物的患者，当从卧位改为立位时可出现头晕、眩晕、血压下降等体位性低血压的表现。

⑦部位：一般情况下，两上肢血压并不完全相等，右上肢高于左上肢 5～10 mmHg。下肢血压高于上肢 20～40 mmHg。

⑧其他：情绪激动、紧张、恐惧、兴奋、剧烈运动、吸烟可使血压升高。饮酒、摄盐过多、药物对血压也有影响。

（二）异常血压的观察与护理

1. 高血压　成年人在未使用降压药物的情况下，收缩压≥140 mmHg 和（或）舒张压≥90 mmHg。目前我国采用的是中国高血压分类标准（2010 年版）（表 2-4-4）。

表 2-4-4　中国高血压分类（2010 版）

类别	收缩压/mmHg		舒张压/mmHg
正常血压	＜120	和	＜80
正常高值	120～139	和（或）	80～89
高血压	≥140	和（或）	≥90
1 级高血压（轻度）	140～159	和（或）	90～99
2 级高血压（中度）	160～179	和（或）	100～109

续表

类别	收缩压/mmHg		舒张压/mmHg
3级高血压(重度)	≥180	和(或)	≥110
单纯收缩期高血压	≥140	和	<90

注:如患者的收缩压与舒张压分属不同的级别时,则以较高的分级标准为准。

2. 低血压　低血压是指成年人血压低于 90/60 mmHg。常见于大量失血、休克、急性心力衰竭等患者。

3. 脉压异常

(1)脉压增大　脉压>40 mmHg,常见于主动脉硬化、主动脉瓣关闭不全、甲状腺功能亢进。

(2)脉压减小　脉压<30 mmHg,常见于心包积液、缩窄性心包炎、主动脉瓣狭窄。

4. 异常血压患者的护理

(1)密切监测血压　密切观察患者的血压变化,监测血压要做到"四定",即定血压计、定体位、定部位、定时间。

(2)合理饮食　选择易消化、低脂肪、低胆固醇、低盐、高维生素、富含纤维素的食物,避免辛辣等刺激性食物。适当限制盐的摄入,逐步降至世界卫生组织(WHO)推荐的每人每日 6 g 的食盐的要求。

(3)休息与活动　提供安静舒适温度、湿度适宜的起居环境,根据病情坚持适当的体育运动,如步行、快走、慢跑、游泳、气功、太极拳等,应注意量力而行,循序渐进。

(4)控制情绪　精神紧张、情绪激动、烦躁、焦虑、忧愁等,都是诱发高血压的精神因素。因此,高血压患者应保持心情舒畅,注意控制情绪。

(5)健康教育　指导患者按时服药,学会观察药物的不良反应,学会自我监测血压,戒烟限酒、保持大便通畅,养成良好的生活习惯。

(三)血压的测量技术

血压的测量可分为两种:直接测量血压法和间接测量血压法。直接测量血压法精确、可靠,但它属于一种创伤性检查,临床应用较少;间接测量血压法应用血压计为患者测量血压,属于无创检查,临床应用广泛。

1. 血压计种类与构造

(1)血压计的种类　常用的有水银血压计、无液血压计、电子血压计三种。

(2)血压计的构造由三部分组成

①加压气球和压力活门。

②袖带:袖带内层是长方形扁平的橡胶气囊,外层是布套。一般上肢袖带内层的长方形扁平的橡胶气囊,长 24 cm、宽 12 cm、外层布套长 48 cm;下肢袖带长约 135 cm,宽 14 cm。小儿袖袋宽度要求为:新生儿长 5~10 cm,宽 2.5~4 cm;婴儿长 12~13.5 cm,宽 6~8 cm;儿童长 17~22.5 cm,宽 9~10 cm。橡胶带上有两根橡胶管,一根与输气球相连,另一根与压力表相通。

③血压计:

a.水银血压计(图 2-4-11):又称汞柱式血压计。由玻璃管、标尺、水银槽三部分组成。在血压计盒盖内面固定一根玻璃管,管面上标有双刻度(标尺)0~300 mmHg(0~40 kPa),每小格相当于 2 mmHg(0.5 kPa),玻璃管上端盖以金属帽与大气相通,玻璃管下端和水银槽相通。水银血压计的优点是测得数值准确可靠,但较笨重且玻璃管部分易破裂。

b.无液血压计(图 2-4-12):又称弹簧式血压计、压力表式血压计。外形似表,呈圆盘状,正面盘上标有刻度,盘中央有一指针提示血压数值。其优点是体积小、携带方便,但准确性差。

c.电子血压计(图 2-4-13):袖袋内有一换能器,有自动采样电脑控制数字运算以及自动放气程序。数秒钟内可得到收缩压、舒张压、脉搏数值。其优点是操作方便,不用听诊器,省略放气系统,排除听觉不灵敏、噪音干扰等造成的误差,测量数值清晰直观,但准确性较差。

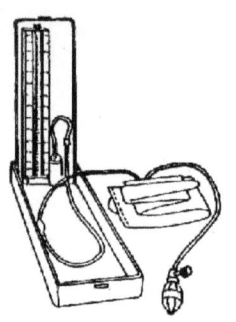

图 2-4-11 水银血压计

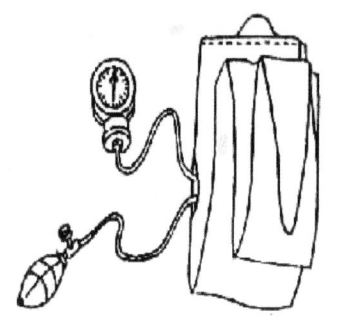

图 2-4-12 无液血压计

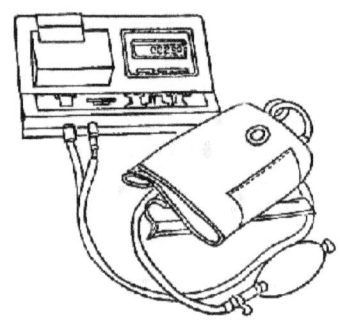

图 2-4-13 电子血压计

实训 2-4-4 血压的测量方法

【目的】

(1) 判断血压有无异常。

(2) 动态监测血压变化,间接了解循环系统的功能状况。

(3) 协助诊断,为预防、治疗、康复、护理提供依据。

【评估】

(1) 患者的年龄、病情、意识、治疗情况、心理状态、合作程度。

(2) 影响血压测量准确性的因素。

(3) 向患者解释测量血压的目的、方法和注意事项。

(4) 测量部位和肢体,有无皮肤黏膜损伤及功能障碍。

【计划】

1. 操作者准备　着装整洁,修剪指甲,洗手,戴口罩。

2. 用物准备　血压计、听诊器、记录本(体温单)、笔。

3. 患者准备　体位舒适,测量前嘱患者至少坐位安静休息 5 min,运动、吸烟、情绪变化者休息 15～30 min 后再测量。

4. 环境准备　整洁、安静、安全、光线充足。

【实施】

1. 操作步骤

操作步骤	要点说明
1.核对解释　携用物至床旁,核对床号、姓名、腕带,告知患者测量血压目的及配合方法	• 确认患者,取得合作
2.测量血压	• 可选择上肢肱动脉和下肢腘动脉
★上肢血压测量法	
(1) 协助患者取坐位或仰卧位	
(2) 卷起衣袖,露出一侧上臂,肘部伸直并外展,掌心向上	
(3) 坐位时,肱动脉平第 4 肋;仰卧位时,肱动脉平腋中线	• 使被测肢体肱动脉与心脏位于同一水平
(4) 放好血压计,打开水银槽开关。驱尽袖带内空气,将袖带平整缠于上臂中部	
(5) 袖带下缘距肘窝 2～3 cm,松紧以能插入一指为宜	• 袖带过松、过紧会影响测得的血压值
(6) 戴好听诊器,将听诊器胸件放于肱动脉搏动最明显处	• 听诊器勿塞入袖带内
(7) 一手固定胸件,另一手关气门,握输气球加压,充气至肱动脉搏动消失后,再升高 20～30 mmHg	• 充气不可过猛过快,否则影响测压效果
★下肢血压测量法	
(1) 患者取仰卧位、俯卧位或侧卧位	
(2) 脱去一侧裤腿,露出大腿	• 采取舒适体位

操 作 步 骤	要 点 说 明
(3) 放好血压计,打开水银槽开关;驱尽袖带内空气,将袖带平整缠于大腿下部;袖带下缘距腘窝 3~5 cm,松紧以能插入一指为宜	• 袖带松紧适宜
(4) 戴好听诊器,将听诊器胸件放于腘动脉搏动最明显处	• 听诊器勿塞入袖带内
(5) 一手固定胸件,另一手关气门,握输气球加压,充气至腘动脉搏动消失后,再升高 20~30 mmHg	
3.听搏动音	
(1) 缓慢放气,以每秒下降 4 mmHg 为宜;视线与汞柱所指刻度保持平行	• 放气速度太慢,测得的舒张压偏高;放气速度太快,听不清声音的变化
(2) 当听诊器听到第一声搏动音时,汞柱所指刻度即为收缩压;当搏动突然变弱或消失时,汞柱所指刻度即为舒张压	• 视线与水银柱弯月面保持在同一水平
4.整理用物	
(1) 测量结束,排尽袖带内余气,将卷好的袖带及加压气球放入盒内	• 防止玻璃管碎裂
(2) 血压计盒盖右倾 45°,使水银全部回流槽内,关闭水银槽开关,平稳放置;协助患者取舒适体位,整理床单位	• 使水银全部流回水银槽
5.记录结果	• 收缩压/舒张压(mmHg)
(1) 记录血压数值	• 当变音与消失音之间有差异时,两读数都应记录:收缩压/变音/消失音(mmHg)
(2) 洗手,将测得数值记录在体温单上	

2. 注意事项

(1) 测量前应检查血压计。袖带的宽窄是否合适,水银是否充足,玻璃管有无裂缝,橡胶管和输气球有无老化、漏气,听诊器是否完好等。

(2) 测量血压时如患者有运动、情绪激动、吸烟、进食等活动,应休息 20~30 min 后再测量。

(3) 为偏瘫、肢体外伤或手术的患者测血压时,应选择健侧肢体测量。

(4) 发现血压异常或听不清时,应重新测量。重测时,应先将袖带内空气驱尽,汞柱降至"0"点,稍待片刻后再测量,一般连测 2~3 次,取其平均值,必要时可行双侧肢体血压测量对照。

(5) 排除影响血压的因素:①袖带过宽使大段血管受压,测得血压值偏低,袖带过窄,测得血压值偏高;②袖带过紧,使血管在未充气前已受压,测得血压值偏低,袖带过松,使橡胶袋呈球状,以致有效测量面积变窄,导致测得的血压值偏高;③肱动脉高于心脏水平,测得的血压值偏低,肱动脉低于心脏水平,测得的血压值偏高;④视线低于汞柱,使血压读数偏高,视线高于汞柱,使血压读数偏低。

【评价】

(1) 患者理解测量血压的目的,愿意配合。

(2) 护士测量方法正确,测量结果准确。

(3) 测量过程中,患者有安全感、舒适感。

直通护考

一、A1/A2 型题

1. 在对高热患者的护理中,下列护理措施不妥的是(　　)。

A.卧床休息 　　　　　B.测体温每 4 h 一次 　　　　　C.鼓励多饮水

D.冰袋放在头顶足底处 　　　E.每日口腔护理 2~3 次

2. 用玻璃汞柱式体温计测量体温,错误的方法是(　　)。

A.昏迷、小儿、呼吸困难者不测口腔温度

B.测量时间：口腔 3 min,腋下 10 min,直肠 3 min

C.发现口腔温度与病情不相符时,改测腋下温度

D.患者不慎咬破体温计时,尽快清除口腔内的玻璃碎屑

E.腹泻、肛门手术患者不可由直肠测温

3. 正确的测量呼吸方法是(　　　)。

A.观察胸部和腹部起伏次数,一起一伏为两次,观察 30 s,结果乘以 2

B.患者剧烈活动后应休息 10 min 再测量

C.测量呼吸前要主动与患者沟通,征得患者同意

D.危重患者观察棉花被吹动的次数 30 s

E.诊脉结束后护士的手不离开诊脉的部位即开始测量呼吸

4. 测量血压的操作错误的一项是(　　　)。

A.血压计要定期检查　　　　　　B.打气不可过猛　　　　　　　　C.听不清应立即重测

D.偏瘫病员应在健侧肢体测量　　E.用后袖带内空气要放尽、平卷

5. 成人腋温的正常范围是(　　　)。

A.35.6～36.6 ℃　　　　　　　　B.36.0～37.0 ℃　　　　　　　　C.36.5～37.2 ℃

D.36.5～37.5 ℃　　　　　　　　E.36.5～37.7 ℃

6. 患者杨女士,风湿性心脏病致心力衰竭,遵医嘱服用地高辛,护士测量脉搏时不正确的操作是(　　　)。

A.诊脉前患者情绪稳定　　　　　B.患者取坐位或卧位　　　　　　C.选择健侧肢体

D.指端轻按于桡动脉处　　　　　E.可用拇指诊脉

7. 患者,女,27 岁,诊断为甲状腺功能亢进,患者常测到的脉搏为(　　　)。

A.洪脉　　　　B.二联律　　　　C.三联律　　　　D.间歇脉　　　　E.缓脉

8. 患儿,女,2 岁。误服安眠药中毒,意识模糊不清,呼吸微弱,浅而慢,不易观察,护士应采取的测量方法是(　　　)。

A.观察腹部起伏,一起一伏为一次

B.先测量脉搏,将数值除以 4 得出呼吸次数

C.用手放在患者鼻孔前感觉呼吸气流次数

D.测量脉搏后保持诊脉姿势,观察胸部起伏

E.用少许棉花放置患者鼻孔前观察棉花飘动的次数

9. 路女士,39 岁,诊断为支气管哮喘,某日出现呼吸困难,下列叙述正确的是(　　　)。

A.胸闷、口唇发绀、呼气费力　　　　　　　　B.呼吸频率快而表浅,吸气费力

C.胸闷、烦躁、喜平卧　　　　　　　　　　　D.三凹征、吸气呼气均费力

E.鼻翼扇动、吸气费力

10. 陈某,女,66 岁,护士为其测血压,为与第一次测量辨别,需重复测量,下述做法错误的是(　　　)。

A.将袖带内气体驱尽　　　　　　B.使汞柱降至 0 点　　　　　　　C.稍等片刻后重测

D.连续加压直到听清为止　　　　E.测量值先读收缩压,后读舒张压

二、A3/A4 型题

(11～13 题共用题干)

男性,28 岁。因高热 1 天后入院。护士为其测量体温发现：患者早上 8 时体温约为 39.0 ℃,下午 4 时达 39.9 ℃。

11. 此热型属于(　　　)。

A.弛张热　　　　B.间歇热　　　　C.不规则热　　　　D.稽留热　　　　E.波浪热

12. 该热型常见于(　　　)。

A.肺炎 B.败血症 C.疟疾 D.肿瘤 E.流行性感冒

13. 为患者测量体温应每隔多久测量一次？（ ）

A.2 h B.4 h C.6 h D.8 h E.10 h

（14～16题共用题干）

刘先生,58岁,住院期间护士为其测量脉搏发现心率76次/分,脉率50次/分,强弱不等,极不规则。

14. 该患者的脉搏是（ ）。

A.间歇脉 B.洪脉 C.交替脉 D.细脉 E.丝脉

15. 正确的测量方法是（ ）。

A.一人先听心率后测脉率,各计时1 min

B.一人听心率和测脉率,另一人计时1 min

C.一人测脉率,一人听心率,同时计时1 min

D.一人测脉率,另一人报告医生

E.一人同时测量脉率和心率,医生复测

16. 护士为其测量脉搏后,手仍然保持诊脉姿势,观察患者胸部起伏,这样做的目的主要是（ ）。

A.保持姿势优雅 B.便于看表计时 C.便于用心计数

D.利于观察呼吸 E.省时省力

（17～19题共用题干）

张先生,65岁,脑栓塞,右侧偏瘫。

17. 护士为其测量血压时选择左上肢的原因是（ ）。

A.护士操作顺利 B.患者能配合活动 C.右侧肢体循环不良

D.右侧肢体不能配合测量 E.右侧肢体肌张力增高,不能真实反映血压情况

18. 因左上肢输液,护士选择左下肢测量血压,错误的方法是（ ）。

A.取仰卧位或俯卧位 B.袖带长约135 cm,比上肢袖带宽2 cm

C.袖带上缘距腘窝3～5 cm D.将听诊器胸件贴于腘动脉搏动处

E.测得的血压值收缩压偏高,而舒张压无多大差异

19. 在测量血压过程中,发现血压的搏动音听不清时,应重新测量,错误的方法是（ ）。

A.将袖带内气体驱尽 B.使汞柱降至"0"点

C.稍等片刻,再第二次测 D.一般连测2～3次

E.取其最高值

（大兴安岭职业学院 李建慧）

任务五 医疗与护理文件的书写

护考提示

1. 医疗文件的性质、意义、分类。

2. 医疗文件的书写方法、要求、注意事项。

3. 医嘱的分类、处理方法、注意事项。

 学习目标

1. **知识目标**:能正确叙述医疗与护理文件书写的意义、要求、注意事项;熟悉各种医疗与护理文件的分类及管理要求。

2. **能力目标**:能正确书写及整理各类文书;能正确规范处理各种医嘱。

3. **素质目标**:态度端正、一丝不苟,客观、真实、准确地记录。

案例解析

情境训练

 案例引导

　　患者,女,69岁,家人发现患者倒卧在厕所,右侧肢体偏瘫、失语、大小便失禁。家属急呼"120"入院。家属代诉既往有高血压病史,一直在家进行口服药治疗。入院急诊 CT 检查示左侧基底节区梗塞。体格检查:T 36.4 ℃,P 88 次/分,R 21 次/分,BP 180/110 mmHg。作为责任护士,请你为该患者建立病案,并完成以下任务:①说出医疗与护理文件书写的意义、要求;②说出医嘱的种类和含义;③说出出院(转科、死亡)后患者病案排列顺序。

一、概述

　　医疗与护理文件包括医疗病历、护理病历、病室护理交班报告等内容。医疗与护理文件的记录和管理过程中,必须明确记录的方法和重要意义,做到认真、细致、负责,并遵守专业技术规范。

(一)医疗与护理文件记录的意义

　　1. 有利于信息交流　医疗与护理文件是关于患者病情变化、诊断治疗和护理过程的记录。通过阅读记录资料,便于医护人员全面、及时、动态地了解患者的病情,以确保诊疗、护理工作的连续性和完整性,加强医护间的合作与协调。

　　2. 提供评价依据　完整的医疗与护理文件记录资料,可以较全面地反映医院的医疗水平及护理质量。因而,记录的资料既可衡量医院的医疗护理管理水平,又可衡量医院医护人员的服务质量和业务水平。

　　3. 提供教学与科研资料　标准、完整的医疗与护理文件记录体现了理论在实践中的具体应用,是临床教学的最好教材,可以供学生进行个案分析与讨论。完整的医疗护理记录是科研的重要资料,对回顾性研究更有参考价值。同时,它为流行病学研究、传染病管理、疾病调查等提供了统计学方面的资料,也是卫生机构制定施政方针的重要依据。

　　4. 提供法律依据　医疗与护理文件记录属合法性文件,是为法律所认可的重要证据。在法律上可作为医疗纠纷、人身伤害、保险索赔、犯罪刑事案件及遗嘱查验的证明。凡涉及以上诉讼案件,调查处理时都要将病案作为依据加以判断,以明确医院及医护人员有无法律责任。因此,护理人员在书写患者住院期间的病情、治疗、护理措施等记录时,应按照有关医疗与护理文件记录的书写要求进行,以保障护士自身和患者的合法权益。

(二)医疗与护理文件记录的要求

　　1. 及时　医疗与护理文件记录必须及时,不得拖延或提早,更不能漏记、错记,以保证记录的时效性和维持最新资料。如因抢救未能及时记录的,应在抢救结束 6 h 内据实补记,同时记明抢救完成时间和补记时间。

　　2. 客观　对患者的主诉和行为应进行详细、真实、客观的描述,而不是护理人员的主观解释和推断,是患者病情进展的原始数据和科学记录。记录者必须是执行者,记录时间应为实际给药、治疗、护理的时间,记录的内容必须准确、无误,以作为法律证明文件。

　　3. 准确　按要求分别使用红、蓝、黑墨水笔书写,字迹清楚、字体端正,保持表格完整,不得涂改、剪贴。有书写错误时应用所书写的钢笔在错误处画双横线,并在上面签全名及修改时间,不得采用刮、粘、

Note

涂等方法修改错误,应保证原记录清晰可辨。

4. 规范 记录内容应尽量简洁、流畅、重点突出。应使用医学术语和公认的缩写,避免笼统、含糊不清、过多修辞和滥用简化词。

5. 完整 医疗与护理文件不得丢失、随意拆散、外借、损坏,眉栏、页码必须填写完整。各项记录,尤其是护理表格应按要求逐项填写,避免遗漏。记录应连续,不留空白。每项记录后签全名,以示负责。

(三) 医疗与护理文件的保管要求

医疗与护理文件是医院重要的档案资料,因此,医院必须建立严格的病案管理制度,并要求各级医护人员严格遵守。病案由门诊病历和住院病历两部分组成。门诊病历包括首页、副页和各种检查报告单,随住院病历放置。住院病历包括医疗记录、护理记录、检查记录和各种证明文件等。由于医疗与护理文件是医护人员临床实践的原始文件记录,在医疗、护理、教学、科研、法律等方面都至关重要,故无论是在患者住院期间还是出院后均应妥善保存和管理。

1. 管理要求

(1) 各种医疗与护理文件应按规定放置,记录和使用后必须放回原处。

(2) 必须保持医疗与护理文件的清洁、整齐、完整,防止污染、破损、拆散、丢失,取回的化验单等检验、检查报告应及时进行粘贴。

(3) 严禁任何人涂改、伪造、隐匿、销毁、抢夺、窃取医疗护理文件。除涉及对患者实施医疗护理活动的专业人员及医疗服务监控人员外,其他任何机构和个人不得擅自查阅患者的病历。如因教学、科研需要查阅医疗护理文件时,需经医疗机构相关部门同意,阅后立即归还,不得泄露患者隐私。

(4) 患者及家属不得随意翻阅医疗与护理文件,不得擅自将医疗护理文件带出病区;因医疗活动或其他需要复印病历时,应根据卫生行政部门规定进行。

(5) 医疗与护理文件应妥善保存。住院期间病历由病房统一保管,出院或死亡后送病案室保存,并按卫生行政部门规定的保存期限统一保管。

2. 病案排列顺序

1) 住院期间患者病案排列顺序

(1) 体温单(按时间先后倒排)。

(2) 医嘱单(长期医嘱单和临时医嘱单均按时间先后倒排)。

(3) 入院记录。

(4) 病史及体格检查。

(5) 病程记录(含查房记录、病情记录、手术记录、分娩记录等)。

(6) 会诊记录(疑难病历讨论记录、教授查房记录等)。

(7) 各种检验和检查报告单。

(8) 护理记录单。

(9) 住院病历首页。

(10) 住院证。

(11) 门诊或急诊病历。

2) 出院(转科、死亡)后患者病案排列顺序

(1) 住院病历首页。

(2) 住院证(死亡者加死亡报告单)。

(3) 出院或死亡记录。

(4) 入院记录。

(5) 病史及体格检查。

(6) 病程记录(含查房记录、病情记录、手术记录、分娩记录等)。

(7) 会诊记录(疑难病历讨论记录、教授查房记录等)。

(8) 各种检验和检查报告单。

(9) 护理记录单。

(10) 医嘱单(长期医嘱单和临时医嘱单均按时间先后顺排)。

(11) 体温单(按时间先后顺排)。

门诊病历一般由患者自行保管。

二、护理文件的记录

(一) 体温单

体温单用于记录患者的体温、脉搏、呼吸及其他情况,如出入院、手术、分娩、转科、死亡时间,以及血压、体重、大便次数、出入液量、尿量等。患者住院期间,体温单排列在病案首页,以便医护人员查阅(表 2-5-1)。

1. 眉栏填写(用蓝、黑墨水钢笔填写)

(1) 一般情况 姓名、性别、年龄、科室、床号、入院日期、住院号(住院病历号)、住院或手术及分娩天数等。

(2) 日期栏 每页体温单第 1 天应填写年、月、日,其余 6 天只写日,若在 6 天中遇到新的年份或月份,则应填写年、月、日或月、日。

(3) 住院天数 住院天数用阿拉伯数字"1、2、3…"表示,自住院日起连续写至出院日止。

(4) 手术(或分娩)后天数 以手术(或分娩)的次日为手术(或分娩)后第 1 天,用阿拉伯数字"1、2、3…"表示,依次填写 14 天。若在 14 天内进行第 2 次手术,则将第 1 次手术日数作为分母,第 2 次手术日数作为分子,然后依次填写到第二次手术的 14 日为止。

2. 40～42 ℃横线之间 用红色笔在 40～42 ℃之间相应时间格内纵式填写入院、转入、手术、分娩、出院、死亡时间。书写均应按 24 h 制写出相应时间,精确到分钟。项目与时间之间用纵破折号隔开,其中破折号占两小格,转入时间由转入科室填写,如"转入—二十点三十五分"。当时间与体温单上整点时间不一致时,填写在靠近侧的时间栏内。如八时二十分写在"10"栏内;下午十三时三十分,则写在"14"栏内。

3. 体温曲线的绘制要求

(1) 体温符号 体温曲线用蓝色笔绘制,口温用"●"表示,腋温用"×"表示,肛温用"○"表示。

(2) 每小格代表 0.2 ℃,按实际测量度数,用蓝笔绘制于体温单上,相邻两次体温用蓝线相连。

(3) 体温低于 35 ℃时,为体温不升,应在 35 ℃线以下相应时间纵格内用红笔写"不升",不再与相邻体温相连。

(4) 高热患者行物理降温半小时后测得的体温,应划在物理降温前温度的同一时间纵格栏内,用红圈"○"表示,并用红虚线和物理降温前的温度相连,下次测得的温度仍与降温前温度相连。

(5) 患者因某种原因未查体温而出现体温符号中断时,相邻的两点之间不连线,但在护理记录单上应有相应记录。

(6) 体温若与上次温度差异较大或与病情不符时,应重复测试,无误者在原体温符号上方用蓝笔写上一小英文字母"v",以示核实过(verified 核实)。

(7) 测量次数根据医嘱或护理常规。需每小时测一次体温时,应记录在护理记录单上。

4. 脉搏曲线的绘制要求

(1) 脉率符号 以红"●"表示,每小格为 4 次/分,相邻脉搏用红线相连。

(2) 脉搏短绌时,心率以红"○"表示,相邻的心率用红线相连,在脉搏与心率两曲线之间用红笔划斜直线填满。

(3) 患者因某种原因未测量脉搏而出现脉搏符号中断时,相邻的两点之间不连线,但在护理记录单上应有相应记录。

(4) 体温和脉搏如在体温单的同一点上时,先用蓝笔画体温符号,再用红笔在其外画一圆圈,如口温表示为"⊙"。

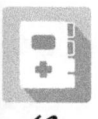

表 2-5-1　体温单

体 温 单

姓名　岳×× 　年龄　69岁 　性别　女 　科别　神经内科 　床号　29 　入院日期 2018-10-10 　住院病历号　61679

日　期	2018-10-10	11	12	13	14	15	16
住院天数	1	2	3	4	5	6	7
手术后天数							

（体温曲线图：脉搏/(次/分) 180、160、140、120、100、80、60、40；体温/℃ 42、41、40、39、38、37、36、35；时间 2 6 10 14 18 22）

入院 十五时三十分（10-10 14时）

出院 十五时三十分（10-16）

呼吸/(次/分)	21 / 21	19 19 20 / 20 20 20	18 18 20 / 26 20 18	18 18 18 / 21 20 18	19 18 18 / 19 20 19	19 20 19 / 18 19 20	18 / 19
入量/mL	2100	3200	2800	2600	2700		
出量/mL	1600	2800	1900	2300	2400		
大便/(次/日)	1	0	0	1	0	1	1
小便/(次/日)		5	5	6	5	6	3
体重/kg	68						
身高/cm	158						
血压/mmHg	180/110						

5. 呼吸记录

（1）测量的自主呼吸次数，以阿拉伯数字表示，免写计量单位，用红笔填写在相应的呼吸栏内上下交错记录，第一次呼吸应记录在上方，每页首记呼吸从上开始写。

（2）使用呼吸机的患者,呼吸以®表示,应在相应的栏目内上下交错记录,其呼吸机的相关参数记录在护理记录单的对应栏内。

6. 底栏填写 底栏的内容包括血压、体重、大便次数、出入液量、尿量、其他等,用蓝、黑墨水笔填写,数据以阿拉伯数字记录,不写计量单位。

（1）血压 以毫米汞柱(mmHg)计算,记录在体温单相应栏内。新入院患者应测量并记录血压,住院患者每周至少记录血压1次。1天内测量两次血压者,则上午血压写在前半格内,下午血压写在后半格内;术前血压写在前面,术后血压写在后面,如多次测量血压,则另行记录在护理记录单上。

（2）体重 以千克(kg)计算,记录在体温单相应栏内。新入院患者应测量并记录体重,住院患者应每周测量并记录重1次。入院时或住院期间因病情不能测量体重时,分别用"平车"或"卧床"表示。

（3）大便次数 每24 h记录1次前一天的大便次数,如未解大便记"0",大便失禁以"※"表示,灌肠符号以"E"表示。如1/E表示灌肠后大便1次,0/E表示灌肠后无大便排出。1^1/E表示自行排便1次,灌肠后又排便1次。

（4）出入液量 以毫升(mL)计算,记录前一天24 h的出入液量。

（5）尿量 以毫升(mL)计算,记录前一天24 h的总尿量。

（6）其他 该栏作为机动栏,根据病情需要填写,如身高、特别用药、腹围、药物过敏等。

（7）页码 用蓝、黑墨水笔逐页填写。

（二）医嘱单

医嘱是医生在医疗活动中下达的医学指令,是医生根据患者病情需要,拟定治疗、检查、护理等计划的书面嘱咐,是护士执行医嘱的依据。目前,各医院医嘱的书写方法不尽一致,有的将医嘱直接写在医嘱单上,有的将医嘱直接输入计算机。

1. 医嘱的内容 医嘱的内容包括日期、时间、床号、患者姓名、护理常规、护理级别、饮食、病危或病重、是否要求留陪、体位、生命体征监测、药物(名称、剂量、用法、时间等)、各种检查、治疗、术前准备和医生、护士的签名。

2. 医嘱的种类

（1）长期医嘱 医嘱有效时间在24 h以上,当医生注明停止时间后医嘱失效,如一级护理、低盐低脂饮食、测血压q4h、硝苯地平缓释片20 mg po bid(表2-5-2)。

（2）临时医嘱 有效时间在24 h以内,一般只执行1次。有的医嘱是限定执行时间的医嘱,如会诊、手术、实验室及特殊检查等;有的医嘱是立即执行的"st"医嘱,如肾上腺素0.5 mg H st,需在15 min内尽快执行(表2-5-3)。

（3）备用医嘱

①长期备用医嘱(prn):有效时间在24 h以上,必要时执行,由医生注明停止日期后方失效,如哌替啶50 mg im q6h prn。

②临时备用医嘱(sos):仅在12 h内有效,必要时执行,只用1次,过期无效,如安定片5 mg po sos。

3. 医嘱的处理

（1）医嘱的处理原则

①先急后缓:处理多项医嘱时,应首先判断执行医嘱的轻重缓急,以便合理、及时地安排执行顺序。

②先临时后长期:须即刻执行的临时医嘱,应立即安排执行。

③先执行后抄写。

④医嘱执行者须在医嘱单上签全名。

⑤医嘱必须双人核对后执行。

（2）医嘱的处理方法

①长期医嘱:由医生直接写在长期医嘱单上。护士先将长期医嘱单上的医嘱分别转抄至各种长期治疗单或治疗卡上,核对后在护士签名栏内签全名。

②临时医嘱:由医生直接写在临时医嘱单上。护士应先将临时医嘱单上的医嘱分别转抄至各种临

时治疗单或治疗卡上,需立即执行的临时医嘱应安排护士马上执行,注明执行时间并签全名。

③备用医嘱:长期备用医嘱由医生直接写在长期医嘱单上。每次执行后,在临时医嘱单上记录执行时间并签全名。临时备用医嘱由医生直接写在临时医嘱单上。执行后写上执行时间,并在签名栏内签全名;过期未执行则自动失效,由护士用红笔在该医嘱栏内写"未用"两字,并在签名栏内签全名。

④停止医嘱:医生在长期医嘱单上相应医嘱后写上停止日期、停止时间,在执行者栏内签全名。然后,护士在相应的治疗单、大(小)药卡、饮食卡、注射卡上的相关项目栏内用蓝、黑墨水笔注销,注明停止日期和停止时间,并签名。

表 2-5-2 长期医嘱单

××××医院

长期医嘱单

姓名:岳×× 性别:女 年龄:69 岁 科室:神经内科 床号:29 床 入院日期:2018-10-10

住院病历号:61679

开　　始					停　　止			
日期	时间	医　嘱	医生	护士	日期	时间	医生	护士
10-10	15:00	神经内科护理常规	唐亮	倪姣英				
..	..	一级护理	..	..				
..	..	低盐低脂饮食	..	..				
..	..	告病危	..	..	10-15	10:00	唐亮	张扬
..	..	留陪一人	..	..				
..	..	平卧位	..	..				
..	..	持续低流量给氧 2 L/min	..	..	10-15	10:00	唐亮	张扬
..	..	持续心电监护	..	..	10-15	10:00	唐亮	张扬
..	..	测脉搏、呼吸、血压 q6h	..	..				
..	..	观察神志、瞳孔变化	..	..				
..	..	记 24 h 出入液量	..	..	10-15	10:00	唐亮	张扬
..	..	留置导尿	..	..	10-11	15:00	唐亮	董倩
..	..	5% 葡萄糖 250 mL iv gtt bid	..	..				
..	..	依达拉奉注射液 30 mg	..	..				
..	..	丁苯酞氯化钠注射液 100 mL iv bid	..	..				
..	..	5% 葡萄糖 250 mL iv gtt qd	..	..				
10-10	15:00	丹红注射液 20 mL	唐亮	倪姣英				
10-11	08:10	阿司匹林肠溶片 100 mg po qd	唐亮	董倩				
..	..	阿托伐他汀钙片 10 mg po qd	..	..				
10-11	08:10	硫酸氢氯吡格雷片 75 mg po qd	唐亮	董倩				
10-15	10:00	告病重	唐亮	张扬				

Note

表 2-5-3　临时医嘱单

××××× 医院

临时医嘱单

姓名:岳×× 性别:女 年龄:69 岁 科室:神经内科 床号:29 床 入院日期:2018-10-10

住院病历号:61679

下 达 医 嘱		临 时 医 嘱	签 名		执行时间
日期	时间	内　　容	医生	执行者	
10-10	15:00	急查大生化	唐亮	倪姣英	15:00
"	"	大小便常规	"	"	"
10-10	15:00	床边心电图	唐亮	倪姣英	15:00
10-10	15:10	阿司匹林肠溶片 300 mg po qd	唐亮	倪姣英	15:10
"	"	阿托伐他汀钙片 20 mg po qd	"	"	"
10-10	15:10	硫酸氢氯吡格雷片 75 mg po qd	唐亮	倪姣英	15:10

　　⑤重整医嘱:当长期医嘱栏写满或长期医嘱调整项目较多时要重整医嘱。重整医嘱时,在原医嘱最后一行下面画一红色横线,以示以前的医嘱一律作废。在红线下正中用红笔写"重整医嘱",再将原来有效的长期医嘱按原日期、时间排列顺序,抄在红线下的长期医嘱栏内。抄录完毕,需两人核对无误后再填写重整者姓名。患者转科、手术、分娩时,均需要重整医嘱,即在原医嘱最后一行下面画红色横线,并

在其下面用红笔写"转入医嘱""术后医嘱""分娩医嘱"等,然后再开写新的医嘱。

⑥计算机医嘱处理:医院计算机化管理是现代医院管理的方向。近年来,各医院已逐步开展了医嘱处理的计算机化管理。医生通过医生工作站直接录入医嘱,下达护士工作站。处理医嘱的护士录入工作代码及个人密码,进入护士工作站系统后提取录入医嘱。护士在处理医嘱前查对无误后,存盘执行并打印各种药物治疗单,包括注射、口服、输液等治疗单及执行单,如静脉输液医嘱执行单(包括输液药物瓶签)、注射、口服等执行单,并和执行治疗的护士(责任护士)共同核对医嘱无误后按医嘱要求准确执行。各类通知性医嘱(如B超、心电图、饮食等),将申请单送发到相应科室预约时间后,由通知患者的护士签名,通知患者的时间即为执行时间。

(3)注意事项

①医嘱必须经医生签名后才有效。一般情况下不执行口头医嘱,因抢救或手术过程中医生下达口头医嘱时,执行护士应先复诵一遍,双方确认无误后方可执行。抢救结束后,须由医生及时补写医嘱。

②对有疑问的医嘱,必须核对清楚后方可执行。

③医嘱需每班、每日查对,每周还要进行总查对,查对后在登记本上记录查对时间,并签全名。

④凡需下一班执行的临时医嘱要交班,并在护士交班记录上注明。

(三)特别护理记录单

凡危重、抢救、大手术后、特殊治疗和需严密观察病情者,须填写特别护理记录单,以便及时了解病情变化,观察治疗或抢救效果。目前,各医院根据实际情况,取消了特别护理记录单,并将护理记录单分类书写。即:非手术(手术)科室护理记录单(表2-5-4)、专科护理记录单(儿科、ICU、精神科)等。

1. 记录内容 记录内容包括患者的生命体征、神志、瞳孔、出入液量、病情观察、护理措施及反应等。

2. 记录方法和要求

(1)用蓝色或碳素墨水笔填写眉栏各项,包括患者姓名、科别、床号、住院号、诊断、记录日期及页码。

(2)日间7时至19时用蓝笔记录,当日19时至次晨7时用红笔记录。

(3)及时并准确地记录患者的体温、脉搏、呼吸、血压、出入液量等。计量单位应写在标题栏内,记录栏内只填数字。记录出入液量时,除填写量外,还应将排出物的颜色、性状记录于病情栏内,并将24 h总量填写在体温单上。

(4)病情及处理栏内要详细记录患者的病情变化和治疗、护理措施及效果,并签全名。

(5)12 h或24 h将患者的总入量、总出量、病情及治疗护理等做一次小结或总结,并记录于体温单上。

(6)患者出院或死亡后,特别护理记录单应随病历一起归档保存。

(四)病室护理交班报告

病室护理交班报告是由值班护士书写的书面交班报告,是对本病室患者的病情动态及需要交代事宜的交班索引(表2-5-5)。

1. 交班内容 对于进入病室和当日重点护理的患者,应首先报告体温、脉搏、呼吸、血压,并注明测量时间,然后根据不同的患者有所侧重地书写具体内容。

(1)入院、转入的患者 主要报告:发病经过、入院时间、主诉、主要症状及处理方法;既往重要病史,如过敏史、精神病史等;可能发生的病情变化,下一班须观察及注意的事项;患者特殊的心理状况,如有自杀倾向等;入院后给予何种处置,及给予的治疗、护理措施及效果。

(2)手术患者 首先报告在何种麻醉下行何种手术,然后扼要报告麻醉情况、术中情况、清醒后回病房的时间;返回病房后的情况,如生命体征、创口敷料有无渗血和渗液、各种引流管是否通畅和引流液的性质、颜色、量及能否自行排尿,甚至镇痛药物的应用等情况;腹部手术后是否排气,输液、输血是否顺利通畅;重点观察项目及注意事项。对准备手术者应交代术前准备和术前用药、特殊要求以及心理状况。

表2-5-4　非手术(手术)科室护理记录单

××××医院

非手术科室护理记录单

姓名:岳×× 性别:女 年龄:69岁 科室:神经内科 床号:29床 入院日期:2018-10-10 院病历号:61679

日期时间	T/℃	P/(次/分)	R/(次/分)	BP/mmHg	SPO₂/(%)	疼痛评分	意识	左/mm	右/mm	对光反射	手指血糖/(mmol/L)	氧管	静脉置管 留置针	尿管	胃管	入量 项目	量/mL	出量 项目	量/mL	颜色	性状	受压皮肤 卧位	其他	签名
2018年 10-10 15:00		88	21	180/110	98	3	清楚	3	3	存在	6.0	吸氧	右前臂穿刺置管					小便	200	淡黄	清亮		患者间断头晕、头痛伴乏力	倪皎英
18:00																		小便	500	淡黄	清亮			彭兰
21:00		88	21	170/110	98	3	清楚	3	3	存在		N	N	N				小便	400	淡黄	清亮		患者间断头晕、头痛伴乏力	彭兰
10-11 3:00		86	20	160/100	97	2	清楚	3	3	存在		N	N	N				小便	500	淡黄	清亮		患者头晕、头痛、乏力减轻	张扬
7:00		80	19	170/100			清楚	3	3	存在								16 h	1600					张扬
9:00																								童倩
11:50		86	20	150/96	98	2	清楚	3	3	存在									700					童倩
15:00												N	N	拔管				小便	800	淡黄	清亮		患者头晕、头痛、乏力减轻	童倩

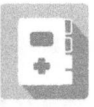
Note

表 2-5-5 病室护理交班报告

×××× 医院
病室护理交班报告

科室：神经内科　　　　　　　　　　　　　　　　　　　　日期：2018 年 10 月 10 日

病情＼各班交班	上午 8 时至下午 16 时	下午 16 时至下午 23 时	下午 23 时至上午 8 时
	患者总数 57 人 入院:3 人　转出:1 人　分娩:0 人　死亡:0 人 转入:0 人　出院:5 人　手术:0 人 病危:12 人　病重:40 人	患者总数 57 人 入院:0 人　转出:0 人　分娩:0 人　死亡:0 人 转入:0 人　出院:0 人　手术:0 人 病危:12 人　病重:40 人	患者总数 57 人 入院:0 人　转出:0 人　分娩:0 人　死亡:0 人 转入:0 人　出院:0 人　手术:0 人 病危:12 人　病重:40 人
12 床程×× 脑梗死	于 10:00 好转出院		
25 床陆×× 脑出血	于 14:20 转往神经外科手术治疗		
29 床岳×× 女 69 岁 脑梗死 新 危	患者于 15 时平车入院，查：T 36.4 ℃，P 88 次/分，R 21 次/分，BP180/110 mmHg。右侧肢体偏瘫、失语，大小便失禁，有高血压病史 10 年。急诊 CT 示大面积脑梗死。入院后已行相关检查，并给予护脑、抗血小板等治疗，并给予心电监护、氧气吸入，胃管尿管置入等。请 P 班观察患者生命体征及病情变化。做好管道维护及基础护理	T36.6 ℃，P84 次/分，R21 次/分，BP170/110 mmHg。患者生命体征稳定，管道通畅，诉间断头晕、头痛、疼痛评分三分，给予安慰解释。各项治疗护理已落实，夜间睡眠差。请 N 班继续观察	T36.3 ℃，P86 次/分，R20 次/分，BP160/100 mmHg。患者生命体征稳定，管道通畅，诉间断头晕、头痛、疼痛评分三分，给予安慰解释。各项治疗护理已落实，夜间睡眠差
36 床袁×× 男 57 岁 脑出血 危	T36.9 ℃，P80 次/分，R19 次/分，BP140/90 mmHg。患者头痛头昏，拟于明日 8 时行脑血管造影术。已做好相关准备。请 P 班做好患者心理护理，观察患者睡眠情况	T36.9 ℃，P80 次/分，R19 次/分，BP140/90 mmHg。患者焦虑、害怕造影失败，给予造影检查知识宣教及心理护理，患者理解并安静入睡。请 N 班观察患者睡眠情况并行医嘱	T36.9 ℃，P80 次/分，R19 次/分，BP140/90 mmHg。患者夜间入睡安静，7:30 分遵医嘱给予苯巴比妥钠 0.1 g 肌肉注射。同导管室护士交接班，患者已入导管室
护士签名	倪姣英	彭兰兰	张扬

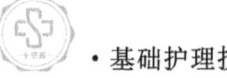

（3）产妇应报告胎次、产程、分娩时间、分娩方式、会阴切口和恶露等情况；何时自行排尿；新生儿性别及评分。

（4）病危、病情有突然变化、有特殊治疗的患者，应报告神志、意识、重要病情变化的具体经过；治疗处理的经过；护理措施及效果、反应，护理评价等；患者目前状况及应注意的事项。

（5）死亡患者应报告病情变化及抢救经过，呼吸、心跳停止时间，须写明"心电图呈直线，抢救无效死亡"。

（6）夜间值班应增加报告患者的睡眠情况。对于老年人、小儿及生活不能自理的患者，还应交代生活护理情况，如口腔护理、压疮护理、饮食护理等。

2．书写顺序

（1）用阿拉伯数字填写眉栏各项。

（2）根据下列顺序按床号先后书写报告。

①离开病室的患者，即出院、转出、死亡的患者。出院患者应注明离开时间及转归，转出患者应注明转出原因及去向；死亡者应交代病情变化及抢救的扼要经过，以及呼吸、心跳停止时间。

②进入病室的患者，即入院、转入的患者。转入者须注明由何处转来。

③当日重点患者，即手术、分娩、危重、病情突然发生变化、特殊治疗以及有精神异常或特殊心理问题的患者。

④次日工作交代，如手术、检查、留取标本等。

3．书写要求

（1）应在经常巡视和了解病情的基础上认真书写。

（2）书写内容应全面、真实、简明扼要、重点突出。

（3）字迹清楚、不随意涂改。白班用蓝色墨水笔、夜班用红色墨水笔书写。

（4）对新入院、转入、手术、分娩、危重患者，在诊断的下方分别用红笔注明"新"、"转入"、"手术"、"分娩"、"危"。

（5）当班护士签全名。

（五）出入液量记录

出入液量是指患者在 24 h 内摄入（饮食和输液）和排出的（尿、粪和排泄物）液体总量。正常人每天的液体摄入量与排出量保持动态平衡，不然会导致电解质紊乱。当患者休克、大面积烧伤、大手术后或患有心脏病、肾脏病、肝硬化腹水等疾病时，常需记录 24 h 出入液量。患者脏器功能及血液循环情况，是判断病情、协助诊断、决定治疗方案的重要依据。目前，医院已将出入液量观察项目并入护理记录单。出入液量记录单适用于病情稳定，只需单独观察记录出入液量的患者（表 2-5-6）。

1．出入液量记录的意义

（1）记出入液量对危重、昏迷、手术中、手术后及各种严重创伤患者的治疗提供重要依据，以便观察机体需要和消耗是否平衡及治疗反应。

（2）调整治疗措施，对出入液量、水电解质及酸碱平衡和营养供给等，随时进行调整，保证疗效。

（3）如果不能准确记录出入液量，将会对病情发展造成错误判断、给治疗措施带来不利，使其在生理、病理上发生改变，出现代谢障碍，影响患者的恢复。

2．出入液量记录内容和要求

（1）每日摄入量

①内容：包括经口摄入的饮水量、食物中的含水量、胃肠造瘘口注入的营养液量、经静脉途径输入的液体（药液、血液）量等。

②要求：患者饮水容器应固定，以便准确记录；固体食物应记录其单位数目及所含水量。如馒头一个（50 g），含水量 25 mL。

（2）每日排出量

①内容：包括排泄（小便、大便）量、呕吐量、咯血量、痰量、胃肠减压液量、胸腹腔抽出液量、各种引流

表2-5-6 出入液量记录单

××××医院

出入液量记录单

姓名:岳×× 性别:女 年龄:69岁 科室:神经内科 床号:29床 入院日期:2018-10-10 住院病历号:61679

日期时间	入量		出量		签名
	项目	量/mL	项目	量/mL	
10-10-15:00	温开水	50	小便	200	倪姣英
17:00	依达组	260			倪姣英
	米糊	200			倪姣英
	丁苯酞组	100			倪姣英
18:00	丹红组	270	小便	500	彭兰兰
	面汤	200			彭兰兰
21:00	温开水	200	小便	400	彭兰兰
22:00	依达组	260			彭兰兰
10-11-01:00	丁苯酞组	100			张扬
	牛奶	200			张扬
03:00	温开水	100	小便	500	张扬
06:30	牛奶	160			张扬
07:00		2100		1600	张扬

日期时间	入量		出量		签名
	项目	量/mL	项目	量/mL	

日期时间	入量		出量		签名
	项目	量/mL	项目	量/mL	

Note

液量,以及隐性失水量、汗液排出量等。

②要求:测量应准确,记录应及时。能自行排尿的患者,可记录每次尿量,再汇总 24 h 量;也可将尿液集中倒在一个容器内,定时测量记录;对尿失禁的患者应采取接尿措施,必要时采取留置导尿,以保证计量准确。

3. 出入液量记录方法

(1)出入液量可先记录在出入液量记录单上,晨 7 时至晚 7 时,用蓝笔;晚 7 时至次晨 7 时,用红笔。

(2)出入液量的记录应当每 24 h 由夜班护士于次日 7 时总结一次,并将总量记录在体温单上前一日相应的栏目中。

4. 出入液量记录注意事项 记录要求准确、及时、具体、字迹清晰。除大便记录次数外,液体均以毫升为单位记录。

(六)护理病案

护理病案是病历的重要组成部分,是护理人员在医疗、护理活动过程中形成的文字、符号、图表等资料的总称,是护士运用护理程序对患者实施整体护理过程的动态记录。包括收集的患者资料、护理诊断、护理目标、护理措施、护理记录和效果评价等,均以书面表格形式书写,这些记录即构成了护理病案。

1. 住院患者首次护理评估单(表 2-5-7)

1)说明

(1)门(急)诊诊断 患者在住院前,由门(急)诊接诊医生在住院证上填写的门(急)诊诊断。

(2)基本情况评估

①意识状态:"嗜睡"是指持续睡眠状态,患者能被语言或轻刺激唤醒,醒后能正确回答问题,但很快又入睡;"模糊"程度较嗜睡深,表现为思维和语言不连贯,对时间、地点、人物的定向能力完全或部分障碍,可有错觉、幻觉、躁动不安、谵妄或精神错乱;"昏睡"是指熟睡状态、不易唤醒、强刺激可被唤醒,醒后答非所问,很快进入熟睡状态;"昏迷"是指严重意识障碍,意识大部分或完全丧失。

②体位:评估为被迫体位,需具体描述,如端坐位、侧卧位等;未列举项目的被迫体位则填写在其他栏内。

③皮肤黏膜:评估皮肤黏膜异常,除选择正确的类别外,还应在后面的横线上描述具体部位、范围、程度等;"其他"栏目可填写手术切口、瘢痕等。

④饮食:凡选择治疗饮食者需具体描述,如高热量饮食、高蛋白质饮食、低蛋白质饮食、低脂肪饮食、低胆固醇饮食、低盐饮食、无盐低钠饮食、高纤维素饮食、少渣饮食等。

⑤过敏史:有过敏史者,应在其后的括号内填写具体的药物或食物名称,如青霉素、普鲁卡因、鱼、虾等;"其他"栏目可填写花粉、油漆等过敏原。

(3)跌倒风险评估

①慢性病:选项以外的需在"其他"栏内描写具体的疾病名称。

②其他:对以上评估未涉及内容的补充,如眩晕、末梢感觉障碍、下肢无力、脑卒中病史等。

(4)疼痛评估

①疼痛者:应具体描述部位及进行疼痛程度评分。

②疼痛程度:0 分,无痛;1~3 分,轻微痛,可忍受,能正常生活、睡眠;4~6 分,比较痛,轻度影响睡眠,需用止痛药;7~9 分,非常痛,影响睡眠,需用麻醉止痛剂;10 分,剧痛,影响睡眠较重,伴有其他症状或被动体位。

(5)其他 指在"住院患者首次护理评估单"中未被列入,但与患者身体情况及疾病相关的内容,如急救"120"护送入院,不能自己叙述病情者,应在此栏目内注明具体情况。

2)要求

(1)住院患者首次护理评估单是指患者入院后由责任护士或值班护士书写的第一次护理过程记录,应当在患者入院后 4 h 内完成。

(2)凡栏目前面有"□",应当根据评估结果,在相应"□"内打"√";有横线的地方,根据评估结果填

写具体的内容。

（3）年龄为实足岁。

表 2-5-7　住院患者首次护理评估单

×××××医院

住院患者首次护理评估单

姓名:岳××　性别:女　年龄:69 岁　科室:神经内科　床号:29 床　入院日期:2018-10-10　住院病历号:61679

文化程度:☑文盲　　□小学　　□初中　　□中专　　□高中　　□大专及以上
入院方式:□步行　　□扶行　　□轮椅　　☑平车　　□担架　　□其他＿＿＿＿＿＿＿＿＿＿＿＿＿＿
门(急)诊诊断:　急性脑梗死＿＿＿＿＿＿＿＿＿＿＿＿＿＿＿＿＿＿＿＿＿

基本情况评估

意识状态:☑清楚　　□嗜睡　　□模糊　　□昏睡　　□昏迷
体　　位:□主动体位　　☑被动体位　　□被迫体(□端坐位　　□半坐卧位　　□侧卧位　　□俯卧位)
　　　　　□其他＿＿＿＿＿＿＿＿＿＿＿＿＿＿＿＿＿
皮肤黏膜:☑正常　　□压疮　　□烫伤　　□外伤　　□其他＿＿＿＿＿＿＿＿＿＿＿＿＿＿＿＿＿
饮　　食:☑普食　　□半流质　　□流质　　□禁食　　□鼻饲　　□治疗饮食＿＿＿＿＿＿＿
排　　便:□正常　　☑便秘(1 次/3 日);辅助排便:(☑无　□有＿＿)　□腹泻(＿＿次/日)
　　　　　□失禁　□造瘘(能否自理:□能　　□否)　　□其他＿＿＿＿＿＿＿＿＿＿＿＿＿＿＿
排　　尿:☑正常　□尿失禁　□尿潴留　□排尿困难　□留置尿管　□其他＿＿＿＿＿＿＿＿＿＿＿
过 敏 史:药物:☑无　　□不详　　□有＿＿＿＿＿＿
　　　　　食物:□无　　□不详　　☑有＿虾＿＿　　☑其他＿油漆＿＿
吸　　烟:☑无　　□有
饮　　酒:☑无　　□偶尔　　□经常　　每天

生活处理能力:□完全自理　　□部分自理　　☑完全不能自理
跌倒风险评估:☑跌倒史　　□活动异常　　□辅助用具　　□睡眠异常　　□视力异常
慢性病:　　□无　　　　□心脏病　　☑高血压　　□糖尿病　　□脑卒中
　　　　其他＿＿＿＿＿＿＿＿＿＿＿＿＿＿＿＿＿＿＿＿＿＿＿＿＿＿＿＿＿＿＿＿＿

疼痛评估:□无　　☑有(部位:头部＿＿＿＿＿＿)
疼痛程度:□0 分　无痛;☑1～3 分　轻微痛;□4～6 分　比较痛;□7～9 分　非常痛;□10 分　剧痛

　　　　0　　1　　2　　3　　4　　5　　6　　7　　8　　9　　10(分)
　　　　├──┼──┼──┼──┼──┼──┼──┼──┼──┼──┤

入院介绍:☑住院须知　　☑环境设施　　☑经管医护人员　　☑饮食　　☑安全管理制度
　　　　☑告知疾病相关知识＿＿＿＿＿＿＿＿＿＿＿＿＿＿＿＿＿＿＿＿＿＿＿＿＿＿＿＿
　　　　其他＿＿＿＿＿＿＿＿＿＿＿＿＿＿＿＿＿＿＿＿＿＿＿＿＿＿＿＿＿＿＿＿＿

其他:　患者由急救"120"护送入院,失语,病史为家属代诉。＿＿＿＿＿＿＿＿＿＿＿＿＿＿＿＿
＿＿

护士签名:倪姣英

2018 年 10 月 10 日

2. Barthel 指数评定量表(表 2-5-8)

1)说明

（1）此表是一种评定患者或老人日常自理能力的评分工具,是医生评定护理级别、预测治疗效果和住院时间的重要依据。

（2）根据评分结果分为四个等级。总分≤40 分为重度依赖,日常生活全部需要他人照顾;总分41～60 分为中度依赖,日常生活大部分需要他人照顾;61～99 分为轻度依赖,日常生活少部分需要他人照顾;总分 100 分为无需依赖,日常生活无需他人照顾。

（3）分别在入院时、手术后、病情发生变化时，根据患者的实际情况进行评估。

2）要求　入院时常规评估并建立此表，手术后、病情发生变化时，根据患者的实际情况随时进行评估，出院时随病历一起归档保存。

表 2-5-8　Barthel 指数评定量表

××××医院

Barthel 指数评定量表

姓名:岳××　性别:女　年龄:69 岁　科室:神经内科　床号:29 床　入院日期:2018-10-10　住院病历号:61679

项目	分值	内　容	评估时间 10-10-15:00	评估时间 10-11-10:00	评估时间 10-16-10:00	评估时间
进食	10	可以独立进食	5	5	10	
	5	需要部分帮助				
	0	需极大的帮助或完全依赖他人,或留置胃管				
洗澡	5	可自己独立完成洗澡过程	0	0	5	
	0	在洗澡过程中需要他人帮助				
修饰	5	自己独立完成	0	0	5	
	0	需要他人帮助				
穿衣	10	可独立完成	5	5	10	
	5	需部分帮助				
	0	需极大帮助或完全依赖他人				
控制大便	10	可控制大便	0	10	10	
	5	偶尔失控,或需要他人提示				
	0	完全失控				
控制小便	10	可控制小便	0	10	10	
	5	偶尔失控,或需要他人提示				
	0	完全失控,或留置导尿管				
如厕	10	可独立完成	0	5	10	
	5	需部分帮助				
	0	需极大的帮助或完全依赖他人				
床椅转移	15	可独立完成	5	10	10	
	10	需部分帮助				
	5	需极大帮助				
	0	完全依赖他人				
平地行走	15	可独立在平地上行走 45 m	5	10	15	
	10	需要部分帮助				
	5	需要极大帮助				
	0	完全依赖他人				
上下楼梯	10	可独立上下楼梯	0	5	5	
	5	需要部分帮助				
	0	需极大帮助或完全依赖他人				
总分值			25	60	90	
护士签名			倪姣英	董　情	倪姣英	

说明:此表分别在入院时、手术后、病情发生变化时,根据患者的实际情况进行评估。

3. 危重患者风险评估单(表2-5-9)

1)说明

(1)危重患者风险评估单,是患者入院后由责任护士或值班护士书写的护理评估记录,告病危或病重的患者必须建立此表,出院时随病历一起归档保存。

(2)责任护士根据评估结果,在相应的风险栏前面的"□"内打"√";针对患者存在或潜在风险,及时采取相应措施后在防范措施栏前面的"□"内打"√";其他栏,可根据患者个体化情况填写并落实完善。

(3)效果评价于患者出院前在相应"□"内打"√"。如风险已发生,则随时作评价记录并告知医生做相应处理。

2)要求

(1)眉栏填写不能缺项。

(2)评估时间在入院4 h内完成;评价时间在发生时或出院时。责任护士签全名。

表2-5-9 危重患者风险评估单

×××××医院

危重患者风险评估单

姓名:岳×× 性别:女 年龄:69 岁 科室:神经内科 床号:29 床 入院日期:2018-10-10 住院病历号:61679

内　容	风险评估	防范措施	效果评价
病情变化	☑猝死 □出血 ☑昏迷 ☑脑疝	☑按照护理级别按时巡视患者,落实基础护理措施 ☑护理记录真实、准确、客观、完整、及时 ☑加强意识、瞳孔和生命体征监测,及时准确执行医嘱 ☑常规抢救设备完好 ☑常规抢救药品完好	□已发生 ☑未发生
心理因素	☑恐惧 □愤怒 ☑焦躁 □悲伤	☑帮助患者适应住院生活,详细介绍病情及预后 ☑多陪伴患者,多与患者接触交谈,同情、关心患者,了解其心理动态及情绪波动的原因,针对原因提供支持和帮助 ☑营造安静舒适的休息环境,避免强光、噪音等不良刺激,避免一切精神干扰,消除有害刺激因素 ☑合理安排陪护与探视,使其充分享受亲情	☑已好转 □未好转
护理并发症	☑口腔炎 ☑肺部感染 ☑泌尿系感染 ☑压疮	☑协助患者漱口,口腔护理每天两次 ☑保持环境卫生,按时翻身拍背,每天两次 ☑会阴清洁每天一次,导尿患者尿道口碘伏消毒每天两次 ☑床单元平整干燥,翻身拍背每2 h一次	□已发生 ☑未发生
患者安全	☑跌倒 ☑烫伤 ☑坠床 ☑导管滑脱 ☑误吸 ☑静脉炎 □自伤、伤人 □走失	☑床头警示,穿防滑鞋,行动有陪伴,用助行工具,勤巡视 ☑床头警示,温水袋外裹毛巾,水温不超过50 ℃,加强巡视 ☑床头警示,加床栏,必要时用保护性约束,加强巡视 ☑妥善固定导管,移动患者时注意导管位置,加强巡视 ☑床头抬高30°~45°,从健侧喂食,增加食物黏稠度 ☑严格执行无菌操作,遵守操作规程 ☑加强看护,各班认真交接 □加强看护,各班认真交接	□已发生 ☑未发生
其他			□已发生 □未发生

评估时间:10-10-15:00　　　签名:倪姣英　　　评价时间:10-16-10:00　　　签名:倪姣英

 Note

知识链接

电子病历

　　电子病历是指医务人员在医疗护理活动过程中,使用医疗机构信息系统生成的文字、符号、图表、图形、数据、影像等数字化信息,并能实现存储、管理、传输和重现的医疗记录,是病历的一种记录形式。

　　电子病历系统是一种医学专用软件。医院通过电子病历,以电子化方式记录患者就诊的信息,包括首页、病程记录、检查检验结果、医嘱、手术记录、护理记录等,其中既有结构化信息,也有非结构化的自由文本,还有图形图像信息。涉及患者信息的采集、存储、传输、质量控制、统计和利用。在医疗中作为主要的信息源,提供超越纸张病历的服务,满足医疗、法律和管理需求。

直通护考

一、A1/A2 型题

1. 医疗与护理文件的书写要求不包括(　　)。

A. 记录应及时准确　　　　B. 记录应真实完整　　　　C. 描述应形象生动

D. 内容应简明扼要　　　　E. 记录者应签全名

2. 病区报告书写应先写(　　)。

A. 手术患者　　　　B. 危重患者　　　　C. 病情有变化的患者

D. 出院患者　　　　E. 入院患者

3. 出院患者的病历排列首先是(　　)。

A. 体温单　　B. 医嘱单　　C. 住院病历首页　　D. 出院记录　　E. 病程记录

4. 抢救患者时未能书写医疗文件,抢救结束后据实补记的时间要求是(　　)。

A. 1 h 内　　B. 3 h 内　　C. 6 h 内　　D. 12 h 内　　E. 24 h 内

5. 病案的保管,下列不妥的是(　　)。

A. 要求完整　　　　B. 不能随意拆散　　　　C. 不能擅自携出病区

D. 不能撕毁　　　　E. 患者希望查看,护士应满足他的要求

6. 处理医嘱应先执行(　　)。

A. 新开的长期医嘱　　　　B. 临时医嘱　　　　C. 定期执行的医嘱

D. 长期备用医嘱　　　　E. 停止医嘱

二、A3/A4 型题

(7~8 题共用题干)

患者,男,22 岁,急性阑尾炎穿孔傍晚入院,立即进行手术,2 h 后回到病房。

7. 患者回病房后,护士处理医嘱时,应先执行哪项医嘱?(　　)

A. 输血 300 mL,st　　　　B. 庆大霉素 8 万单位,im,bid　　　　C. 尿常规检查

D. 二级护理　　　　E. 外科护理常规

8. 护士书写交班报告时,不应书写患者的哪些内容?(　　)

A. 入院时间和状态　　　　　　　　　　B. 手术的麻醉和手术名称

C. 手术的过程　　　　　　　　　　　　D. 回病室及清醒时间、生命体征等情况

E. 重点观察项目及注意事项

参考答案

在线答题

 Note

(湖北省孝感市第一人民医院　刘惠林)

任务六　标本采集技术

护 考 提 示

1. 标本采集的原则。
2. 各种标本采集的方法。

学 习 目 标

1. 知识目标：能叙述标本采集的意义。能正确阐述标本采集的原则。能正确阐述采集血标本、尿标本、粪便标本、痰标本、咽拭子标本时的注意事项。

2. 能力目标：能正确实施血标本、尿标本、粪便标本、痰标本、咽拭子标本采集技术。

3. 素质目标：具有认真严谨的工作态度，关爱患者，能进行有效沟通，取得患者的理解与配合。

案例引导

　　患者，男，60岁，吸烟40年，既往糖尿病史5年，春节与家人聚餐，情绪激动时，突然跌倒，意识丧失，呼吸变深成鼾音，颈软无抵抗，左侧肢体瘫痪，肌张力低下。初步诊断：急性脑出血。医嘱要求为其采集血、尿标本，作为责任护士，请完成以下任务：①护士采集标本时应遵循的原则是什么？②如何正确地为患者采集血、尿标本？需注意些什么？

随着现代医学的发展，诊断疾病的方法日益增多，但各种标本的化验检查结果仍是最基本的临床诊断方法之一。正确的检验结果对疾病的诊断、治疗和预后判断具有非常重要的意义，而正确的检验结果与正确采集标本关系密切。掌握正确的标本采集方法是极为重要的，它是护理人员应该掌握的基本知识和基本技能之一。因此，护士应了解各种检验的目的，掌握正确采集标本的方法，采集过程中严格执行查对制度、遵守无菌技术操作原则，以保证检验结果的准确性。

一、标志采集的意义和原则

（一）标志采集的意义

标本是指采取患者少许的血液、排泄物（尿、粪便）、分泌物（痰、鼻分泌物）、呕吐物、体液（胸水、腹水）和脱落细胞（食管、阴道）等样品，经物理、化学和生物学试验室技术和方法对其进行检验，作为判断患者有无异常存在的依据。标本检验在一定程度上反映出机体正常的生理现象和病理改变。

标本采集的意义是协助疾病诊断，制定治疗措施，推测病程进展，观察病情变化。标本检验结果的正确与否直接影响疾病的诊断和治疗，而化验结果的正确与否与标本采集质量密切相关。

（二）标本采集的原则

1. 遵照医嘱　采集各种标本均应按医嘱执行。医生填写检验申请单，字迹要清楚，目的要明确，医生应签全名。凡对检验申请单有疑问的，护士应及时核实后才可执行。

2. 充分准备

（1）操作者准备　采集标本前应明确检验项目、检验目的、采集标本的量、采集的方法及注意事项。护士操作前做好自身准备，如着装整齐、修剪指甲、洗手、戴口罩、必要时戴手套等。

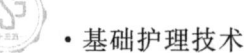

（2）患者准备　向患者及家属做好解释工作，以取得信任与配合。按照要求在采集标本前做好必要的准备工作，如需要空腹等。

（3）用物准备　根据检验目的准备好合适的标本容器，在容器外面必须贴上标签（注明患者的科别、床号、姓名、住院号、标本类型和送检日期），或条形码（电脑医嘱则自动生成电子条形码）。

（4）环境准备　整洁、安静、温湿度适宜、光线充足，注意保护患者的隐私。

3. 严格查对　采集前应仔细查对医嘱，核对检验申请单、标签或条形码，标本采集容器，患者的姓名、床号、住院号、腕带等。采集完毕及送检前应再次查对。

4. 正确采集　必须掌握正确的标本采集方法、采集量和采集时间，以保证标本的质量。凡细菌培养标本，应在使用抗生素前采集，操作时应严格执行无菌操作技术，标本须放入无菌容器内，不可混入防腐剂、消毒剂及其他药物，培养液应足量，无混浊、无变质，如果已经使用抗生素，应在血药浓度最低时采集，并在化验单上注明；注意选择最佳采集标本时间，晨起空腹是最具代表性和检出阳性率最高的时间，如血液、尿液标本原则上应在晨起空腹时采集。

5. 及时送检　标本采集后及时送检，不可放置时间过久，以免标本被污染或变质影响检验结果。特殊标本还应注明采集时间。

二、常用标本采集技术

（一）血标本采集技术

血标本是临床最常用的检验项目，它可以反映血液系统本身的病变，还可判断患者病情进展程度，为疾病治疗提供参考。

实训 2-6-1　血标本采集技术

【目的】

1. 静脉血标本

（1）全血标本　用作血常规检查、血沉和测定血液中某些物质的含量，如血糖、血氨、尿素氮、肌酐、尿酸、肌酸等。

（2）血清标本　测定肝功能、血清酶、脂类及电解质等。

（3）血培养标本　查找血液中的病原菌。

2. 动脉血标本　做血液气体分析。

3. 毛细血管采血法　做血常规和部分生化检查。目前均有检验人员执行，具体采集方法从略。

【评估】

（1）患者的病情，心理反应、合作程度。

（2）患者需做的检查项目，采血量，是否需要特殊准备（如使用抗凝剂等）。

（3）患者是否了解检查项目及其注意事项。

（4）患者的穿刺部位及血管情况。

【计划】

1. 操作者准备　着装整洁，修剪指甲、洗手，戴口罩，熟悉血标本采集的方法和原则，向患者解释标本采集的目的及有关注意事项。

2. 用物准备　注射盘、检验申请单、一次性止血带、一次性密闭式双向采血针和真空采血管（表 2-6-1）或一次性注射器、标本容器（血清用干燥试管；全血用抗凝试管；血培养用培养试管或血培养瓶）、一次性手套、酒精灯（若需要）、火柴，采集动脉血标本时另备无菌纱布、软木塞或橡胶塞、肝素 0.5 mL、小沙袋，必要时备无菌手套。治疗车下层备生活垃圾桶、医用垃圾桶和锐器盒。

3. 患者准备　患者明确采血的目的及注意事项，并做好相应的准备，如采集生化检验的血标本，须在早晨空腹时采集。

4. 环境准备　整洁、光线明亮、宽敞，必要时准备屏风或拉帘。

表 2-6-1 一次性真空采血管种类及用途

管帽颜色	添加剂种类和临床应用	检测项目	备 注
灰色	草酸钾或氟化钠,氟化钠是一种弱效抗凝剂,一般常同草酸钾或乙碘酸钠合并使用,其比例为氟化钠1份,草酸钾3份。此混合物4 mg可使1 mL血液在23天内不凝固和抑制糖分解	血糖、葡萄糖耐量试验	在4℃葡萄糖分子可保存48 h。不能用于尿素酶法测定尿素、碱性磷酸酶和淀粉酶的测定
红色	不含添加剂,用于常规血清生化,血库和血清学相关检验	肝功能、血糖、血脂、无机离子、血清蛋白,各种酶类测定。血清学试验:免疫球蛋白、补体、免疫复合物、C反应蛋白、自身抗体、肿瘤免疫、各种病毒检测	血糖试验应立即送检,不可在室温放置时间过长
黄色	惰性分离胶和促凝剂。标本离心后,惰性分离胶能够将血液中的液体成分(血浆)和固体成分(红细胞、白细胞、血小板、纤维蛋白等)彻底分开并完全积聚在试管中央而形成屏障,标本在48 h内保持稳定。促凝剂可快速激活凝血机制,加速凝血过程,适用于急诊血清生化试验	肝功能、血糖、血脂、无机离子、血清蛋白,各种酶类测定;血清学试验:免疫球蛋白、补体、免疫复合物、C反应蛋白、自身抗体、肿瘤免疫、各种病毒检测	血糖试验应立即送检,不可在室温放置时间过长。凝固时间10～30 min。相对离心力1100～1500 g
紫色	乙二胺四乙酸(EDTA)及其盐是一种氨基多羧基酸,可以有效地螯合血液标本中钙离子,螯合钙或将钙反应位点移去将阻滞和终止内源性或外源性凝血过程,从而防止血液标本凝固	红细胞、白细胞、血小板、嗜酸性粒细胞、网织红细胞、白细胞分类计数,血红蛋白、红细胞比积、出血时间及凝血时间测定	抗凝剂与采血量要准确。不适用于凝血试验、血小板功能检查,钙、钾、钠、铁离子、碱性磷酸酶、肌酸激酶、亮氨酸氨基肽酶的测定及PCR试验
蓝色	枸橼酸钠,主要通过与血样中钙离子螯合而起抗凝作用。适用于凝血试验,国家临床实验室标准化委员会(NCCLS)推荐的抗凝剂浓度是3.2%或3.8%	高铁血红蛋白还原试验、凝血因子纠正试验、凝血四项、D-二聚体测定等血液凝固试验	抗凝剂与采血量要准确,其比例是1:9
绿色	肝素钠或肝素锂抗凝剂,可快速分离血浆,是电解质检测的最佳选择,也可用于常规血浆生化测定和ICU等急诊血浆生化检测。血浆标本可直接上机并在冷藏状态下保持48 h稳定	适用于红细胞脆性试验,血气分析,红细胞压积试验,血沉及普通生化测定及血液流变学试验	血氨抽血后封闭立即送检。不适于做血凝试验。过量的肝素会引起白细胞的聚集,不能用于白细胞计数。可使血片染色后背景呈淡蓝色,不适于白细胞分类
黑色	枸橼酸钠,血沉试验要求的枸橼酸钠浓度为3.2%(相当于0.109 mol/L)	血沉试验	抗凝剂与采血量比例是1:4

【实施】

1. 操作步骤

操作步骤	要点说明
1.查对、贴签 采集前认真查对医嘱、检验申请单、标签(或条形码)及标本容器(或真空采血管),无误后贴标签(或条形码)于标本容器(或真空采血管)上	• 防止发生错误

操作步骤	要点说明
2. 核对解释　携用物至床旁,根据检验申请单核对患者的床号、姓名、腕带,解释抽血的目的及配合方法	• 确认患者,取得合作
★静脉血标本	
3. 选择静脉　协助患者取合适体位,选择合适的静脉穿刺点,扎止血带,常规消毒皮肤	• 常选肘正中静脉、头静脉或贵要静脉 • 扎好的止血带尾端应远离穿刺点,避免污染穿刺部位
4. 二次核对	
5. 采血	
(1) 真空采血器采血	• 如需多管采血,可再接入所需的真空采血管
①穿刺:取下真空采血针护针帽,手持采血针,按照静脉注射法穿刺	
②采血:见回血,固定针柄,将采血针另一端刺入真空采血管,采血至需要量	• 当采集到最后一管血液时,即松开止血带 • 采血结束,先拔真空采血管,再拔出针头
③拔针、按压:采血完毕,松止血带,迅速拔出针头,按压局部1～2 min	• 采集血标本后,应将注射器活塞略向后抽,以免血液凝固使注射器粘连或针头阻塞
(2) 注射器采血	
穿刺、抽血:按静脉穿刺法穿刺血管,见回血后抽取所需血量	
(3) 拔针、按压　松止血带,嘱患者松拳,迅速拔出针头,用干棉签按压穿刺点1～2 min	
(4) 将血液注入标本容器中	• 培养瓶有密封瓶和三角烧瓶两种
①血培养标本:如为密封瓶,除去铝盖中心部,常规消毒瓶盖,更换针头,将抽出的血液注入瓶内,轻轻摇匀;如为三角烧瓶,先松开瓶口纱布,取出瓶塞,迅速在酒精灯火焰上消毒瓶口,更换针头,将抽出的血液注入瓶内,轻轻摇匀,再将瓶口在酒精灯火焰上消毒后塞好,扎紧纱布	• 一般血培养采集血标本为5 mL。亚急性细菌性心内膜炎患者,为提高细菌培养阳性率,采血量可增至10～15 mL,以提高培养阳性率 • 勿将泡沫注入
②全血标本:取下针头,将血液沿管壁缓慢注入盛有抗凝剂的试管内,轻轻摇动,使血液与抗凝剂充分混匀	• 防止血液凝固 • 避免震荡,以防红细胞破裂溶解
③血清标本:取下针头,将血液沿管壁缓慢注入干燥试管内	
★动脉血标本	• 常选桡动脉、肱动脉和股动脉
(1) 消毒　协助患者取合适体位,选择合适的动脉,常规消毒皮肤,直径至少8 cm	
(2) 穿刺　戴手套,在欲穿刺动脉搏动最明显处固定动脉于左手示指和中指间,右手持注射器垂直或与动脉走向成45°～90°角刺入动脉,见有鲜红色血液涌进注射器,左手抽取所需血量	• 桡动脉穿刺点在前臂掌侧腕关节上2 cm;股动脉穿刺点在腹股沟,取仰卧位,下肢伸展略外展 • 血气分析所需血量为0.5～1 mL
(3) 拔针、按压　迅速拔出针头,用无菌纱布加压止血5～10 min	• 防止发生血肿
(4) 隔绝空气　立即将针尖斜面刺入软木塞或橡胶塞,同时轻轻转动注射器	• 隔绝空气,使血液与肝素混匀
6. 操作后处理　协助患者取舒适卧位,整理床单位,再次核对;清理用物,脱手套,洗手,记录;将标本和检验申请单及时送检	• 用物按消毒、隔离原则处理,预防医院内交叉感染 • 以免影响检验结果

2. 注意事项

(1) 做生化检验,应事先通知患者禁食,在空腹时采集血标本。

(2) 同时抽取多个项目的血标本时,注入容器的先后顺序是培养瓶、抗凝试管、干燥试管,动作应迅

速准确。

（3）根据不同的检验目的选择标本容器。全血标本时需注意使用加抗凝剂的试管，血清标本使用干燥清洁的试管，血培养标本使用密封培养瓶或三角烧瓶。

（4）采集血培养标本时，应防污染。严格执行无菌技术操作，抽血前认真检查培养基是否符合要求，瓶塞是否干燥，培养液不宜过少。

（5）做二氧化碳结合率测定者，抽血后，立即注入有石蜡油的抗凝试管中。注入时用长针头且应插至石蜡油液面下，以隔绝空气。

（6）严禁在输液、输血的肢体上采集血标本，必须另换肢体采集。

【评价】

（1）严格按照无菌操作采集标本。

（2）血标本采集方法正确，符合检验项目要求。

（3）护患沟通有效，患者积极配合。

知识链接

真空采血器

真空采血器（图 2-6-1）由真空采血管、采血针（包括直针和头皮式采血针）、持针器三个部分组成，一次性使用。真空采血管是其主要组成部分，主要用于血液标本的采集与保存。真空采血管在生产过程中预置了一定量的负压，当采血针穿刺进入血管后，在采血管内负压作用下，血液可自动流入采血管内，同时采血管内预置了各种添加剂，可以满足临床上多种血液检测的需要。真空采血器具有安全、密闭、转运方便、头色不同、易于分辨等优点，是对传统的注射器采血方式的革命性创新。临床上现已广泛运用。

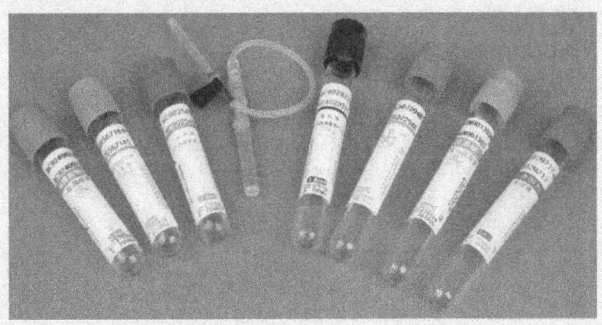

图 2-6-1　真空采血器（一次性使用）

（二）尿标本采集技术

尿标本分为尿常规标本、12 h 或 24 h 尿标本及尿培养标本。

实训 2-6-2　尿标本采集技术

【目的】

1. 尿常规标本　用于检查尿液的色泽、透明度、细胞及管型，测定比重，并用于尿蛋白及尿糖定性检查。

2. 尿培养标本　用于细菌培养或细菌敏感试验，协助临床诊断和治疗。

3. 12 h 或 24 h 尿标本　用于尿的各种定量检查，如钠、钾、氯、17-羟类固醇、17-酮类固醇、肌酐、肌酸及尿糖定量或尿浓缩查结核杆菌等。

【评估】

1. 患者的一般情况　年龄、病情、意识状态、治疗情况（培养标本注意评估抗生素使用情况）、排尿情况等。

2. 患者的认知反应　对尿标本采集的认知情况、心理反应、情绪状态及合作程度等。

【计划】

1. 操作者准备　着装整洁,修剪指甲,洗手,戴口罩,核对医嘱。

2. 用物准备　检验申请单、标签或条形码、根据采集标本种类准备容量为 100 mL、3000～5000 mL 的清洁大口容器或无菌试管、防腐剂(表 2-6-2)、便器;采集培养标本需准备无菌导尿用物、无菌有盖标本容器、清洁手套。治疗车下层备生活垃圾桶、医用垃圾桶和锐器盒。

3. 患者准备　能理解采集标本的目的、方法,并能配合。

4. 环境准备　整洁、安静、舒适、明亮,可用屏风或拉帘遮挡,保护患者隐私。

表 2-6-2　常用防腐剂的作用及用法

名称	作用	用法	临床应用
甲醛	防腐和固定尿中有机成分	每 100 mL 尿液中加入 400 mg/L 甲醛 0.5 mL	艾迪计数（12 h 尿细胞计数）等
浓盐酸	防腐,保持尿液在酸性环境中,防止尿中激素被氧化	24 h 尿液中加入 10 mL/L 浓盐酸	内分泌系统的检查,如 17-羟类固醇、17-酮类固醇等
甲苯	保持尿中的化学成分不变	应在第一次尿液倒入后加入,每 100 mL 尿液中加入甲苯 0.5 mL（即甲苯浓度为 5～20 mL/L）	尿蛋白定量、尿糖定量及钠、钾、氯、肌酐、肌酸定量检查

【实施】

1. 操作步骤

操 作 步 骤	要 点 说 明
1.查对、贴签　采集前认真查对医嘱、检验申请单、标签(或条形码)及标本容器,无误后贴标签(或条形码)于标本容器上	• 防止发生错误
2.核对解释　携用物至床旁,根据检验申请单核对患者的床号、姓名、腕带,解释采集尿标本的目的及配合方法	• 取得患者合作
3.采集尿标本 ★常规标本 (1) 留取标本:能自理的患者,给予尿标本容器,嘱其将晨起第一次尿留于容器中,除测定尿比重需留取 100 mL 外,其余检查留取 30～50 mL 即可 (2) 留置导尿的患者,将集尿袋下方引流孔处打开,收集尿液 (3) 行动不便的患者,协助患者在床上使用便器,收集尿液于标本容器中 ★培养标本 (1) 中段尿留取法 ①用屏风遮挡患者,协助其取舒适卧位,并放好便器 ②按导尿术清洁、消毒患者外阴,嘱咐患者排尿时,弃掉前段尿,将试管夹在试管夹上,在酒精灯上消毒试管口后接取中段尿5～10 mL ③留取尿液后,再次消毒试管口和盖子,快速盖紧试管,并熄灭酒精灯 ④清洁患者外阴,协助其穿好衣裤,整理患者床单位,取舒适卧位,清理用物 (2) 导尿术留取法　方法同导尿术:将导尿管插入膀胱,将尿液引出,留取尿标本	• 行动不便的患者,护士协助在床上使用便器,将尿液收集到标本容器中 • 勿将卫生纸丢到便器内 • 因晨尿未受饮食影响,浓度较高,故检验结果比较准确 • 尿失禁的患者或婴儿可使用尿袋或尿套协助收集尿液 • 注意保护患者隐私 • 消毒顺序为从上至下,一次一个棉球,防止外阴细菌污染尿标本 • 前段尿起到冲洗尿道的作用,应在患者膀胱充盈时留取,留取标本时勿触及容器口

操作步骤	要点说明
★12 h或24 h尿标本	
(1)贴标签或条形码于标本容器上,注明留取尿液的起止时间	
(2)留取12 h尿标本,嘱患者于下午7点排空膀胱后开始留取尿液至次日晨7点留取最后一次尿液;若留取24 h尿标本,于上午7点排空膀胱后,留取尿液至次日晨7点留取最后一次尿液	• 在医嘱规定的时间内留取,时间不可多于也不可少于12 h或24 h,以得到正确的检验结果 • 此次尿液为检查前留在膀胱内的,不应留取
(3)留取最后一次尿液后,将12 h或24 h的全部尿液收集于集尿瓶内,测量总尿量	• 嘱患者可将尿液排在尿壶或便器内,然后再倒入集尿瓶内,方便收集尿液
4.操作后处理 护士洗手并记录尿液总量、颜色、气味等;标本及时送检,用物按常规消毒处理	• 集尿瓶应放在阴凉处,根据检验要求在尿中加防腐剂(在第一次尿液倒入后添加防腐剂) • 保证检验结果的准确性

2. 注意事项

(1)不可混入粪便、分泌物,会阴部分泌物较多时,应先清洁或冲洗会阴,再收集尿液。

(2)女患者在月经期不宜留取尿标本。

(3)昏迷或尿潴留患者可通过导尿术采集标本。

(4)留取12 h或24 h尿标本,集尿瓶应放在阴凉处,根据检验要求在瓶内加入防腐剂(表2-6-2),以免尿液久放变质。

(5)做好交接班,督促检查患者正确留取尿标本。

【评价】

(1)根据检查的项目,正确采集尿标本。

(2)与患者沟通良好。

(三)粪便标本采集技术

粪便标本包括常规标本、培养标本、隐血标本和寄生虫及虫卵标本。

实训 2-6-3 粪便标本采集技术

【目的】

1. 常规标本 用于检查粪便的性状、颜色、细胞、混合物、寄生虫卵等。

2. 培养标本 用于检查粪便中的致病菌。

3. 隐血标本 用于检查粪便内肉眼不能察觉的微量血液。

4. 寄生虫或虫卵标本 用于粪便中的寄生虫成虫、幼虫以及虫卵计数检查。

【评估】

(1)患者的一般情况如年龄、病情、意识状态、治疗情况、排便情况等。

(2)患者的认知反应及对粪便标本采集的认知情况、心理反应、情绪状态及合作程度等。

【计划】

1. 操作者准备 着装整洁,修剪指甲,洗手、戴口罩,核对医嘱。

2. 用物准备 检验申请单、手套。

(1)常规标本 检便盒(内附棉签或检便匙)、清洁便盆。

(2)培养标本 无菌培养瓶及棉签、消毒便盆。

(3)隐血标本 检便盒(内附棉签或检便匙)、清洁便盆。

(4)寄生虫或虫卵标本 检便盒(内附棉签或检便匙)、透明胶带与载玻片、清洁便盆。

3. 患者准备 了解收集标本的目的和方法。

4. 环境准备 整洁、安静、舒适、明亮。可用屏风或拉帘遮挡,保护患者隐私。

【实施】

1. 操作步骤

操作步骤	要点说明
1.查对、贴签　采集前认真查对医嘱、检验申请单、标签(或条形码)及标本容器,无误后贴标签(或条形码)于标本容器上	• 防止发生错误
2.核对解释　携用物至床旁,根据检验申请单核对患者的床号、姓名、腕带,解释采集粪便标本的目的及配合方法	• 取得患者合作
3.排尿　用屏风遮挡,嘱患者排尿	• 以免留取粪便标本时混入尿液,影响检验结果
4.收集粪便标本	
★常规标本	
(1)嘱患者排便于清洁便盆内	
(2)用检便匙在粪便中央部分取或取黏液脓血部位约5 g,置于检便盒内,若是水样便,应盛于容器中送检	• 保证检验结果准确
★培养标本	
(1)嘱患者排便于消毒便器内,用无菌棉签在粪便中央部分取或取黏液脓血部位2~5 g,放入培养瓶内,盖紧瓶塞	
(2)如患者无便意,可用无菌长棉签蘸无菌生理盐水,由肛门轻轻插入4~5 cm(幼儿2~3 cm),沿同一方向边旋转边退出棉签,立即置于培养瓶内,盖紧瓶塞	
★隐血标本	
(1)嘱患者于检查前3天禁食肉类、血、肝、含铁剂药物和含大量绿叶素的食物	• 以免出现假阳性
(2)第4天按常规标本留取法进行	
★寄生虫及虫卵标本	
(1)检查寄生虫及虫卵　嘱患者排便于清洁便盆内,用检便匙在粪便不同部位取带血及黏液的粪便标本5~10 g,放入检便盒内。如患者服驱虫剂后或做血吸虫孵化检查,需留取全部粪便立即送检	
(2)检查蛲虫　嘱患者在晚上睡觉前或早晨未起床前,将透明胶带贴在肛门周围;取下透明胶带,将粘有虫卵的一面贴在载玻片上,或相互对合	
(3)检查阿米巴原虫　采集前先将便盆加温,再嘱患者排便,并连同便盆立即送检	• 加热是为保持阿米巴原虫的活动状态,阿米巴原虫在低温环境下失去活力而难以查到
5.操作后处理　护士洗手并记录粪便的形状、颜色、气味等;标本及时送检,用物按常规消毒处理	• 保证检验结果的准确性

2. 注意事项

(1) 盛粪便标本的容器必须有盖,有明显标记。

(2) 不应留取尿壶或混有尿液的便盆中的粪便标本。粪便标本中也不可混入植物、泥土、污水等异物。不应从卫生纸或衣裤、纸尿裤等物品上留取标本,不能用棉签有棉絮端挑取标本。

(3) 检查阿米巴原虫,在采集标本前几天,避免给患者服用钡剂、油质或含金属的泻剂,以免金属制剂影响阿米巴虫卵或胞囊的显露。同时应床边留取新排出的粪便,从脓血和稀软部分取材,并立即保温送实验室检查。

【评价】

(1) 标本采集正确,符合检验要求。

(2) 护士操作规范,尊重患者,保护患者隐私,护患沟通有效,患者积极配合。

（四）痰标本采集技术

常用的痰标本采集包括常规痰标本、痰培养标本和24 h痰标本。

实训 2-6-4 痰标本采集技术

【目的】

1. 常规痰标本 用于检查痰的一般性状,涂片查细菌、癌细胞或虫卵等,以协助诊断某些呼吸系统疾病。

2. 痰培养标本 用于检查痰液中的致病菌,以确定病菌类型或做相应的药敏试验。

3. 24 h痰标本 用于检查24 h痰液的量及性状,以协助诊断。

【评估】

1. 患者的一般情况 患者的年龄、病情、意识状态、治疗情况等。

2. 患者的认知反应 患者对痰标本采集的认知情况、心理反应、情绪状态及合作程度等。

【计划】

1. 操作者准备 着装整洁,修剪指甲,洗手、戴口罩,核对医嘱。

2. 用物准备

（1）能自行留痰者 ①常规痰标本:痰盒。②痰培养标本:漱口溶液、无菌培养瓶或培养皿。③24 h痰标本:容积约500 mL的清洁广口集痰容器。

（2）无法咳痰或不能合作者 集痰器(图2-6-2)、吸痰用物(吸引器、吸痰管)、0.9%氯化钠溶液、手套。痰培养标本需备无菌用物。

（3）检验单 按常规填写、准备。

3. 患者准备 患者明确操作的目的、方法及注意事项。

4. 环境准备 整洁、安全、宽敞、明亮。

【实施】

1. 操作步骤

操作步骤	要点说明
1.查对、贴签 采集前认真查对医嘱、检验申请单、标签(或条形码)及标本容器,无误后贴标签(或条形码)于标本容器上	• 防止发生错误
2.核对解释 携用物至床旁,根据检验申请单核对患者的床号、姓名、腕带,解释采集痰标本的目的及配合方法	• 取得患者合作
3.收集痰标本 ★常规痰标本 （1）能自行留痰者 晨起未进食前先漱口,去除口腔中杂质,深呼吸后,用力咳出气管深处的痰液,置于痰盒	• 有效的深呼吸可帮助患者咳痰
（2）无法咳痰或不能合作者 协助患者取适当卧位,叩背;戴手套,将集痰器分别连接吸引器和吸痰管。按吸痰法吸入2~5 mL痰液于集痰器内	• 集痰器开口高的一端接吸引器,低的一端接吸痰管
★痰培养标本 （1）能自行留痰者 晨起未进食前,先用朵贝尔溶液漱口,再用冷开水漱口,深呼吸后用力咳出气管深处的痰液,置于无菌痰盒 （2）无法咳痰或不能合作者 同常规痰标本收集	
★24 h痰标本 （1）从晨起(7时)未进食前,漱口后第一口痰开始留取,至次晨(7时)止	• 正常人痰液很少,每日约25 mL或无痰液
（2）将24 h的全部痰液收集在集痰器内	

Note

操作步骤	要点说明
4.操作后处理　用物按消毒、隔离要求处理;洗手,记录痰的外观或性状;24 h痰标本应记总量;及时送检	

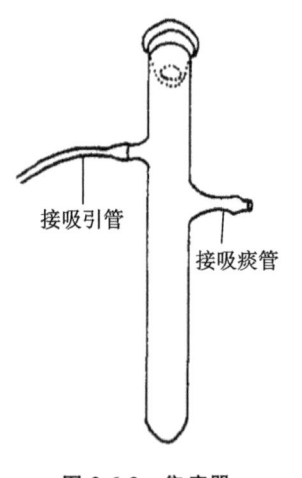

接吸引管

接吸痰管

图 2-6-2　集痰器

2. 注意事项

(1) 检查标本容器有无破损,是否符合检验的目的和要求。

(2) 采集标本操作规范,采集方法、采集量和采集时间要准确。如为痰培养标本,应严格无菌操作,避免因操作不当污染标本,影响检验结果;如查癌细胞,应用10%甲醛溶液或95%乙醇固定痰液后立即送检。避免混入口腔中的细菌,影响检验结果。

(3) 采集痰标本时,嘱患者勿将唾液、漱口水、鼻涕混入痰标本中。

(4) 如患者伤口疼痛无法咳嗽,可用软枕或手掌压迫伤口,减轻伤口张力,减少咳嗽时的疼痛。

【评价】

(1) 痰标本采集的方法正确,符合检验要求。

(2) 痰培养标本严格执行无菌操作。

(3) 护患沟通有效,患者积极配合。

(五) 咽拭子标本采集技术

见实训 2-6-5。

实训 2-6-5　咽拭子标本采集技术

【目的】

从咽部及扁桃体采取分泌物,做细菌培养或病毒分离,以协助诊断、治疗和护理。

【评估】

1. 患者的一般情况　年龄、病情、意识状态、治疗情况等。

2. 患者的认知反应　对咽拭子标本采集的认知情况、心理反应、情绪状态及合作程度等。

【计划】

1. 操作者准备　着装整洁,修剪指甲,洗手、戴口罩,熟悉咽拭子标本采集的方法和原则,向患者解释标本采集的目的及注意事项。

2. 用物准备　无菌咽拭子培养管、酒精灯、火柴、压舌板、手电筒、手套、检验申请单、标签或条形码。

3. 患者准备　患者了解操作目的、方法及配合注意事项。

4. 环境准备　整洁、宽敞、光线充足。

【实施】

1. 操作步骤

操作步骤	要点说明
1.查对、贴签　采集前认真查对医嘱、检验申请单、标签(或条形码)及标本容器,无误后贴标签(或条形码)于标本容器上	• 防止发生错误
2.核对解释　携用物至床旁,根据检验申请单核对患者的床号、姓名、腕带,解释采集咽拭子标本的目的及配合方法	• 取得患者合作
3.采集标本　点燃酒精灯,嘱患者张口发"啊"音,用培养管内的无菌长棉签,快速擦拭腭弓两侧和咽、扁桃体上的分泌物	• 暴露咽喉部,必要时使用压舌板

续表

操作步骤	要点说明
4.消毒　在酒精灯火焰上消毒试管口及塞子,将棉签插入试管并塞紧	
5.操作后处理　再次查对,安置患者,清理用物;脱手套,洗手,记录;及时送检	• 防止污染标本

2. 注意事项

(1) 采集标本时,避免在患者进食后 2 h 内进行,以防呕吐。动作要轻稳、敏捷,防止引起患者不适。

(2) 严格执行无菌操作,注意棉签不要触及其他部位,保证所取标本的准确性。

(3) 如做真菌培养,应在口腔溃疡面上采集分泌物。

【评价】

(1) 标本采集的方法正确,符合检验要求。

(2) 护士操作规范,尊重患者,护患沟通有效,患者积极配合。

直通护考

一、A1/A2 型题

1. 检查红细胞沉降率应使用的容器是(　　)。

A. 干燥试管　　B. 抗凝试管　　C. 血培养瓶

D. 乳酸钠试管　　E. 液状石蜡试管

2. 男性,45 岁。因高热、牙龈出血及多处皮肤斑点 5 天入院。医嘱开具下列检验单,护士采血时应优先采取的标本是(　　)。

A. 血常规　　B. 血生化组合　　C. 凝血四项　　D. ABO 血型　　E. 血培养

3. 采集血气分析标本时,错误的操作是(　　)。

A. 使用 2 mL 无菌干燥注射器

B. 抽取经过稀释的肝素溶液,充盈注射器后弃去

C. 无菌操作下抽取动脉血 1 mL

D. 将血迅速注入无菌试管并用软木塞塞住

E. 立即送检

4. 24 h 尿样本检查需要加入甲醛作防腐剂的检查项目是(　　)。

A. 艾迪计数　　B.17-酮类固醇　　C. 尿糖定量　　D. 尿蛋白定量　　E. 肌酐定量

5. 患者,女,25 岁。以急性肾小球肾炎入院,医嘱做艾迪计数检查。护士应准备的防腐剂是(　　)。

A.10％甲醛　　B.40％甲醛　　C. 浓盐酸

D.0.5％～1％甲苯　　E.1％～2％甲苯

6. 尿常规检查时,留取尿标本的时间正确的是(　　)。

A. 饭前半小时　　B. 全天尿液　　C. 早晨第一次尿

D. 随时收集尿液　　E. 饭后半小时

7. 采集 24 h 尿标本时,正确的采集时间是(　　)。

A. 早 7:00 至次晨 7:00　　B. 早 9:00 至次晨 9:00

C. 早 11:00 至次日 9:00　　D. 晚 7:00 至次日晚 7:00

E. 晚 11:00 至次日晚 11:00

8. 患儿,女,3 岁。因高热、腹泻、进行性呼吸困难入院,考虑为中毒性细菌性痢疾。护士在为患者

留取粪便标本时应注意(　　)。

A.在抗菌治疗后采集标本
B.选择有黏液脓血部分的粪便送检
C.留取部分成形粪便送检
D.可多次采集标本,集中送检
E.患者无大便时,用导泻剂后留取标本

9. 男性,29岁。初步诊断为阿米巴痢疾收入院,医嘱:留取粪便做阿米巴原虫检查。护士应为患者准备的标本容器是(　　)。

A.无菌容器
B.清洁容器
C.干燥容器
D.装有培养基的容器
E.加温的清洁容器

二、A3/A4 型题

(10～11题共用题干)

男性,55岁。一周来体温持续39～40℃。护理查体:面色潮红,呼吸急促,口唇轻度发绀,意识清醒。

10. 为明确诊断,需查心肌酶、血沉及进行血培养。应选用的血沉标本容器是(　　)。

A.血培养瓶　　B.无菌试管　　C.干燥试管　　D.抗凝试管　　E.石蜡油试管

11. 采集上述血标本后,注入容器的先后顺序是(　　)。

A.抗凝试管、干燥试管、血培养瓶
B.干燥试管、血培养瓶、抗凝试管
C.干燥试管、抗凝试管、血培养瓶
D.血培养瓶、干燥试管、抗凝试管
E.血培养瓶、抗凝试管、干燥试管

(12～13题共用题干)

男性,50岁。患肾脏疾病,需做尿蛋白定量检查。

12. 该患者留取常规尿标本的时间为(　　)。

A.饭前半小时
B.晨起第一次尿
C.12 h尿
D.24 h尿
E.随时收集尿液

13. 患者做尿蛋白定量检查,须在标本内加入(　　)。

A.甲醛　　B.乙醛　　C.甲苯　　D.稀盐酸　　E.浓盐酸

(枣庄科技职业学院 刘永华　日照市中医医院 甄继飞)

参考答案

在线答题

PPT课件

任务七　卧位安置的护理技术

 护考提示

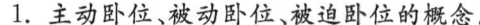

1. 主动卧位、被动卧位、被迫卧位的概念。
2. 各种卧位的适用范围、安置方法。
3. 协助患者更换卧位的方法。
4. 协助患者更换卧位和应用保护具的注意事项。

 学习目标

1. 知识目标:能准确叙述被动卧位、主动卧位、被迫卧位的概念;各种卧位的适用范围、安置方法;协助患者变换卧位和保护具应用的注意事项。

Note

2．能力目标：能正确协助患者更换卧位及正确使用保护具。

3．素质目标：具有认真严谨的工作态度，关爱患者、有效沟通，确保患者安全、舒适。

案例引导

　　患者，女，53 岁。因急性胆囊炎住院做胆道手术，手术后 T 管引流。作为一名主管护士，请完成以下任务：①患者手术回到病房后护士如何安置体位。②术后第二天患者采用何种卧位。

案例解析

情境训练

一、卧位

　　卧位是指患者卧床的姿势，临床上常根据患者的病情以及治疗与护理的需要为其调整相应的卧位，对减轻症状、疾病治疗、进行各种检查、预防并发症、减少疲劳和增加患者舒适等均有重要作用。正常情况下，每个人都会自主或不自主地调整身体姿势使其处于舒适的卧位，来满足自身舒适和安全的需要。当人患病时，其自理能力会出现不同程度的下降，极易产生不舒适的状态和感受，要满足其舒适需要就显得尤为重要，所以护士在临床工作中应熟悉各种卧位的安置方法，协助患者采取舒适、安全、正确的卧位，确保患者安全舒适，使治疗、护理工作顺利进行。

（一）舒适卧位的基本要求

　　舒适卧位是指患者卧床时，身体各部处于合适的位置，感觉轻松自在。维持舒适卧位的基本要求如下。

　　（1）卧位姿势应符合人体力学的要求，体重平均分布于身体的各部位，降低关节的压力和活动限制，使关节处于正常的功能位，体内脏器在体腔内拥有最大的空间，还可以避免关节僵硬和肌肉挛缩。

　　（2）经常更换卧位，改变姿势，至少每 2 h 一次，加强受压部位皮肤护理，避免局部长期受压导致压疮的发生。

　　（3）患者身体各个部位每天均应活动，改变卧位时，应做全范围关节活动，有禁忌证者除外，如急性关节炎、骨折、肌腱断裂的患者。

　　（4）变换卧位时应适当遮挡患者，保护患者的隐私，并注意保暖，使其身心都感觉舒适。

（二）卧位的分类

1．根据卧位的自主性分类

　　（1）主动卧位　患者根据自己意愿采取的最舒适、最随意的卧位称为主动卧位。见于轻症患者、术前及恢复期患者。

　　（2）被动卧位　患者自身无变换姿势的能力，而被他人安置的卧位称为被动卧位。常见于昏迷、瘫痪、极度衰弱的患者。

　　（3）被迫卧位　患者意识存在，也有变换姿势的能力，由于疾病或者治疗的原因而被迫采取的卧位称为被迫卧位，如肺源性心脏病、支气管哮喘发作时患者由于呼吸困难而被迫采取端坐卧位。

2．根据卧位的平衡稳定性分类

　　（1）稳定性卧位　支撑面大，平衡稳定，患者感到舒适的卧位称为稳定卧位。

　　（2）不稳定性卧位　支撑面小，重心较高，难以平衡的卧位称为不稳定性卧位。患者为保持一定的卧位造成肌肉紧张，疲劳，不舒适。如两腿并齐伸直，两肩也在两侧伸直的侧卧位。

（三）常用卧位

1．仰卧位

1）去枕仰卧位

（1）适用范围

①昏迷或全身麻醉未清醒的患者采用此卧位，可以预防呕吐物误入气道而引起窒息或肺部并发症。

Note

②椎管内麻醉或脊髓穿刺后6～8 h内的患者采用此种卧位,可以预防颅内压降低而引起头痛。因为穿刺后,脑脊液可自穿刺点漏出至脊膜腔外,造成颅内压降低,牵张颅内静脉窦和脑膜等组织,引起头痛。

(2)安置方法　去枕仰卧,头偏向一侧,两臂放于身体两侧,两腿自然放平,枕头横立于床头(图2-7-1)。

2)屈膝仰卧位

(1)适用范围

①腹部检查的患者,使腹部肌肉放松,便于检查。

②导尿术或会阴冲洗的患者,利于暴露操作部位。

(2)安置方法　患者平卧,头下垫软枕,两臂放于身体两侧,两膝屈起,稍微向外分开(图2-7-2)。

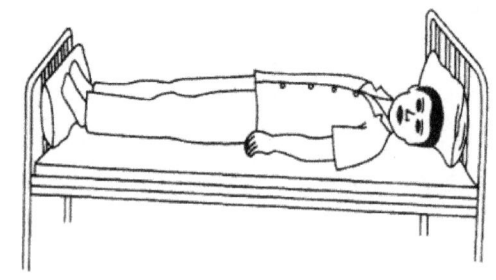
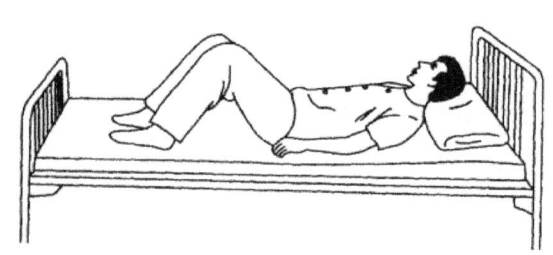

图 2-7-1　去枕仰卧位　　　　　　　　　　　　　图 2-7-2　屈膝仰卧位

3)中凹卧位(休克卧位)

(1)适用范围　用于休克患者。抬高头胸部,有利于保持气道通畅,有利于通气,增加肺活量,改善缺氧症状;抬高下肢,可促进静脉回流,增加心输出量,缓解休克症状。

(2)安置方法　患者仰卧,头胸部抬高10°～20°,下肢抬高20°～30°(图2-7-3)。

2. 侧卧位

(1)适用范围

①灌肠、肛门检查以及配合胃镜、肠镜检查等患者。

②臀部肌内注射的患者,以充分放松注射侧臀部肌肉。

③预防压疮。侧卧位与平卧位交替使用,可避免局部组织长期受压。

(2)安置方法　患者侧卧,臀部稍后移,两臂屈肘,一手放于胸前,一手放于枕旁,胸腹部、背部可放置软枕,以扩大支撑面,增加舒适和安全(图2-7-4)。

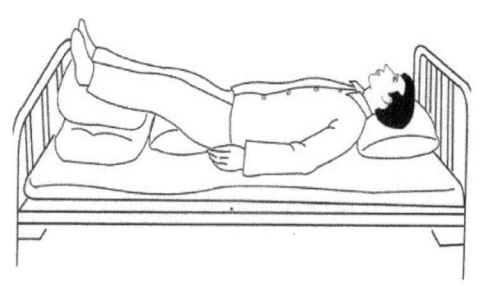

图 2-7-3　中凹卧位(休克卧位)　　　　　　　　图 2-7-4　侧卧位

3. 俯卧位

(1)适用范围

①腰部检查或配合胰管、胆管造影检查的患者。

②脊椎手术后或腰、背、臀部有伤口的患者。

③胃肠胀气所致腹痛患者。俯卧位时使腹腔容积增大,可缓解胃肠胀气所致的腹痛。

(2)安置方法　患者俯卧,头偏向一侧,两臂屈曲放于头的两侧,两腿伸直,胸下、髋部、踝部各放一个软枕(图 2-7-5)。

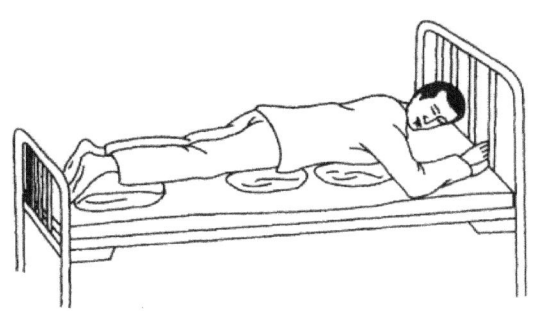

图 2-7-5 俯卧位

4. 半坐卧位

（1）适用范围

①某些面部及颈部手术后的患者，采取半坐卧位可减少局部出血。

②胸部创伤，心、肺疾病的患者，采取半坐卧位，受重力作用，部分血液滞留于下肢和盆腔，使回心血量减少，从而可减轻肺淤血和心脏负担；同时膈肌位置下降，胸腔容量扩大，可减轻腹腔内脏器对心、肺的压力，使肺活量增加，有利于气体交换，缓解呼吸困难。

③腹腔、盆腔手术后或有炎症的患者，采取半坐卧位，一可使腹腔渗出物流入盆腔，减少炎症的扩散和毒素吸收，促使感染局限化，减轻中毒反应；二可松弛腹肌，减少腹部切口缝合的张力，缓解疼痛，增进舒适感，有利于伤口愈合。

④恢复期体质虚弱的患者，采取半坐卧位，使患者逐渐适应体位改变，有利于向站立过渡。

（2）安置方法

①摇床法：患者仰卧，先摇起床头支架 30°～50°，再摇高膝下支架，防止身体下滑。必要时在患者足底垫一软枕，增进患者舒适感，防止足底触及床尾栏杆。放平时，先摇平膝下支架，再摇平床头支架（图 2-7-6）。

②靠背架法：将患者上半身抬高，在床头垫褥下放一靠背架，下肢屈膝，膝下垫一大单包裹的软枕，大单两端固定于两侧床沿，以防患者身体下滑，床尾放置一软枕，以免患者足底触及床栏。放平时，先放平床尾，再放平床头（图 2-7-7）。

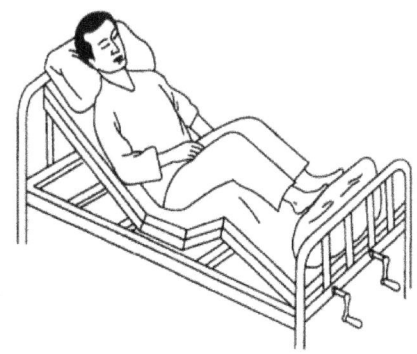

图 2-7-6 半坐卧位(摇床法)

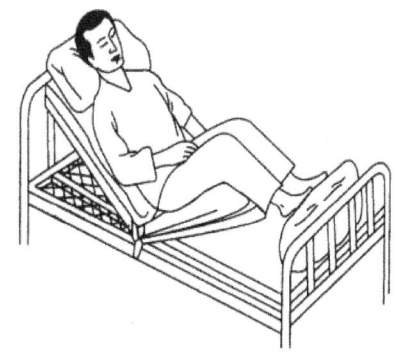

图 2-7-7 半坐卧位(靠背法)

5. 头低足高位

（1）适用范围

①肺部分泌物引流，使痰液易于排出。

②十二指肠引流术，有利于胆汁引流(需采用右侧卧位)。

③妊娠时胎膜早破，防止脐带脱垂。

④跟骨、胫骨结节牵引时，利用人体重力作为反牵引力。

（2）安置方法 患者仰卧，枕头横立于床头，以防碰伤头部。床尾用支托物垫高 15～30 cm

（图 2-7-8），此体位使患者感到不适，不宜长时间使用。颅内高压者禁用。

6. 头高足低位

（1）适用范围

①颈椎骨折进行颅骨牵引时作反牵引力。

②颅脑损伤、颅脑手术后的患者，可降低颅内压，预防脑水肿。

（2）安置方法　患者仰卧，床头用支托物垫高 15～30 cm 或根据病情而定。另用一软枕横立于床尾，以防足部触及床尾栏杆（图 2-7-9）。

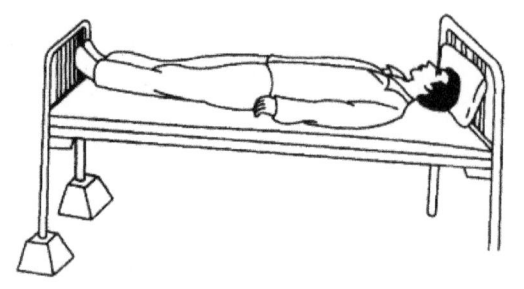
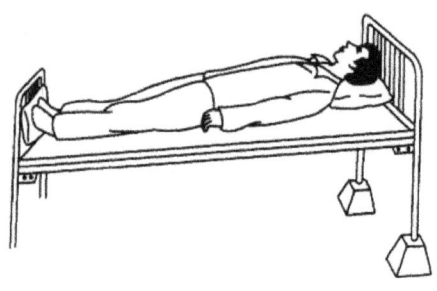

图 2-7-8　头低足高位　　　　　　　　　图 2-7-9　头高足低位

7. 端坐位

（1）适用范围　心力衰竭、心包积液及支气管哮喘发作的患者。由于极度呼吸困难，患者被迫端坐。

（2）安置方法　扶患者坐起，身体稍向前倾，床上放一跨床小桌，桌上放一软枕，患者可伏桌休息，并摇高床头支架或用靠背架将床头抬高 70°～80°，背部放置一软枕，患者同时能向后倚靠，膝下支架抬高 15°～20°，以防身体下滑。必要时加床栏，保证患者安全（图 2-7-10）。

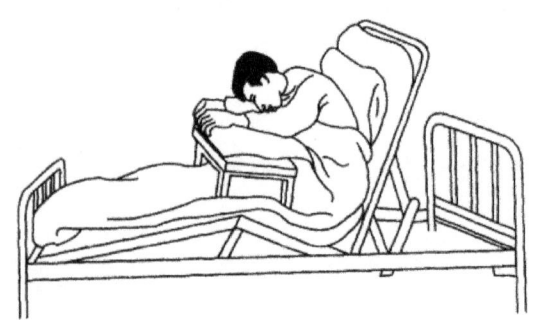

图 2-7-10　端坐位

8. 膝胸卧位

（1）适用范围

①肛门、直肠、乙状结肠患者检查或治疗。

②矫正子宫后倾或胎位不正。

③促进产后子宫复原。

（2）安置方法　患者跪于床面，两小腿平放于床上，稍分开，大腿和床面垂直，胸贴床面，腹部悬空，臀部抬起，头转向一侧，两臂屈肘放于头的两侧（图 2-7-11）。此种卧位应注意保暖和观察患者有无不适。若为孕妇安置此种卧位，持续时间不宜超过 15 min。

9. 截石位

（1）适用范围

①会阴、肛门部位的检查、治疗或手术，如膀胱镜、阴道冲洗及妇产科检查等。

②产妇分娩。

（2）安置方法　患者仰卧于检查台上，两手放在身体两侧或胸前、两腿分开放于或踏于支腿架上，

臀部与检查台边缘(图 2-7-12)对齐。采取此卧位时应保护患者隐私和注意保暖。

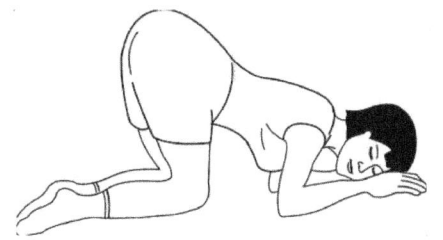

图 2-7-11 膝胸卧位

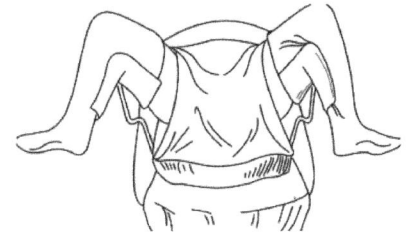

图 2-7-12 截石位

二、协助患者变换卧位

患者长期卧床不动,由于局部组织长期受压,血液循环障碍,呼吸道分泌物不易咳出,易出现压疮、坠积性肺炎、消化不良、便秘、肌肉萎缩、静脉血栓等并发症。因此,护士应定时为不能翻身的患者变换卧位,以预防并发症的发生,促进患者的舒适,满足治疗和护理的需要。

(一) 协助患者翻身侧卧法

见实训 2-7-1。

实训 2-7-1 协助患者翻身侧卧技术

【目的】

(1) 协助不能自行翻身的患者变换姿势,增进其舒适。

(2) 预防并发症,如压疮、坠积性肺炎等。

(3) 满足检查、治疗和护理的需要,如背部皮肤护理、灌肠、肌内注射、更换床单等。

【评估】

(1) 患者生命体征、意识状况、躯体、四肢活动能力、局部皮肤受压情况等。

(2) 患者的伤口及引流情况,有无骨折牵引等。

(3) 患者及家属对更换卧位的操作方法及作用的了解程度和配合能力等。

【计划】

1. 操作者准备 着装整洁,修剪指甲,洗手,戴口罩,视患者情况决定护士人数并熟知协助患者翻身的有关注意事项。

2. 用物准备 根据情况准备好枕头、床栏。

3. 患者准备 让患者及家属了解更换卧位的目的、过程,使之建立安全感,并取得合作。

4. 环境准备 环境整洁、安静、光线充足、温湿度适宜。

【实施】

1. 操作步骤

操作步骤	要点说明
1.备物 (1) 洗手、戴口罩 (2) 核对床号、姓名、腕带,向患者及家属解释操作目的及有关注意事项	• 确认患者
2.固定安置 (1) 固定床轮,并拉起一侧床栏 (2) 协助患者仰卧,两手放于腹部。将各种导管及输液装置等安置妥当,必要时将盖被折叠于床尾或一侧	• 防止病床移动,确保安全 • 防止翻身时导管扭曲受压和脱落

Note

89

操 作 步 骤	要 点 说 明
3. 翻身侧卧 ★一人协助患者翻身侧卧（图 2-7-13） （1）移近床沿 先将患者肩部、臀部移近护士侧床沿，再将患者双下肢移近护士侧床沿，协助或嘱患者屈膝 （2）转向对侧 护士一手托肩，一手扶膝部，轻轻推患者转向对侧，使其背向护士	• 适用于体重较轻或病情较轻的患者
★两人协助患者翻身侧卧（图 2-7-14） （1）移近床沿 护士两人站立于病床的同侧，一人托住患者的颈肩部和腰部，另一人托住臀部和腘窝，两人同时将患者抬起移向近侧 （2）转向对侧 两护士分别扶住患者肩、腰、臀及膝部，同时轻轻将患者翻转向对侧	• 适用于体重较重或病情较重的患者 • 动作应协调轻稳
4. 肢体功能位 检查并安置患者肢体于功能位	
5. 支撑体位 按侧卧位的要求，在患者背部、胸前及两膝间放置软枕，增进其舒适感，确保安全	
6. 整理记录 整理床单位，检查各种引流管及输液是否通畅，记录翻身时间和皮肤情况，做好交接班工作，洗手	• 询问患者，感谢合作

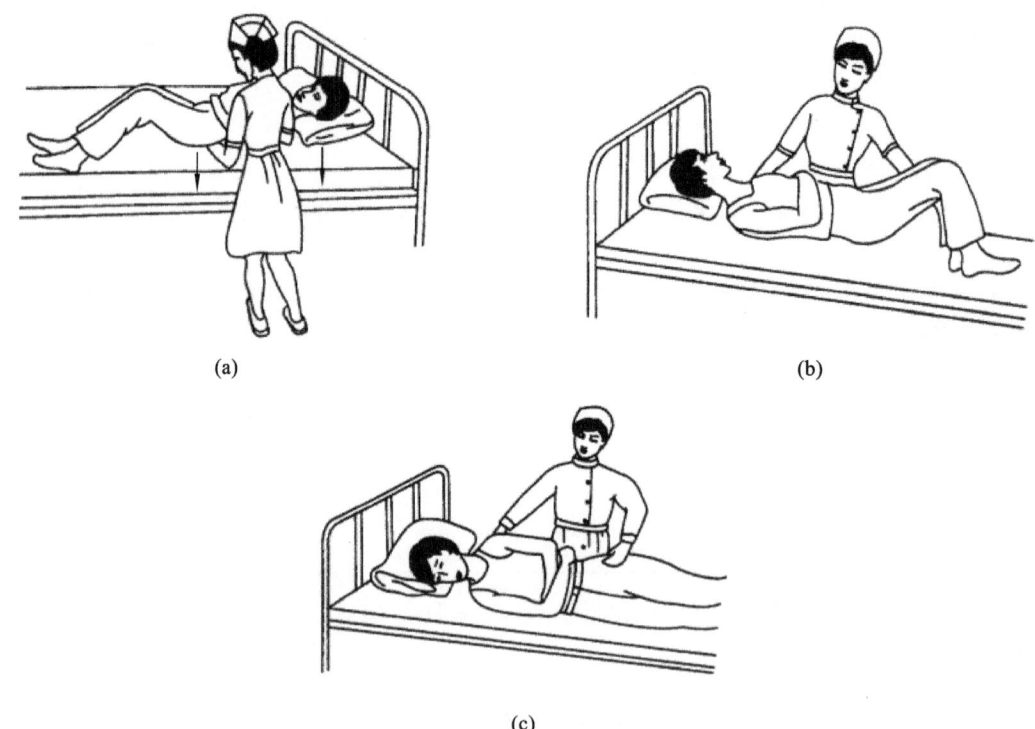

(a) (b)

(c)

图 2-7-13 一人协助患者翻身侧卧法

2. 注意事项

（1）根据患者的病情及皮肤受压情况，确定翻身间隔时间。翻身时避免拖、拉、拽、推等动作，以免擦伤皮肤。发现患者皮肤有红肿或破损时，应及时处理，增加翻身次数，同时记录于翻身卡上。

（2）如患者身上带有各种导管，翻身前应将各种导管安置妥当，翻身后应检查导管是否脱落、移位、扭曲、受压，以保持其通畅。

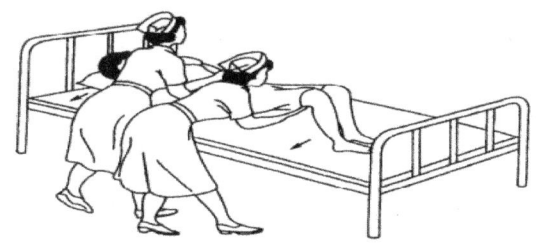

图 2-7-14 二人协助患者翻身侧卧法

（3）手术后患者,翻身前先检查敷料是否脱落。如脱落或被分泌物浸湿,应先换药再翻身;翻身后伤口不可受压。

（4）颅脑手术后患者,一般只能卧于健侧或平卧,翻身时头部不能剧烈翻转,以免发生脑疝,压迫脑干导致突然死亡。

（5）颈椎、颅骨牵引的患者,翻身时不可放松牵引。

（6）石膏固定的患者,注意翻身后石膏位置及局部肢体的血液循环情况。

（7）翻身时,护士应注意运用节力原则,让患者尽量靠近护士,使重力线通过支撑面以保持平衡,缩短重力臂,达到省力安全的目的。

【评价】

（1）患者感觉舒适,无压疮、坠积性肺炎等并发症的发生。

（2）患者及家属明确翻身目的并配合操作。

（二）协助患者移向床头

见实训 2-7-2。

实训 2-7-2 协助患者移向床头技术

【目的】

协助滑向床尾而自己不能移动的患者移向床头,增加患者的舒适感。

【评估】

（1）患者体重、病情、意识状态、身体下滑的情况、局部皮肤受压情况及向床头移动的距离等。

（2）患者身体的活动能力,配合程度。

（3）患者有无输液、引流管、石膏或夹板固定等。

【计划】

1. 操作者准备　着装整洁,修剪指甲,洗手,戴口罩,掌握沟通交流技巧。

2. 患者准备　患者了解移向床头的目的和配合方法,并取得合作。

3. 用物准备　根据病情准备软枕等物品。

4. 环境准备　环境整洁、安静、光线充足、温湿度适宜。

【实施】

1. 操作步骤

操 作 步 骤	要 点 说 明
1.备物	
（1）洗手、戴口罩	
（2）核对床号、姓名、腕带,向患者及家属解释操作目的及有关注意事项	• 确认患者
2.固定安置	
（1）固定床轮,并拉起一侧床栏	• 防止病床移动,确保安全
（2）协助患者仰卧,两手放于腹部。将各种导管及输液装置等安置妥当,必要时将盖被折叠于床尾或一侧	• 防止导管扭曲受压和脱落 • 避免撞伤患者
（3）视患者病情放平床头支架或靠背架,枕头横立于床头	

续表

操作步骤	要点说明
3.移动患者 ★一人协助患者移向床头法(图2-7-15) (1)协助患者仰卧屈膝,双手握住床头栏杆,也可搭在护士肩部 (2)护士靠近床侧,两腿适当分开,一手托住患者肩背部,另一手托住臀部 (3)护士在托起患者的同时,嘱患者两脚蹬床面,挺身上移	• 适用于体重较轻,且生活能部分自理的患者 • 减少患者与床之间的摩擦力,避免组织损伤
★二人协助患者移向床头法 (1)患者取仰卧屈膝 (2)护士两人分别站于床的两侧,交叉托住患者颈肩部和臀部(或两人站在同一侧,一人托住头颈、肩部及腰部,另一人托住臀部及腘窝部),两人同时协调地抬起患者移向床头	• 适用于重症或体重较重的患者 • 减少患者与床之间的摩擦力,避免组织损伤
4.舒适安全 放回枕头,视病情需要支起靠背架,协助患者取舒适卧位,整理床单位,记录时间和皮肤情况,做好交接班工作,记录,洗手	• 患者的头部应予以托持,询问患者,感谢合作

图 2-7-15 一人协助患者移向床头法

2. 注意事项

(1)协助患者移向床头时,患者的头部应予托持。

(2)操作过程中避免对患者进行拖、拉、推、拽,以免擦伤皮肤。

【评价】

(1)移动患者时动作轻稳,患者感觉安全、舒适。

(2)患者上移到预定距离。

(3)移动过程中患者无不适感,未造成损伤等并发症。

(4)护患沟通有效,患者接受与配合。

三、保护具的应用

保护具是用来限制患者身体或身体某部位的活动,以达到维护患者安全与治疗效果的各种器具。

(一) 保护具的应用

1. 适用范围

(1)小儿患者 因认知及自我能力尚未发育完善,尤其是未满6岁的儿童,易发生坠床、撞伤、抓伤等意外或不配合治疗等行为。

(2)坠床发生率高的患者 如麻醉后未清醒的患者、昏迷、高热、谵妄、躁动不安、失明、痉挛或年老体弱患者。

(3)实施某些眼科特殊手术患者 如白内障摘除术后患者。

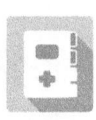

（4）精神病患者 如躁狂症、自我伤害者。

（5）易发生压疮患者 如长期卧床、极度消瘦、虚弱患者。

（6）皮肤瘙痒患者 包括全身或局部瘙痒难忍患者。

2. 使用原则

（1）知情同意原则 使用前向患者和家属解释使用保护具的原因、目的、种类及方法，取得患者和家属的同意和配合。一般情况下尽可能不用。

（2）短期使用原则 使用保护具要确保患者安全，且只宜短期使用。

（3）随时评价原则 应用时随时评价保护具的使用情况，评价依据如下：①能满足使用保护具患者自身的基本需要，患者安全、舒适，无血液循环障碍、皮肤破损、坠床、撞伤等并发症或意外发生；②患者和家属了解保护具使用的目的，能够接受并积极配合；③各项检查、治疗及护理措施能够顺利进行。

3. 常用保护具的使用方法

（1）床栏 主要用于预防患者坠床。常见的有多功能床栏（图 2-7-16）、半自动床栏（图 2-7-17）及木杆床栏（图 2-7-18）。

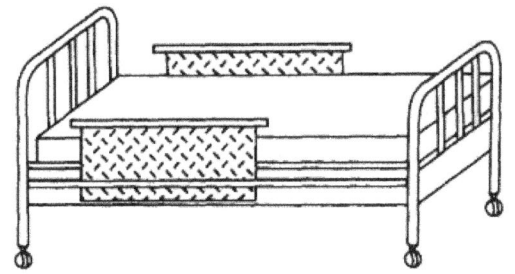

图 2-7-16 多功能床栏

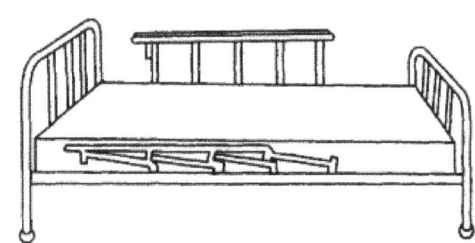

图 2-7-17 半自动床栏

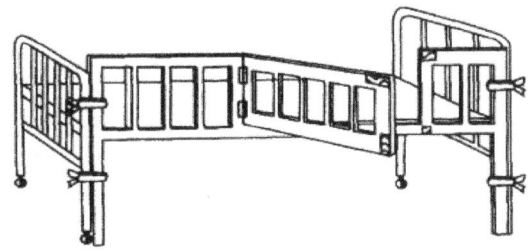

图 2-7-18 木杆床栏

（2）约束带 主要用于保护躁动的患者，限制身体或约束失控肢体活动，防止患者自伤或坠床。根据部位不同，约束带可分为宽绷带、肩部约束带、膝部约束带、尼龙搭扣约束带等。

①宽绷带：常用固定手腕与踝部。使用时，先用棉垫包裹手腕或踝部，再用宽绷带打成双套结（图 2-7-19）套在棉垫外，稍拉紧，确保肢体不脱出，松紧以不影响血液循环为宜，然后将绷带系于床沿。

②肩部约束带：用于固定肩部，限制患者坐起。肩部约束带用宽布制成，宽 8 cm，长 120 cm，一端制成袖筒（图 2-7-20）。使用时，将袖筒套进患者两侧肩部，腋窝衬棉垫。两袖筒上的细带在胸前打结固定，将两条较宽的长带系于床头（图 2-7-21）。必要时可将枕头横立于床头。如用大单作肩部约束固定，可将大单斜折成长条，放在患者肩背部，将带的两端由腋下经肩前绕至肩后，从横在肩下的单子上穿过，再将两端系于横栏上即可（图 2-7-22）。

③膝部约束带：用于固定膝部，限制患者下肢活动。膝部约束带用宽布制成 10 cm，长 250 cm，宽带中部相距 15 cm 分别钉两条双头带（图 2-7-23）。使用时，两膝之间衬棉垫，将约束带横放于两膝上，宽带下的两头带各固定一侧膝关节，然后将宽带两端系于床沿（图 2-7-24）。亦可用大单作膝部固定，可将大单斜折成 30 cm 宽的长条，横放于两膝下，拉宽带的两端向内侧压盖在膝上，并穿过膝下的横带，拉向外侧使之压住膝部，将两端系于床沿即可（图 2-7-25）。

④尼龙搭扣约束带：用于固定手腕、上臂、踝部及膝部。操作简单、安全，便于洗涤和消毒。约束带

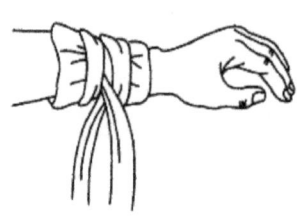

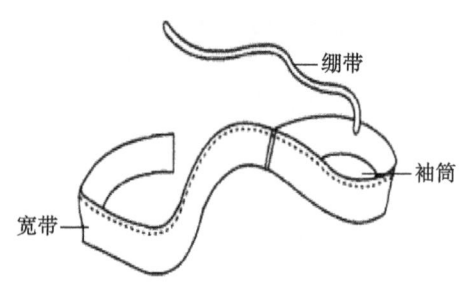

绷带

袖筒

宽带

图 2-7-19　双套结和宽约束带约束法　　　　　　图 2-7-20　肩部约束带

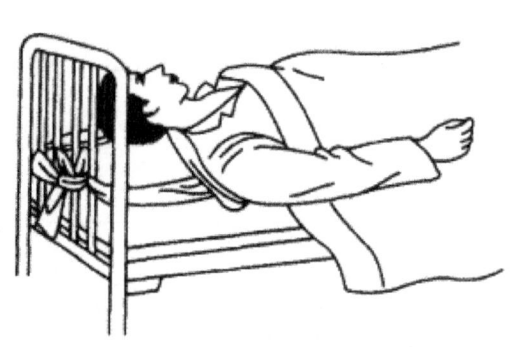

图 2-7-21　肩部约束带约束法　　　　　　图 2-7-22　肩部大单约束法

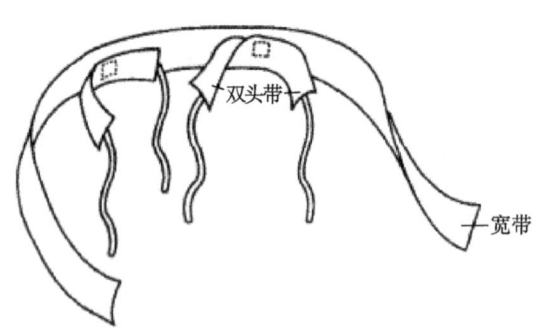

双头带

宽带

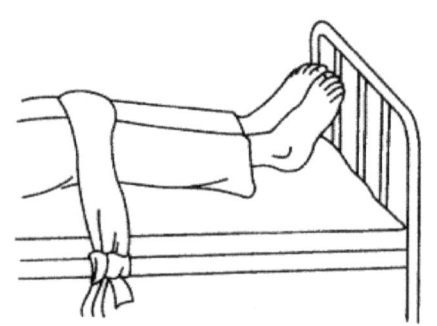

图 2-7-23　膝部约束带　　　　　　图 2-7-24　膝部约束带固定法

由宽布和尼龙搭扣制成(图 2-7-26)。使用时,将约束带置于关节处,被约束部位衬棉垫,松紧适宜,对合约束带上的尼龙搭扣后将带子系于床沿。

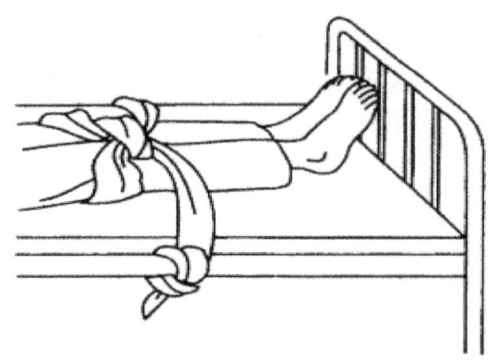

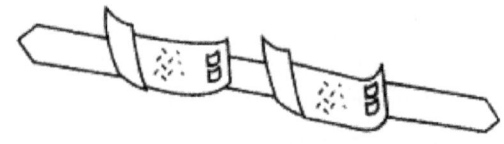

图 2-7-25　膝部大单固定法　　　　　　图 2-7-26　尼龙搭扣约束带

(3)支被架　主要用于肢体瘫痪或极度衰弱的患者,防止盖被压迫肢体而造成不舒适或足下垂等并发症。也可用于烧伤患者采用暴露疗法需保暖时。使用时,将支被架罩于防止受压的部位,盖好盖被(图 2-7-27)。

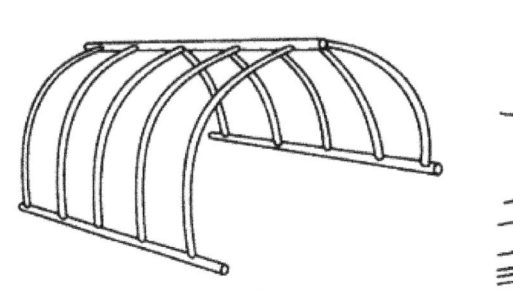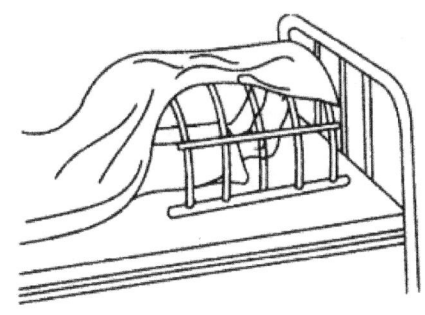

图 2-7-27　支被架

新型上肢约束带

　　新型上肢约束带主体包括矩形腕部约束体及系带和手套式手部约束体。矩形腕部约束体主要由棉布内置加宽加厚的海绵体(宽 10 cm,厚 2.5 cm)制成,主体上有 3 个橡胶扣环,可根据患者手腕粗细调节大小,尼龙粘贴带宽 3.0 cm、长 8.0 cm,两根系带长 60 cm、宽 2.5 cm。手套式手部约束体采用透气性能好的棉质材料制成手套状,手套分左右手,掌面上有 4 根短系带,矩形腕部约束体和手套紧密相连,形成一个整体。

4. 注意事项

　　(1) 严格掌握保护具应用的指征,维护患者的自尊。使用前要向患者及家属做好解释工作,并取得患者和家属的知情同意。

　　(2) 保护具只能短期使用,约束带要定期松解,每 2 h 放松一次,并协助患者翻身,保证患者安全、舒适。

　　(3) 使用约束带时,应保持患者肢体及各关节处于功能位,约束带下应垫衬垫,固定时松紧适宜(能伸入 1～2 个手指为宜)。

　　(4) 一般每 15～30 min 观察一次,注意观察受约束部位的皮肤的颜色、温度、活动及感觉,若发现肢体苍白、麻木、冰冷时,应立即放松约束带。必要时进行局部按摩,促进血液循环。

　　(5) 记录使用保护具的原因、时间、部位、每次观察结果、相应的护理措施及解除约束的时间。

(二) 辅助器的应用

1. 目的　辅助器用于因身体残障或因疾病、高龄而行动不便者,以保障患者安全。

2. 常用辅助器

　　(1) 拐杖　提供给下肢残障者离床时使用的一种支持性辅助用具(图 2-7-28)。使用拐杖最重要的是长度合适、安全稳妥。拐杖包括腋垫和杖底橡胶垫,拐杖底面应较宽并有较深的凹槽和弹性。合适长度的简易计算方法为,使用者身高减去 40 cm。使用时,使用者双肩放松,身体挺直站立,腋窝与拐杖垫相距 2～3 cm,拐杖底端应距同侧足跟 15～20 cm。握紧把手时,手肘应可以弯曲。

　　(2) 手杖　一种手握式的辅助用具,常用于不能完全负重的残障者或老人。手杖可为木制或金属制,手杖的底端有单脚型和四脚型的,四脚型的支持力和支撑面积大,同时也比较稳定,常用于步态不稳或地面不平时。手杖底端应加有吸力、弹性好、宽面、有凹槽的橡胶底垫,能加强手杖的摩擦力和稳定性,以防跌倒(图 2-7-29)。手杖长度的选择需符合以下原则:①肘部在负重时能稍微弯曲;②手柄适于手抓握,弯曲部与髋部同高,手握手柄时感觉舒适。

3. 注意事项

　　(1) 使用时患者意识清楚,身体状态良好,稳定。

　　(2) 选择适合自身的辅助器。不合适的辅助器与错误的使用姿势可导致腋下受压造成神经损伤、腋下和手掌挫伤及跌倒,还会引起背部肌肉劳损和酸痛。

Note

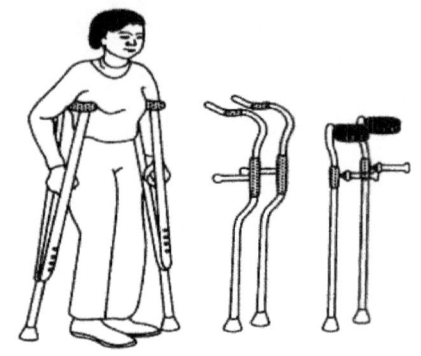

图 2-7-28　拐杖

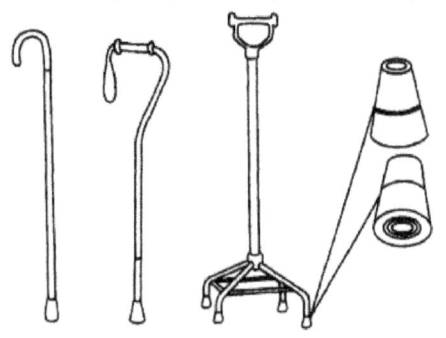

图 2-7-29　手杖

（3）使用者的手臂、肩部或背部无伤痛，活动不受限，以免影响手臂的支撑力。

（4）使用辅助器时，患者的鞋要合脚、防滑，衣服要宽松、合身。

（5）调整拐杖和手杖后，将全部螺钉拧紧，橡皮垫紧贴拐杖与手杖底端，并要经常检查确定橡皮底垫的凹槽能否产生足够的吸力和摩擦力。

（6）选择较大的练习场地，避免拥挤和注意力分散。同时应保持地面干燥，无可移动的障碍物。必要时备一把椅子，供患者疲劳时休息。

直通护考

一、A1/A2 型题

1. 昏迷患者应采取（　　）。

A. 俯卧位　　　　B. 侧卧位　　　　C. 中凹卧位　　　　D. 去枕仰卧　　　　E. 屈膝仰卧位

2. 甲状腺术后应取（　　）。

A. 侧卧位　　　　B. 半坐卧位　　　　C. 头低足高位　　　　D. 头高足低位　　　　E. 屈膝仰卧位

3. 产妇胎膜早破，采取头低足高是为了防止（　　）。

A. 脐带脱垂　　　　B. 羊水流出　　　　C. 有利于引产　　　　D. 防感染　　　　E. 预防胎儿窒息

4. 开颅术后患者应采取（　　）。

A. 头高足低位　　　　B. 头低足高位　　　　C. 半坐卧位　　　　D. 俯卧位　　　　E. 屈膝仰卧位

5. 为患者翻身，错误的是（　　）。

A. 不可拖拉患者　　　　　　　　　　　　　　B. 骨牵引时，先放松再翻身

C. 两人协助需动作协调　　　　　　　　　　　D. 防伤口受压

E. 避免导管脱落

6. 患者，男性，22 岁。腰椎穿刺术后 4 h，需采用（　　）。

A. 去枕仰卧位　　　　B. 侧卧位　　　　C. 半坐卧位　　　　D. 屈膝仰卧位　　　　E. 中凹卧位

7. 用于限制患者坐起的约束方法是（　　）。

A. 约束手腕　　　　　　　　　　B. 约束踝部　　　　　　　　　　C. 固定肩部

D. 固定一侧肢体　　　　　　　　E. 固定双膝

8. 患者，女，29 岁。怀孕 10 个月，夜 11 点阴道流出水样物约 290 mL，子宫无规律收缩征象而急诊入院，诊断为胎膜早破。此时患者应采取的卧位是（　　）。

A. 头高足低位　　　　　　　　　B. 去枕平卧位　　　　　　　　　C. 头低足高位

D. 仰卧屈膝位　　　　　　　　　E. 膝胸卧位

9. 患者，女，27 岁，停经 40 天，下腹隐痛 2 天，加重 1 天入院。查体：面色苍白，四肢湿冷，体温不升，脉搏 126 次/分，血压 74/50 mmHg，此时最适宜的体位是（　　）。

A. 截石位　　　　B. 中凹卧位　　　　C. 俯卧位　　　　D. 半坐卧位　　　　E. 去枕仰卧位

10. 患者,女,67岁,患慢性肺心病近8年,近日咳嗽、咳痰加重,明显发绀。给予半坐卧位的主要目的是( )。

    A. 使回心血量增加   B. 使肺部感染局限化

    C. 使膈肌下降,呼吸通畅   D. 减轻咽部刺激及咳嗽

    E. 促进排痰,减轻发绀

二、A3/A4题型

(11~12题共用题干)

患者,男,55岁。支气管哮喘发作,呼吸困难。

11. 此时护士协助其采取的体位是( )。

    A. 端坐卧位   B. 中凹卧位   C. 俯卧位

    D. 头高足低位   E. 半坐卧位

12. 此时患者采用的卧位属于( )。

    A. 主动卧位   B. 被动卧位   C. 被迫卧位

    D. 稳定性卧位   E. 不稳定卧位

(13~16题共用题干)

患者,男,35岁。因"头部外伤"急诊入院。现浅昏迷,CT提示颅内血肿,脑挫裂伤,在全麻下行颅内血肿清除术。

13. 患者术后返回病房,正确的体位是( )。

    A. 侧卧位   B. 去枕仰卧位,头偏向一侧   C. 头高足低位

    D. 头低足高位   E. 中凹卧位

14. 术后第2天患者应采取的体位是( )。

    A. 头高足低位   B. 半坐卧位   C. 头低足高位   D. 中凹卧位   E. 俯卧位

15. 术后第2天采取该卧位的目的是( )。

    A. 促进排痰   B. 利于呼吸   C. 便于观察瞳孔

    D. 促进引流   E. 预防脑水肿

16. 假设患者出现躁动,使用约束带时护士需重点观察( )。

    A. 呼吸情况   B. 血压情况   C. 约束时间

    D. 末梢血液循环   E. 伤口渗血情况

(惠州卫生职业技术学院　吴丽妹)

任务八　医院感染的预防与控制技术

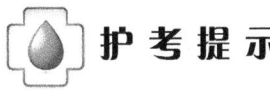 护考提示

1. 医院感染的概念、分类和形成条件;控制医院感染的方法和措施。

2. 清洁、消毒、灭菌、手卫生及无菌技术的定义。

3. 无菌技术、隔离技术的原则和操作方法。

4. 供应室工作内容。

参考答案

在线答题

PPT课件

Note

97

案例解析

情境训练

学习目标

1. 知识目标：能够说出医院感染的概念、分类、感染形成条件、预防控制医院感染措施以及无菌和隔离技术原则。

2. 能力目标：能正确进行无菌操作，用物理、化学方法进行消毒、灭菌，能实施隔离及防护操作技术。

3. 素质目标：具有高度责任心、细心、耐心，无菌观念强，有保证医患安全意识。

案例引导

患者，张某，男，41岁，因饮食不洁出现了畏寒、发热、恶心呕吐、腹痛、腹泻多次就诊，诊断为细菌性痢疾，收治于感染性疾病科。

入院后为了预防医院感染的发生，你作为他的责任护士，应做好消毒隔离工作，完成以下任务。①对患者实施正确隔离。②正确消毒患者接触过的物品及排泄物。③遵循无菌原则为患者进行无菌操作。

医院是患者集中的场所，由于病原微生物种类多、耐药性强，易感者集中，以及免疫抑制剂和大量抗菌药物的广泛应用，各种新医疗技术的不断发展和侵入性操作增加，使医院感染发生的风险增加。世界卫生组织（WHO）指出有效控制医院感染的关键措施是清洁、消毒、灭菌、手卫生、执行无菌技术、隔离、合理使用抗菌药物等。所有措施均与护理工作密切相关，并贯穿于护理工作的始终。因此，护理工作在医院感染的预防与控制中起着十分重要的作用，护理人员必须掌握相关知识，严格遵守医院感染管理的相关法律、法规及规范，预防和控制医院感染。

一、医院感染

（一）医院感染概念与分类

1. 医院感染 医院感染又称获得性医院感染，是指住院患者在医院内获得的感染，包括在住院期间发生的感染和在医院内获得出院后发生的感染，但不包括入院前已开始或入院时已存在的感染。医院工作人员在医院内获得的感染也属于医院感染。

2. 医院感染的分类 医院感染可按病原微生物的来源分为内源性感染和外源性感染两大类。

（1）内源性感染 又称为自身感染，是指在一定条件下，患者体内的正常菌群或条件致病菌引起的感染。通常情况下，正常菌群是不致病的，但在人的免疫功能下降、菌群移位或抗生素使用不合理等情况下可引起的感染。

（2）外源性感染 又称为交叉感染，是指来自患者体外的病原体，通过直接感染途径或间接感染途径，传播给患者而引起的感染。它不仅包括患者与患者、患者与医护人员之间的感染，也包括由医院内污染的空气、接触被污染的物品或制剂等所获得的感染。

（二）医院感染的形成

医院感染的形成必须具备三个基本条件：感染源、传播途径和易感人群。三者并存即可构成医院感染链，从而引起感染。若感染链破坏，医院感染传播即可停止。

1. 感染源

（1）感染的患者及病原携带者 感染的患者是最主要的感染源，其体内病原体数量多、致病力强，常具有耐药性，因此容易在其他患者体内定植。病原携带者由于其症状、体征不明显，不易被发现和隔离，而病原微生物又不断在体内生长和繁殖并排出体外，因此也是主要的传染源。

（2）患者自身的正常菌群 患者的口腔黏膜、上呼吸道、胃肠道、皮肤及泌尿生殖道等部位寄居了人体的正常菌群或来自外环境并定植在这些部位的微生物，在人体免疫功能或抵抗力下降时可引起自

Note

身感染。

（3）医院环境　医院的环境、器械、设施、物品和医疗废物等均可成为病原微生物存活并繁殖的场所，其中，铜绿假单胞菌、沙门菌等兼有腐生特性的革兰阴性杆菌能在医院潮湿的环境或体液中存活长达数月。

2．传播途径

（1）空气传播　带有病原微生物的微粒子（不大于 5 μm）通过空气流动导致的疾病传播。

（2）飞沫传播　带有病原微生物的飞沫核（大于 5 μm），在空气中短距离（1 m 内）移动到易感人群的口中、鼻黏膜或眼结膜等导致的传播。

（3）接触传播　病原体通过手、媒介物直接或间接接触导致的传播。

（4）生物媒介传播　昆虫或其他动物携带病原微生物作为人体之间传播的中间宿主，如蚊子传播乙型脑炎、疟疾等。

（5）血液传播　输血及血制品传播感染，如输血引起的乙型肝炎、艾滋病的传播等。

（6）饮水、饮食传播　饮用污染的水或食物导致医院感染的暴发流行。

3．易感人群

（1）年龄因素　如新生儿、婴幼儿和老年人。

（2）营养因素　营养不良，特别是蛋白质、维生素缺乏者。

（3）疾病因素　如糖尿病、肝肾疾病、细胞免疫缺陷疾病、恶性肿瘤、长期卧床、昏迷、多种侵入性操作、烧伤或压疮、多器官衰竭的患者。

（4）药物因素　滥用抗生素、激素、免疫抑制剂使用者。

（三）医院感染发生的主要原因

1．个体抵抗力下降，免疫功能受损　老年人和婴幼儿的机体免疫功能较差，住院期间易致医院感染；某些原发性疾病会导致机体抵抗力下降，如恶性肿瘤、血液病、糖尿病、肝硬化、慢性阻塞性肺疾病等；昏迷患者也可由于误吸或长期卧床引起感染；放疗和化疗破坏机体的正常组织细胞，直接损害了机体的防御功能和免疫系统功能；糖皮质激素的应用会抑制免疫功能，同时掩盖潜在性感染，应用不当或时间过长则易引起副作用，导致医院感染。

2．现代诊疗技术和侵入性检查治疗　现代诊疗技术的应用以及各种侵入性操作的增加，如器官移植、血液净化、导尿管等各种导管的使用、内镜的使用、穿刺针的使用，破坏了皮肤和黏膜的屏障作用，损害了人体的防御系统，为致病微生物侵入创造了条件。

3．医院管理机制不完善　医院管理机制不健全，缺乏对消毒灭菌效果的监控，医护人员对医院感染的严重性认识不足、重视不够，不能严格执行无菌技术和消毒隔离制度，都会导致医院感染。

4．滥用抗菌药物　无适应证的预防用药、术前用药时间过早、术后停药过晚、剂量过大及联合用药过多等，会导致菌群失调和二重感染。抗菌药物的滥用是医院感染的危险因素。

（四）医院感染的预防与控制

1．建立医院感染管理体系　为提高医疗质量、确保医疗安全，医院应建立独立完整的管理体系，设置医院感染管理委员会、医院感染管理科和各科室医院感染管理小组的三级管理组织。医院感染管理委员会由医院感染管理部门、医务部门、护理部门、临床科室、临床检验部门、消毒供应室、手术室、药事管理部门、设备管理部门、后勤管理部门及其他相关部门的主要负责人组成，院长为主任委员、第一责任人。

在医院感染管理委员会的领导下，建立由护士为主体的医院内层次分明的三级护理管理体系（一级护理管理——病区护士长和兼职监控护士；二级护理管理——科护士长；三级护理管理——护理部主任，作为医院感染管理委员会委员），负责医院感染管理，做到以预防为主、及时发现、及时报告、及时处理。

2．完善各项规章制度及职责　医院必须依据国家卫生行政部门的法律、法规制定并完善相关规章制度及职责，如手卫生制度、消毒隔离制度、医院感染管理制度、职业防护制度等。

3. 落实医院感染管理措施 完善医院功能布局,制定各科室医院感染管理质量标准和医院感染管理措施,定期督查,督促各级医护人员严格执行手卫生、无菌技术、消毒隔离技术,并进行清洁、消毒、灭菌效果检测。切实做到控制感染源、切断传播途径、保护易感人群。

4. 加强医院感染知识的教育 落实医务人员医院感染培训制度,提高医院全体人员的理论水平,增强医院感染防控的意识和能力。

二、清洁、消毒、灭菌

(一)清洁、消毒、灭菌的概念

1. 清洁 用物理方法清除物体表面的尘埃、污垢和有机物。其目的是去除和减少微生物,但不能杀灭微生物。适用于医院的墙壁、地面、医疗护理用品等物体表面的处理及物品消毒、灭菌之前的处理。

2. 消毒 用物理或化学方法清除或杀灭除芽胞以外的所有病原微生物,使其达到无害化。

3. 灭菌 用物理或化学方法杀灭所有微生物,包括致病性和非致病性微生物,也包括细菌芽胞。

(二)物理消毒灭菌法

1. 热力消毒灭菌法 热力消毒灭菌法是一种既简单又可靠、使用最广泛的消毒方法。它可分为干热法和湿热法两类:前者由空气导热,传热慢,如燃烧法、干烤法;后者由水蒸气和空气导热,穿透力较强,传热快,如煮沸消毒法、压力蒸汽灭菌法等。

(1)燃烧法 一种简单、迅速、彻底的灭菌方法,包括如下几种。①焚烧法:常用于无保留价值的污染物品和特殊感染敷料的处理,如破伤风、气性坏疽等感染患者的敷料,污染的病理标本、废弃物、纸张等。可直接点燃或在焚烧炉内焚烧。②火焰烧灼法:某些金属器械可在火焰上烧灼 20 s。锐利刀剪及贵重器械禁用,以免刀刃变钝或器械被破坏。③酒精燃烧法:搪瓷类物品可倒入少量 95%乙醇溶液,转动容器,使乙醇分布均匀,点火燃烧直至熄灭。在燃烧过程中不得添加乙醇,以免引起火灾或烧伤,同时要远离氧气、乙醇、汽油等易燃易爆物品。

(2)干烤法 将物品放置在特制的烤箱中,通过空气对流和介质传导进行灭菌的方法。干烤法灭菌效果可靠,适用于在高温下不易变质、不易损坏或不易蒸发的物品,如油剂、粉剂、金属制品、陶瓷制品、玻璃制品等。但不适合于纤维织物和塑料制品的消毒灭菌。

使用方法:物品放入烤箱内,包裹不宜过大,一般不应超过 10 cm×10 cm×20 cm,包裹之间应有足够的空间,放物量不超过烤箱高度的 2/3,以利于热的穿透,勿与烤箱底部及四壁接触。若是油剂或粉剂,厚度不得超过 1.3 cm。消毒条件为 120～140 ℃,10～20 min;灭菌条件为 150 ℃持续 2.5 h,160 ℃持续 2 h,170 ℃持续 1 h,或 180 ℃持续 30 min。灭菌后待烤箱温度降至 40 ℃以下再打开,以防炸裂。

(3)煮沸消毒法 应用最早和家庭常用的消毒方法之一,适用于耐高温、耐湿的物品如搪瓷,玻璃、金属、橡胶类等,不适用于外科器械的灭菌。

使用方法:将物品洗净完全浸没在水中,自水沸开始计时,5～10 min 可达到消毒效果,15 min 可将多数细菌芽胞杀灭,热抗力极强的需更长时间(如破伤风杆菌芽胞需煮沸 60 min 才可杀灭)。煮沸过程中如加入其他物品,应从再次水沸后重新计时。若将碳酸氢钠加入水中,配成浓度为 1%～2%的溶液,可将沸点提高至 105 ℃,除增强杀菌作用外,还可去污防锈。

注意事项:①煮沸消毒前应将物品洗净,有轴节的器械将轴节打开,带盖的容器将盖打开,空腔导管应先在腔内灌水,大小及形状相同的容器不能重叠,水量应始终淹没所有物品。②放置的物品不宜过多,一般不超过消毒容器容积的 3/4。③根据物品的性质决定放水的时间:橡胶类物品用纱布包好,水沸后放入,消毒后立即取出,以防橡胶老化;玻璃类物品用纱布包惠后,在冷水或温水中放入,以防突然遇热炸裂。④在海拔高的地区,气压低,沸点也低,故应该延长消毒时间,海拔每增加 300 m,需延长消毒时间 2 min。

(4)压力蒸汽灭菌法 一种临床上应用最广、效果最为可靠的首选方法。

作用原理:利用高压下的高温饱和蒸汽杀灭一切微生物及其芽胞。

适用范围:用于耐高压、耐高温、耐潮湿物品的灭菌,如各类器械、橡胶、搪瓷、敷料、溶液、玻璃制品、

某些药品、细菌培养基等。

使用方法：常用的有下排气压力蒸汽灭菌器和预真空压力蒸汽灭菌器。

①下排气压力蒸汽灭菌器：包括手提式压力蒸汽灭菌器和卧式压力蒸汽灭菌器。下排气压力蒸汽灭菌器主要利用重力置换的原理，使热蒸汽在灭菌器中自上而下，将冷空气从下排气孔排出，并由饱和蒸汽取代排出冷空气，从而利用蒸汽释放的潜热对物品进行灭菌。灭菌的压力、温度和时间由物品性质、大小及有关情况决定。通常灭菌条件如下：压力为 103～137 kPa，温度为 121～126 ℃，持续时间为 20～30 min。

手提式压力蒸汽灭菌器（图 2-8-1）适用于基层医疗单位，便于携带、使用方便、效果可靠。其用法是隔层内加适量水，在消毒桶内放入需灭菌的物品，加盖旋紧，直接加热或通电，打开放气阀排尽锅内冷空气后关闭放气阀，当压力和温度达到标准后，维持 20～30 min，可达到灭菌效果。关闭热源，打开排气阀，待压力降至"0"时，可慢慢打开盖子，取出物品。切忌突然打开盖子，以防冷空气大量进入，使蒸汽凝结成水滴导致物品受潮和玻璃类物品因骤然降温而发生爆裂。

卧式压力蒸汽灭菌器空间较大，适用于一次灭菌大量物品。操作人员须经过专业培训，持证上岗。

图 2-8-1　手提式压力蒸汽灭菌器

②预真空压力灭菌器：利用抽气机将灭菌柜室内抽成真空，形成负压，以利于蒸汽迅速穿透物品达到灭菌效果。其灭菌时间短、效果好，但是价格较昂贵。常用的灭菌压力为 205 kPa，温度应达到 132 ℃，保持 4～5 min 即可达到灭菌效果。

注意事项：①物品在灭菌之前应彻底洗净、干燥。包装时不宜捆扎过紧，内放化学指示卡，外用化学指示胶带粘贴。②常用的包装材料有全棉布（至少 2 层）、一次性复合材料、一次性无纺布、金属容器或有孔玻璃等，使用这些材料有利于蒸汽流通。若是金属容器，灭菌前应将盖子或通气孔打开，灭菌后立即关闭，以保持物品于无菌状态；若是盛装液体的密闭瓶，灭菌前应将针头插入瓶塞，以防止压力过高，造成爆炸，灭菌后立即拔除针头，以保持液体处于无菌状态。③灭菌包不宜过大：下排气压力蒸汽灭菌包体积不得超过 30 cm×30 cm×25 cm；预真空压力蒸汽灭菌器的灭菌包体积不得超过 30 cm×30 cm×50 cm。器械包不超过 7 kg，敷料包不超过 5 kg，灭菌器内物品总量不应超过灭菌器柜式容积的 90%，但不小于灭菌器柜式容积的 10%。④灭菌物品应放置合理：灭菌包之间要有空隙，以利于蒸汽流通与物品的干燥；布类物品应放在金属、搪瓷物品之上，以免蒸汽遇冷凝结成水而使布类潮湿，影响灭菌效果。⑤随时观察压力、温度情况，安全操作，灭菌物品干燥后方可取出备用。⑥每日检查一次灭菌设备，定期监测灭菌效果。

灭菌效果监测方法如下。①物理监测法：将温度计（150 ℃ 或 200 ℃ 的留点温度计）甩至 50 ℃ 以下，放入待灭菌的包裹内。灭菌后检查温度计读数是否达到灭菌温度。每次灭菌应连续监测并记录灭菌时的温度、压力和时间等灭菌参数。温度波动范围±3 ℃ 以内，时间满足最低灭菌时间的要求，同时记录所有的临界点的时间、温度与压力值，均应符合要求。②化学监测法：目前使用最广泛的监测方法，使用简便。常用的有化学指示卡和化学指示胶带。将化学指示卡（图 2-8-2）放在灭菌包的中央，经灭菌后卡的性状或颜色的改变与标准色块比较来判断灭菌是否合格。也可将化学指示胶带（图 2-8-3）粘贴在所需灭菌物品的包装外。③生物监测法：最可靠的监测法，是利用对热耐受力较强的嗜热脂肪杆菌芽胞菌片制成标准生物测试包，或使用一次性生物测试包，对灭菌器的灭菌质量进行监测。将生物指示菌片置于标准生物监测包的中心部位，标准生物监测包置于灭菌器排气口的上方或最难灭菌的部位，并设阳性对照和阴性对照。经一个灭菌周期后，无菌条件下取出生物指示菌片放入培养基，经 56±1 ℃ 培养 7 天，观察培养结果，阳性对照培养阳性，阴性对照培养阴性，试验组培养阴性，判定灭菌合格；否则分析原因并重新灭菌。

2. 光照消毒法　光照消毒法又称为辐射消毒法，包括日光曝晒法、紫外线消毒和臭氧消毒法。

图 2-8-2　化学指示卡　　　　　　　　　　　　图 2-8-3　化学指示胶带

（1）日光曝晒法　利用日光的热、干燥和紫外线的作用来发挥其杀菌功能的方法。由于紫外线的穿透力差，消毒时应将物品置于阳光下直射，曝晒 6 h，每 2 h 翻转一次，使各面接受阳光照射，以达到消毒效果。日光曝晒法常用于毛毯、床垫、衣服、书籍等的消毒。

（2）紫外线消毒法　紫外线的波长范围为 200～275 nm，其中 250～270 nm 是杀菌作用最强的波段。

作用原理：紫外线可降低菌体内氧化酶活性，破坏菌体的氨基酸，使菌体蛋白光解变性，从而使微生物的 DNA 失去转化能力而死亡。此外，紫外线可使空气中的氧电离产生具有极强杀菌作用的臭氧。

适用范围：凡是被污染的空气、纸张、织物和物体表面均可用紫外线消毒。

使用方法：在室内无人的状态下，采用紫外线灯悬吊式或移动式直接照射消毒。灯管吊装高度 1.8～2.2 m。安装紫外线灯要达到 1.5 W/m²，照射时间要达到 30 min。紫外线消毒空气时，关闭门窗，保证消毒空间内环境清洁、干燥，适宜温度为 20～40 ℃，相对湿度低于 80%。对物品表面进行消毒时，物品在消毒时必须使各个消毒部位充分暴露于紫外线下。可将物品摊开或挂起，有效距离为 25～60 cm，消毒时间达到 30 min；室内有人，可选用紫外线循环风空气消毒机消毒空气。

注意事项：①保持紫外线灯表面清洁，每周用酒精布巾擦拭一次，发现灯管表面有灰尘、油污等时，应随时擦拭。②当温度低于 20 ℃或高于 40 ℃，相对湿度大于 60% 时，应适当延长照射时间。③消毒纸张、织物等粗糙表面时，应使两面均受照射，并适当延长照射时间；小件物品可置于紫外线消毒箱内进行照射消毒。④从灯亮 5～7 min 后开始计时，照射后应开窗通风。⑤紫外线对人的眼睛和皮肤有刺激作用，照射时人应离开房间。⑥紫外线灯的辐射强度应定期监测，使用的辐射强度应不低于 70 μW/cm²，新灯的辐射强度不得低于 90 μW/cm²；凡是辐射强度低于 70 μW/cm²、使用时间超过 1000 h 的灯管应及时更换。⑦紫外线强度计应每年标定一次，并定期监测灭菌效果。

（3）臭氧灭菌灯消毒法　臭氧灭菌灯内装有臭氧发生管，在电场作用下，空气中的氧气被转换成高纯度的臭氧，臭氧利用其强大的氧化作用达到杀菌效果。该方法主要用于空气、医院污水、诊疗用水、物品表面等的消毒。为确保臭氧灭菌灯的消毒效果，在使用时应先关闭门窗。采用 20 mg/m³ 浓度，持续 30 min。由于臭氧对人体有害，国家规定空气中允许臭氧浓度为 0.16 mg/m³，在空气消毒时所有人员均应离开，消毒结束 30 min 后方可进入。

3. 微波消毒灭菌法　微波是一种可以杀灭细菌繁殖体、病毒、真菌和细菌芽胞等的电磁波。它的频率高（300～300000 MHz），波长短（0.001～1 m）。

作用原理：物品在电磁波的高频交流电场作用下，其极性分子发生极化，进行高速运动，相互摩擦、碰撞，使温度迅速上升从而达到消毒灭菌的效果。

适用范围：食品及餐具、医疗药品、化验单据、票证、耐热非金属材料及器械的消毒灭菌。其优点是对消毒物品的内外同时进行加热，缩短了消毒时间。

注意事项：①微波不能穿透金属，故不能用于金属物品的消毒；②微波对人体有一定伤害，应避免长期照射；③消毒物品的体积不宜过大；④因水是微波的强吸收介质，可以在微波炉内放一杯水或用湿布包裹物品从而提高消毒效果。

4. 电离辐射灭菌法　电离辐射灭菌法是一种利用放射性核素⁶⁰Co 发射的 γ 射线或电子加速器产生的高能电子束穿透物品进行灭菌的方法。因其在常温下灭菌，故又称为"冷灭菌"。它能够干扰微生

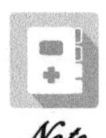

物 DNA 合成,破坏细胞膜,从而引起酶系统紊乱来达到杀灭微生物的效果。该方法适用于对不耐高热的物品灭菌,如金属、塑料、橡胶、高分子聚合物(如一次性注射器、输液输血器、聚乙烯心瓣膜、血液透析膜等)、精密医疗器械、生物制品等的灭菌。

5. 过滤除菌 过滤除菌是一种采用生物洁净技术,通过三级空气过滤器,采用合理的气流方式除去空气中 $0.5\sim5~\mu m$ 的尘埃,以达到洁净空气的一种方法。该方法适用于手术室、烧伤病房、器官移植病房等的消毒。

> **知识链接**
>
> ### 空气动态消毒机
>
> 空气动态消毒机即为对空气消毒杀菌的机器,能够杀灭细菌、病毒、真菌、孢子等。
>
> 有的机型不但能过滤花粉,也能去除室内空气中的甲醛、苯酚等有机污染气体,还能对烟雾、卫生间的不良气味、人的体味等进行有效去除。此款机器能够实现人机共存作业,对空气进行动态消毒,同时对人体无任何危害。

(三) 化学消毒灭菌法

化学消毒灭菌法是利用气体状或液体状的化学药物渗透到菌体内,使菌体蛋白变性、细菌酶丧失活性,从而抑制细菌的生长代谢,或破坏细菌细胞膜的结构,改变其通透性,使细胞膜破裂或溶解,从而达到消毒灭菌目的的方法。凡不适用于热力消毒灭菌法的物品均可采用此法,如患者的皮肤、黏膜、排泄物,以及周围环境、光学仪器、金属锐器等。

1. 化学消毒灭菌剂的使用原则

(1) 根据不同的微生物或物品的特性,选择恰当的化学消毒灭菌剂。

(2) 严格掌握化学消毒灭菌剂的有效浓度、使用方法和消毒时间。

(3) 物品在浸泡消毒前应洗净擦干,完全浸没在消毒液面以下,器械的轴节需打开,管腔内应注满消毒液。

(4) 消毒液中不宜放置棉花、纱布等,以免吸附化学消毒灭菌剂而降低消毒效力。

(5) 易挥发的化学消毒灭菌剂要加盖密封,定期监测,调整浓度、定期更换。

(6) 消毒后的无菌物品在使用前应先用无菌生理盐水冲洗干净,用气体消毒后的物品应待气体散发后再使用,以避免残留的消毒剂刺激人体组织。

2. 化学消毒灭菌剂的分类

各种化学消毒灭菌剂按照其效力不同分为三类(表 2-8-1)。

表 2-8-1 化学消毒灭菌剂的效力分级

效力分级	细菌			病毒		真菌
	结核杆菌	繁殖体	芽胞	亲水性	亲脂性	
高效	+	+	+	+	+	+
中效	+	+	−	+	+	+
低效	−	+	−	−	+	±

3. 常用的化学消毒灭菌剂

(1) 灭菌剂 能够杀灭一切微生物(包括细菌芽胞),并达到灭菌要求的制剂。如过氧乙酸、戊二醛、37%~40%甲醛、环氧乙烷等(表 2-8-2)。灭菌剂主要用于病毒、真菌、结核杆菌、细菌芽胞等各类微生物严重污染且不耐高温高压的物品,或接触、进入人体后对人体健康可能构成严重危害的物品的处理,如胃镜等。

表 2-8-2　化学消毒灭菌剂

名称	作用机制	使用方法	注意事项
过氧乙酸	具有强氧化性，能将菌体蛋白质氧化从而导致微生物死亡	浸泡法、擦拭法、喷洒法、冲洗法、熏蒸法及低温等离子消毒机专用 一般物体表面：0.1%～0.2%溶液作用3 min 空气：0.2%，喷雾作用 60 min 或 15%溶液（7 mL/m²）加热蒸熏，相对湿度60%～80%，室温下 2 h 耐腐蚀物品：0.5%溶液，冲洗 10 min。 食品用工具、设备：0.5%溶液，作用10 min	过氧乙酸性能不稳定，高温易爆炸，须加盖存放于通风阴凉处；溶液应用无菌蒸馏水配制，现用现配；溶液刺激性强，配制时需戴口罩、橡胶手套（一旦溅到，立即用清水冲洗干净），使用时谨防溅到眼中或皮肤、黏膜上；过氧乙酸对织物有漂白作用，对金属及织物有腐蚀性，消毒后应及时冲洗干净；用来消毒被血液、脓液等污染的物品时，需适当延长消毒时间
戊二醛	戊二醛上两个活泼的醛基能与菌体蛋白质上的氨基结合，形成无生物活性的物质，使之灭活，具有强大的杀菌作用	常用浸泡法，将清洗、干燥的不耐热的医疗器械、器具如内镜等放入 2%戊二醛溶液中完全浸没，温度 20～25 ℃，消毒时间 60 min，灭菌时间为 10 h	戊二醛容易氧化分解，应加盖存放于通风阴凉处，宜现用现配。在使用过程中加强浓度监测，每天一次，每周过滤一次，最长连续使用 14 天；因戊二醛对皮肤黏膜有刺激性，不能用于物体表面、空气、手及皮肤消毒，接触时须做好防护（戴手套、面屏等），操作时防溅眼内或吸入体内），灭菌后的物品在使用前应用无菌蒸馏水冲洗并用无菌纱布擦干；此外，对碳钢类制品如手术刀片等有腐蚀性，使用前应加入 0.5%亚硝酸钠防锈
环氧乙烷	可与菌体蛋白上的表面基团结合，发生非特异性烷基化反应，使酶代谢受阻而导致细菌死亡	环氧乙烷沸点为 10 ℃，在常温下为无色气体，是一种气体化学消毒灭菌剂。适用于光学仪器、电子仪器、医疗器械、化纤织物、皮毛、棉、书籍、一次性诊疗用品等的消毒灭菌。少量物品可置于丁基橡胶袋中消毒，大量物品则使用环氧乙烷灭菌柜，灭菌时间为 6 h	环氧乙烷易燃易爆，沸点低，且对人体有害，应密封存放于低于 40 ℃的阴凉通风、远离火源处，并定期检查是否漏气；消毒灭菌时必须密闭进行，工作人员需经专业培训后方可上岗；环氧乙烷遇水后会形成有毒的乙二醇，故不可用于食品的灭菌；灭菌后的物品应放入解析器内以清除残留环氧乙烷

（2）高效消毒剂　能杀灭一切细菌繁殖体（包括分枝杆菌）、病毒、真菌及其孢子等，对细菌芽胞也有一定杀灭作用的消毒制剂。如含氯消毒剂、过氧化氢等（表 2-8-3）。

表 2-8-3　高效消毒剂

名称	作用机制	使用方法	注意事项
含氯消毒剂：高浓度的含氯消毒剂为高效消毒剂，低浓度的为中效消毒剂。常用的有液氯、漂白粉、漂白精、次氯酸钠和 84 消毒液	在水溶液中能放出有效氯，破坏细菌酶的活性而致菌体死亡	可采用浸泡法、擦拭法、喷洒法、干粉法，适用于餐具、水、环境及疫源地等的消毒。a. 被细菌繁殖体污染的物品，用含有效氯 500 mg/L 的消毒液浸泡，浸泡 10 min 以上，不能浸泡的可进行擦拭。b. 被肝炎病毒、结核杆菌、细菌芽胞污染的物品，用含有效氯 2000～5000 mg/L 的消毒液浸泡、擦拭或喷洒 30 min 以上。c. 按有效氯 10000 mg/L 的干粉加入排泄物中，搅拌均匀，作用时间超过 2 h	消毒液应置于阴凉、干燥、通风处密封保存，以减少有效氯的丧失；因溶液不稳定，宜现配现用；对织物有漂白作用、对金属有腐蚀作用，不宜用于有色衣物和金属消毒，消毒后用无菌蒸馏水冲洗干净，干燥后使用

续表

名称	作用机制	使用方法	注意事项
过氧化氢	通过强大的氧化作用达到杀灭微生物的效果	可采用擦拭法和喷雾法,伤口、皮肤黏膜用3%过氧化氢溶液,冲洗、擦拭3~5 min;空气消毒使用喷雾器,采用3%过氧化氢溶液,按照20~30 mL/m³,喷雾消毒作用60 min	过氧化氢应存放于阴凉通风处;过氧化氢对有色织物有漂白作用,对金属有腐蚀性;因过氧化氢溶液有刺激性,所以使用时要注意防止溅到眼内或皮肤黏膜上(一旦溅到需及时用清水冲洗)

(3)中效消毒剂　能杀灭分枝杆菌、真菌、病毒及细菌繁殖体等微生物的消毒制剂。如碘酊、乙醇、碘伏等(表2-8-4)。常用于受到细菌、真菌、病毒等非细菌芽胞污染的各类物品的消毒,人体体表消毒以及接触人体后可能对人体健康构成危害的物品的消毒,如体温计的消毒。

表 2-8-4　中效消毒剂

名称	作用机制	使用方法	注意事项
碘酊	使菌体蛋白氧化、变性,导致其死亡。能杀灭大部分细菌、真菌、芽胞和原虫	2%碘酊用于注射部位、手术、创面周围等的皮肤消毒,擦拭2遍以上,作用1~3 min后,用75%乙醇脱碘;2.5%碘酊用于脐带断端消毒,作用1 min后用70%乙醇脱碘	应避光、防潮、密封保存;对碘过敏者慎用;因刺激性强,不宜用于破损皮肤、眼及口腔黏膜的消毒
乙醇	使菌体蛋白凝固变性从而使菌体死亡,但对肝炎病毒及芽胞无效	常用于皮肤、物品表面、医疗器械的消毒。a.擦拭法:75%的乙醇用于消毒皮肤或物品表面。b.75%的乙醇用于浸泡消毒,时间≥30 min	易燃、易挥发,远离明火,加盖保存,定期检测有效浓度;有刺激性,不宜用于黏膜和创面消毒以及被血脓粪便等有机物严重污染表面的消毒,醇类过敏者慎用
碘伏	碘与表面活性剂结合的不定型结合物,能破坏细菌胞膜的通透性屏障,使蛋白质漏出或与细菌酶蛋白发生碘化反应而使之失活	用于手、皮肤和黏膜的消毒。用于手及皮肤时其浓度为2~10 g/L;用于黏膜时其浓度为250~500 mg/L。外科手消毒:擦拭或刷洗,作用3~5 min。手部消毒:擦拭2~3遍,作用2 min以上。注射部位皮肤:擦拭两遍,时间遵照产品说明。口腔黏膜及创面:1000~2000 mg/L擦拭,作用3~5 min。阴道黏膜及创面:500 mg/L冲洗,作用时间遵照产品说明	应置于阴凉处、防潮、密封保存;含乙醇的碘制剂消毒液不应用于黏膜和伤口消毒;碘伏对二价金属制品有腐蚀性,不宜用于相应金属物品的消毒;碘过敏者慎用

(4)低效消毒剂　能杀灭细菌繁殖体和亲脂病毒的消毒制剂。如氯己定(洗必泰)、苯扎溴铵(新洁尔灭)等(表2-8-5),适用于物品或体表的清洁卫生处理。

表 2-8-5　低效消毒剂

名称	作用机制	使用方法	注意事项
氯己定(洗必泰)	通过破坏细胞膜、抑制酶活性,使细胞膜破裂。具有光谱抑菌、杀菌作用,能杀灭细菌繁殖体,但不能杀死芽胞、病毒和分枝杆菌	可采用冲洗法和擦拭法,常用于外科洗手消毒和手术部位的皮肤、黏膜消毒。2 g/L氯己定水溶液可用于冲洗膀胱、阴道、伤口黏膜创面;2 g/L氯己定乙醇溶液用于擦拭手术和注射部位的皮肤,擦2~3遍,作用时间遵照产品说明	氯己定易受有机物影响,使用前应先对消毒部位进行清洁;不可用于外科手术器械的消毒;对阴离子表面活性剂有拮抗作用,不能与洗衣粉、肥皂等同用

Note

·基础护理技术·

续表

名称	作用机制	使用方法	注意事项
苯扎溴铵 （新洁灭尔）	能够破坏细胞膜使菌体 自溶死亡	0.1%用于皮肤消毒，0.05%用 于黏膜消毒	苯扎溴铵对铝制品有破坏作用， 不能盛放于铝制容器内；因有吸附 作用，不应在溶液内放置毛巾、纱布 等；对阴离子表面活性剂有拮抗作 用，故不能与洗衣粉、肥皂等同用

4. 化学消毒灭菌剂的使用方法

（1）浸泡法　将待消毒的物品洗净擦干，完全浸没在一定浓度的消毒液内，在规定时间内达到消毒作用的方法。浸泡法适用于耐湿、不耐热的物品，如精密器材、锐利器材等的消毒，是临床上最常用的化学消毒灭菌法。

（2）擦拭法　大件物品或其他不能用浸泡法消毒的物品用化学消毒灭菌剂按照规定的浓度配制，擦拭被污染物品的表面或进行皮肤消毒的方法。常用于桌椅、墙壁、地面等的消毒。

（3）喷雾法　用喷雾器将一定浓度的化学消毒灭菌剂均匀地喷洒在空气中或物体表面，在规定的时间内达到消毒效果的方法。常用于空气、墙壁、地面等的消毒。

（4）熏蒸法　将化学消毒灭菌剂加热或加入氧化剂，利用其产生的气体进行消毒的方法。熏蒸法常用于不耐湿、不耐高温的物品和室内空气的消毒。常用甲醛箱进行物品消毒、空气消毒；15%过氧乙酸 7 mL/m³ 加热熏蒸，相对湿度 60%～80%，时间 2 h。

（四）医院清洁、消毒、灭菌

1. 医用物品对人体的危险性分类（又称斯伯尔丁分类法）　1968 年 E. H. Spaulding 根据医疗器械污染后使用所致感染的危险性大小及在患者使用之间的消毒及灭菌要求，将医疗器械分为三类，即高度危险性物品、中度危险性物品、低度危险性物品。

（1）高度危险性物品　进入人体组织、器官、脉管系统的物品，或有无菌体液从中流过的物品，或接触破损皮肤、破损黏膜的物品，一旦被微生物污染，具有极高感染风险。如手术器械、穿刺针、腹腔镜、活检钳、心脏导管、植入物等。

（2）中度危险性物品　与完整黏膜相接触，而不进入人体无菌组织、器官和血流，也不接触破损皮肤、破损黏膜的物品。如胃肠道内窥镜、气管镜、喉镜、肛表、呼吸机管道、麻醉机管道、压舌板、肛门直肠压力测量导管等。

（3）低度危险性物品　与完整皮肤接触而不与黏膜接触的器材，如听诊器、血压计袖带等；病床围栏、床面以及床头柜、被褥；墙面、地面；痰盂（杯）便器等。

2. 消毒、灭菌方法的选择原则

（1）根据物品污染后导致感染的风险高低选择相应的消毒灭菌方法　①高度危险性物品，应采用灭菌方法处理。②中度危险性物品，应采用达到中水平消毒以上效果的消毒方法。③低度危险性物品，宜采用低水平消毒方法，或做清洁处理；遇有微生物污染时，针对病原微生物种类采取有效的消毒方法。

（2）根据物品上污染微生物的种类、数量选择消毒、灭菌方法　①对受到致病菌芽胞、真菌孢子、分枝杆菌和经血传播病原体（乙型肝炎病毒、丙型肝炎病毒、艾滋病毒等）污染的物品，应进行高水平消毒或灭菌。②对受到真菌、亲水病毒、螺旋体、支原体、衣原体等病原微生物污染的物品，应采用中水平以上的消毒方法。③对受到一般细菌和亲脂病毒等污染的物品，应采用达到中水平或低水平的消毒方法。④杀灭被有机物保护的微生物时，应加大消毒剂的使用剂量和（或）延长消毒时间。⑤消毒物品上微生物污染特别严重时，应加大消毒剂的使用剂量和（或）延长消毒时间。

（3）根据消毒物品的性质选择消毒或灭菌方法　①耐热、耐湿的诊疗器械、器具和物品，应首选压力蒸汽灭菌；耐热的油剂类和干粉类等应采用干热灭菌法。②不耐热、不耐湿的物品，应采用低温灭菌方法如环氧乙烷灭菌、过氧化氢低温等离子体灭菌或低温甲醛蒸气灭菌等。③物体表面消毒，宜考虑表面性质，光滑表面宜选择合适的消毒剂擦拭或紫外线消毒器近距离照射；多孔材料表面宜采用浸泡或喷

Note

雾消毒法。

（4）物品应使用经卫生行政部门批准的消毒药品和器械，并严格按照批准使用的范围和方法使用。

3. 诊疗器械、器具和物品处理的基本原则 通常情况下应遵循先清洗后消毒的处理程序。被朊毒体、气性坏疽及突发原因不明的传染病病原体污染的诊疗器械、器具和物品应遵循 WS/T367 的规定进行处理。

4. 医院日常的清洁与消毒

（1）医院环境的清洁与消毒 医院将所有部门与科室按风险等级，划分为低度风险区域、中度风险区域和高度风险区域。不同风险区域应实施不同等级的环境清洁与环境管理。应遵守先清洁再消毒的原则，采用湿式卫生的清洁方式有序进行，由上而下，由内而外，由轻度污染到重度污染；有多名患者共同居住的病房，应遵循清洁单元化操作。被患者体液、血液、排泄物、分泌物等污染的环境表面，应先采用可吸附的材料将其清除，再根据污染的病原体特点选用适宜的消毒剂进行消毒。清洁工具应分区使用，实行颜色标记。应根据环境表面和污染程度选择适宜清洁剂；为了保持医院环境的清洁，不仅要做好环境的清洁卫生，还要做好环境的空气消毒。

①Ⅰ类环境的空气消毒：采用层流通风，要求空气中的细菌总数≤4 cfu/（30 min×直径 9 cm 平皿），常应用于层流洁净病房和层流洁净手术室。

②Ⅱ类环境的空气消毒：可采用静电吸附式空气消毒器消毒或循环风紫外线空气消毒器消毒，要求空气中的细菌总数≤4 cfu/（15 min×直径 9 cm 平皿），常应用于供应室、普通手术室、产房、婴儿室、早产儿室、重症监护室、烧伤病房和普通保护性隔离室。

静电吸附式空气消毒器：采用静电吸附的原理，加过滤系统，可过滤和吸附空气中的带菌尘埃以及微生物，能够在有人的房间进行空气消毒。

循环风紫外线空气消毒器：采用低臭氧紫外线灯，能使消毒环境中的臭氧浓度低于 0.2 mg/m³，开机 30 min 后可达到消毒要求，并且对人体无害，可在有人的房间进行空气消毒。

③Ⅲ类环境的空气消毒：Ⅲ类环境要求空气中的细菌总数≤4 cfu/（5 min×直径 9 cm 平皿），除可采用静电吸附式空气消毒器消毒或循环风紫外线空气消毒器消毒外，还可采用臭氧消毒、紫外线消毒、过氧乙酸消毒、含氧消毒剂熏蒸或喷雾消毒，常应用于注射室、换药室、治疗室、儿科病房、妇产科检查室、急诊室、供应室、化验室、各类普通病房和诊室。

（2）被服类消毒 针对脏污织物和感染性织物进行分类收集，可采取不同的方法进行消毒。①脏污织物应遵守先洗涤后消毒的原则，新生儿、婴儿及手术室的医用织物应分别专机洗涤消毒，不应与其他医用织物混洗。②感染性织物采用水溶性包装袋盛装，在密闭状态下直接投入洗涤设备内，不宜手工清洗，采用专机洗涤消毒，首选热洗涤方法，有条件的应使用卫生隔离式洗涤设备，机械洗涤消毒时可采用洗涤和消毒同时进行的程序。

（3）清洁用具的使用与消毒 ①抹布、拖把：病区内的抹布、拖把应有明显标志，并按治疗室、换药室、办公室、病室、走廊、卫生间等不同房间严格分区使用；一般在治疗室和办公室使用过的抹布或拖把，用清水冲洗后悬挂晾干备用；若病室、换药室、治疗室等地面被血液、分泌物、呕吐物或排泄物污染，可先用吸湿材料去除可见污染物，再清洁消毒。使用后清洗干净，在 500 mg/L 的含氯消毒剂（或其他有效消毒剂）中浸泡消毒 30 min，冲净消毒液，干燥备用。②扫床巾：扫床时采用湿扫法，一床一巾。使用后清洗干净，在 500 mg/L 的含氯消毒剂（或其他有效消毒剂）中浸泡消毒 30 min，冲净消毒液，干燥备用。

（4）物体表面的清洁与消毒 ①物体表面和地面的清洁与消毒：室内用品如桌子、椅子、床头柜等的表面及地面，无明显污染时，采用湿式清洁。当受到明显污染时，先用吸湿材料去除可见污染物，再清洁消毒。②墙面的清洁与消毒：一般墙面污染不严重时不用消毒，当受到病原体污染时，可采用化学消毒剂擦拭或进行喷雾消毒。

（5）医疗废物的分类收集及处理 《医疗废物管理条例》规定：医疗废物是指医疗卫生机构在医疗、预防、保健以及其他相关活动中产生的具有直接或间接感染性、毒性以及其他危害性的废物。医疗废物均有可能携带病原微生物，并对公众健康造成危害。

医疗废物的分类收集及处理:《医疗废物分类目录》对医疗废弃物分为以下五类。①感染性废物:携带病原微生物具有引发感染性疾病传播危险的医疗废物;放在有医疗废物专用标识的黄色桶、袋中。②病理性废物:诊疗过程中产生的人体废弃物和医学实验动物尸体等;放置在有医疗废物专用标识的黄色桶、袋中。③损伤性废物:能够刺伤或割伤人体的废弃的医用锐器;放置在有医疗废物专用标识的利器盒中。④药物性废物:过期、淘汰、变质或者被污染的废弃的药物;放置在有医疗废物专用标识的桶、袋中。⑤化学性废物:具有毒性、腐蚀性、易燃易爆性的废弃的化学物品;放置在有医疗废物专用标识的特殊容器中。医疗废物回收时应密闭封装,并贴上标签,交接时需双签字,由专人按照专用时段和路线回收至医院暂存处,后交有资质的医疗废物处置单位处置;在医疗废物分类收集与转运交接过程中应做好自我防护。

三、无菌技术

无菌技术是医疗护理操作中防止发生感染和交叉感染的一项重要的基本操作,医护人员必须熟练地掌握无菌技术,严守操作规程,以保证患者的安全。

（一）基本概念

1. 无菌技术　在医疗护理操作过程中,防止无菌物品、无菌区域被污染,防止一切微生物侵入机体或传播给他人的操作技术和管理方法。

2. 无菌物品　经物理方法或化学方法灭菌处理后未被污染的物品。

3. 无菌区　经物理方法或化学方法灭菌处理后未被污染的区域。

4. 非无菌物品或非无菌区　未经灭菌处理或经灭菌处理后被污染的物品或区域。

（二）无菌技术操作原则

1. 环境　环境要宽敞,保持清洁,定期进行消毒。操作前 30 min 须停止清扫地面、更换床单等工作,减少人员走动,防止尘埃飞扬。

2. 工作人员　工作人员着装要符合无菌操作要求。无菌操作前,衣帽要整洁,应修剪指甲,洗手,戴口罩,必要时穿无菌衣,戴无菌手套。

3. 操作中保持无菌　首先要明确无菌区与非无菌区。

（1）操作者要面向无菌区,身体与无菌区保持一定距离;手臂保持在腰部水平以上或操作台面以上;不可跨越无菌区;不能触及无菌物品;避免面对无菌区谈笑、咳嗽、打喷嚏。

（2）取用无菌物品时,必须用无菌持物钳(镊);无菌物品一经取出,即使未使用,也不可放回无菌容器内;无菌物品不可在空气中暴露过久;无菌物品疑被污染或已被污染时,不可再用,应予以更换或重新灭菌。

（3）一套无菌物品仅供一位患者使用,以防交叉感染。

4. 无菌物品管理　无菌物品与非无菌物品须分别放置,且有明显标志;无菌物品须存放在无菌包或无菌容器内,不可暴露在空气中。无菌包或无菌容器外须标明物品名称及灭菌日期,存放在清洁、干燥、固定的地方,并按日期先后顺序排放。定期检查无菌物品保存情况,在未被污染的情况下,有效期 7 天,一旦过期或受潮须重新灭菌。

知识链接

无菌物品有效期

无菌包或无菌容器外须标明物品名称及灭菌日期,存放在温度低于 24 ℃,相对湿度低于 70%,机械通风换气每小时 4～10 次,且清洁、干燥、固定的地方,并按日期先后顺序排放。定期检查无菌物品保存情况,在未被污染的情况下,保存期限根据包装物决定,使用普通棉布材料包装的无菌物品有效期宜为 14 天,未到达环境标准时,有效期不超过 7 天;使用医用一次性纸袋包装的无菌物品,有效期为 30 天;使用一次性医用皱纹纸、医用无纺布、一次性纸塑袋、硬质容器包装的无菌物品,有效期宜为 180 天;由医疗器械生产厂家提供的一次性使用的无菌物品遵循包装上标示的有效期。

(三)无菌技术基本操作

见实训 2-8-1 至实训 2-8-6。

实训 2-8-1　无菌持物钳的使用

【目的】

用于夹取和传递无菌物品。

【评估】

操作区是否整洁、宽敞、安全;操作台是否清洁、干燥、平坦。

【计划】

1. 操作者准备　着装整洁,修剪指甲,洗手,戴口罩。

2. 用物准备　选择合适的无菌持物钳及盛放无菌持物钳的容器。

(1)无菌持物钳的种类　临床上常用的无菌持物钳有三种,即三叉钳、卵圆钳和长短镊子。三叉钳的前端较粗,呈三叉形并以弧形向内弯曲,可夹取瓶、盆、罐、骨科器械等较重或较大物品。卵圆钳的前端有两个卵圆形的小环,可夹取刀、镊、剪、治疗碗,弯盘等。镊子的尖端细小,使用时灵活方便,适用于夹取棉球、棉签、针头、缝针、纱布等。

(2)无菌持物钳的存放方法　无菌持物钳的存放可采用消毒液浸泡保存法,持物钳经高压蒸汽灭菌后浸泡在盛有消毒液的广口有盖容器内,消毒液应浸过无菌持物钳轴节以上 2～3 cm(持物镊长度的 1/2 处)(图 2-8-4);另外,也可将其保存在灭菌后的广口有盖的干燥容器内,保存时间 4 h。注意:每个容器内只能放置一把无菌持物钳,以避免使用时互相碰撞造成污染。

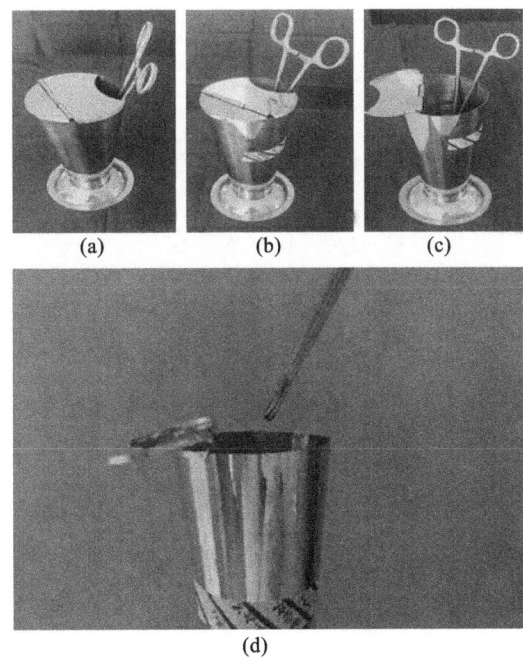

(a) (b) (c)

(d)

图 2-8-4　无菌持物钳浸泡在消毒液中

3. 环境准备　清洁、宽敞、明亮、定期消毒。

【实施】

1. 操作步骤

操作步骤	要点说明
1.查对　查对无菌持物钳的有效期	• 超过有效期不可使用
2.开容器盖　打开容器盖,右手拇指和无名指勾住无菌持物钳两环,示指和中指固定钳轴节上端 1/3 部分,闭合前端,将无菌持物钳移至容器中央	• 不可从盖孔中取放无菌持物钳

续表

操作步骤	要点说明
3.取持物钳　保持前端向下取出无菌持物钳(图 2-8-4)	• 钳端不可触及容器边缘及液面以上的容器内壁
4.使用时　使用无菌持物钳时,始终保持钳端向下,不可倒转向上,且无菌持物钳只能在使用者胸部、腹部水平移动,不可过高或过低,以免超出视线范围造成污染	• 防止消毒液倒流至钳柄污染无菌部分 • 防止在视线以外造成污染
5.放持物钳　无菌持物钳使用后,立即闭合钳端,垂直向下放回容器内,并打开轴节浸泡消毒	• 使钳端、轴节与消毒液充分接触

2. 注意事项

(1)无菌持物钳只能用于夹取无菌物品,不能夹取油纱布或进行换药、消毒等操作。

(2)取放无菌持物钳时,手指不可触及其浸泡部分。

(3)若需到远处取无菌物品,应将无菌持物钳放入容器内一同搬移使用。

(4)使用无菌持物钳后应立即放回容器内,以防在空气中暴露过久。

(5)无菌持物钳已经污染或疑被污染时,不可放回容器内,应重新消毒、灭菌。

(6)无菌持物钳和存放容器要定期进行消毒。浸泡存放时间为一般病房每周更换一次,使用频率较高的如手术室、门诊换药室、注射室等,应每日更换一次。干燥存放应每 4 h 更换一次。

实训 2-8-2　无菌容器的使用

【目的】

用于盛放无菌物品并使其保持无菌状态。

【评估】

操作区是否整洁、宽敞、安全;操作台是否清洁、干燥、平坦。

【计划】

1. 操作者准备　着装整洁,修剪指甲,洗手,戴口罩。

2. 用物准备　常用的无菌容器有无菌盒、无菌罐、无菌盘及无菌储槽等。无菌容器内盛放无菌器械、无菌棉球、无菌纱布等无菌物品。

3. 环境准备　清洁、宽敞、明亮、定期消毒。

【实施】

1. 操作步骤

操作步骤	要点说明
1.查对　查对无菌物品名称及灭菌有效期	• 超过有效期不可使用
2.开容器盖　打开无菌容器盖,内面向上置于稳妥处或拿在手中(图 2-8-5)	• 拿无菌容器盖的手勿触及盖的内面和边缘
3.取无菌物品　用无菌持物钳从无菌容器中取出无菌物品	• 不可从盖孔中取放无菌持物钳
4.盖上容器盖　用物取出后立即将容器盖严	• 避免容器内物品在空气中暴露过久,造成污染
5.持无菌容器　手持无菌治疗碗或无菌治疗盘时,应托住容器底部(图 2-8-6)	• 手不可触及无菌容器边缘及内面

2. 注意事项

(1)夹取无菌容器内的物品时,无菌持物钳及无菌物品不可触及容器的边缘。

(2)移动无菌容器时,应托住无菌容器底部,手不可触及无菌容器内或无菌容器边缘。

(3)无菌物品从无菌容器中取出,即使未被使用,也不可再放回无菌容器内。

(4)无菌容器一经打开使用,时间不超过 24 h。

图 2-8-5 打开无菌容器盖

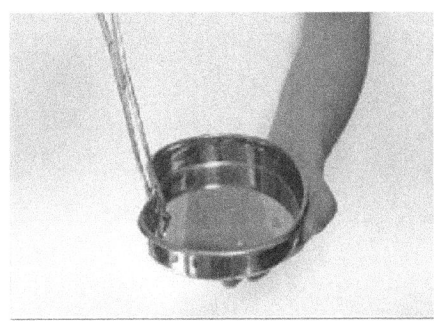

图 2-8-6 手持无菌容器法

实训 2-8-3 无菌包的使用

【目的】

无菌包存放无菌物品,使无菌物品保持无菌状态。

【评估】

操作区是否整洁、宽敞、安全;操作台是否清洁、干燥、平坦。

【计划】

1. 操作者准备 着装整洁,修剪指甲,洗手,戴口罩。

2. 用物准备 无菌持物钳、无菌包、治疗盘、签字笔、记录纸。

3. 环境准备 清洁、宽敞、明亮、定期消毒。

【实施】

1. 操作步骤

操作步骤	要点说明
★包扎法	
1. 选择包布 选择质厚、致密、未脱脂的棉布制成双层包布	
2. 放物品 将待灭菌的物品放置在包布中央,化学指示卡放于其中,玻璃类物品需先用棉垫包裹	• 避免放置的玻璃类物品被碰撞损坏
3. 包扎系带 用包布近侧一角向上折叠盖住物品,盖好左右两角,并将角尖端向外翻折,盖好最后一角,用带子呈"十"字形扎紧或用化学指示胶带粘贴封包(图 2-8-7)	• 防止开包时污染包布的内面
4. 标记灭菌 贴上标签,注明物品名称及灭菌日期,将其灭菌后备用	
★开包法	
1. 查对 检查无菌包的名称、灭菌有效期、化学指示胶带;查看无菌包有无破损及潮湿等	• 超过有效期、潮湿或破损的不可使用

Note

111

续表

操作步骤	要点说明
2.开包　将无菌包放在清洁、干燥、平坦处,解开系带卷放在包布下,一次揭开左右角,最后打开内角	• 手不可触及包布内面
3.看卡取物　查看化学指示卡,符合使用要求,用无菌持物钳取出所需物品,放在事先准备好的无菌区内	• 避免跨越无菌区,有效期为 24 h
4.还原系带　如需要一次将物品全部取出,可将无菌包托在一只手上打开,另一只手抓住包布四角,准确地将物品放入事先准备好的无菌区域内(图 2-8-8);如包内物品一次未用完,则按原折痕包扎好,注明开包日期及时间	

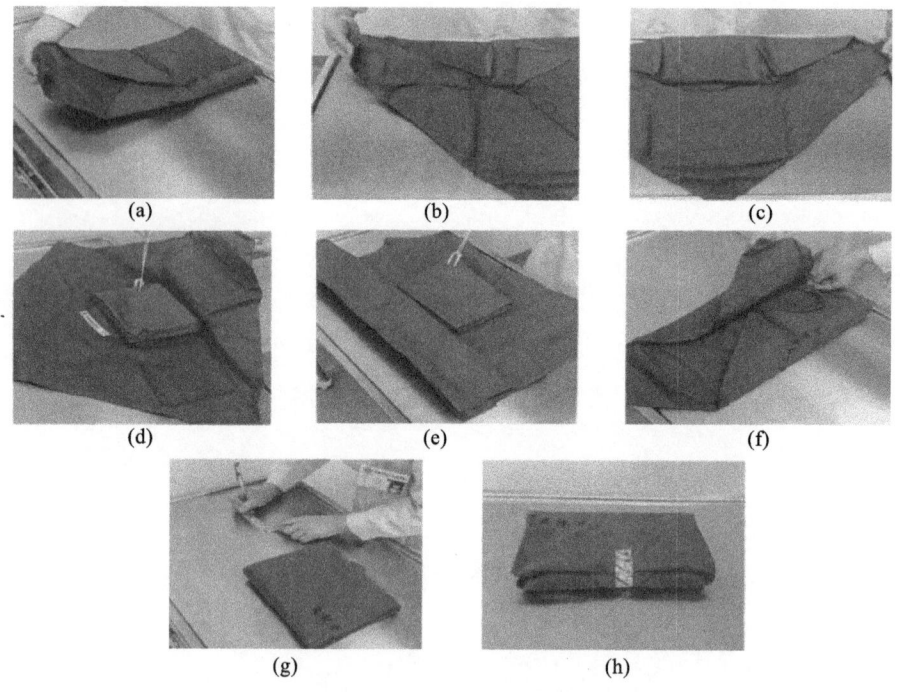

(a)　　(b)　　(c)
(d)　　(e)　　(f)
(g)　　(h)

图 2-8-7　无菌包包扎法

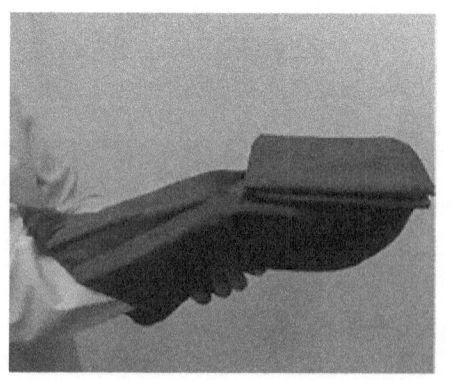

图 2-8-8　一次性取出无菌包内物品法

2. 注意事项

(1) 无菌包内物品被污染或被浸湿,需重新灭菌。

(2) 打开无菌包时,手不可触及包布的内面;手臂不可跨越无菌区。

实训 2-8-4　无菌溶液的取用

【目的】

供无菌操作使用。

【评估】

操作区是否整洁、宽敞、安全;操作台是否清洁、干燥、平坦。

【计划】

1. 操作者准备　着装整洁,修剪指甲,洗手,戴口罩。

2. 用物准备　无菌溶液、启瓶器、弯盘、盛装无菌溶液的容器、消毒液、记录纸、签字笔。

3. 环境准备　清洁、宽敞、明亮、定期消毒。

【实施】

1. 操作步骤

操作步骤	要点说明
1. 查对　查对无菌溶液瓶标签(名称、剂量、浓度、有效期),检查瓶盖有无松动及瓶体有无裂缝,倒转瓶体对光查看溶液有无沉淀、混浊、絮状物等	• 符合条件方可使用
2. 开启瓶盖	• 手不可触及瓶口及瓶盖内
3. 倒液　另一手握住溶液,瓶签朝向掌心,先倒出少量溶液以冲洗瓶口,再由原处倒出溶液至无菌容器内(图 2-8-9)	• 以防沾湿瓶签,影响检查保证所取溶液的无菌
4. 盖瓶塞　倒出溶液后,如无菌溶液一次未用完,应立即塞好瓶塞、消毒、翻转盖好,注明开瓶日期及开瓶时间,签名	• 已开启的溶液瓶内的溶液 24 h 内可再次使用

图 2-8-9　取用无菌溶液法

2. 注意事项

(1) 倒无菌溶液时,瓶口不可触及无菌容器;也不可将无菌敷料或非无菌物品堵塞瓶口或伸入瓶内蘸取溶液。

(2) 翻盖瓶塞时,手不可触及瓶塞盖住瓶口的部分。

(3) 无菌溶液一经倒出,虽未使用也不可倒回瓶内。

实训 2-8-5　铺无菌盘

【目的】

将无菌治疗巾铺在清洁、干燥的治疗盘内,形成一无菌区,放置无菌物品,供治疗、护理操作使用。

【评估】

操作区是否整洁、宽敞、安全;操作台是否清洁、干燥、平坦。

【计划】

1. 操作者准备　着装整洁,修剪指甲,洗手,戴口罩。

Note

113

2. 用物准备　无菌持物钳、盛放无菌治疗巾的无菌包、无菌物品、治疗盘、记录纸、签字笔。

3. 环境准备　清洁、宽敞、明亮、定期消毒。

【实施】

1. 操作步骤

操作步骤	要点说明
1.查对　查对无菌物品名称、灭菌有效期、包装是否完整	• 确保质量可靠才使用
2.取无菌治疗巾　打开无菌包,按无菌包的使用方法取出无菌治疗巾放于治疗盘内	• 无菌治疗巾折叠法:①纵折法,纵折两次,再横折两次,开口边向外;②横折一次后,纵折一次,然后重复一遍
3.铺无菌治疗巾 ★单层底铺法:双手捏住无菌治疗巾两角的外面,轻轻抖开,双折平铺于治疗盘上,将上层扇形折叠至对侧,开口向上(图2-8-10) ★双层底铺法:双手捏住无菌治疗巾两角的外面,轻轻抖开,从远至近三折成双层底,上层扇形折叠,开口向上(图2-8-11)	• 打开无菌治疗巾时,手不可触及无菌治疗巾的内面
4.放无菌物品　根据需要将无菌物品放于无菌治疗巾内	
5.覆盖治疗巾　双手捏住反折无菌治疗巾两角外面,向下覆盖,上下两层边缘对齐,将开口处向上折叠两次,两侧边缘向下折叠一次	• 保持治疗盘内无菌
6.记录整理　注明铺盘名称及铺盘时间,整理用物	• 有效期4 h

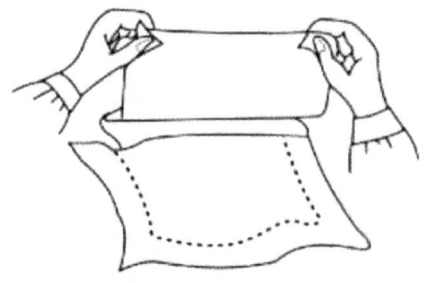

图 2-8-10　单层底铺法

图 2-8-11　双层底铺法

2. 注意事项

(1) 铺盘区域应保持清洁、干燥,铺好的无菌盘也应保持干燥,以免潮湿污染。

(2) 操作过程中不可跨越无菌区。

(3) 铺好的无菌盘应尽快使用,有效期不得超过4 h。

实训2-8-6　无菌手套的使用

【目的】

在进行严格的医疗护理操作过程中确保无菌效果,保护患者和医护人员免受感染。

【评估】

操作区是否整洁、宽敞、安全;操作台是否清洁、干燥、平坦。

【计划】

1. 操作者准备　着装整洁,修剪指甲,洗手,戴口罩。

2. 用物准备　无菌手套、弯盘。

3. 环境准备　清洁、宽敞、明亮、定期消毒。

【实施】

1. 操作步骤

操作步骤	要点说明
1.查对　查对手套号码、有效期及包装是否完整	• 包装完整无漏气
2.打开手套　将手套袋放在清洁、平坦、干燥的操作台上打开	
3.戴手套	
★分次提取法:一手掀开手套袋开口处,另一手捏住一只手套的反折部分(手套内面)取出手套,对准五指戴上;未戴手套的手掀开另一袋口外层,再将戴好手套的手指插入另一只手套的反折内面(手套外面),取出手套,同法戴好(图2-8-12)	• 戴手套时,防止手套外面(无菌面)触及任何非无菌区的物品
★一次性提取法:两手同时掀开手套袋开口处,分别捏住两只手套的反折部分,取出手套;将两只手套的五指对准,先戴一手,再以戴好手套的手指插入另一只手套的反折内面,同法戴好	
4.脱手套　操作完成后,冲净手套上的污迹,一手捏住另一只手套的外面,将其翻转脱下,脱下手套的手,伸入另一只手套的内口,将其翻转脱下	• 避免脏手套污染手
5.整理　将用过的手套放入医用垃圾袋内,洗手	

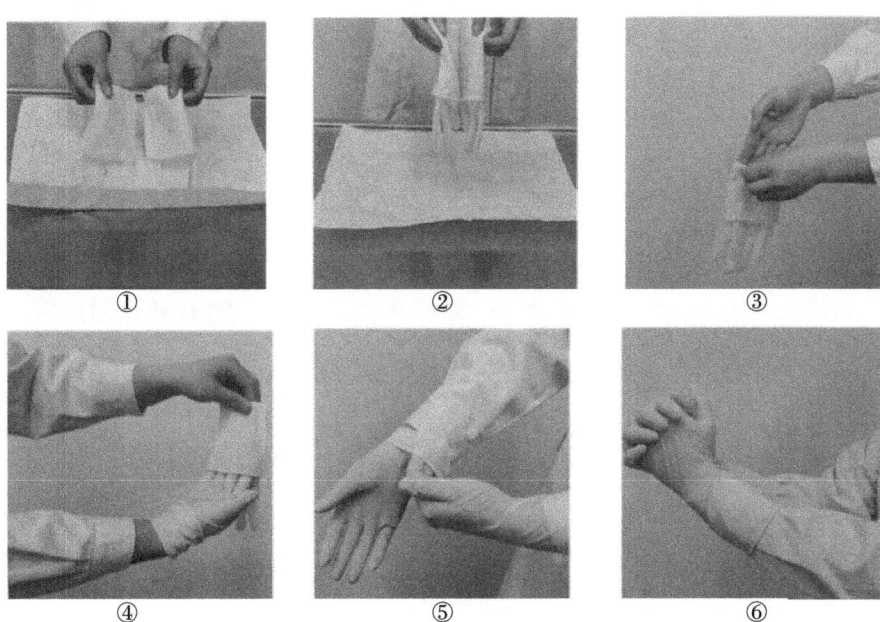

① ② ③

④ ⑤ ⑥

图 2-8-12　分次提取法

2. 注意事项

(1) 手套外面为无菌面,应保持其无菌。未戴手套的手不可触及手套的外面,已戴手套的手不可触及未戴手套的手及手套的内面。

(2) 戴手套后如果发现手套破损或不慎被污染,应立即更换。

(3) 戴手套后,手臂不可下垂,应保持在腰以上、肩以下范围内活动。

(4) 脱手套时应翻转脱下,不可用力强拉手套边缘或手指部分,以免损坏。

四、隔离技术

隔离是将传染源传播者和高度易感人群安置在指定地点和特殊环境中,暂时避免和周围人群接触,对前者采取传染源隔离,防止传染病病原体向外传播,而对后者采取保护性隔离,保护高度易感人群免

受感染。

（一）隔离的基本知识

1. 隔离区域的设置　隔离区域应设在医院相对独立的区域,远离儿科病房、重症监护病房和生活区。设单独入、出口和入、出院处理室;应严格服务流程和三区管理,各区之间界限清楚,标识明显。

（1）以患者为单位　每位患者有自己单独的生活环境和用具,与其他患者隔离开。

（2）以病种为单位　同病种患者可同住一室,但应与其他病种的传染病患者相隔离。

（3）其他　凡未确诊、发生混合感染、有强烈传染性及危重患者,应住单独隔离室。

2. 隔离区域的划分　隔离区域按传染病患者所接触的环境,可划分为清洁区、潜在污染区和污染区,设立两通道和三区之间的缓冲间。

（1）清洁区　凡未被病原微生物污染的区域称为清洁区。医务人员的值班室、更衣室、配餐室及库房等。

（2）潜在污染区　凡有可能被病原微生物污染的区域为潜在污染区。如医务人员的办公室、治疗室、护士站、病区的内走廊、化验室等。

（3）污染区　凡患者直接接触或间接接触,被病原微生物污染的区域为污染区。如病室、处置室、污物间以及患者入院、出院处置室等。

（4）两通道　指医务人员通道、患者通道。医务人员出入通道设在清洁区一端,患者出入通道设在污染区一端。

（5）缓冲间　清洁区与潜在污染区之间、潜在污染区与污染区之间设立的两侧均有门的小室,为医务人员的准备间。室内配备非手触式开关的流动水洗手和手消毒设施、干手设施及必要的防护用品。

（二）隔离原则

1. 一般消毒隔离

（1）根据隔离种类,病室门口和病床前应悬挂隔离标志。门口备有浸消毒液的脚垫、泡手的消毒液、隔离衣悬挂架或立柜等。

（2）工作人员进入隔离区必须戴帽子、口罩,穿隔离衣。穿隔离衣前,须计划周密,并备齐所用物品,以减少穿、脱隔离衣及消毒手的次数,不易消毒的物品放入塑料袋内或用避污纸;穿隔离衣后,只能在规定范围内活动。

（3）病室内的空气每日须用紫外线照射消毒一次,或用消毒液喷洒消毒。每日晨间用消毒液擦拭病床及床旁桌椅。

（4）凡患者接触过的物品或落地的物品应视为被污染,消毒后方可给他人使用;患者的个人用物须严格消毒后才能交给家属带回;患者的呕吐物、分泌物、排泄物及各种引流物等按规定进行消毒处理后方可排放;需送出病区处理的物品,应放入专用污物袋,并有明显标志。

（5）在严格执行隔离要求的同时,要对患者热情,并关心患者,以减轻患者的恐惧感或因被隔离而产生的孤独、自卑、悲观心理,向患者及家属解释隔离的重要性及暂时性,以取得其信任与合作。

（6）传染性分泌物经三次培养结果均为阴性或确定已渡过隔离期,经医生开出医嘱方可解除隔离。

2. 终末消毒处理　终末消毒是对出院、转科或死亡患者及其所住病室、用物和医疗器械进行的消毒处理。

（1）患者的终末消毒处理　患者出院或转科前须经过沐浴,更换清洁衣服方可离开;个人用物须经消毒后方能带出。患者死亡后,用消毒液擦拭尸体,并用消毒液棉球填塞口、鼻、耳、肛门及阴道,伤口处更换敷料,用一次性尸单包裹尸体,送传染科太平间。

（2）病室单位的终末处理　将被服放入污物袋,注明隔离用物,先消毒再清洗;病室消毒时,摊开被褥、竖起床垫、关闭门窗、打开床头桌,用紫外线灯或用消毒液熏蒸消毒,消毒后开门窗通风,用消毒液擦拭家具、地面及墙壁。

（三）隔离的种类和措施

根据传播途径不同可将隔离分为七种。

1. 严密隔离　适用于传染性强、死亡率高，经飞沫、分泌物、排泄物直接或间接传播的烈性传染病，如霍乱、鼠疫、非典型肺炎（SARS）等，主要隔离措施如下。

（1）患者应住单间病室，室外挂醒目标志，通向走廊的门窗须关闭；室内用具力求简单、耐消毒，禁止患者外出、探视与陪护。

（2）接触患者时必须戴口罩、帽子，穿隔离衣和隔离鞋，必要时戴手套。

（3）室内空气和地面用消毒液喷洒或紫外线消毒，每日一次。

（4）患者的分泌物、呕吐物和排泄物应消毒处理。

（5）污染敷料装袋标记后集中焚烧处理。

2. 呼吸道隔离　适用于防止通过空气中的飞沫传播的感染性疾病，如流感、流脑、麻疹、白喉、百日咳、肺结核等，主要隔离措施如下。

（1）同一病原感染者可同住一室，有条件时尽量使隔离病室远离其他病室。

（2）通向走廊的门窗须关闭，患者离开病室时需戴口罩，防止病原体随空气向外传播。

（3）工作人员进入病室需戴口罩，并保持口罩的干燥，必要时穿隔离衣。

（4）病室内空气用紫外线照射或消毒液喷洒消毒，每天一次。

（5）为患者准备专用痰杯，口鼻分泌物须经消毒处理后再倾倒或焚烧。

3. 消化道隔离　适用于由患者的排泄物直接或间接污染了食物或水源而引起传播的疾病，如伤寒、细菌性痢疾、甲型或戊型肝炎等，主要措施如下。

（1）不同病种患者最好分室居住，如同住一室，须做好床边隔离，患者之间不得互相交换物品。

（2）接触不同病种患者时，需分别穿隔离衣，接触污染物时戴手套。

（3）患者的食具、便器等应专用，并严格消毒。剩余食物及排泄物须经消毒处理后再倾倒。

（4）病室应有防蝇设备，做到无蟑螂、无苍蝇、无鼠。

4. 接触隔离　适用于经体表或伤口直接或间接接触而感染的疾病，如破伤风、气性坏疽、炭疽、狂犬病等，主要隔离措施如下。

（1）患者住单间病室，不允许接触他人。

（2）接触患者时应穿隔离衣，戴口罩、帽子、手套，工作人员的手或皮肤有破损时应避免接触患者。

（3）凡患者接触过的物品，如床单、衣物、换药器械等均应先灭菌处理，再清洁、消毒、灭菌。

（4）被患者污染的敷料应装袋标记后集中焚烧处理。

5. 血液、体液隔离　适用于预防直接或间接接触传染性血液或体液传播的感染性疾病，如乙型、丙型、丁型肝炎，梅毒，艾滋病等，主要隔离措施如下。

（1）同种病原体感染者可同住一室，必要时单人隔离。

（2）接触血液、体液时，应穿隔离衣，戴口罩、帽子、护目镜及手套等。

（3）注意洗手，严防被针头等利器刺破，若手被血液、体液污染或可能污染，应立即用消毒液洗手。

（4）注射器、针头、输液器、侵入性导管等须严格按"一人一针一管一巾"的要求，进行各项检查、治疗及护理。

（5）污染的用物，应装入有标记的袋中，送出销毁或消毒处理；污染的室内物品或物体表面，应立即用消毒液擦拭或消毒处理。

（6）所采集的标本应有醒目标志，以引起重视。

6. 昆虫隔离　适用于病原体通过蚊、虱、蚤等昆虫传播的疾病，如乙型脑炎、疟疾、斑疹伤寒、流行性出血热等。应根据昆虫的种类采取隔离措施，如斑疹伤寒应灭虱，乙脑、疟疾应灭蚊，流行性出血热应灭鼠等。

7. 保护性隔离　保护性隔离也称"反向隔离"，适用于抵抗力低下或极易感染的患者，如早产儿、大面积烧伤、白血病、器官移植、免疫缺陷的患者等，主要隔离措施如下。

（1）患者住单间病室。室内空气、地面、家具等均应严格消毒并通风换气。

（2）工作人员进入病室应洗手、戴口罩、帽子，穿隔离衣及拖鞋等。

（3）患呼吸道疾病或咽部带菌者，避免接触患者。探视者亦应采取相应的隔离措施。

（4）未经消毒处理的物品不可带入病室。

（四）隔离技术的基本操作

1. 口罩、帽子的使用

（1）口罩的使用　戴口罩可以保护工作人员及患者，防止飞沫污染清洁物品或无菌物品，戴口罩应遮住口鼻部；口罩使用后，应立即取下，将污染面向内折叠，放入小袋内，再放入衣服口袋内，不能挂在胸前；口罩应勤换洗，潮湿后应立即更换，接触严密隔离患者后应每次更换，一次性口罩使用时间不超过 4 h；戴、脱口罩前应洗手；用后的一次性口罩按感染性医疗废物处置。

知识链接

一次性口罩种类

（1）N95 口罩（医用防护口罩）　应符合美国国家职业安全及健康协会标准，N95 指的是能将 95% 或以上的直径为 0.3 μm 以下悬浮粒子予以隔离，而且密合性好，可密合罩住口、鼻，能达到过滤细菌的效果。

（2）外科手术口罩　用三层无纺布制造，适合在手术室的环境中使用，可阻隔直径约 4 μm 以上的微粒。

（3）活性炭口罩　加入活性炭材料，最主要作用是隔味，而不是防菌、防病毒，而且呼吸阻力会加大，其隔菌功能在 98% 左右。

（4）防尘口罩　主要用于防尘，防菌功能一般。

（5）普通纸口罩　能阻挡较大微粒，但直径小于 5 μm 的病毒，可轻易通过，隔菌功能有限。

（2）帽子的使用　帽子可防止工作人员的头发散落、头屑飘落或被污染。戴帽子时要将头发全部遮住，并保持清洁。

2. 手卫生　手卫生为医务人员洗手、卫生手消毒和外科手消毒的总称。

（1）卫生洗手　医务人员用皂液或其他清洗剂、流动水冲洗双手，去除手部皮肤污垢、碎屑和部分致病菌的过程。

（2）卫生手消毒　医务人员用速干手消毒剂搓揉双手，以减少手部暂居菌的存在。

（3）外科手消毒　外科手术前医务人员用皂液和流动水洗手，再用手消毒剂清除或者杀灭手部暂居菌和减少常居菌的过程。

实训 2-8-7　手的清洁与消毒技术

【目的】

清除手上污垢和大部分暂居菌，保护工作人员及患者，避免污染清洁的物品，防止交叉感染。

【评估】

手的污染程度，准备进行的操作、患者的情况，在下列情况下需进行卫生洗手。

（1）进入或离开病室前。

（2）接触清洁或无菌物品或进行无菌操作前后。

（3）戴、脱口罩前后，穿、脱隔离衣前后。

（4）接触患者伤口前后。

（5）手上有污物或与被微生物污染的物品或体液接触后。

（6）治疗操作前后，连续性治疗操作之间。

（7）上厕所前后。

在下列情况下需进行卫生手消毒。

(1) 实施侵入性操作之前。

(2) 接触感染伤口和体液、血液后。

(3) 接触每位传染病患者和多重耐药菌株定植或感染者之后。

(4) 接触被致病微生物污染过的物品之后。

(5) 诊查、护理、治疗免疫功能低下的患者前。

【计划】

1. 操作者准备　着装整洁,修剪指甲,卷袖过肘。

2. 用物准备　洗手设施、皂液、速干手消毒液、一次性干手纸巾。

3. 环境准备　应保持环境清洁、宽敞、安全、干燥。

【实施】

1. 操作步骤

操作步骤	要点说明
★洗手 1.浸湿双手　流动水浸湿双手,取皂液适量,均匀涂抹至整个手掌、手背、手指和指缝 2.揉搓双手　按"七步洗手法"(图 2-8-13)顺序揉搓双手:①(内)掌心对掌心,两手并拢互相揉擦;②(外)手心对手背,手指交错相互搓擦,交替进行;③(夹)掌心相对手指交叉沿指缝相互搓擦;④(弓)弯曲一手手指各关节,使其在另一手掌心旋转揉擦,交替进行;⑤(大)用一手握另一手拇指旋转搓擦,交替进行;⑥(立)指尖并拢在另一掌心转动搓擦,交替进行;⑦(腕)握住手腕,旋转揉搓腕部,交替进行 3.冲洗双手　在流动水下彻底冲净双手 4.擦干双手	• 应注意清洗双手所有皮肤,彻底清洗微生物容易污染的部位,如指甲、指尖、指甲缝、指关节及配戴饰物的部位等;揉搓时间不少于15 s • 冲洗时腕部应低于肘部,使污水流向指尖
★卫生手消毒 1.刷手法 (1) 卷袖过肘,浸湿双手 (2) 用手刷蘸消毒液,按前臂→腕部→手背→手掌→手指指缝→指甲顺序刷洗,每只手刷 30 s,用流水冲净,同法刷另一只手。共刷2 min (3) 烘干双手或用纸巾擦干 2.快速卫生手消毒 (1) 取适量的速干手消毒剂于掌心 (2) 严格按照洗手的揉搓步骤进行揉搓 (3) 揉搓时保证手消毒剂完全覆盖手部皮肤,直至手部干燥,使双手达到消毒目的	• 传染病区工作人员应刷手 • 避免溅湿工作服 • 用流水冲洗时,腕部应低于肘部,使污水流向指尖 • 刷手范围应超过被污染部位 • 无可见污染物时采用速干手消毒,搓擦时间不少于 15 s
3.外科手消毒 (1) 浸湿双手,取适量的清洁剂揉搓并刷洗双手、前臂和上臂下 1/3 (2) 流动水冲洗至上臂下 1/3 (3) 擦干双手和手臂上的水迹 (4) 取适量的消毒剂均匀地涂在手、前臂和上臂下 1/3,认真揉搓2~6 min (5) 流动水冲洗至上臂下 1/3 (6) 无菌巾彻底擦干双手、前臂和上臂下 1/3	• 特别注意指甲、手部皮肤皱褶处 • 洗手完毕将双手举在胸前时上不过肩,下不低腰 • 冲洗时手部应高于肘部,使水流向手肘

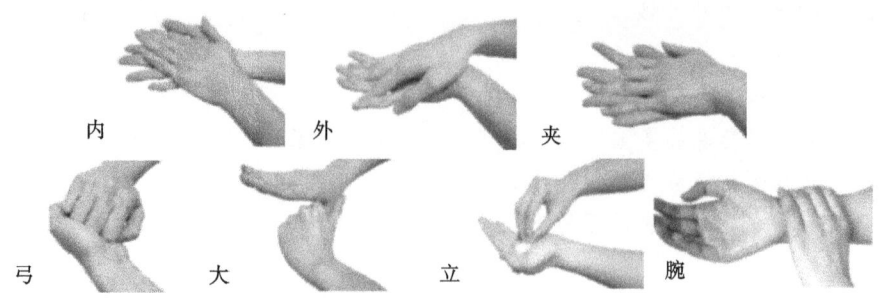

图 2-8-13 七步洗手法

2. 注意事项

(1) 冲洗、消毒范围应超过被污染的范围。

(2) 洗手时身体应与洗手池保持一定距离,以免隔离衣污染洗手池边缘或消毒盆。

【评价】

洗手后卫生学检测是否达标;工作服不潮湿,周围环境未受污染。

3. 穿脱隔离衣　见实训 2-8-8。

实训 2-8-8　穿脱隔离衣

【目的】

保护工作人员和患者,防止病原体的传播,避免交叉感染。

【评估】

有下列情况时需使用隔离衣。

(1) 护理的患者有可能被传染性分泌物、渗出物、排泄物和呕吐物污染时。

(2) 进入易引起播散的感染性疾病(如水痘)患者的隔离室时。

(3) 护理免疫力低下的患者时,如器官移植患者、大面积烧伤患者等。

【计划】

1. 操作者准备　着装整洁,修剪指甲,洗手,戴口罩。

2. 用物准备　隔离衣、挂衣架、洗手设施、皂液、速干手消毒液、一次性干手纸巾、医疗废物桶。

3. 环境准备　环境应符合隔离要求、宽敞。

【实施】

1. 操作步骤

操作步骤	要点说明
1.穿隔离衣(图 2-8-14)	• 穿隔离衣前应准备好工作中的一切所需用物
(1) 取下手表,卷袖过肘,护士洗手,戴好口罩、帽子	
(2) 在宽敞环境中,手持衣领取下隔离衣,将衣领的两端向外折,清洁面朝向自己,露出衣袖内口	• 隔离衣长短合适,需完全遮盖内面工作服,隔离衣应完好无损
(3) 右手持衣领,左手伸入衣袖内;右手将衣领向上拉,使左手露出袖口	• 系领口时,勿使衣袖触及面部、衣领及工作帽
(4) 左手持衣领,右手伸入衣袖内;同法穿好右袖	
(5) 双手持衣领,由领子中央沿边缘向后将领口系好	
(6) 系好左右袖口	
(7) 松开腰带活结,自一侧衣缝腰带下约 5 cm 处将隔离衣后身向前拉,见到衣边捏住外侧,同法捏住另一侧边缘	• 注意此时手已被污染 • 手不可触及隔离衣内面
(8) 双手在背后将隔离衣边缘对齐,向一侧折叠,然后一手按住折叠处,另一手将腰带拉至背后左右交换,再拉回前面打活结	• 穿隔离衣后,不得进入清洁区 • 双臂保持在腰部水平以上视线范围内

续表

操作步骤	要点说明
2. 脱隔离衣(图2-8-15) (1) 解开腰带,在前面打一个活结 (2) 解开两袖口,将衣袖轻轻上拉,在肘部将部分衣袖向内塞入工作服袖内 (3) 消毒清洁双手并擦干 (4) 用清洁的双手解开领口 (5) 右手伸入左侧衣袖内,拉下袖子过手,用遮盖的左手捏住右侧衣袖外面,将右侧袖子拉下并过手 (6) 双手轮换拉下衣袖,渐从袖筒退至衣肩 (7) 双手握住衣领,将隔离衣边对齐折好,将隔离衣挂在衣钩上 (8) 如隔离衣不再穿,脱下后将清洁面向外折好,放入污物袋内	• 避免袖口污染隔离衣的清洁面 • 注意隔离衣不得污染洗手设备,刷手不少于2 min • 如挂在半污染区隔离衣的清洁面向外,不得露出污染面;如挂在污染区,则污染面朝外,不得露出清洁面

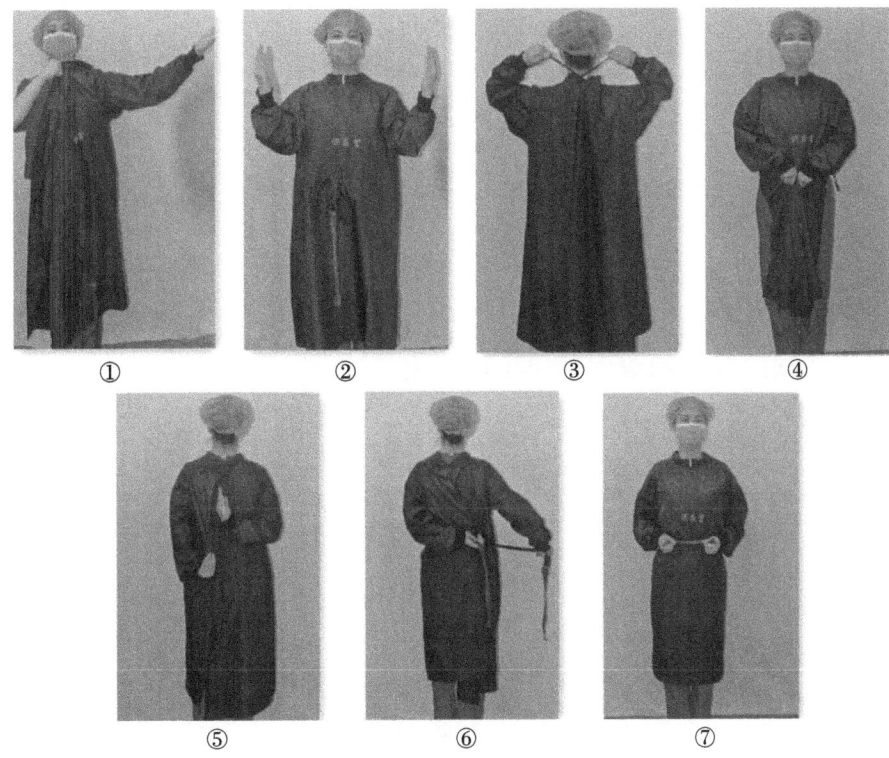

① ② ③ ④

⑤ ⑥ ⑦

图2-8-14 穿隔离衣

2. 注意事项

(1) 穿隔离衣前,应将操作中所需用物备齐。

(2) 隔离衣长短应合适,需完全遮盖内面工作服,隔离衣应完好无损。

(3) 保持隔离衣内面及领部清洁,系领口时衣袖勿触及面部、衣领及工作帽。

(4) 穿隔离衣后,不得进入清洁区,只能在规定区域内活动。

(5) 洗手时,隔离衣不得污染洗手设备。

(6) 隔离衣应每天更换一次,如有潮湿或被污染,应立即更换。

(7) 挂隔离衣时,如挂在半污染区,不得露出污染面;如挂在污染区,不得露出清洁面。

【评价】

1. 隔离衣长短合适。

2. 穿脱隔离衣未被污染,洗手时隔离衣未溅湿,也未污染洗手设施。

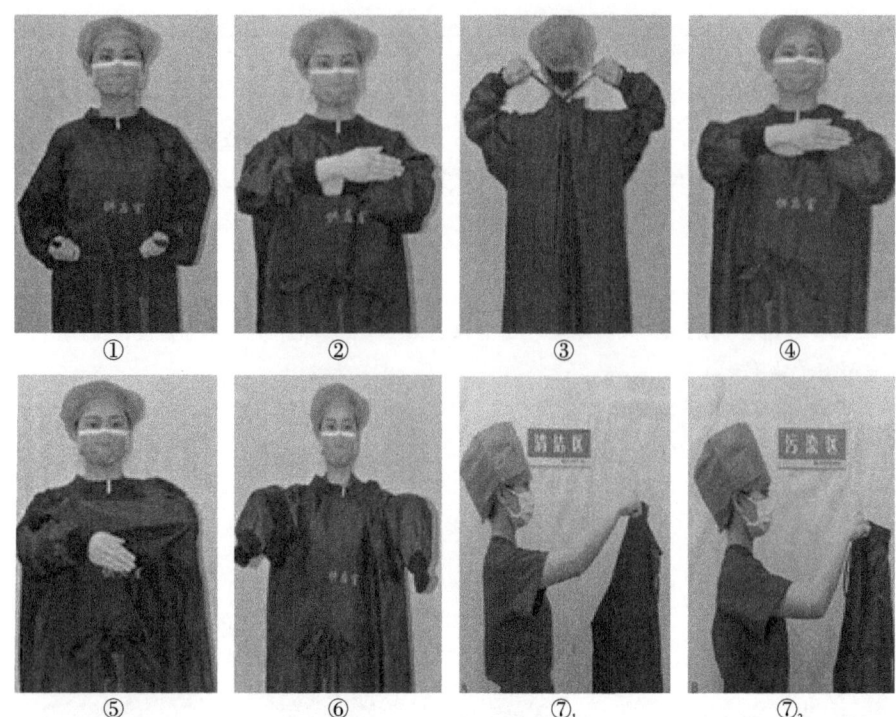

图 2-8-15　脱隔离衣

五、供应室

（一）供应室在预防和控制医院感染中的作用

供应室是医院内承担各科室所有重复使用的诊疗器械、器具和物品清洗、消毒、灭菌以及无菌物品供应的部门。所供物品的灭菌质量关系到每一位患者的安全,而供应室又是医院各种病菌污染最集中的场所,是最容易造成医院感染的媒介之一。因此,供应室是控制医院感染的关键部门,它不仅承担着全院各项工作所需的器械、用具等供应任务,还集中了物品的回收、清洗、消毒、灭菌、保管、发放等任务。从现代医院感染控制的角度看,供应室是医院感染管理的核心之一。

（二）供应室设置与布局

供应室房间安排布局要科学合理,可将供应室房间严格划分为辅助区域和工作区域。辅助区域包括工作人员更衣室、值班室、办公室、休息室、卫生间等;工作区域包括去污区、检查包装及灭菌区(含独立的敷料制备或包装间)和无菌物品存放区。

1. 污染区(去污区)　供应室内对重复使用的诊疗器械、器具和物品进行回收、分类、清洗、消毒(包括运送器具的清洗消毒等)的区域,为污染区域。

2. 清洁区(检查包装及灭菌区、无菌物品存放区)　供应室内对去污后的诊疗器械、器具和物品进行检查、装配、包装及灭菌(包括敷料制作等)的区域和供应室内存放、保管、发放无菌物品的区域,为清洁区。

（三）供应室的工作内容

1. 回收　使用者应将重复使用的诊疗器械、器具和物品与一次性使用物品分开放置;重复使用的诊疗器械、器具和物品直接置于封闭的容器中,精密器械应采用保护措施,由供应室集中回收处理;被朊毒体、气性坏疽及突发不明原因的传染病病原体污染的诊疗器械、器具和物品,使用者应双层封闭包装并标明感染性疾病名称,由供应室单独回收处理;回收工具每次使用后应清洗、消毒、干燥备用。

2. 分类　应在供应室的去污区进行诊疗器械、器具和物品的清点、核查;应根据器械物品材质、精密程度等进行分类处理。

3. 清洗 清洗方法包括机械清洗、手工清洗。机械清洗适用于大部分常规器械的清洗；手工清洗适用于精密、复杂器械的清洗和有机物污染较重器械的初步处理。清洗步骤包括冲洗、洗涤、漂洗、终末漂洗，精密器械的清洗，应遵循生产厂家提供的使用说明或指导手册。

4. 消毒 清洗后的器械、器具和物品应进行消毒处理。首选机械湿热消毒，也可采用75％乙醇、酸性氧化水或其他消毒剂进行消毒。湿热消毒应采用纯化水，电导率≤15 μS/cm（25 ℃），消毒后直接使用的诊疗器械、器具和物品，湿热消毒温度≥90 ℃，时间≥5 min，或 A_0≥3000；消毒后继续灭菌处理的，其湿热消毒温度≥90 ℃，时间≥1 min，或 A_0≥600；其他消毒剂的应用遵照产品说明书。

5. 干燥 宜首选干燥设备进行干燥处理。根据器械的材质选择适宜的干燥温度，金属类干燥温度为70～90 ℃；塑胶类干燥温度为65～75 ℃。不耐热器械、器具和物品可使用消毒的低纤维絮擦布、压力气枪或浓度≥95％乙醇进行干燥处理；管腔器械内的残留水迹，可用压力气枪等进行干燥处理；不应使用自然干燥方法进行干燥。

6. 器械检查与保养 应采用目测或使用带光源放大镜对干燥后的每件器械、器具和物品进行检查。器械表面及其关节、齿牙处应光洁，无血渍、污渍、水垢等残留物质和锈斑；功能完好，无损毁。清洗质量不合格的，应重新处理；应使用医用润滑剂进行器械保养，不应使用石蜡油等非水溶性的产品作为润滑剂。

7. 包装 包括装配、封包，注明标识等步骤。器械与敷料应分室包装，包装前应依据器械装配的技术规程或图示，核对器械的种类，规格和数量；手术器械应摆放在篮筐或有孔的托盘中进行配套包装，手术所用盘、盆等器皿，宜与手术器械分开包装，剪刀和血管钳等轴节类器械不应完全锁扣；有盖的器皿应开盖，摆放的器皿间应用吸湿布、纱布或医用吸水纸隔开，包内容器开口朝向一致；管腔类物品应盘绕放置，保持管腔通畅；精细器械、锐器等应采取保护措施。

8. 灭菌 根据各类待灭菌物品的特点及灭菌要求选用不同的灭菌方法。耐湿、耐热的器械、器具和物品应首选压力蒸汽灭菌；耐热、不耐湿，蒸汽或气体不能穿透物品的灭菌，如玻璃、油脂、粉剂等物品的灭菌采用干热灭菌；不耐热、不耐湿的器械、器具和物品的灭菌采用低温灭菌。

9. 储存 灭菌后物品应分类、分架存放在无菌物品存放区。一次性使用无菌物品应去除外包装后，进入无菌物品存放区；物品放置应固定位置，设置标识；接触无菌物品前应洗手或手消毒。

10. 无菌物品的发放 无菌物品发放时，应遵循先进先出的原则。发放时应确认无菌物品的有效性和包装完好性；植入物应在生物监测合格后，方可发放，紧急情况灭菌植入物时，使用含第5类化学指示物的生物PCD进行监测，化学指示物合格可提前放行，生物监测的结果应及时通报使用部门。应记录无菌物品发放日期、名称、数量、物品领用科室、灭菌日期等，运送无菌物品的器具使用后，应清洁处理，干燥存放。

直通护考

一、A1/A2 型题

1. 关于医院内感染的描述,错误的是（　　）。
A.狭义医院内感染的主要对象是住院患者
B.患者在出院后感染也可能是医院内感染
C.入院前处于潜伏期而在医院内发病不属于医院内感染
D.在住院期间发生的感染一定是医院内感染
E.医院内感染的发病可在住院期间,也可在出院后

2. 医院内感染的主要影响因素不包括（　　）。
A.易感人群增多　　　　　　　　B.介入性诊疗手段增多
C.大量新型抗生素的研发和应用　　D.医院里病原体来源广泛
E.医务人员对医院内感染的严重性认识不足

3. 下列不属于热力消毒灭菌法的是（　　）。

A. 燃烧法　　　　　　　　　　B. 煮沸法　　　　　　　　　　C. 干烤法

D. 压力蒸汽灭菌法　　　　　　E. 光照消毒法

4. 适用于内镜消毒的化学消毒剂是（　　）。

A. 甲醛　　　　　B. 环氧乙烷　　　C. 乙醇　　　　　D. 碘酊　　　　E. 戊二醛

5. 下列不符合无菌技术操作原则的是（　　）。

A. 无菌包须有标记和灭菌日期　　　　　　　　B. 无菌操作时手臂位于腰部水平以上

C. 无菌物品与非无菌物品分别放置　　　　　　D. 无菌持物钳可夹取所有无菌物品

E. 一份无菌物品仅供一位患者使用

6. 戴无菌手套的操作方法,错误的是（　　）。

A. 手套外面为无菌区,应保持无菌　　　　　　B. 戴好手套的手不可接触手套的内面

C. 未戴手套的手可触及手套的外面　　　　　　D. 发现手套破损应立即更换

E. 不可强拉手套边缘,以免破损

7. 关于隔离消毒原则,错误的是（　　）。

A. 穿隔离衣以前备齐所用物品　　　　　　　　B. 污染物品不得放于清洁区内

C. 患者接触过的用物,须严格消毒后递交　　　D. 患者的排泄物须按规定消毒处理

E. 患者的传染性分泌物经一次培养为阴性后即可解除隔离

8. 感染性疾病科护士的隔离衣应（　　）。

A. 挂在治疗室,污染面向外　　　　　　　　　B. 挂在值班室,污染面向外

C. 挂在走廊,污染面向外　　　　　　　　　　D. 挂在走廊,清洁面向外

E. 挂在病房,清洁面向外

9. 在乡卫生院工作的护士准备用纯乳酸对换药室进行空气消毒,换药室长 4 m,宽 5 m,高 3 m,需乳酸量（　　）。

A. 3.6 mL　　　B. 5.8 mL　　　C. 7.2 mL　　　D. 12.8 mL　　　E. 17.4 mL

10. 长度为 16 cm 的无菌镊子,存放于其浸泡容器中时,适宜的消毒液深度为（　　）。

A. 4 cm　　　　B. 5 cm　　　　C. 6 cm　　　　D. 7 cm　　　　E. 8 cm

二、A3/A4 型题

(11～13 题共用题干)

某护生在临床带教教师指导下,正在进行无菌技术操作。其任务为铺无菌盘及戴消毒手套。

11. 无菌包打开后,未用完的无菌物品,按原折痕包扎好,注明开包日期及时间,其有效期为（　　）。

A. 4 h　　　　　B. 8 h　　　　　C. 12 h　　　　D. 24 h　　　　E. 48 h

12. 铺好无菌盘的有效期不得超过（　　）。

A. 4 h　　　　　B. 8 h　　　　　C. 12 h　　　　D. 24 h　　　　E. 48 h

13. 戴无菌手套时,错误的一项是（　　）。

A. 洗手、剪指甲、戴口罩　　　　　　　　　　B. 核对手套号码、灭菌日期及包装

C. 未戴手套的手持手套的反折部分取出手套　　D. 戴上手套的手持手套的内面取出手套

E. 戴好手套后,双手置于胸前

(孝感市第一人民医院　谈菊萍　董馨忆)

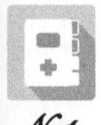

项目三 住院护理

任务九 清洁卫生护理技术

 护考提示

1. 口腔护理、头发护理、皮肤护理技术。
2. 压疮的概念、发生原因、好发部位、分期及临床表现、预防、治疗和护理要点。
3. 晨晚间护理的目的和内容。

 学习目标

1. 知识目标：能正确叙述口腔护理、头发护理、皮肤护理的目的和操作注意事项；理解常用口腔护理溶液及其作用；能正确说出压疮发生的原因、好发部位、分期及临床表现；理解压疮的预防、治疗和护理措施；能正确陈述晨晚间护理的目的和内容。
2. 能力目标：能为患者进行口腔护理、头发护理、皮肤护理及晨晚间护理；能正确指导患者进行压疮的有效预防；能正确识别压疮的分期，并为患者实施治疗和护理措施。
3. 素质目标：具有高度责任心、细心、耐心、独立思考能力、团队协作能力。

案例引导

李女士，52岁，因脑出血入院，采取药物保守治疗。入院后医嘱：一级护理，低盐低脂饮食，给予输液治疗。护理体检：患者精神欠佳，T 38.2 ℃，P 102 次/分，R 20 次/分，BP 170/80 mmHg，口唇干裂，有口臭，骶尾部皮肤呈紫红色，压之不褪色。遵医嘱给予降温措施后患者出汗较多，床单、衣服均已浸湿，并且患者述头部发痒不适。

如果你是护士，请完成以下任务：
(1) 引起该患者不舒适的因素有哪些？
(2) 针对患者的口腔情况，护士应实施哪项护理技术？
(3) 该患者皮肤出现了什么并发症？导致该并发症的原因是什么？
(4) 目前应采取何种治疗和护理措施改善患者皮肤状况？

一、口腔护理

口腔是消化道的起始部分，由牙齿、牙龈、颊、舌、软腭及硬腭等构成，具有咀嚼、吞咽、味觉、发音、消

PPT 课件

案例解析

情境训练

Note

125

化等重要功能。保持良好的口腔卫生可促进机体的健康和舒适。当患病时,机体抵抗力降低,进食、饮水、刷牙等活动减少,可引起口腔局部炎症、溃疡及其他并发症,影响营养物质的消化和吸收,不利于疾病的恢复;口腔异味和牙齿缺失影响患者的形象和社会交往。因此,护士应认真评估患者的口腔卫生状况;协助患者掌握正确的口腔清洁技术,为不能自理的患者做好口腔护理,保持口腔清洁,预防感染,提高患者生活质量。

（一）口腔健康维护

1. 正确选择口腔清洁用具 牙刷是清洁口腔的重要工具,应尽量选择刷头较小且表面光滑、刷毛软硬适中且排列合理、刷柄扁平而直的牙刷。牙刷刷头过大易导致清洁效果欠佳,刷毛过硬易导致牙齿磨损和牙龈损伤,故应根据年龄选择大小适宜的牙刷,不可使用已破损或硬毛牙刷。牙刷应至少每隔 3 个月更换一次。牙膏可根据需要选择含氟或药物牙膏等无腐蚀性牙膏,以免损伤牙齿。

2. 采用正确的刷牙方法 目前正确的刷牙方法有颤动法和竖刷法。颤动法是将刷毛与牙齿成 45° 角,刷毛指向牙龈方向,使刷毛进入龈沟和相邻牙缝中,作短距离的水平颤动。每次刷 2～3 颗牙齿,刷完一组再移动到下一组牙齿;前排牙齿的内面,可用刷毛尖端以环行颤动方式刷洗;刷牙齿咬合面时,将刷毛指向咬合面,稍用力做短距离前后来回颤动。刷完牙后,牙刷与舌面成直角,用较小力量刷洗舌面。竖刷法是将牙刷刷毛置于牙龈和牙冠交界处,沿着牙缝纵向刷洗(图 3-9-1)。

3. 养成良好的刷牙习惯 刷牙通常在晨起和临睡前进行,每次进食后半小时也建议刷牙。每次刷牙时间应不少于 3 min。刷牙后牙刷用清水冲洗,并将刷毛上水分甩干并倒置保存。

4. 配合使用牙线 单纯刷牙只能清除部分的牙菌斑,剩下的牙菌斑还残留在牙间隙中,刷牙后使用牙线(牙签线)可以清除牙间隙的食物残渣,去除牙菌斑,预防牙周病。牙线可用尼龙线、丝线或涤纶线制成。采用牙签线时轻轻地将牙线放入齿缝间,前后移动并用力弹出即可。如无牙签线,可将牙线缠绕两手示指或中指,以拉锯式将其嵌入牙间隙,绷紧牙线两端使其呈"C"形,上下移动清洁牙齿的两个相邻面,然后用力弹出,每个牙缝反复数次,直至清洁为止。建议每日使用牙线剔牙两次,进食后立即进行效果更好(图 3-9-2)。

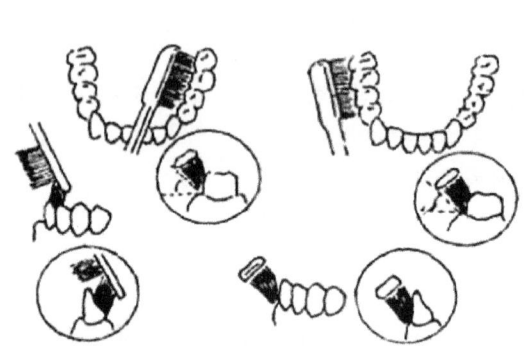

图 3-9-1 正确的刷牙方法

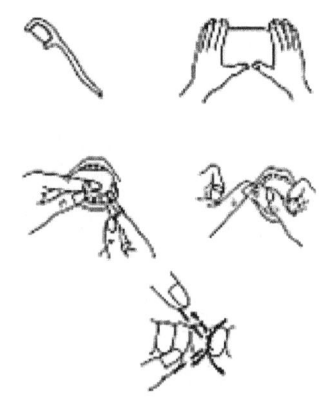

图 3-9-2 牙线剔牙法

5. 定期口腔检查 对一般人来说,可每年检查口腔一次。对吸烟的人,或患有系统性疾病及患有严重口腔疾病的患者,需要每 6 个月检查一次。

（二）口腔护理技术

口腔护理适用于高热、昏迷、危重、禁食、鼻饲、口腔疾病、术后及其他生活不能自理的患者。一般每日 2～3 次。如病情需要,应适当增加次数。

实训 3-9-1 口腔护理技术

【目的】

(1)保持口腔清洁、湿润,预防口腔感染。

(2)去除口腔异味,增加食欲,确保患者舒适。

（3）评估口腔黏膜、舌苔及牙龈的变化，提供患者病情动态变化的信息。

【评估】

（1）患者的年龄、病情、意识状态、自理能力及配合程度等。

（2）患者的口腔状况（口唇、口腔黏膜、牙龈、牙齿、舌、腭、唾液等），有无义齿、龋齿、牙垢，有无异味等。

（3）患者口腔卫生及清洁状况。

（4）患者对口腔卫生重要性的认识，对口腔疾病知识的了解程度。

【计划】

1. 操作者准备　着装整洁，修剪指甲，洗手、戴口罩。

2. 用物准备　①治疗盘内备：治疗碗或弯盘（内盛棉球）、弯盘、弯止血钳、镊子、压舌板、治疗巾、杯子（内盛温开水）、吸水管、纱布数块、棉签、液体石蜡、手电筒。必要时备开口器。②口腔护理溶液：按需准备（表3-9-1）。③口腔外用药：按需准备。

表3-9-1　常用口腔护理液及其作用

名　　称	作用及适用范围
0.9%氯化钠溶液	清洁口腔，预防感染
复方硼酸溶液（朵贝尔溶液）	轻度抑菌，除臭
1%～3%过氧化氢溶液	防腐、防臭，遇有机物时放出新生氧，适用于口腔感染有溃烂、坏死组织者
1%～4%碳酸氢钠溶液	碱性溶液，适用于真菌感染
0.02%氯己定溶液（洗必泰溶液）	清洁口腔，广谱抗菌
0.02%呋喃西林溶液	清洁口腔，广谱抗菌
0.1%醋酸溶液	适用于铜绿假单胞菌感染
2%～3%硼酸溶液	酸性防腐溶液，抑菌、防腐
0.08%甲硝唑溶液	适用于厌氧菌感染

3. 患者准备　了解操作目的、方法、注意事项及配合要点。

4. 环境准备　整洁、安静、宽敞、光线适中。

【实施】

1. 操作步骤

操作步骤	要点说明
1.核对、解释　备齐用物携至床旁，核对、解释，取得合作	• 核对床号、姓名、腕带
2.安置体位　协助患者取侧卧位或仰卧位，头偏向护士	• 防止误吸，利于操作
3.铺巾置盘　铺治疗巾于患者颌下，弯盘放于患者口角旁	
4.润湿清点棉球　取口腔护理液，润湿并清点棉球数量	
5.湿润口唇　取湿棉球湿润患者口唇	• 防止口唇干裂者直接张口时破裂出血
6.漱口　协助患者用吸水管吸温开水漱口	• 昏迷患者禁忌漱口
7.评估口腔　嘱患者张口，护士一手持手电筒，一手持压舌板观察口腔情况	• 观察口腔内有无溃疡、出血点及异味等 • 有活动义齿应取下，放入冷水中备用 • 昏迷或牙关紧闭患者可用张口器协助张口
8.擦洗口腔　用弯止血钳夹紧含口腔护理液的棉球，拧干 ①牙齿外侧：嘱患者咬合上下牙齿，压舌板撑开左侧颊部，由臼齿向门齿处纵向擦洗牙齿左外侧面，同法擦洗右侧。②牙齿内侧和颊部：嘱患者张开上、下齿，擦洗牙齿左上内侧面（纵向）、左上咬合面、左下内侧面、左下咬合面，弧形擦洗左侧颊部，同法擦洗右侧牙齿和颊部。③擦洗硬腭部、舌面及舌下。④再次清点棉球数量	• 棉球不可过湿，不滴水为宜 • 止血钳需夹紧棉球，防止遗留在口腔内 • 一个棉球擦洗一个部位 • 勿触及咽部，以免恶心 • 防止遗留在口腔内

操 作 步 骤	要 点 说 明
9.漱口　协助患者再次漱口,纱布擦拭口唇	
10.评估口腔　再次评估口腔状况,酌情给予外用药	• 有义齿者,协助患者佩戴
11.润唇　口唇涂液体石蜡或润唇膏	• 防止口唇干裂
12.操作后处理　撤去弯盘及治疗巾,协助患者取舒适体位,整理床单位;询问患者感受;整理用物;洗手;记录口腔卫生状况及护理效果	• 用物消毒后备用,一次性用物弃于医用垃圾桶内

2. 注意事项

(1) 昏迷患者禁忌漱口,以免引起误吸。

(2) 观察口腔时,对长期使用抗生素和激素的患者,应注意观察口腔内有无真菌感染。

(3) 传染病患者的用物需按消毒隔离原则进行处理。

(4) 昏迷患者或牙关紧闭者可用开口器协助张口。使用开口器时,应从臼齿处放入;牙关紧闭者不可用暴力使其张口。

(5) 如患者有活动义齿,应先取下再进行操作,用冷水将义齿刷洗干净,待患者漱口后再给其戴上。暂时不用时,可浸泡于冷水中,每日更换。义齿禁用热水或消毒液浸泡。

(6) 操作动作应当轻柔,避免金属钳端碰到牙齿,损伤黏膜及牙龈,对凝血功能差的患者应当特别注意。

【评价】

(1) 患者口腔清洁,感觉舒适,无异味。

(2) 护士擦洗动作轻柔,无口腔黏膜和牙龈损伤。

(3) 护患沟通有效,患者、家属获得口腔卫生保健的知识和技能。

二、头发护理技术

头发护理是维持患者舒适的重要护理内容之一。清洁、整齐的头发外观与健康、自尊及自信密切相关。经常梳理和清洁头发可按摩头皮,促进头皮血液循环,促进头发生长,减少感染的机会。对于病情较重、不能自我完成头发护理的患者,护士应协助其进行头发护理。

(一) 床上梳头

见实训 3-9-2。

实训 3-9-2　床上梳头

【目的】

(1) 去除头皮屑和污秽,减少感染机会。

(2) 保持头发清洁、舒适、美观,维护患者自尊和自信,建立良好护患关系。

(3) 按摩头皮,促进头皮血液循环。

【评估】

(1) 患者的年龄、病情、意识、自理能力及配合程度。

(2) 患者的头发状况,梳理习惯。

(3) 患者对头发护理知识的了解程度。

【计划】

1. 操作者准备　着装整洁,修剪指甲,洗手、戴口罩。

2. 用物准备　治疗盘内备:梳子、治疗巾、纸袋;必要时备发夹、橡皮圈、30%乙醇。

3. 患者准备　了解操作目的、方法、注意事项及配合要点。

4. 环境准备　整洁、安静、宽敞、光线适中。

【实施】

1. 操作步骤

操作步骤	要点说明
1.核对、解释　备齐用物携至床旁,核对、解释,取得合作	• 核对床号、姓名、腕带
2.安置体位　协助患者取平卧位、坐位或半坐卧位	• 病情较重者,取侧卧或平卧位,头偏向一侧
3.铺治疗巾　卧床患者,治疗巾铺于枕上;坐位或半坐卧位患者,治疗巾铺于肩上	• 保护床单位
4.梳头　将头发从中间分向两边,一手握住一股头发,一手持梳子,从发根梳至发梢,同法梳理另一侧	• 避免过度牵拉,以免疼痛 • 如遇长发或头发打结,可将头发缠于手指上,从发梢梳向发根,并用30%乙醇湿润打结处,慢慢梳理
5.束发　根据患者喜好,将长发编辫或扎成束	• 保持整洁、美观
6.操作后处理　将脱落头发置于纸袋中,撤去治疗巾;协助患者取舒适体位,整理床单位;整理用物;洗手;记录执行时间及护理效果	

2. 注意事项

(1)梳头时尽量使用圆钝齿的梳子,以防损伤头皮。

(2)编辫时,不可过紧,每天至少将发辫松开一次。

(3)注意患者个人喜好,尊重患者习惯。

【评价】

(1)患者头发清洁、美观,心情愉快。

(2)护士动作轻柔、熟练。

(3)护患沟通有效,充分体现人文关怀。

(二) 床上洗头

见实训 3-9-3。

实训 3-9-3　床上洗头

【目的】

(1)去除头皮屑和污秽,减少感染机会。

(2)保持头发清洁、舒适、美观,维护患者自尊和自信,建立良好护患关系。

(3)按摩头皮,促进头皮血液循环代谢。

【评估】

(1)患者的年龄、病情、意识、自理能力及配合程度。

(2)患者的头发状况,梳理习惯。

(3)患者对头发护理知识的了解程度。

【计划】

1. 操作者准备　着装整洁,修剪指甲,洗手、戴口罩。

2. 用物准备　①治疗盘内备:橡胶单、浴巾、毛巾、量杯、别针、洗发液、眼罩或纱布、耳塞或棉球(以不吸水棉球为宜)、梳子。②治疗盘外备:橡胶马蹄形卷或自制马蹄形垫、水壶(内盛热水,水温略高于体温,以不超过 40 ℃为宜)、污水桶、电吹风。扣杯法(图 3-9-3)另备脸盆、搪瓷杯、橡胶管。

3. 患者准备　了解操作目的、方法、注意事项及配合要点。

4. 环境准备　调节室温,病室内整洁、宽敞、光线适中,关好门窗。

【实施】

1. 操作步骤

操作步骤	要点说明
1.核对、解释　备齐用物携至床旁,核对、解释,取得合作,移开床旁桌椅	• 核对床号、姓名、腕带
2.铺橡胶单　铺橡胶单及浴巾于枕上	• 保护床单位
3.围毛巾　解开衣领向内折,毛巾围于颈部,别针固定	
4.安置体位　协助患者取仰卧位,上半身斜向床边,枕垫于患者肩下。置马蹄形垫于患者后颈下,使患者颈部枕于马蹄形垫突起处,头部置于水槽中,马蹄形垫下端于污水桶中(图3-9-4)	• 扣杯法取脸盆一只,盆底放一条毛巾,倒扣搪瓷杯于盆底,杯上垫折成四折并外裹防水薄膜的毛巾,将患者头部枕于毛巾上,脸盆内置一根橡胶管,下接污水桶 • 洗头车床上洗头法为协助患者取仰卧位,上半身斜向床边,头部枕于洗头车头托上,将接水盘置于患者头下
5.保护眼耳　棉球塞于外耳道内,用眼罩或纱布遮盖双眼	
6.洗发　松开头发,温水充分湿润,取适量洗发液于手掌,涂遍头发,用指腹由发际向脑后部反复揉搓头发,并轻轻按摩头皮;温水冲净头发	• 水温适宜,患者感觉舒适 • 揉搓力度适中,避免指甲搔抓,以防损伤头皮
7.擦干头发　解下颈部毛巾,包裹头发,取下耳内棉球和眼罩或纱布	
8.操作后处理　撤去洗头用物;协助患者取舒适体位;解下包头毛巾,浴巾擦干或用电吹风吹干头发;梳理整齐;整理床单位;整理用物;洗手;记录执行时间及护理效果	

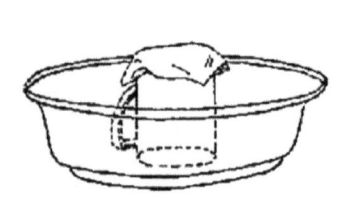

图 3-9-3　扣杯法床上洗头法

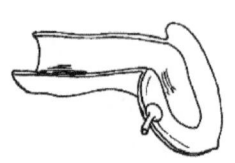
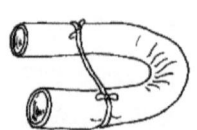
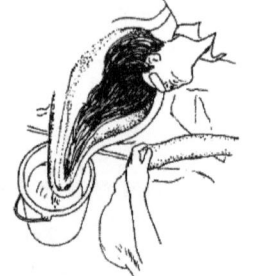

图 3-9-4　马蹄形垫床上洗头法

2. 注意事项

(1) 洗发时注意调节室温和水温,及时擦干头发,防止患者着凉。

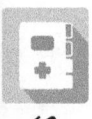

（2）病情危重和极度衰弱的患者不宜洗发。

（3）洗发时注意观察病情变化,若面色、脉搏、呼吸有异常,应立即停止操作。

（4）洗发时间不宜过长,以免引起患者头部充血或疲劳不适。

（5）洗发时注意保持患者的舒适卧位,防止水流入眼和耳内。

【评价】

（1）患者头发清洁、美观,心情愉快。

（2）护士动作轻柔、熟练,患者无不良反应。

（3）护患沟通有效,患者及家属获得头发卫生保健知识和技能。

（三）灭头虱、虮法

见实训3-9-4。

实训3-9-4 灭头虱、虮法

【目的】

消灭头虱和虮,预防患者间交叉感染和疾病传播。

【评估】

（1）患者的年龄、病情、意识、自理能力及配合程度。

（2）患者的头发清洁度,有无头虱、虮。

（3）患者对头发护理知识的了解程度。

【计划】

1. 操作者准备 着装整洁,穿隔离衣,修剪指甲,洗手,戴口罩、手套。

2. 用物准备 治疗盘内备:洗头用物、治疗巾（2～3块）、篦子（齿间嵌少许棉花）、治疗碗（内盛灭虱药液）、纱布（数块）、塑料帽子、纸袋、布口袋或枕套、清洁衣裤、清洁被套、枕套、大单。

灭虱药液:①30%含酸百部酊剂:百部30 g放入瓶中,加50%乙醇100 mL,再加入纯乙酸1 mL,加盖密封,48 h后可使用。②30%百部含酸煎剂:取百部30 g,加水500 mL,煎煮30 min,双层纱布过滤,挤出药液后,将药渣同法再煎煮30 min,再滤过,挤出药液。两次药液混合煎至100 mL,冷却后加入纯乙酸1 mL,即可使用。

3. 患者准备 了解操作目的、方法、注意事项及配合要点。

4. 环境准备 整洁、安静、宽敞、光线适中。

【实施】

1. 操作步骤

操作步骤	要点说明
1.核对、解释 备齐用物携至床旁,核对、解释,取得合作	• 核对床号、姓名、腕带
2.准备 男患者剃去头发,女患者剪短头发,颈部围治疗巾	
3.擦拭药液 将头发分成若干股,用纱布蘸灭虱药液,按顺序擦遍头发,并反复揉搓10 min,使之浸透全部头发	• 充分发挥灭虱药的作用
4.戴帽子包住头发	• 防止挥发
5.篦虱、虮 24 h后取下帽子,用篦子篦去死虱和虮	• 如发现有活虱则重复用药,防止虱虮传播
6.洗发	
7.消毒 灭虱完毕,协助患者更换衣裤、被服,将污衣裤和被服放入布袋内,扎紧袋口,按隔离原则处理	• 除去篦子上的棉花,用火焚烧,将梳子和篦子消毒后备用
8.操作后处理 整理床单位;协助患者取舒适卧位;整理用物;洗手;记录执行时间及护理效果	

2. 注意事项

（1）操作过程中防止药液溅入患者的面部及眼部。

（2）用药过程中注意观察患者局部及全身反应。

（3）操作过程中，护士应严格执行消毒隔离原则，防止感染发生。

【评价】

（1）患者头虱、虮彻底清除，感觉舒适、愉快。

（2）护士动作轻柔、熟练。

（3）护患沟通有效，充分体现人文关怀。

三、皮肤护理技术

皮肤是人体最大的器官，由表皮、真皮及皮下组织组成。完整的皮肤具有保护机体、调节体温、感觉、吸收、分泌及排泄等功能。皮肤护理有助于维持身体的完整性，促进舒适，预防感染，防止压疮及其他并发症的发生；同时还可维护患者的形象，促进康复。

（一）淋浴和盆浴

见实训 3-9-5。

实训 3-9-5　淋浴和盆浴

【目的】

（1）去除污垢，保持皮肤清洁、干燥，使患者舒适。

（2）促进皮肤血液循环，增强其排泄功能，预防皮肤感染及压疮等并发症的发生。

（3）使患者肌肉得到放松，增加患者活动的机会。

（4）促进护患沟通，增进护患关系。

【评估】

（1）患者的年龄、病情、意识、自理能力及配合程度。

（2）患者皮肤的清洁度、颜色、温湿度、厚度、弹性、感觉功能，有无水肿、破损，有无皮疹、皮下出血、瘢痕等。

（3）患者的清洁习惯，对皮肤清洁知识的了解程度。

【计划】

1. 操作者准备　着装整洁，修剪指甲，洗手，戴口罩。

2. 用物准备　毛巾、脸盆、浴巾、浴皂、洗发液、清洁衣裤、拖鞋。水温以皮肤温度为准，夏季可略低于体温，冬季可略高于体温。

3. 患者准备　了解操作目的、方法、注意事项及配合要点。

4. 环境准备　整洁安全、光线适中、调节室温至 22 ℃以上。

【实施】

1. 操作步骤

操作步骤	要点说明
1. 核对、解释　备齐用物携至床旁，核对、解释，取得合作	• 核对床号、姓名、腕带
2. 准备　协助患者准备沐浴物品，检查浴室或浴盆情况，浴室放置防滑垫	• 防止患者出现意外性跌倒
3. 指导　协助患者进入浴室，浴室不闩门，在门外挂牌示意；指导患者调节冷、热水开关及使用浴室呼叫器	• 发生意外时，护士能及时入内救治 • 防止避免患者受凉或意外性烫伤 • 确保患者安全
4. 洗浴　患者洗浴时，护士应在附近，随时检查患者情况，了解入浴时间及入浴过程中的反应	• 注意保护患者隐私
5. 操作后处理　协助患者穿好清洁衣裤和拖鞋；协助患者取舒适卧位；整理沐浴用物；洗手；记录执行时间及护理效果	

2. 注意事项

(1) 洗浴应在进食 1 h 后进行,防止影响消化。

(2) 盆浴浸泡时间不宜过长,以不超过 10 min 为宜,以免引起疲倦。

(3) 妊娠 7 个月以上的孕妇禁用盆浴。

(4) 嘱患者如洗浴时感到眩晕、无力,应立即按呼叫器呼叫帮助。

(5) 传染病患者应根据病情和隔离原则进行洗浴。

【评价】

(1) 患者皮肤清洁,感觉舒适、愉快。

(2) 护患沟通有效,患者获得皮肤清洁卫生知识。

(二) 床上擦浴

见实训 3-9-6。

实训 3-9-6　床上擦浴

【目的】

(1) 去除污垢,保持皮肤清洁、干燥,使患者舒适。

(2) 促进皮肤血液循环,增强其排泄功能,预防皮肤感染及压疮等并发症的发生。

(3) 使患者肌肉放松,增加患者活动的机会,防止肌肉挛缩和关节僵硬等并发症的发生。

(4) 促进护患沟通,增进护患关系。

【评估】

(1) 患者的年龄、病情、意识、自理能力及配合程度。

(2) 患者皮肤的清洁度、颜色、温湿度、厚度、弹性、感觉功能、有无水肿或破损,有无皮疹、皮下出血、瘢痕等。

(3) 患者的清洁习惯,对皮肤清洁知识的了解程度。

【计划】

1. 操作者准备　着装整洁,修剪指甲,洗手,戴口罩。

2. 用物准备　治疗盘内备:毛巾 2 条、浴巾 2 条、浴皂、清洁衣裤、被服、梳子、小剪刀;治疗车上备水桶 2 只(一桶盛热水,按年龄、季节和个人习惯调节水温;另一桶盛污水)、脸盆 2 只、浴毯、护肤用品(润肤露、爽身粉)、按摩膏(或按摩乳、按摩油);必要时备便盆。

3. 患者准备　了解操作目的、方法、注意事项及配合要点。

4. 环境准备　调节室温至 24 ℃ 以上,必要时关闭门窗,拉上围帘。

【实施】

1. 操作步骤

操作步骤	要点说明
1. 核对、解释　备齐用物携至床旁,核对、解释,取得合作	• 核对床号、姓名、腕带
2. 按需给予便器	• 温水擦洗时易引起患者排尿和排便反射
3. 安置体位　将患者身体移至床沿,取舒适卧位	• 根据病情放平床头及床尾支架,确保患者舒适
4. 盖浴毯　松开盖被,移至床尾,浴毯遮盖患者	• 防止浸湿盖被
5. 备水　将脸盆放在床旁椅上,倒入温水	
6. 擦洗面、颈部　取一条浴巾铺于患者枕上,将毛巾包在护士手上(图 3-9-5),放入水中,充分浸湿;由内眦向外眦擦洗患者眼部,之后按顺序擦洗前额、面颊、鼻翼、耳后、下颌至颈部	• 避免擦浴时弄湿床单、枕头 • 注意擦净耳廓、耳后及皮肤褶皱处 • 除眼部和面部外,其他部位先用小毛巾涂浴皂擦洗,再用湿毛巾擦净皂液,然后清洗后的毛巾再擦洗,最后用浴巾边按摩边擦干

续表

操作步骤	要点说明
7.脱上衣 为患者脱去上衣,盖好浴毯;先脱近侧,后脱远侧	• 若有肢体外伤或活动障碍,应先脱健侧,后脱患侧
8.擦洗上肢和手 移去近侧上肢浴毯,铺浴巾于患者上肢下面,用毛巾擦洗患者手、上肢,直至腋窝,而后用清水擦净,浴巾擦干;同法擦洗对侧	• 从远心端向近心端擦洗 • 注意洗净腋窝等皮肤褶皱处 • 酌情在骨隆突部位用按摩膏(或按摩乳、按摩油)进行按摩,预防压疮
9.擦洗胸、腹部 将浴毯向下折叠至患者脐部,取浴巾盖于患者胸前,护士一手掀起浴巾一边,另一手包毛巾擦洗患者胸部;而后将浴巾盖于患者胸部,浴毯移至会阴部,同法擦洗患者腹部	• 根据需要换水,测试水温 • 女性乳房以环形擦洗,注意擦净乳房下皮肤褶皱处
10.擦洗背部 协助患者侧卧位,背向护士,将浴巾铺于患者身下,浴毯盖于患者肩部和腿部,依次擦洗后颈部、背部至臀部	• 注意洗净脐部皮肤褶皱 • 注意保暖,避免患者着凉
11.穿清洁上衣 协助患者穿好清洁上衣,先穿对侧,后穿近侧,将浴毯盖于患者胸、腹部,换水	• 若有肢体外伤或活动障碍,先穿患侧,后穿健侧
12.擦洗下肢 脱裤,擦洗下肢;将盆移至足下,盆下垫浴巾,患者屈膝,将双脚同时或先后浸泡片刻,洗净双足,擦干	• 由远心端向近心端擦洗
13.擦洗会阴 换水、盆及毛巾后擦洗会阴	
14.穿清洁裤子 协助患者穿好清洁裤子,根据需要为患者修剪指(趾)甲、梳头	• 注意保护患者隐私
15.操作后处理 整理床单位,按需要更换床单;协助患者取舒适卧位;拉开围帘,开窗通风;整理用物;洗手;记录执行时间及护理效果	

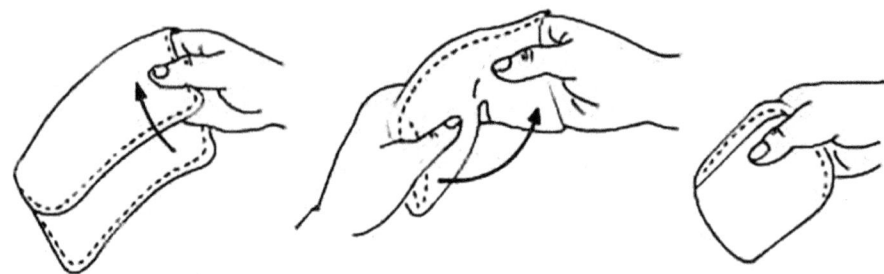

图 3-9-5 包小毛巾法

2. 注意事项

(1)擦浴时注意患者保暖,控制室温,随时调节水温,防止患者着凉。

(2)擦浴时尽量减少翻身次数,注意保护患者隐私,通常在 15~30 min 内完成。

(3)擦浴时,注意遵循节时省力原则。

(4)擦浴时应注意观察患者病情变化及皮肤情况,如有寒战、面色苍白、脉速等征象,应立即停止擦浴,并给予适当处理。

【评价】

(1)患者感觉清洁、舒适、愉快。

(2)护士动作轻柔,确保患者安全。

(3)护患沟通有效,患者获得皮肤清洁卫生知识。

四、压疮的预防和护理

压疮是指身体局部组织长期受压,血液循环障碍,局部组织持续缺血、缺氧,营养缺乏,致使皮肤失去正常功能而引起的局限性组织破损和坏死,通常位于骨隆突处,由压力所致。2016 年 4 月 8 日,美国压疮咨询委员会(National Pressure Ulcer Advisory Panel,NPUAP)将术语"压力性溃疡"更改为"压力性损伤",更加准确地描述了完整或溃疡皮肤处的压力性损伤,并定义为:位于骨隆突处、医疗或其他器械下的皮肤和(或)软组织的局部损伤。

压疮本身并不是原发疾病,大多是长期卧床或躯体移动障碍患者未能很好地护理而造成皮肤损伤,具有发病率高、病程发展快、难以治愈及愈后易复发的特点。因此,必须加强患者的皮肤护理,预防和减少压疮发生。

(一) 压疮发生的原因

1. 力学因素

(1)压力 持续性的垂直压力是引起压疮的最主要因素,它可导致组织需要的氧和营养物质供应不足,代谢废物排泄受阻,引起组织发生缺血、溃烂或坏死。压疮的形成与压力大小及受压的时间密切相关。当外界的压力超过毛细血管压的 2 倍,即 9.3 kPa,且维持 1～2 h,即可阻断毛细血管对组织的灌注,引起组织缺氧,受压超过 2 h 以上就会引起组织不可逆的损伤。垂直压力常见于长期卧床、长时间坐轮椅等长时间采取某种体位者。

(2)摩擦力 由两层相互接触的表面发生相对移动而产生的力。摩擦力能够去除皮肤的保护性角质层,增加皮肤对压疮的敏感性。患者在床上活动、坐轮椅或搬运患者时,皮肤受到床单、衣裤或轮椅表面的逆行阻力摩擦,都会使皮肤受损。皮肤损伤后如再受到尿液、汗渍、粪便的浸渍时,更易发生压疮。临床上常见的摩擦力来源有床单、衣服褶皱不平、床单上有渣屑、便器使用不当、半卧位姿势不正确等。

(3)剪切力 由两层组织相邻表面间的滑行而产生的进行性相对移位所引起的力。剪切力由压力和摩擦力相加作用而成,与体位关系甚为密切。如半坐位时,床头抬高,由于重力作用影响,患者骨骼和深层组织向下滑行,但由于摩擦力的缘故皮肤和表层组织仍停留在原位,这样两层组织之间产生进行性移位而形成剪切力(图 3-9-6)。剪切力使皮肤的毛细血管被牵拉、扭曲、撕裂,影响组织的血液供应,引起血液循环障碍而发生深层组织坏死,导致压疮发生。

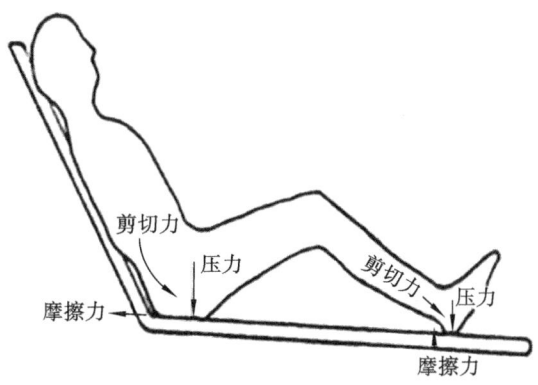

图 3-9-6 压力、摩擦力、剪切力示意图

2. 局部受潮湿或排泄物刺激 患者出汗、大小便失禁、引流液渗出等,使皮肤浸渍、松软,导致皮肤抵抗力下降,加上尿液和粪便中化学物质的刺激作用,使皮肤表皮角质层的防御功能下降,局部皮肤组织极易破损。

3. 全身营养不良或水肿 营养不良是导致压疮的内因之一,也是直接影响压疮愈合的因素。全身营养不良的患者皮下脂肪少,肌肉萎缩,弹性降低,受压后局部缺血缺氧严重而易发生压疮;水肿患者血液循环不良,皮肤较薄,抵抗力弱,受压后破损。多见于年老体弱、瘫痪、昏迷及恶病质等患者。

4. 医疗器械使用不当 使用心电监护、吸氧面罩、气管切开导管、石膏绷带、夹板或牵引时,可在医

Note

疗器械使用的部位产生压力,或矫形器械衬垫不当、松紧度不适宜,局部组织受压,血液循环障碍,导致压疮。

（二）压疮的好发部位

1. 位置　压疮好发于长期受压和缺乏脂肪组织保护、无肌肉包裹或肌层较薄的骨隆突处,与卧位有密切关系。

（1）仰卧位　好发于枕骨粗隆、肩胛部、肘部、脊椎体隆突处、骶尾部、足跟部。

（2）侧卧位　好发于耳廓、肩峰、肘部、肋骨、髋部、膝关节的内外侧、内外踝处。

（3）俯卧位　好发于面颊部、耳廓、肩部、女性乳房、男性生殖器、髂嵴、膝部、足趾。

（4）坐位　好发于坐骨结节处。

2. 接触　医疗器械与皮肤接触的相关部位,如无创面罩、夹板、支架、心电监护导联线等与皮肤接触的部位。

（三）压疮的预防

预防压疮的关键在于消除危险因素。因此,护士在工作中应做到"六勤":勤观察、勤翻身、勤按摩、勤擦洗、勤整理、勤更换。交接班时严格细致地交接患者局部皮肤情况及护理措施落实情况。

1. 评估　及时、动态、客观、综合、有效的评估是预防压疮的关键。评估内容包括压疮发生的危险因素和易患部位。危险因素包括患者的营养状况、活动能力、排泄状况等。评估时可采用 Braden 危险因素评估表(表 3-9-2),根据患者的具体情况进行动态评估。

表 3-9-2　**Braden 危险因素评估表**

项　目	分　值			
	1	2	3	4
感知能力	完全受限	大部分受限	轻度受限	无损害
潮湿程度	持续潮湿	潮湿	偶尔潮湿	很少潮湿
活动能力	卧床	坐位	偶尔步行	经常步行
移动能力	完全受限	非常受限	轻微受限	不受限
营养摄取能力	非常差	可能不足	充足	丰富
摩擦力和剪切力	存在问题	潜在问题	不存在问题	—

注:评分≤18 分,提示患者有发生压疮的危险;分数越少,发生压疮的危险性越高。

2. 避免局部组织长期受压

（1）定时翻身　最简单有效的办法,翻身的间隔时间视病情及受压处皮肤情况而定,一般每 2 h 翻身一次,必要时 30 min 翻身一次,建立床头翻身记录卡。

（2）正确使用医疗器械　使用时佩戴合适,避免过度受压;定期评估皮肤,做好皮肤护理;石膏、绷带等衬垫应平整、柔软,随时观察局部皮肤和末梢循环的变化,及时调节松紧。

（3）保护骨隆突处和支持身体空隙处　易发生压疮的患者,可使用泡沫床垫或气垫床,在身体空隙处垫软垫、海绵垫,对易受压的骨隆突部位,可用软枕或其他措施减轻对骨隆突的压力。需要注意的是,使用这些垫褥,虽然可以减小皮肤所受的压力,但受压时间过长的话,仍可阻断血流而导致组织损伤,所以仍需要经常变换卧位。

3. 避免摩擦力和剪切力的作用

（1）采取正确的半坐卧位及坐位　患者取半坐卧位时床头抬高不要超过 30°,注意防止身体下滑。

（2）床单平整无皱褶、无渣屑　长期卧床的患者皮肤持续处于摩擦力和剪切力的作用下,若床铺不清洁,有皱褶和碎屑,皮肤受到摩擦力和剪切力的伤害会加倍。因此,要注意保持床铺的平整、清洁。

（3）更换床单、衣服、翻身时避免拖拉推拽等动作　应将患者抬离床面后再挪动位置,以防擦破皮肤。使用便器,避免硬塞、硬拉等动作。

4. 避免局部潮湿等不良刺激

（1）保持床单、皮肤清洁干燥　对高热的患者要及时更换床单，并且在易出汗的部位涂一些爽身粉。

（2）大小便失禁、出汗等患者，应及时清洁皮肤　大小便失禁患者可以外涂烧伤膏或凡士林软膏，易于清洗，对皮肤有解毒活血、生肌止痛的作用。

（3）患者不能直接卧于橡胶单或塑料单上　透气性差，容易使患者皮肤受到潮湿的刺激。

5. 促进皮肤血液循环

（1）局部按摩、全背部按摩　定时用按摩膏（或按摩乳、按摩油）进行背部按摩，促进血液循环，改善局部营养状况，增强皮肤对外界的敏感性，增强皮肤抵抗力，从而可以预防皮肤感染和压疮等并发症。

局部按摩：蘸少许按摩膏，以手掌大小鱼际肌紧贴患者皮肤，作压力均匀的环形按摩，压力由轻到重，再由重到轻，每次 3～5 min。

全背部按摩（图 3-9-7）：协助患者俯卧或侧卧，暴露背部；先用温水进行擦洗，再将少许按摩膏倒入手掌内，从肩部后环形向下至尾骨止，反复有节奏地按摩数次。再用拇指指腹由骶尾部开始沿脊柱按摩至第 7 颈椎处。

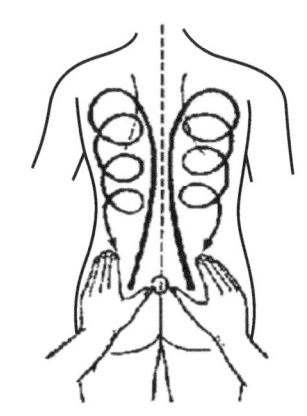

（2）关节功能活动　对长期卧床的患者，除了要经常检查受压部位皮肤外，还应每天进行全范围关节运动，可以维持关节的活动性和肌肉张力，促进肢体的血液循环，减少压疮的发生。

（3）温水擦浴　定期为患者进行温水擦浴，保持皮肤清洁，增强皮肤排泄功能，促进皮肤血液循环，预防压疮的发生。

6. 增进全身营养　营养不良既是导致压疮的内因之一，也是直接影响压疮愈合的因素。根据病情给予高蛋白质、高热量、高维生素饮食，补充矿物质。必要时可根据医嘱补充白蛋白、复方氨基酸等，提高

图 3-9-7　背部按摩

机体抵抗力。水肿患者应限制水和盐的摄入，防止水肿加重。脱水患者应及时补充水和电解质，避免体内发生电解质紊乱。不能进食者，采用完全胃肠外营养（TPN）治疗，可进行鼻饲或静脉营养支持，保证每日各种营养物质的供给以满足机体代谢需要。

7. 鼓励患者活动　在患者病情允许的情况下，协助患者适当运动，进行肢体功能锻炼，鼓励患者尽早离床活动，预防压疮发生。

8. 健康教育　对患者及家属介绍压疮发生、发展及治疗护理的一般知识，得到患者及家属的理解和配合，并教会家属一些有关压疮的预防护理措施，如勤换体位、勤换洗、勤检查、勤整理、勤剪指甲，防止抓伤皮肤等，使患者及家属能积极参与自我护理。

（四）压疮的分期及临床表现

压疮的发生为渐进性过程，依据损伤程度可分为四期。

1. 淤血红润期　为压疮的初期。局部组织受压，局部皮肤出现暂时性血液循环障碍，开始出现红、肿、热、痛或麻木，去除压力 30 min 后皮肤颜色仍不能恢复正常。此期皮肤完整性未破坏，仅侵犯表皮层，为可逆性改变。

2. 炎性浸润期　受压部位皮肤呈紫红色，皮下产生硬结。皮肤因水肿变薄，可出现水疱，极易破溃。破溃后显露创面，患者有痛感。此期皮肤表皮层、真皮层或两者发生损伤、坏死。

3. 浅度溃疡期　患者表皮的水疱会逐渐扩大、破溃，真皮层创面有黄色渗出液，创面若被感染，会有脓液流出，形成溃疡，患者痛感加重。全层皮肤破坏，甚至侵犯皮下组织和深层组织。

4. 坏死溃疡期　压疮严重期。坏死组织发黑，脓性分泌物增多，有臭味，严重者可以出现脓毒败血症，甚至危及生命。坏死组织侵入真皮下层和肌肉层，感染可向周边及深部扩散，可深达骨面。

Note

2014 国际 NPUAP /EPUAP 压疮分类系统

  1. 定义 压疮是指皮肤和(或)其下组织的局限性损伤,通常位于骨隆突处,由压力或压力混合剪切力所致。

  2. 分期 2014 国际 NPUAP/EPUAP 压疮分类系统将压疮分为如下四个时期。

  Ⅰ期:皮肤完整,出现压之不褪色的局限性红斑,常位于骨隆突处。与周围组织相比,该区域可能会疼痛、坚硬或柔软,发凉或发热。肤色较深的人可能不易观察到明显的红斑而难以识别Ⅰ期压疮迹象。

  Ⅱ期:部分皮层缺失,表现为浅表的开放性溃疡,创面呈粉红色,无腐肉;也可表现为完好的或开放、破损的浆液性水疱。

  Ⅲ期:全层皮肤缺失,可见皮下脂肪,但骨骼、肌腱、肌肉并未外露,可有腐肉存在,但并未掩盖组织缺失的深度。可出现潜行或窦道。此期压疮的深度依解剖学位置而变化。鼻梁、耳朵、枕骨部和踝骨部没有皮下组织,这些部位发生Ⅲ期压疮可呈浅表溃疡。相反,脂肪过多的区域可以发展成非常深的Ⅲ期压疮。

  Ⅳ期:全层组织缺失,并伴有骨骼、肌腱或肌肉外露。可显露或探及外露的骨骼或肌腱。伤口床可能会部分覆盖腐肉或焦痂,常伴有潜行和窦道。与Ⅲ期类似,此期压疮的深度依解剖学位置而变化,可深及肌肉和(或)筋膜、肌腱、关节囊,严重时可导致骨髓炎。

  不可分期压疮:全层组织损伤,创面基底部覆盖腐肉和(或)焦痂。除非彻底清除腐肉和(或)焦痂来暴露伤口基底部,否则无法判断实际深度,也无法分期。

  可疑深部组织损伤压疮:皮肤完整,由于压力和(或)剪切力造成皮下组织受损所致,局部皮肤出现紫色或褐红色颜色改变,或出现充血性水疱。该区域可出现疼痛、坚硬、糜烂、松软、潮湿、皮温升高或降低。

(五) 压疮的治疗与护理

  压疮是全身、局部因素综合作用引起的皮肤组织变性、坏死的病理过程。因此要积极预防,采取局部治疗为主,全身治疗为辅的综合治疗措施。

  1. 全身治疗与护理 积极治疗原发病,改善全身营养状况,并进行全身抗感染治疗。因为压疮是一个并发症,是因为原发病的存在才发生,所以积极治疗原发病才能从根本上杜绝压疮的发生。患者的营养状况与压疮的发生发展有密切的关系,良好的营养状况对压疮的预防和愈合有重要的作用。应根据患者病情给予高热量、高蛋白质、高维生素饮食,也可静脉输入白蛋白、血浆、全血、氨基酸。此外,遵医嘱给予抗感染治疗,预防败血症的发生。

  2. 局部治疗与护理

  (1) 淤血红润期 此期的护理重点是去除病因、加强预防,防止压疮继续发展。主要措施为增加翻身次数,避免组织受压;保持床铺平整、干燥、无碎屑,避免摩擦、潮湿和排泄物的刺激;湿热敷,红外线、紫外线灯照射等改善局部血液循环;局部可用半透明膜敷料或水胶体敷料加以保护;增加营养的摄入;不提倡局部按摩,防止造成进一步伤害。

  (2) 炎性浸润期 此期护理重点是保护皮肤,预防感染。主要措施:未破的小水疱要减少摩擦,防止破溃,使其自行吸收;大水疱可用无菌注射器抽出液体,不必剪去表皮,消毒局部皮肤,用无菌敷料包扎。水疱已破溃并露出创面,消毒创面及周围皮肤,并根据创面类型选择伤口敷料。人工细胞生长膜是临床上治疗压疮的一种新型生物制剂,涂于伤口表面后,形成一层透明膜,允许氧气进入,并可促进上皮细胞生长,有利于创面愈合。

  (3) 浅度溃疡期 此期护理重点是清洁创面,促进愈合,预防和控制感染。主要措施为用生理盐水或 0.02%呋喃西林溶液冲洗创面。感染的创面应每周一次定期采集分泌物做细菌培养及药物敏感试

验,根据检查结果选用药物,按外科换药法处理。选择适当的湿性敷料,适当的换药频率。也可采用物理疗法,如用鹅颈灯距创面 25 cm 照射创面,每日照射 1～2 次,每次 10～15 min,照射以后以外科无菌换药法处理创面。还可采用隔绝空气吹氧法,原理是纯氧抑制创面厌氧菌生长,提高创面组织供氧,改善局部组织有氧代谢。氧气流吹干创面后,形成薄痂,利于愈合。方法是用塑料袋罩住创面,固定牢靠,通过一小孔向袋内吹氧,氧流量为 5～6 L/min,每次 15 min,每日 2 次。治疗完毕,创面盖上无菌纱布或暴露均可。对分泌物较多的创面,可在湿化瓶内放 75% 酒精,使氧气通过湿化瓶时带出一部分酒精,起到抑制细菌生长,减少分泌物,加速创面愈合的作用。

(4) 坏死溃疡期 此期护理重点是引流通畅、采取清创术去腐生新,处理伤口并保护暴露的骨骼、肌腱和肌肉。主要措施与浅度溃疡期相同,溃疡较深时可用 3% 过氧化氢冲洗创面。去除坏死组织,避免范围扩大。为控制感染和增加局部营养供给,可于局部创面采用药物治疗,如碘伏、胰岛素,或使用清热解毒、活血化瘀、去腐生肌的中草药治疗。

对于经保守治疗无效的浅度、深度溃疡期压疮,或已发展为蜂窝织炎或怀疑有败血症,或伴有潜行窦道和广泛坏死组织压疮,可采用手术方法予以修复,需加强围手术期护理。

五、晨晚间护理

(一) 晨间护理

晨间护理是一项重要的基础护理工作,可以使患者身心舒适,预防并发症;同时,也有利于密切观察病情和增进护患关系。护士应于每天清晨对患者进行晨间护理,特别是不能自理的患者。晨间护理一般在清晨诊疗工作前完成。

1. 目的

(1) 促进患者清洁、舒适,预防压疮、肺炎等并发症。

(2) 观察和了解病情,为诊断、治疗和护理计划的制定提供依据。

(3) 进行必要的心理护理及卫生宣传,增进护患交流。

(4) 保持病室整洁、舒适、美观。

2. 内容

(1) 采用湿式扫床法整理床单位,做到"一床一巾一消毒",污染物按规定放置,不得随便乱放。

(2) 患者的衣服、床单、被套、枕套等应每周更换 1～2 次,如被汗液、血液、尿液、粪便等污染应随时更换。

(3) 鼓励或协助患者排便(使用便器时,护士一手托(扶)住患者的腰和骶尾部,另一手将便器平放于患者臀下,便器开口向下)(图 3-9-8)、洗漱及进食等。

(4) 根据患者病情合理摆放体位,翻身检查皮肤受压情况,进行背部按摩等。

(5) 检查各种管道,维护管道安全和通畅。

(6) 观察病情,进行晨间交流,按需要进行心理护理和卫生宣教。

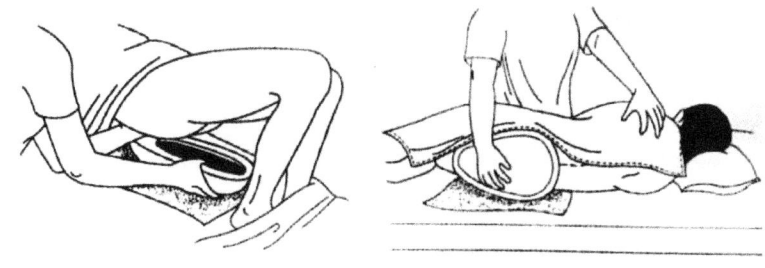

图 3-9-8 给便器法

(二) 晚间护理

为了使患者清洁而舒适地入睡,应认真进行晚间护理。护士应在患者晚间入睡前给予必要的护理,

Note

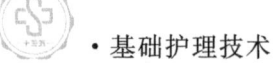

创造良好的睡眠条件。同时,了解患者病情变化。

1. 目的

(1) 保持病室安静、病床的整洁,使患者清洁、舒适,易于入睡。

(2) 观察和满足患者身心需要,促进护患沟通。

(3) 预防压疮发生。

2. 内容

(1) 整理床单位,协助患者排便、洗漱等,女性患者给予会阴冲洗。

(2) 协助患者翻身,检查皮肤受压情况,擦洗、按摩背部和骨骼隆突部位,预防压疮的发生。

(3) 检查管道有无扭曲、打折或受压,妥善固定并保持引流通畅。

(4) 酌情关门窗,保持病室安静,夜间巡视时护士应做到四轻,即走路轻、说话轻、操作轻和关门轻。

(5) 保持病室光线柔和,关大灯,开地灯。

(6) 协助患者处于舒适卧位,调节室温,酌情增减盖被,使患者易于入睡。

(7) 经常巡视病房,了解患者睡眠情况,观察病情,并酌情处理。

直通护考

一、A1/A2 型题

1. 昏迷患者口腔护理禁忌(   )。

A.头侧向一侧 　　　　　　B.用张口器 　　　　　　C.漱口

D.用血管钳夹紧棉球擦拭 　　E.取下假牙浸泡清水中

2. 下列患者需做特殊口腔护理的是(   )。

A.消化不良 　　B.胃炎 　　C.肺脓肿 　　D.支气管扩张 　　E.昏迷

3. 下列压疮的好发部位不正确的是(   )。

A.仰卧位—骶尾部 　　　　　　B.侧卧位—肩胛部 　　　　　　C.仰卧位—足跟

D.俯卧位—髂前上棘 　　　　　　E.坐位—坐骨结节

4. 患者骶尾部溃疡病变,可见骨面,创面有臭味,发热,为压疮的(   )。

A.瘀血红润期 　　B.炎性浸润期 　　C.浅度溃疡期 　　D.坏死溃疡期 　　E.压疮前期

5. 患者,女,25 岁。诊断为血小板减少性紫癜,检查唇和口腔黏膜有散在瘀点,轻触牙龈出血。该患者口腔护理应特别注意(   )。

A.动作轻稳勿损伤黏膜 　　　　　　B.夹紧棉球防止遗留在口腔

C.蘸水不可过湿,以防呛咳 　　　　　　D.先取下假牙,避免操作中脱落

E.擦拭时勿触及咽部,以免恶心

6. 患者,男,48 岁。截瘫,骶尾部有一创面,面积 2 cm×1.5 cm,深达肌层,有脓性分泌物,创面周围有黑色坏死组织,该创面应如何处理?(   )

A.用 50%乙醇按摩创面及周围皮肤 　　　　　　B.用生理盐水冲洗并敷盖新鲜蛋膜

C.暴露创面并每日照射紫外线一次 　　　　　　D.剪去坏死组织,双氧水冲洗,置引流纱条

E.涂厚层滑石粉包扎

7. 患者,75 岁,脑卒中致左侧肢体瘫痪。为预防压疮发生,最简单而有效的方法是(   )。

A.经常翻身 　　　　　　B.进行肢体功能锻炼 　　　　　　C.应用减压敷料

D.应用减压床垫 　　　　　　E.改善营养状况

8. 患者,女,50 岁。行胃大部切除术后第三天。护士为其进行晨间护理内容不包括(   )。

A.整理床单位 　　　　　　B.协助患者洗漱 　　　　　　C.给予半卧位

D.检查局部伤口和引流情况 　　　　　　E.给予会阴冲洗

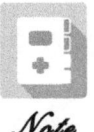

二、A3/A4 型题

（9～12 题共用题干）

患者，男，62 岁，因心力衰竭在家卧床已 4 周，近日骶尾部疼痛，家庭病床护士仔细观察后认为是压疮炎性浸润期。

9. 支持其判断的典型表现是（　　）。

A. 患者主诉骶尾部疼痛、麻木感　　　　　　　B. 局部皮肤发红、水肿

C. 皮肤呈紫色，有皮下硬结，并出现水疱　　　D. 创面湿润，有少量脓性分泌物

E. 伤口周围有坏死组织

10. 患者发生压疮最主要的原因是（　　）。

A. 局部组织受压过久　　　　B. 病原菌侵入组织　　　　C. 皮肤受潮湿摩擦刺激

D. 机体营养不良　　　　　　E. 皮肤破损

11. 给予的护理措施不妥的是（　　）。

A. 每 2 h 翻身一次　　　　　B. 保持衣裤及床铺干燥　　　C. 避免皮肤受潮湿刺激

D. 每天按摩骶尾部 2 次　　　E. 床上铺气垫床

12. 针对水疱的处理，不正确的是（　　）。

A. 未破的小水疱避免摩擦，让其自行吸收　　　B. 在无菌操作下抽出大水疱内液体

C. 将水疱表皮轻轻剪去，并充分引流　　　　　D. 创面涂消毒液，用无菌纱布包扎

E. 平卧位可在身体空隙处垫软枕

（13～16 题共用题干）

患者因脑外伤昏迷，给予降颅压和抗生素治疗。患者 2 周后出现口腔溃疡，有白色膜状物。用棉签拭去，创面出血。

13. 引起口腔溃疡的原因是（　　）。

A. 铜绿假单胞菌感染　　　　B. 真菌感染　　　　　　C. 口唇干裂

D. 棉签过湿　　　　　　　　E. 没有漱口

14. 为其做口腔护理，漱口液应选用（　　）。

A. 2%～3% 硼酸溶液　　　　B. 0.1% 醋酸溶液　　　　C. 0.02% 呋喃西林溶液

D. 1%～4% 碳酸氢钠溶液　　E. 3% 过氧化氢溶液

15. 口腔护理时开口器应从（　　）。

A. 门齿处放入　　B. 尖齿处放入　　C. 臼齿处放入　　D. 双腭处放入　　E. 脸颊处放入

16. 取下活动义齿应放入（　　）。

A. 热水中　　　　B. 冷水中　　　　C. 酒精中　　　　D. 生理盐水中　　E. 碳酸氢钠溶液中

（辽宁中医药大学护理学院　王艳杰）

任务十　营养与饮食护理技术

护考提示

1. 医院饮食的种类、适用范围、饮食原则和用法。

2. 鼻饲法的操作要点。

3. 鼻饲法的注意事项。

学习目标

1. 知识目标：解释基本饮食、治疗饮食、试验饮食、鼻饲法的概念；能够说出基本饮食、治疗饮食的饮食原则和用法；能够说出常用试验饮食的临床意义及使用方法。

2. 能力目标：能够正确实施鼻饲法的操作。

3. 素质目标：能够关心患者，鼻饲操作中动作轻稳，确保患者安全、舒适，满足患者营养需求。

案例解析

案例引导

患者，李清，男，35岁，因被严重撞击导致下颌骨骨折，骨折部位出现疼痛、肿胀、不能进食。医嘱：留置鼻饲管，流质饮食。作为责任护士，请完成以下任务：①请为患者正确实施鼻饲操作；②采用正确的方法验证胃管已插入胃内；③插管过程中正确处理可能遇到的意外；④每次向胃管内灌注食物时应注意哪些事项？

情境训练

人类从自然界不断地摄取食物而获得营养并得以生存，饮食与营养是人类的基本需要。均衡合理的饮食可保证机体的生理功能，促进机体的生长发育、组织修复，提高免疫力，预防、治疗疾病和维持健康。相反，不合理的饮食可导致机体营养物质失衡，影响疾病的康复，甚至发生疾病，如高血压、缺铁性贫血、佝偻病、胃肠炎等。因此，护理人员应掌握饮食与营养方面的知识，正确评估患者的营养状态和需求，制定合理的饮食护理措施，指导患者合理饮食，促进患者早日康复。

一、人体对营养的需求

（一）热能

热能是一切生物维持生命、生长发育和从事活动所必需的能量，机体的热能可供细胞的代谢与修复、器官功能的维持、机体的生长及运动。热能主要来源于食物中的蛋白质、脂肪和糖类，因此，蛋白质、脂肪、糖类三大营养素合称为"热能营养素"。它们释放的热量分别为，蛋白质 16.7 kJ/g（4 kcal/g），脂肪 37.6 kJ/g（9 kcal/g），糖类 16.7 kJ/g（4 kcal/g）。

人体对热能的需求量因年龄、性别、生理特点及劳动量、环境等因素的不同而各异。在中国营养学会推荐的标准中，我国成年男子的热能供给量为 10.0～17.5 MJ/d，成年女子为 9.2～14.2 MJ/d。热能摄入过多会导致肥胖。

（二）营养素

营养素是能够在生物体内被利用，具有供给能量、构成机体及调节和维持生理功能的物质。如果长期摄取某种营养素不足或过多就有可能发生相应的营养缺乏或过剩的危害。人体所需的营养素有蛋白质、脂肪、糖类、矿物质、维生素和水。

1. 蛋白质　一切生命的物质基础，由多种氨基酸组成，正常成人体内蛋白质占 16%～19%。人体缺乏蛋白质时会出现疲乏、消瘦、浮肿等现象。青少年缺乏蛋白质时其生长发育也会受到严重的影响。

2. 脂肪　又称脂类或脂质，在体内分解可产生大量热量，包括中性脂肪和类脂质。中性脂肪由甘油和脂肪酸组成，又称为甘油三酯。类脂质是溶于脂肪或脂肪溶剂的物质。根据化学结构的不同，脂肪中的脂肪酸又可分为饱和脂肪酸和不饱和脂肪酸。不饱和脂肪酸一般在体内不能合成，必须通过食物供给，故称为必需脂肪酸。过量摄取脂肪会导致机体肥胖，最终引起各种慢性疾病。

3. 糖类　又称为碳水化合物，由碳、氢、氧三种元素组成。根据分子结构的不同，可分为单糖（如葡萄糖、果糖）、双糖（如蔗糖、麦芽糖、乳糖）及多糖（如淀粉、糖原、纤维、果胶等）。

4. 矿物质　一组无机元素，又称无机盐，它包括除碳、氢、氧、氮以外的体内各种元素。人体矿物质一般分为常量元素和微量元素两大类，常量元素包括钙、镁、钾、钠、磷、氯、硫。微量元素包括铁、铜、锌、锰、钴、钼、硒、铬、镍、锡、硅、氟、钒等。矿物质是人体的重要组成部分，缺乏某些矿物质时会引发疾病，

Note

如缺钙时可引起佝偻病、缺铁时可引起缺铁性贫血、缺碘时可引起甲状腺肿大,以及缺锌时可引起味觉减退、疮口愈合不良、青少年生长停滞、性发育迟缓。

5. 维生素 维护人体健康、促进生长发育、调节生理功能必不可少的有机化合物。维生素大多数不能在体内合成或大量储存于组织中,主要由食物供给。维生素分水溶性和脂溶性两大类。若长期摄入不足,会影响机体代谢和生理功能,甚至产生缺乏症而引发疾病。如:缺乏维生素 A 易导致夜盲症,缺乏维生素 B_1 易导致神经炎、脚气病;缺乏维生素 B_2 易导致口腔溃疡、皮炎、口角炎等;缺乏维生素 B_{12} 易导致巨幼红细胞性贫血;缺乏维生素 C 易导致坏血病;缺乏维生素 D 时儿童易出现佝偻病,成人出现骨质疏松症;缺乏维生素 E 易导致不育、流产、肌肉性萎缩等。维生素摄入过多也可导致中毒。

6. 水 人类生存的必需物质,是重要的营养素,具有帮助血液流动、促进营养物质消化和吸收等功能。

各种营养素的生理功能、主要来源及每日供给量(表 3-10-1)。

表 3-10-1 各种营养素的功能、来源及供给量

营养素	生理功能	主要来源	每日供给量
蛋白质	供给热能;构成和修复人体组织;构成酶、激素、抗体、血红蛋白、免疫物质等;维持血浆渗透压	禽肉类、水产类、蛋类、奶类、豆类	男性 65 g,女性 55 g,占总热能的 10%～14%
脂肪	提供和储存热能;构成身体组织的成分;促进脂溶性维生素的吸收;供给必需脂肪酸;维持体温、保护脏器;增加饱腹感	食用油、黄油、肉类、蛋黄、坚果	50 g,占总热能的 20%～25%
糖类	提供热能;构成神经与细胞;保肝解毒;节省蛋白质;抗生酮作用	谷类、根茎类、薯类食物、食糖(如蔗糖、麦芽糖)	120 g,占总热能的 60%～70%
矿物质			
钙	构成骨骼与牙齿的重要成分;调节心脏和神经的正常活动;维持肌肉紧张度;参与凝血过程;激活多种酶;降低毛细血管和细胞膜的通透性	奶类及奶制品、海带、虾皮、芝麻酱、豆制品、绿色蔬菜、骨粉、牡蛎、蛋壳粉	800 mg
铁	合成血红蛋白与肌红蛋白;参与氧的运输和组织呼吸过程,构成某些呼吸酶的重要成分;维持正常的造血功能;促进生物氧化还原反应	动物肝脏、肾脏、全血,瘦肉、鱼、虾、蛋黄、豆类、黑木耳	男性 12 mg,女性 20 mg
磷	构成骨骼、牙齿及软组织的重要成分;参与多种酶、辅酶的合成;促进物质活化;调节能量释放;调节酸碱平衡	瘦肉、蛋类、奶类、豆类、海带、坚果、动物肝肾	720 mg
锌	促进机体发育和组织再生;参与体内多种酶的组成,具有催化、结构和调节功能;促进维生素 A 的正常代谢和生理功能;促进食欲;促进性器官与性机能的正常发育;参与免疫过程	肉类、海产品、豆类、奶类、坚果类等	男性 12.5 mg,女性 7.5 mg
碘	构成甲状腺素的主要成分;促进生长发育	海盐、海产品等	120 μg
维生素			
脂溶性维生素			
维生素 A	维持正常夜视功能;维持皮肤和黏膜的健康;增强机体免疫力;促进生长发育	动物肝脏、鱼肝油、奶制品、蛋黄、胡萝卜、绿色蔬菜、水果等	800 μgRE(视黄醇当量)

续表

营养素	生理功能	主要来源	每日供给量
维生素 D	调节钙磷代谢,促进钙磷吸收	海鱼、鱼肝油、动物肝脏、蛋黄、奶类、日光照射	5 μg
维生素 E	抗氧化作用,保持红细胞完整性;参与 DNA、辅酶 Q 的合成	植物油、谷类、坚果类、豆类、绿叶蔬菜等	14 mg
维生素 K	合成凝血因子,促进血液凝固	肠道细菌合成;绿色蔬菜、动物肝脏	80 μg
水溶性维生素			
维生素 B₁	构成辅酶 TPP;参与糖代谢过程;调节神经系统功能	动物内脏、豆类、肉类、花生、未加工的谷类	男性 1.4 mg,女性 1.2 mg
维生素 B₂	组成体内多种辅酶,参与人体内多种生物氧化过程;保持皮肤和黏膜完整性	动物内脏、禽蛋类、豆类、奶类、花生、绿叶蔬菜	男性 1.4 mg,女性 1.2 mg
维生素 B₆	构成多种辅酶,参与氨基酸的合成与分解代谢;参与合成某些神经递质	瘦肉、肝脏、蛋黄、鱼类等	1.4 mg
维生素 B₁₂	促进红细胞发育与成熟;提高叶酸利用率	动物内脏、肾脏、肉类、鱼、蛋、乳制品	2.4 μg
叶酸	细胞的核酸和核蛋白合成代谢过程中所必需的物质	动物肝脏、肾脏、新鲜蔬菜、蛋类、豌豆、牛肉	400 μgDFE(膳食叶酸当量)
维生素 C	促进胶原、神经递质、抗体合成;参与胆固醇代谢;防治坏血病,保护细胞膜;促进铁吸收和利用	新鲜蔬菜、水果	100 mg
水	构成人体组织;调节体温;运送营养物质和代谢产物;维持消化、吸收功能;溶解营养素和代谢产物;直接参加体内氧化还原反应;调节体温	饮用水、饮料、食物中包含的水、机体代谢产生的水	2~3 L

注:本表中营养素供给量采用中国营养学会 2017 年 9 月修订的《中国居民膳食营养素参考摄入量》的成人推荐摄入量标准。

二、医院饮食

医院饮食通常分为三大类,分别为基本饮食、治疗饮食、试验饮食,适用于不同病情的患者。

(一) 基本饮食

基本饮食是对营养素的种类、摄入量不做限定性调整的一类饮食,包括普通饮食、软质饮食、半流质饮食、流质饮食(表 3-10-2)。

表 3-10-2　基本饮食

类别	适用范围	饮食原则	用法
普通饮食	消化功能正常、无发热、病情较轻、疾病恢复期、不需限制饮食的患者	营养均衡,美味可口,易消化,无刺激性的食物	每日 3 餐,总热量在 2200～2600 kcal/d,蛋白质为 70～90 g/d
软质饮食	消化功能差、低热、咀嚼不便、术后恢复期、老幼患者	营养均衡,食物以软、烂、碎为原则,易咀嚼消化,无刺激性、少油炸、少油腻、少粗纤维。如软饭、面条、切碎煮烂的肉菜等	每日 3～4 餐,总热量在 2200～2400 kcal/d,蛋白质为 60～80 g/d

续表

类别	适用范围	饮食原则	用法
半流质饮食	体弱、发热、口腔疾病、吞咽、咀嚼不便、消化功能不良及术后患者	少食多餐,食物无刺激性,易吞咽及咀嚼、消化,纤维素少,营养丰富,食物呈半流质状,如粥、鸡蛋羹、面条、馄饨、肉末、豆腐、菜末等	每日 5～6 餐,总热量 1500～2000 kcal/d,蛋白质为 50～70 g/d
流质饮食	病情危重、高热、吞咽困难、口腔疾病、各种大手术后、急性消化道疾病	食物呈液体状,易吞咽、易消化,无刺激性,如乳类、豆浆、米汤、稀藕粉、菜汁、肉汁、果汁等。流质饮食由于所含热量与营养素不足,故只能短期使用	每日 6～7 餐,每次 200～300 mL,总热量在 836～1195 kcal/d,蛋白质为 40～50 g/d

(二) 治疗饮食

治疗饮食是在基本饮食的基础上,根据病情的需要,适当调整总热量和某些营养素,以达到辅助治疗目的的一类饮食(表 3-10-3)。

表 3-10-3 治疗饮食

饮食种类	适用范围	饮食原则及用法
高热量饮食	用于热量消耗较高的患者,如甲状腺功能亢进、大面积烧伤、结核、产妇、体重不足、高热等患者	在基本饮食的基础上加餐两次,可进食豆浆、牛奶、鸡蛋、巧克力及甜食等,总热量在 12.5 MJ/d(3000 kcal/d)
高蛋白质饮食	用于长期消耗性疾病,如结核病、甲状腺功能亢进、严重贫血、营养不良、大面积烧伤、大手术后及恶性肿瘤、肾病综合征、哺乳期妇女、低蛋白血症等患者	增加含蛋白质高的食物,如鱼类、肉类、蛋类、乳类等。蛋白质供应量按体重计算 1.5～2 g/(kg·d),但每日总量不超过 120 g,总热量在 10.5～12.5 MJ/d(2500～3000 kcal/d)
低蛋白质饮食	用于限制蛋白质摄入的患者,如急性肾炎、尿毒症、肝昏迷等患者	应补充蔬菜和含糖高的食物,维持正常热能。成人蛋白质摄入低于 40 g/d,根据病情需要可减至 20～30 g/d,肾功能不全者应摄入动物性蛋白质,忌用豆制品,而肝昏迷者应以植物性蛋白质为主
低脂肪饮食	用于肝胆胰疾病、高脂血症、动脉硬化、冠心病、肥胖症、腹泻等患者	食物应清淡、少油,禁食肥肉、蛋黄、动物脑。高脂血症及动脉硬化者不必限制植物油(椰子油除外),脂肪量不超过 50 g/d,肝胆胰患者不超过 40 g/d,尤其要限制动物脂肪的摄入
低胆固醇饮食	用于高胆固醇血症、高脂血症、动脉硬化、高血压、冠心病等患者	胆固醇摄入量不超过 300 mg/d,禁食或少吃含胆固醇高的食物,如动物内脏、脑、肥肉、动物油、蛋黄、鱼子等
低盐饮食	用于急慢性肾炎、肝硬化腹水、高血压、充血性心力衰竭、各种原因导致的水钠潴留的患者	摄入食盐量不超过 2 g/d(含钠 0.8 g),不包括食物内自然含钠量,禁食腌制食物,如咸菜、香肠、咸肉、火腿、皮蛋、虾米等
无盐低钠饮食	同低盐饮食,但水肿较重者	无盐饮食,除食物内自然含钠量外,不放食盐烹调,食物中含钠量小于 0.7 g/d;低钠饮食,除无盐外还应控制食物中自然存在的含钠量(小于 0.5 g/d),禁食腌制食物;对无盐低钠者还应禁用含钠的食物和药物,如含碱食物(挂面、油条、碳酸饮料)、碳酸氢钠等药物
高膳食纤维饮食	用于便秘、肥胖、高脂血症、糖尿病、冠心病等患者	选择含膳食纤维多的食物,如韭菜、芹菜、卷心菜、豆类、粗粮等

续表

饮食种类	适用范围	饮食原则及用法
少渣饮食	用于伤寒、肠炎、腹泻、痢疾、咽喉部和胃肠道术后、食管静脉曲张、直肠肛门术后等患者	食用膳食纤维含量少且少油食物,如嫩豆腐、蛋类等,不用刺激性强的调味品、坚果、带碎骨的食物
要素饮食	由人工配成的,含有全部人体生理所需要的各种营养成分,不需消化即可被肠道吸收的无渣饮食。适用于低蛋白血症、严重烧伤、胃肠道瘘、大手术后胃肠功能紊乱、营养不良、消化吸收不良、急性胰腺炎、晚期癌症等患者	可口服、鼻饲或造瘘管滴注,口服温度一般为37 ℃左右,鼻饲及经造瘘口注入温度宜为41～42 ℃,并用热水袋在输液管远端保持温度,滴速40～60 滴/分,最快不宜超过 150 mL/h

(三) 试验饮食

试验饮食又称诊断饮食,指在特定时间内,通过调整饮食的内容,协助疾病的诊断和提高实验室检查结果正确性的一类饮食(表 3-10-4)。

表 3-10-4　试验饮食

饮食种类	适用范围	饮食原则及用法
潜血试验饮食	用于大便潜血试验的准备,以协助诊断有无消化道出血	试验前 3 天禁食易造成潜血试验假阳性反应的食物,如肉类、肝类、血类、含铁药物或食物及绿色蔬菜。可进食牛奶、豆制品、大白菜、冬瓜、土豆等,第 4 天开始留取粪便标本做潜血试验
胆囊 B 超检查饮食 (chole cystography test diet)	用于需要行造影检查有无胆囊、胆管、肝胆管疾患的患者	检查前 1 天中午进食高脂肪餐,以刺激胆囊收缩和排空,有助于显影剂进入胆囊;晚餐进食无脂肪、低蛋白质、高糖类、清淡的饮食;晚餐后服造影剂,服后禁食、禁水、禁烟至次日上午。检查当日早餐禁食;第一次 B 超检查后,若胆囊显影良好,可进食高脂肪餐,临床常用油煎荷包蛋 2 只或高脂肪的方便餐,脂肪量为 25～50 g。待 30～45 min 后第二次 B 超检查,观察胆囊收缩情况
肌酐试验饮食	用于协助检查、测定肾小球的滤过功能	试验期为 3 天。试验期间禁食肉类、禽类、鱼类,忌饮茶和咖啡。全日主食在 300 g 以内,限制蛋白质的摄入,蛋白质供给量小于 40 g/d,以排除外源性肌酐的影响。蔬菜、水果、植物油不加限制,热量不足可补充藕粉或含糖高的食物。第 3 天测尿肌酐清除率及血浆肌酐含量
尿浓缩功能试验	用于检查肾小管的浓缩功能	试验期 1 天,控制全天饮食中水分摄入总量在 500～600 mL,可选择进食含水量少的食物,如米饭、面包、馒头、炒鸡蛋、土豆、豆腐干等,烹调时尽量不加水或少加水;避免食用过甜、过咸的食物;蛋白质供给量为 1 g/(kg·d);禁饮水及摄入含水量高的食物,如粥、水果、冬瓜、白菜等
甲状腺[131]I 试验饮食	用于协助检查甲状腺功能,明确诊断	试验期为 2 周,试验期间禁食含碘食物,如海带、海参、海蜇、紫菜、虾、鱼、加碘食盐等;禁用含碘消毒剂,2 周后做[131]I 功能测定

三、饮食护理

对患者进行科学合理的饮食护理是满足患者生理需要的重要护理措施之一。护理人员应通过对患者营养状态的评估,确认患者在营养方面存在的健康问题后加强对患者的饮食指导,提供饮食方面的帮助,监测患者的食欲和饮食摄入量等,以此满足患者对营养的需求,促进康复。

(一) 营养的评估

营养评估是健康评估的组成部分。护理人员应通过营养评估来判断患者的营养状况,从而给予患

者有针对性的饮食治疗与护理措施,改善患者的营养状况,促进患者的康复。

1. 影响饮食与营养因素的评估　影响饮食与营养的因素包括生理、病理、心理及社会文化因素,护理人员了解这些影响因素,有助于为患者制定合理、切实可行的饮食护理计划。

1)生理因素

(1)年龄　处于不同年龄时期的人对营养的需求不同。例如,处于生长发育期的幼儿、青少年对营养的需求增加,老年人由于新陈代谢减慢,对营养的需求相对减少,但对钙的需求增加。此外,年龄也可影响人们对食物的喜爱,例如,婴幼儿咀嚼、消化功能尚未完善,而老年人咀嚼、消化功能减退,味觉改变,应给予软、烂、易消化的食物。婴幼儿、老年人在饮食自理能力方面也稍差。

(2)活动量　人体的日常活动和各种运动都需要能量,活动是能量代谢的主要因素。不同活动量对营养的需求也不同,活动量大的人对营养的需求高于活动量小的人。

(3)特殊生理期　女性在妊娠和哺乳期对营养素的需求量是明显增加的,并会有饮食习惯的改变。妊娠期女性应摄入均衡的营养素,适当增加蛋白质、铁、碘、叶酸的摄入量。哺乳期女性应在每日饮食的基础上增加热量、蛋白质、维生素 B 和维生素 C 的摄入。

(4)身高与体重　一般体型高大、身体强壮的人对热能和营养素的需求量也大。

2)病理因素

(1)疾病　有口腔疾病的患者咀嚼困难,影响食物的摄入;胃肠道疾病患者食物的消化、吸收功能较差;慢性消耗性疾病、发热、创伤的患者需要更多的营养素;危重患者常因饮食不能自理导致营养摄入不足。

(2)药物治疗　患者在服用药物时,某些药物如抗组胺药赛庚啶可促进食欲,某些药物如非肠溶性红霉素可抑制食欲,出现恶心、呕吐反应;某些药物可影响机体对营养素的吸收,如利尿剂呋塞米会影响维生素 B 和钾的吸收;阿司匹林、口服避孕药可导致维生素 C 缺乏。

(3)食物过敏　部分患者对某些食物如牛奶、虾、蟹等海产品过敏,出现腹泻、哮喘、荨麻疹等过敏反应,影响食物的摄入和营养的吸收。部分患者因体内缺乏乳糖酶,可引起机体对乳制品的不耐受,一旦食用可导致腹泻。

3)心理因素　轻松、愉快的心理状态,能促进食欲,有利于消化吸收;相反,紧张、焦虑、恐惧、抑郁等不良情绪,会引起交感神经兴奋,抑制胃肠道蠕动及消化液的分泌,使患者食欲降低,导致摄入减少。

4)社会文化因素

(1)经济状况　经济状况直接影响人们的购买力,从而影响人们对食物的选择与营养,如经济状况差的人易出现营养不良,经济状况好的人容易出现营养过剩。

(2)饮食习惯　不同的种族、宗教信仰、文化习俗、地理位置的人有不同的饮食习惯,如:佛教徒很少摄入动物性食物,易引起营养素的缺乏;我国有"东酸西辣,南甜北咸"的饮食特色,东北人喜食腌制酸菜,因其含有较多的亚硝胺类物质,易发生消化系统肿瘤;现代高效率、快节奏的生活方式使人们经常食用快餐、速冻食品,易导致营养不良。

(3)营养知识　营养知识可影响人的饮食习惯和对食物的选择与摄入。当人们营养知识缺乏,不注意食物的均衡摄入时,易出现营养缺乏。

2. 饮食评估

(1)一般饮食形态　如用餐次数,用餐时间的长短,进食的方式,摄入食物的种类、量、规律性,药物、补品的服用情况,有无食物过敏,有无特殊喜好或厌恶等。

(2)食欲　有无食欲增加或降低,及其出现的时间与原因。

(3)其他影响因素　如有无咀嚼不便、吞咽困难、口腔疾病等。

3. 身体评估

(1)身高、体重、皮褶厚度的评估　测量患者身高、体重、皮褶厚度等数值,并与标准值比较,评估患者的营养状况。

①身高和体重:身高和体重可以反映机体的营养状况,常用的方法如下。

$$\frac{实测体重-标准体重}{标准体重}\times100\%$$

百分数在正负 10% 之内为正常,增加 10%～20% 为过重,超过 20% 为肥胖;减少 10%～20% 为消瘦,低于 20% 为明显消瘦。

我国常用的标准体重的计算公式如下。

$$男性:标准体重(kg)=身高(cm)-105$$
$$女性:标准体重(kg)=身高(cm)-105-2.5$$

②皮褶厚度:又称皮下脂肪厚度,通过测量皮褶厚度来了解人体皮下脂肪的含量,常用的测量部位是上臂肱三头肌,其反映机体营养状态的慢性变化,其正常参考值为,男性 12.5 mm,女性 16.5 mm。

(2) 身体征象的评估　通过外貌、皮肤、黏膜、毛发、指甲、口唇、牙齿、肌肉和骨骼、面部等方面的评估,了解患者的营养状况(表 3-10-5)。

表 3-10-5　营养状况的身体征象

评价项目	营养良好	营养不良
外貌	精神,有活力、发育良好	倦怠、疲劳、消瘦、发育不良
皮肤	肤色健康、有光泽、弹性好	无光泽、干燥、弹性差、肤色过淡或过深
黏膜	红润	苍白、干燥
毛发	浓密、有光泽、不易掉落	缺乏光泽、干燥稀疏、易掉落
指甲	粉色、坚实	粗糙、无光泽、易断裂
口唇	柔润、无干裂	肿胀、口角炎症、口角干裂
牙齿	光亮、无蛀牙、无疼痛	灰色、棕色或黑色斑点;蛀牙、牙齿常脱落
肌肉和骨骼	肌肉结实,皮下脂肪丰满、有弹性骨骼无畸形	肌肉松弛无力、皮下脂肪菲薄、肋间隙和锁骨上窝凹陷、肩胛骨和髂骨嶙峋突出
面部	肤色一致、平滑、无肿胀	肤色无光泽、面色暗淡、弹性差、肿胀

4. 辅助检查的评估　生化检验可反映人体内各种营养素水平,可以为人体营养评估提供客观数据。常用的生化检验包括尿、粪常规检验,血清蛋白、血清转铁蛋白、血脂、血清钙的测定,以及电解质的测定等。

(二) 患者一般饮食护理

护理人员应根据患者的营养状态、病情制定有针对性的饮食护理计划,做好病区饮食管理,并在患者整个进食过程中实施饮食护理措施,以此满足患者营养需求,促进康复。

1. 病区的饮食管理　患者入院后,由病区医生根据患者病情开出饮食医嘱,确定患者的饮食种类。护士根据医嘱填写入院饮食通知单,送交营养室,并填写在病区的饮食单上,同时在患者的床尾或床头卡上注上相应标记,作为分发饮食的依据。因病情需要更换饮食种类时,如流质饮食改为半流质饮食,手术前需要禁食或出院需要停止饮食等,应由医生开出医嘱,护理人员按医嘱填写饮食更改通知单或停止饮食通知单,送交营养室做相应处理。

2. 患者进食前的护理

(1) 食物的准备　根据患者病情、饮食习惯和喜好,制定饮食计划。在烹调制备食物时要考虑食物的色、香、味、形和多样化,通过多种感官的刺激,促进食欲。患者家属带来患者所喜爱的食物时,护士应对有特殊饮食需要的患者给予指导。

(2) 提供舒适的进食环境　为患者提供整齐清洁、安静舒适、空气新鲜、轻松愉快的进食环境。①进食前整理床单位,去除一切不良气味及视觉刺激。如饭前 30 min 开窗通风、移去便器等,防止影响食欲;②暂停非紧急的检查、治疗及护理;③病室内如有病危、痛苦呻吟的患者,应用屏风遮挡,以免影响他人;④有条件的应鼓励患者到病区餐厅集体进餐,分享进餐时的乐趣,在轻松愉快的氛围中进餐。

（3）确保患者感觉舒适　进食前患者感觉舒适有利于患者的进食。①进食前 30 min 按需要给予便器，用后及时撤去，打开门窗通风；②协助患者洗手、漱口或做口腔护理，以促进食欲；③协助患者取舒适的进餐体位，病情允许可协助患者下床进餐；不能下床者可协助患者坐起或摆放跨床小桌进餐；卧床患者取侧卧位或仰卧位（头偏向一侧），并给予适当支托；④去除不舒适的因素，如疼痛患者餐前 30 min 给予止痛药，让患者在药物发挥最佳疗效的时间段进餐；高热患者及时降温；焦虑、抑郁者给予心理护理，减轻心理压力等；⑤若患者同意可将治疗巾或餐巾围于胸前，以保持衣服和被单的清洁。

3. 患者进食中的护理

（1）及时分发食物　护理人员着装整洁，洗手，戴口罩，检查患者的饮食类型，根据饮食单上的要求协助配餐员及时将饭菜准确无误地分发给每位患者。对需要禁食或限量饮食者，应告知原因，以取得合作，在床头（尾）挂标记，并做好交班。

（2）鼓励并协助患者自行进餐　将食物、餐具等放在患者方便取用处，必要时给予帮助。对不能自行进食者，应耐心喂食，每次喂食不可过多，以汤匙 1/3 满即可；温度适宜，速度适中，便于患者咀嚼和吞咽；固体食物和液体食物应交替喂食，液体食物可用吸管吸吮。

（3）对双目失明或双眼被遮盖的患者　应告知食物名称。若患者要求自行进餐，可设计时钟平面图放置食物，并告知方位、食物名称，方便患者按顺序取食（图 3-10-1）。

（4）加强巡视病室　观察患者进餐情况，鼓励患者进食，检查、督促治疗饮食和试验饮食的实施情况，征求患者意见及时向营养室反映，以提高饭菜质量。护理人员还要检查家属或访客送来的食物，符合患者病情方可食用。

（5）进餐过程中特殊问题处理　患者在进餐过程中出现恶心，应鼓励患者做深呼吸，并暂停进食；若发生呛咳，可轻拍患者背部；若发生呕吐，协助患者头偏向一侧，防止呕吐物进入气管，并尽快清除呕吐物，及时更换被污染的被服等；认真观察呕吐物的性质、颜色、量和气味并记录；开窗通风，去除室内不良气味；帮助患者漱口或给予口腔护理，去除口腔异味；征求患者是否愿意继续进餐，对不愿意继续进餐者，帮助保存好剩余的食物，待其愿意进餐时再予进食。

（6）健康教育　护士在教育患者养成良好的营养饮食习惯中发挥着关键的作用。进餐期间护士应有目的、有针对性地解答患者在饮食方面的问题，帮助患者纠正不良的饮食习惯及行为。

4. 患者进食后的护理

（1）及时撤去餐具，清理食物残渣，协助患者洗手、漱口或口腔护理，整理床单位。

（2）根据需要做好记录，如进食的种类、量、时间及进食反应，以评价患者的饮食是否达到营养需求。如果患者暂时未进食应查明原因，通知责任护士，以便改变饮食或采取其他护理措施。

（3）对禁食或限食等特殊患者应做好交接班。

（三）管饲饮食

管饲法是指对于昏迷患者、颅脑外伤、消化道疾病如肿瘤、食管狭窄等不能经口进食者，为确保患者营养和治疗的需要，通过导管将营养丰富的流质饮食、营养液、水和药物注入胃肠道内的方法。根据导管插入的途径不同可分为口胃管法、鼻胃管法、鼻肠管法、胃造瘘管法、空肠造瘘管法等。临床上以鼻胃管法最为常用，下面以鼻胃管为例，讲解鼻饲法的操作方法。

汤
（12点）

菜　　　　　　菜
（9点）　　　　（3点）

饭
（6点）

图 3-10-1　时钟平面图放置食物

实训 3-10-1　鼻饲法

鼻饲法是指将导管经鼻腔插入胃内，从管内灌注流质食物、水分和药物等的方法。

【目的】

保证患者摄入足够的热量和蛋白质等多种营养素，以满足营养和治疗的需求，促进早日康复。常用于不能够经口进食者，如昏迷、口腔疾病、口腔手术后的患者；不能张口的患者，如破伤风患者；拒绝进食者；早产儿及病情危重的患者。禁用于食管和胃底静脉曲张、食管梗阻、食管癌等患者。

【评估】

(1) 患者的年龄、病情、意识状态、治疗情况。

(2) 患者鼻腔状况,有无鼻中隔偏曲、鼻腔炎症和鼻黏膜肿胀。

(3) 患者心理状态,对鼻饲操作的认知、耐受力及合作程度。

【计划】

1. 操作者准备　着装整洁,洗手,戴口罩。

2. 用物准备

(1) 无菌鼻饲包　内备治疗碗、镊子、压舌板、止血钳、纱布、胃管或硅胶管、50 mL 注射器、治疗巾。

(2) 治疗盘　内备治疗碗 2 个,分别盛流质饮食(量 200 mL,温度 38～40 ℃)和温开水,水温计、听诊器、液体石蜡、棉签、胶布、别针、手电筒、弯盘、夹子或橡皮圈、纱布、松节油、手套等。

(3) 患者准备　了解操作目的和配合方法,愿意配合,体位舒适,情绪稳定。

(4) 环境准备　安静、整洁、安全、空气清新、光线明亮。

【实施】

1. 操作步骤

操 作 步 骤	要 点 说 明
★插管	
1.核对解释	
(1) 洗手、戴口罩,备齐用物,携至床旁	
(2) 核对床号、姓名、腕带,向患者及家属解释操作目的、过程及配合方法	• 确认患者,缓解患者紧张、恐惧的情绪,取得合作
(3) 有义齿者取下活动义齿,妥善放置	• 防止义齿脱落、误咽
2.安置体位	• 半坐卧位或坐位可减少胃管通过咽喉部引起的呕吐,利于胃管插入
(1) 根据病情协助患者采取半坐卧位或坐位	
(2)无法坐起者采取右侧卧位	• 右侧卧位可借助解剖位置,使胃管易插入
3. 铺治疗巾　铺治疗巾于患者颌下,置弯盘于口角旁	• 防止衣服和被子被污染
4.清洁鼻腔	
(1) 检查鼻腔,选择通畅一侧	• 鼻腔通畅,便于插管
(2) 用湿棉签清洁鼻腔	
5.测量插管长度　打开鼻饲包,检查胃管,测量胃管插入长度,并做标记	• 成人插入长度为 45～55 cm,插入长度为前额发际至胸骨剑突处或由鼻尖经耳垂至胸骨剑突处的距离
6.润滑胃管　用液状石蜡润滑胃管前段	• 可减少插入时的摩擦阻力
7.戴手套	• 做好职业安全防护
8.插胃管	
(1) 操作者左手持纱布托住胃管,右手持镊子夹住胃管前端,沿选定侧鼻孔轻轻插入	
(2) 插入至 10～15 cm(咽喉部)时,嘱患者做吞咽动作,顺势将胃管向前推进,插至预定长度	• 吞咽动作可助胃管迅速进入食管,减轻不适,必要时可让患者少量温开水,以助于胃管顺利插入
(3)胶布初步固定　昏迷患者插管前应先协助患者去枕,头向后仰(图 3-10-2(a)),当胃管插入咽喉部(10～15 cm 处)时,左手将患者头部托起,使下颌靠近胸骨柄,缓缓插至预定的长度	• 头向后仰,可避免胃管误入气管 • 下颌靠近胸骨柄,可增大咽喉部通道的弧度,便于胃管顺利通过会咽部(图 3-10-2(b)),提高插管成功率
9.确认胃管在胃内	• 确认胃管在胃内的方法:①在胃管末端连接注射器抽吸,能抽出胃液;②置听诊器于患者胃部,快速经胃管向胃内注入 10 mL 空气,听到气过水声;③将胃管末端置于盛水的治疗碗中,无气泡逸出

续表

操 作 步 骤	要 点 说 明
10.胶布固定　用胶布将胃管固定于鼻翼及同侧面颊	• 防止胃管移动或滑出
11.灌注食物 (1)连接注射器于胃管末端,缓慢注入少量温开水湿润胃管 (2)缓慢灌注流质饮食或药物 (3)鼻饲完毕,再注入少量温开水冲管,并抬高胃管末端	• 可防止鼻饲液黏附管壁 • 每次鼻饲量不超过 200 mL,间隔时间不少于 2 h • 每次灌注食物前应抽吸胃液以确定胃管在胃内及胃管是否通畅 • 每次抽吸鼻饲液后应反折胃管末端,避免灌入空气,引起腹胀 • 冲净胃管,防止鼻饲液积存于管腔中变质造成胃肠炎或堵塞管腔
12.反折固定 (1)将胃管末端反折,用纱布包好,再用橡皮圈系紧 (2)用别针固定于枕旁	• 防止胃管脱落
13.整理记录 (1)协助患者清洁面部,嘱患者维持原卧位 20~30 min (2)脱手套、整理床单位,清理用物,洗净注射器,放于治疗盘内,盖上纱布备用 (3)洗手、记录	• 维持原卧位,可防止呕吐发生 • 鼻饲用物应每天更换、消毒 • 记录鼻饲饮食的种类、量和患者的反应
★拔管	• 用于停止鼻饲或长期鼻饲需更换胃管时
1.核对解释 (1)携用物至床旁,核对、解释 (2)置弯盘于患者颌下,夹紧或反折胃管末端,揭去固定胶布,戴手套	• 夹紧胃管,以防拔管时管内液体反流
2.拔管擦拭 (1)用纱布包裹近鼻孔处胃管,嘱患者深呼吸,在患者呼气时拔管,边拔边擦胃管,至咽喉处快速拔出 (2)置胃管于弯盘内,撤去弯盘	• 以免胃管内残留液体滴入气管 • 减少患者视觉刺激
3.整理记录 (1)清洁患者鼻孔、面部,擦去胶布痕迹(必要时协助漱口) (2)脱手套,安置舒适体位,整理床单位,清理用物 (3)洗手,记录	• 可用松节油擦净胶布痕迹,再用乙醇擦除松节油 • 记录拔管时间、患者反应

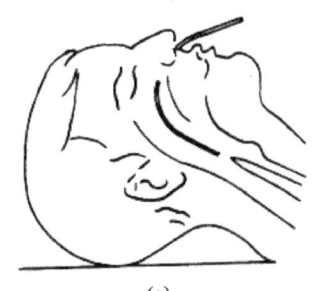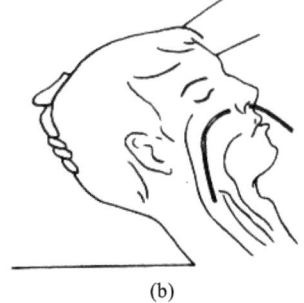

(a)　　　　　(b)

图 3-10-2　昏迷患者插胃管示意图

2.注意事项

(1)插胃管前,医护人员与患者进行有效的沟通,让患者及家属理解操作目的和配合方法。

(2)插管时动作应轻柔,防止损伤鼻腔及食管黏膜。特别是通过食管三个狭窄部位(分别为环状软

骨水平处、平气管分叉处、食管通过膈肌处)时。

(3) 插入胃管过程中如插管不畅,可嘱患者张口,检查胃管是否盘在口中,不可强行插入,以免损伤黏膜;若患者出现剧烈恶心、呕吐,可暂停插入,嘱患者做深呼吸,缓解后再插入;若患者出现呛咳、呼吸困难、发绀等现象,表明胃管误入气管,应立即拔出,休息后再重新插入。

(4) 每次鼻饲量不超过 200 mL,间隔时间不少于 2 h,鼻饲液温度以 38~40 ℃为宜;药片应研碎溶解后灌入。

(5) 新鲜果汁与奶液应分别注入,防止产生凝块。

(6) 鼻饲用物每日更换消毒,长期鼻饲者每天进行 2 次口腔护理,并定期更换胃管,普通胃管每周更换 1 次,硅胶胃管每月更换 1 次。更换胃管时应于当晚最后一次灌食后拔出,次晨从另一侧鼻孔插入。

(7) 食管胃底静脉曲张、食管癌、食管梗阻及鼻腔食管手术后患者禁忌使用鼻饲法。

3. 健康指导

(1) 向患者讲解鼻饲饮食的目的、配合方法,减轻患者焦虑。

(2) 向患者讲解鼻饲液的温度、量,喂食时间,胃管清洁方法,患者取卧位的方法,更换胃管的时间等相关知识。

(3) 告知患者鼻饲后若出现不适,及时告知护理人员。

【评价】

(1) 护患沟通有效,关爱患者,患者能理解操作的目的,并主动配合操作。

(2) 患者无发生不良反应,操作安全。

(3) 胃管插入顺利、动作轻柔、操作规范,保证营养的需要。

知识链接

胃肠内营养和胃肠外营养的比较

项目	胃肠内营养(EN)	胃肠外营养(PN)
途径	经胃肠提供营养支持可长期,连续使用	经静脉系统补充营养和体液只能在特定的短期内使用
制剂特点	营养较全面、均衡,费用低,不能用于胃肠外营养治疗	配制规程及质量要求十分严格的营养制剂,营养素相对单一,费用高
优点	1. 直接营养胃肠道,有效维护消化系统正常生理功能 2. 保护胃肠黏膜屏障作用,预防细菌移位 3. 促进免疫球蛋白和胃肠道激素的分泌,提高机体免疫力,减少术后感染和并发症 4. 减低高分解代谢,改善氮平衡	1. 无需消化吸收功能完好 2. 适合无法进行胃肠内营养治疗的患者
并发症	相对轻微,易处理,相对安全 1. 消化道症状:腹胀、腹泻、恶心、呕吐 2. 与喂养管相关的并发症:鼻咽部和食道黏膜损伤、导管堵塞、误吸 3. 代谢并发症:高血糖症、高钠血症性脱水	并发症相对严重 1. 与静脉穿刺置管相关的并发症如气胸、导管内血栓形成 2. 感染性并发症如导管性败血症 3. 代谢性并发症,如氨基酸代谢异常 4. 消化道并发症如肠源性感染 5. 代谢性骨病

直通护考

一、A1/A2 型题

1. 患者,男,40 岁。慢性肺源性心脏病 5 年,近 3 周来出现呼吸困难加重、气促、心悸、食欲下降、腹胀,该患者最适合的饮食方式是(　　)。

 A.高蛋白质、高热量、高维生素饮食　　　　　　B.高盐、高热量、低维生素饮食

 C.高蛋白质、高热量饮食　　　　　　D.低蛋白质、高热量、高维生素饮食

 E.低盐、低热量、高维生素饮食

2. 患者,女,43 岁。身高 155 cm,体重 65 kg,该患者所采用的最佳治疗饮食是(　　)。

 A.低胆固醇饮食　　　　　　B.低盐饮食　　　　　　C.低蛋白质饮食

 D.低脂饮食　　　　　　E.高糖饮食

3. 结肠造口患者出院后可以进食的蔬菜是(　　)。

 A.芹菜　　　　　B.韭菜　　　　　C.洋葱　　　　　D.辣椒　　　　　E.菜花

4. 患者,男,56 岁。需做大便隐血试验,护士指导其在标本采集前 3 天内,可食用的食物为(　　)。

 A.肉类　　　　B.动物肝　　　　C.绿叶蔬菜　　　　D.豆制品　　　　E.动物血

5. 患者,男,53 岁。因贲门癌收治入院。患者近期进食梗阻感加重,体重明显下降。护士对其饮食的指导要点中,错误的是(　　)。

 A.少食多餐　　　　　　B.半流质饮食　　　　　　C.低蛋白质饮食

 D.高热量饮食　　　　　　E.高维生素饮食

6. 患者,男,56 岁。肝硬化 3 年,因肝性脑病入院。为防止患者病情加重,应给予(　　)。

 A.低脂肪饮食　　　　　　B.低蛋白质饮食　　　　　　C.低嘌呤饮食

 D.低胆固醇饮食　　　　　　E.低盐饮食

7. 患者,女,56 岁。诊断胰头癌,行胰头十二指肠切除术,术后出现高血糖。经一段时间治疗后患者拟于明日出院,正确的饮食指导原则是(　　)。

 A.低脂、低糖、低蛋白质　　　　　　B.高脂、低糖、高蛋白质

 C.高脂、低糖、低蛋白质　　　　　　D.低脂、低糖、高维生素

 E.低脂、高糖、高维生素

8. 患者,男,50 岁。慢性肾小球肾炎 10 年,1 周前受凉后出现食欲减退,恶心、呕吐,晨起明显,夜尿增多。内生肌酐清除率为 30 mL/min。患者饮食中蛋白质的选择正确的是(　　)。

 A.大量动物蛋白　　　　　　B.大量植物蛋白　　　　　　C.少量动物蛋白

 D.少量植物蛋白　　　　　　E.禁食蛋白质

二、A3/A4 型题

(9～11 题共用题干)

患者,男,30 岁。因脑外伤后昏迷入院。护士准备通过鼻饲为其提供营养。

9. 一般胃管插入的长度为(　　)。

 A.14～16 cm　　　B.20～30 cm　　　C.45～55 cm　　　D.60～70 cm　　　E.80～90 cm

10. 下列关于鼻饲的操作方法,错误的是(　　)。

A.每次鼻饲量不超过 200 mL

B.每次灌注前应检查胃管是否通畅

C.每次鼻饲前注入少量温开水,证实胃管是否在胃内

D.药品碾碎溶解后灌入

E.拔管应夹紧胃管末端快速拔出

11. 长期鼻饲患者的胃管更换时间为(　　)。

A.每日1次　　B.隔日1次　　C.每周1次　　D.每周2次　　E.每月1次

（12～13题共用题干）

患者，男，38岁。1 h前口服安眠药2瓶，由家人急诊入院，呼之无应答。神志昏迷，护士迅速给予洗胃。操作图如下。

12.护士做图示动作的目的是（　　　）。

A.防止患者呕吐　　　　　　B.使患者更舒适

C.使患者更安全　　　　　　D.增大鼻咽通道的弧度

E.增大咽喉通道的弧度

13.护士应于何时做该图示动作？（　　　）

A.插胃管前　　　　　　B.测胃管长度时　　　　　　C.插胃管至咽喉部时

D.插胃管至鼻咽部时　　E.插胃管至贲门部时

（广州卫生职业技术学院　　何夏阳）

任务十一　排泄护理

 **护考提示**

1. 排尿、排便活动的评估。
2. 排尿异常、排便异常的护理。
3. 导尿术、留置导尿术及灌肠术的目的、操作要点和注意事项。

 **学习目标**

1. 知识目标：说出影响排尿及排便的因素；叙述尿液及粪便观察的主要内容。
2. 能力目标：能正确实施导尿术、留置导尿术及灌肠术；能识别患者的排泄异常并根据患者排尿及排便异常情况采取相应的护理措施。
3. 素质目标：能关心和尊重患者，有严格的无菌观念，注意保护患者隐私，有较强的沟通能力。

 **案例引导**

田某，女，32岁，自然分娩后8 h未排尿，感腹胀、腹痛。查体：T 36.6 ℃，P 102次/分，R 22次/分，BP 135/85 mmHg，见耻骨联合上膨隆，叩诊呈实音，有压痛。①这时患者出现了什么问题？应如何采取护理措施？

患者分娩后3天来，一直未排便，且感腹痛、腹胀，患者食欲不佳，触诊腹部较硬且紧张。②此时患者又出现了什么问题？应如何护理？

一、排尿护理

泌尿系统是由肾、输尿管、膀胱和尿道四部分组成的。肾脏是成对的实质性脏器，血液经肾小球的滤过作用生成原尿，再通过肾小管和集合管的重吸收作用生成终尿，经肾盂排向输尿管；输尿管是连接肾脏和膀胱的肌性管道，其主要生理功能是将尿液由肾脏输送到膀胱；膀胱主要的生理功能是储存和排

参考答案

在线答题

PPT课件

案例解析

情境训练

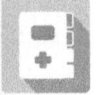

Note

泄尿液;尿道是将尿液从膀胱排出的通道,男性、女性尿道的解剖特点有很大的不同。男性尿道长 18～20 cm,有三个狭窄(尿道内口、膜部和尿道外口)。两个弯曲(耻骨下弯和耻骨前弯),其中耻骨下弯固定无变化,耻骨前弯可随阴茎位置不同而变化。女性尿道较男性尿道短、直、粗,富于扩张性,长 4～5 cm,尿道外口位于阴蒂的下方,且开口于阴道前庭,与阴道口、肛门相邻,易发生尿路逆行感染。

(一) 排尿活动的评估

1. 影响排尿因素的评估

(1) 心理因素　心理因素对正常排尿有很大的影响,若个体过度紧张焦虑,会出现尿频、尿急,有时也会因为抑制排尿而出现尿潴留。排尿还受暗示的影响,任何听觉、视觉或其他身体感觉的刺激均可诱发排尿,如有的人听见流水声就想排尿。

(2) 个人习惯　长期的生活习惯使个体形成各自的排尿习惯,如早晨起来第一件事就是排尿,晚上睡前要排空膀胱,排尿姿势的改变、时间不够充裕或环境不适宜等均会影响排尿活动。

(3) 环境因素　排尿应该在隐蔽的环境中进行,若缺乏隐蔽的环境,就会产生压力从而影响正常的排尿活动。

(4) 液体和饮食的摄入　液体的摄入量会直接影响尿量和排尿的频率,摄入量多,排尿就多。液体摄入的种类也会影响排尿,如咖啡、茶、酒类饮料等有利尿作用,会使尿量和排尿频率增加。某些食物的摄入也会影响排尿,如摄入含水量多的水果、蔬菜等可使尿量增多;进食含盐较高的食物或饮料会造成水钠潴留,使尿量减少。

(5) 气候变化　夏季由于天气炎热,身体出汗量多,体内水分相对减少,血浆晶体渗透压升高,使抗利尿激素分泌增加,促进了肾脏的重吸收,导致尿液浓缩和尿量减少;而冬季天气寒冷,由于外周血管收缩,使循环血量增加,体内水分相对增多,反射性地抑制抗利尿激素的分泌,导致尿量增加。

(6) 治疗、药物及检查　外科手术、外伤均可导致失血、失液,若补液不足,则机体处于脱水状态,尿量就会减少;某些药物如利尿剂会影响肾小管的重吸收功能而使尿量增多,麻醉剂、止痛剂、镇静剂可影响神经传导而干扰排尿;某些诊断性检查前要求患者禁食禁水,会使体液减少而影响尿量;有些检查如膀胱镜检查等可造成尿道损伤、水肿与不适,导致排尿形态的改变。

(7) 疾病　神经系统的损伤和病变会使排尿反射的神经传导和排尿的意识控制发生障碍,从而导致尿失禁。肾脏的病变使尿液的生成出现障碍,导致少尿或无尿;泌尿系统的肿瘤、结石或狭窄等也可导致排尿障碍,出现尿潴留。

(8) 其他因素　妇女在妊娠期,会因子宫增大压迫膀胱致使排尿次数增多;在月经周期中排尿形态也有改变,行经前,大多数妇女有体液潴留、尿量减少的现象;月经开始则尿量增加。婴幼儿大脑发育不完善,排尿不受意识控制,2～3 岁以后才能自我控制排尿。老年人因膀胱括约肌萎缩,弹性较差,容易出现尿频,老年男性由于前列腺肥大压迫尿道,可出现排尿困难。

2. 尿液的评估

(1) 尿量和次数　正常情况下一般成人白天排尿 3～5 次,夜间 0～1 次,每次尿量 200～400 mL,24 h 的尿量 1000～2000 mL,平均在 1500 mL 左右。尿量与排尿次数受疾病、饮食液体摄入等多方面因素的影响。

(2) 颜色　正常新鲜尿液呈淡黄色或深黄色,是由于尿液中含有尿胆原和尿色素所致。当尿液浓缩时,可见尿液量少色深。尿的颜色还受某些食物、药物的影响,例如,进食大量胡萝卜或服用核黄素,尿液呈深黄色。在病理情况下,尿液的颜色有以下变化。

①血尿:尿液呈洗肉水色,含红细胞量较多,常见于急性肾小球肾炎、输尿管结石、泌尿系统肿瘤、结核及感染等。

②血红蛋白尿:呈浓红茶色或酱油色,由于大量红细胞在血管内被破坏而形成,常见于血型不合所致的溶血、恶性疟疾和阵发性血红蛋白尿等。

③胆红素尿:尿液呈深黄色或黄褐色,震荡尿液后泡沫也呈黄色,常见于阻塞性黄疸和肝细胞性黄疸。

④乳糜尿：尿液因含淋巴液呈乳白色，常见于丝虫病。

（3）透明度　正常新鲜尿液清澈透明，放置后可呈现微量絮状沉淀物，系黏蛋白、核蛋白、盐类及上皮细胞凝结而成。尿液中含蛋白时不影响尿液的透明度，但震荡时可产生较多且不易消失的泡沫。新鲜尿液含有大量尿盐时，尿液冷却后可出现浑浊，但加热、加酸或加碱后，尿盐溶解，浑浊即可消失。病理情况下，尿液中含有大量白细胞、红细胞、上皮细胞，细菌或炎性渗出物时，排出的新鲜尿液呈白色絮状浑浊，此种尿液在加热、加酸或加碱后，其浑浊度不变，多见于泌尿系统感染。

（4）酸碱度　正常人尿液呈弱酸性，一般尿液 pH 值为 4.5～7.5，平均值为 6。饮食的种类可影响尿液的酸碱度，例如，进食大量蔬菜水果时，尿液呈碱性，而进食大量肉类时，尿液可呈酸性。病理情况下尿液呈酸性多见于酸中毒、痛风等，尿液呈强碱性可见于碱中毒或严重呕吐患者。

（5）比重　成人在正常情况下，尿比重波动在 1.015～1.025 之间，一般尿比重与尿量呈反比。尿比重的高低主要取决于肾脏的浓缩功能，尿比重增高可见于急性肾炎、糖尿病、高热、脱水等。尿比重降低可见于尿崩症、慢性肾炎等。若尿比重经常固定在 1.010 左右，提示肾功能严重障碍。

（6）气味　正常尿液气味来自尿内的挥发性酸。尿液久置后，因尿素分解产生氨，故有氨臭味。若新鲜尿液有氨臭味，怀疑有泌尿道感染。糖尿病酮症酸中毒时，因尿液中含丙酮，故有烂苹果气味。若尿液带有粪臭味考虑是膀胱直肠瘘。

3. 排尿异常的评估

（1）多尿　24 h 尿量超过 2500 mL 则为多尿。暂时性多尿常见于饮水过多或使用利尿剂后；病理性多尿可见于内分泌疾病如糖尿病、尿崩症等。

（2）少尿　24 h 尿量少于 400 mL 或每小时尿量少于 17 mL 则为少尿。发热、液体摄入过少、休克等会使患者体内血液循环不足导致尿量减少，某些疾病如心脏、肾脏、肝脏功能衰竭等也会出现少尿。

（3）无尿或尿闭　24 h 尿量少于 100 mL 或 12 h 内完全无尿则称为无尿或尿闭，常见于各种原因所致的严重休克、肾功能衰竭、药物中毒等。

（4）膀胱刺激征　主要表现为尿频、尿急、尿痛，主要是由于膀胱及尿道感染或机械性刺激引起。

①尿频：单位时间内排尿次数增加，主要是由于膀胱炎症或机械性刺激引起。

②尿急：尿急是指患者有强烈尿意难以控制，需要立即排尿，主要是由于膀胱三角或后尿道刺激而造成排尿活动异常强烈。

③尿痛：排尿时尿道或伴膀胱区疼痛，主要是由于膀胱、尿道感染等引起。

（5）尿潴留　尿液大量存留在膀胱内而不能自主排出。当尿潴留时，膀胱容积可增至 3000～4000 mL，膀胱高度膨胀可至脐部。体检可见耻骨上膨隆，扪及囊性包块，叩诊呈实音，有压痛。引起尿潴留的原因有多种。

①机械性梗阻：膀胱颈部或尿道有梗阻性病变，如膀胱、尿路结石、前列腺肥大或肿瘤压迫尿道，造成排尿受阻。

②动力性梗阻：由排尿功能障碍引起，而膀胱、尿道并无器质性梗阻病变，如外伤，疾病或使用药物所致脊髓初级排尿中枢活动障碍或抑制，不能形成排尿反射。

③其他：各种原因引起的不能用力排尿或不习惯排尿环境或排尿方式，心理因素如焦虑、窘迫使排尿不能及时进行。由于尿液存留过多，膀胱过度充盈，致使膀胱收缩无力，造成尿潴留。

（6）尿失禁　排尿失去意识控制或不受意识控制，尿液不自主地流出。尿失禁根据原因可分为真性尿失禁、假性尿失禁和压力性尿失禁。

①真性尿失禁（完全性尿失禁）：膀胱完全不能储存尿液，持续滴尿，膀胱处于空虚状态。导致真性尿失禁的原因可见于脊髓初级排尿中枢与大脑皮质之间联系受损，如昏迷、截瘫，因排尿反射活动失去大脑皮质的控制，膀胱逼尿肌出现无抑制性收缩；还可见于因手术、分娩所致的膀胱括约肌损伤或支配括约肌的神经损伤、病变所致的膀胱括约肌功能不良。另外，膀胱与阴道之间有瘘管或由于先天性尿路畸形均可导致尿失禁。

②假性尿失禁（充溢性尿失禁）：膀胱内储存部分尿液，当膀胱充盈达到一定压力时，即可不自主溢

出少量尿液。当膀胱内压力降低时,排尿即停止,但膀胱仍呈胀满状态而不能排空。主要是由于脊髓初级排尿中枢活动受抑制,膀胱充满尿液,内压增高迫使少量尿液流出。

③压力性尿失禁(不完全性尿失禁):当咳嗽、打喷嚏或运动时腹肌收缩,腹内压增高,致使有少量尿液不自主地流出,主要是由于膀胱括约肌张力降低,骨盆底部肌肉及韧带松弛,多见于中老年妇女。

(二)排尿异常的护理

1. 尿潴留患者的护理

(1)心理护理　加强与患者的沟通,安慰患者,消除其紧张和焦虑的情绪。

(2)提供隐蔽的排尿环境　关闭门窗,用屏风或床帘遮挡,请无关人员回避。适当调整治疗和护理时间,不要催促患者,使其安心排尿。

(3)调整体位和姿势　在病情允许的情况下协助卧床患者取合适卧位,可协助卧床患者抬高上身或坐起,尽可能使患者以习惯的姿势排尿。对某些术后需绝对卧床休息的患者,应事先有计划地训练床上排尿,以免因不适应排尿姿势的改变而导致尿潴留。

(4)利用条件反射诱导排尿　如听流水声、用温水冲洗会阴或温水坐浴;亦可采用针刺中极、曲骨、三阴交等穴位或艾灸关元、中极等穴位的方法刺激排尿。

(5)热敷、按摩　可放松肌肉,促进排尿,如果患者病情允许,可用手自膀胱底部向下按压以协助排尿,但不可强力按压以防膀胱破裂。

(6)注射药物　根据医嘱肌内注射卡巴胆碱等药物,以兴奋膀胱平滑肌,解除尿潴留。

(7)健康教育　讲解尿潴留的相关知识,指导自我放松,养成定时排尿的习惯。

(8)导尿　经上述措施仍不能解除尿潴留的,可采用导尿术。

2. 尿失禁患者的护理

(1)心理护理　尿失禁会给患者带来很大心理压力,如精神苦闷、忧郁、自卑等,也给生活带来许多不便。医护人员应尊重理解患者,给予安慰、开导和鼓励,帮助其树立战胜疾病的信心,积极配合治疗和护理。

(2)皮肤护理　尿失禁患者可使用尿垫或一次性纸尿裤,如有潮湿应及时更换,勤换衣裤、床单、被套等,注意保持皮肤清洁干燥,经常用温水清洗会阴部皮肤及协助患者更换体位,预防压疮发生。

(3)外部引流　可使用接尿装置引流尿液。女患者可用女式尿壶紧贴外阴部接取尿液,男患者可用尿壶接尿,或用阴茎套连接集尿袋接取尿液,但此法不宜长时间使用,每天要定时取下阴茎套和尿壶,清洗会阴部和阴茎,保持局部清洁干燥。

(4)重建正常的排尿功能

①如病情允许,指导患者每日摄入液体 2000~3000 mL,以促进排尿反射,还可预防泌尿系统感染及结石。但睡前应限制液体的摄入,以免夜间尿量增多而影响患者休息。

②协助患者定时使用便器,建立规律的排尿习惯,白天每 1~2 h 使用便器一次,夜间可 4 h 使用便器一次,使用便器时可用手按压膀胱以协助排尿,以后间隔时间逐渐延长,以促进排尿功能的恢复。

③指导患者进行骨盆底部肌肉的锻炼,以增强对排尿的控制能力,方法是患者取立、坐位或者卧位,试做排尿(排便)动作,先慢慢收紧盆底肌肉,再缓缓放松,每次 10 s 左右,连续 10 次,每日 5~10 次,以患者不感到疲乏为宜。

(5)留置导尿术　长期尿失禁患者可采取留置导尿术,以保持臀部及会阴部皮肤清洁干燥,防止破溃。留置导尿期间应注意保持引流通畅及预防泌尿系统感染。

(三)与排尿有关的护理技术

1. 导尿术　在严格无菌操作下,将导尿管经尿道插入膀胱引流尿液的方法。

实训 3-11-1　导尿术

【目的】

(1)为尿潴留患者引流出尿液,减轻痛苦。

（2）协助临床诊断。如采集尿标本做细菌培养；测量膀胱容量、压力及检查残余尿；进行尿道或膀胱造影等。

（3）为膀胱肿瘤患者行膀胱化疗。

【评估】

（1）患者的病情、意识状态、排尿情况、导尿目的。

（2）患者膀胱充盈度及会阴部皮肤黏膜情况。

（3）患者的心理状态、自理能力及合作程度。

（4）周围环境是否适合导尿。

【计划】

1. 操作者准备　着装整洁，修剪指甲，洗手，戴口罩。

2. 用物准备　一次性无菌导尿包（初次消毒用物包括方盘、消毒棉球、纱布、镊子、手套等；再次消毒及导尿用物包括方盘、手套、孔巾、消毒棉球、镊子（2 把）、标本试管、润滑油棉球、气囊导尿管、集尿袋、纱布、自带无菌液体的注射器）、弯盘、手消毒液、防污垫、浴巾、便盆及便盆巾，医用垃圾桶、生活垃圾桶等。必要时备屏风。

导尿管分为单腔导尿管（一次性导尿）、双腔导尿管（留置导尿）和三腔导尿管（膀胱冲洗或向膀胱给药）。根据年龄、病情及个体差异选择合适的导尿管，如尿道狭窄、前列腺肥大患者应选相对较细的导尿管；老年女性患者应选较粗的导尿管。

3. 患者准备　了解导尿的目的、方法、注意事项及配合要点，嘱患者清洗外阴，若患者无自理能力则协助患者清洁外阴。

4. 环境准备　环境整洁、舒适，温湿度适宜，光线充足，酌情关闭门窗，用屏风或床帘遮挡。

【实施】

1. 操作步骤

操作步骤	要点说明
1.准备用物　核对医嘱，洗手、戴口罩	• 根据需要备好用物
2.核对解释　核对患者床号、姓名、腕带，评估患者，向患者解释，用床帘或屏风遮挡	• 确认患者，取得患者合作
3.放置便盆　将床旁椅移至同侧床尾，便盆置于床旁椅上	• 便于操作
4.安置体位　协助患者取屈膝仰卧位，两腿外展，暴露外阴	• 注意保暖及保护患者隐私
5.垫巾开包　在患者臀下垫一次性防污垫，弯盘置于靠近外阴处，打开导尿包，将消毒棉球倒入方盘中	• 避免污染床单位
6.消毒导尿 ★女性患者导尿术 （1）初次消毒　操作者一手戴手套，一手持镊子夹取消毒棉球消毒阴阜和大阴唇，再以戴手套的手分开大阴唇，消毒小阴唇和尿道口。消毒完毕，移弯盘及方盘至床尾脱下手套	• 顺序由外向内，自上而下，每个棉球只用一次
（2）开包铺巾　将导尿包置于患者两腿之间，按无菌技术操作打开治疗巾，戴无菌手套，铺孔巾，使孔巾和导尿包内层包布形成一无菌区	• 孔巾和治疗巾应重叠形成无菌区，防止污染
（3）整理用物　按操作顺序整理用物，根据需要连接导尿管和集尿袋，用润滑油棉球润滑导尿管前端	• 润滑尿管可减轻尿管对黏膜的刺激和插管时的阻力
（4）再次消毒　一手拇指、示指分开并略向上提起小阴唇并固定，一手持镊子夹消毒棉球，分别消毒尿道口、小阴唇，再次消毒尿道口。污棉球、镊子及方盘置于床尾弯盘内	• 顺序自上而下，由内到外再到内，消毒尿道口时停留片刻，使消毒液与黏膜充分接触

续表

操作步骤	要点说明
（5）插入尿管　一手继续固定小阴唇，另一手将方盘移至孔巾口旁，嘱患者深呼吸，用另一把镊子夹导尿管轻轻插入尿道 4～6 cm，见尿液流出后再插入 1～2 cm（图 3-11-1）	• 插管时动作轻柔，防止损伤尿道黏膜
（6）引流尿液　松开固定小阴唇的手，固定导尿管，使尿液流入集尿袋或方盘内	• 注意观察患者的反应，方盘内尿液满时应及时倒入便盆内。如需做尿培养可用无菌标本试管接取中段尿 5 mL
★男性患者导尿术 （1）初次消毒　操作者一手戴手套，另一手持镊子夹取消毒棉球消毒阴阜、阴囊及阴茎。再用无菌纱布包裹住患者阴茎，将包皮向后推，露出尿道外口，自尿道口向外向后旋转擦拭消毒尿道口、龟头及冠状沟数次。消毒完毕，移弯盘及方盘至床尾后脱下手套	• 包皮及冠状沟容易藏污垢，消毒时应仔细擦洗
（2）开包铺巾　将导尿包置于患者两腿之间，按无菌技术操作打开治疗巾，戴无菌手套，铺孔巾，使孔巾和导尿包内层包布形成一无菌区	• 孔巾和治疗巾应重叠形成无菌区，防止污染
（3）整理用物　按操作顺序整理用物，根据需要连接导尿管和集尿袋，用润滑油棉球润滑导尿管前端	• 润滑尿管可减轻尿管对黏膜的刺激和插管时的阻力
（4）再次消毒　一手用无菌纱布包裹住患者阴茎将包皮向后推，暴露出尿道口。用消毒棉球依前法消毒尿道口、龟头及冠状沟数次。污棉球、镊子及方盘置于床尾弯盘内	• 每个棉球只用一次，确保消毒部位不被污染
（5）插入尿管　一手用无菌纱布固定阴茎并提起，使其与腹壁成 60°角，另一手将方盘移至孔巾口旁，嘱患者深呼吸，用另一把镊子夹导尿管轻轻插入尿道 20～22 cm，见尿液流出后，再插入 1～2 cm（图 3-11-2）	• 插管时动作轻柔，防止损伤尿道黏膜，男性尿道有两个弯曲和三个狭窄，将阴茎提起使其与腹壁成 60°角可使耻骨前弯消失
（6）引流尿液　固定导尿管，使尿液流入集尿袋或方盘内	• 注意观察患者的反应，方盘内尿液满时应及时倒入便盆内。如需做尿培养可用无菌标本试管接取中段尿 5 mL
7. 拔出尿管　导尿结束，轻轻拔出导尿管，撤下孔巾，擦净外阴，脱去手套。撤去患者臀下的防污垫，协助患者穿好裤子，整理床单位，拉开床帘或屏风	• 注意保暖及保护患者隐私
8. 洗手记录　洗手，取口罩，记录，如有标本应及时送检	• 记录导出的尿量及导尿时患者的反应等

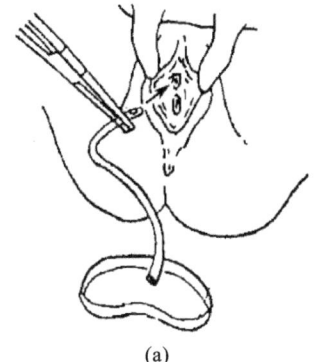
(a)

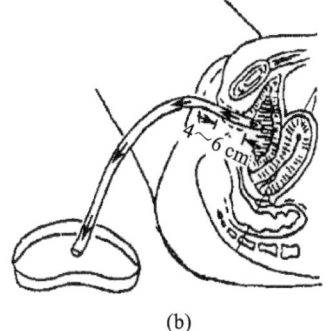
(b)

图 3-11-1　女性患者导尿术

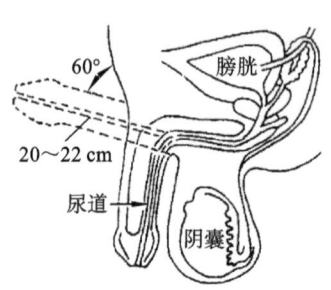

图 3-11-2　男性患者导尿时阴茎和腹壁成 60°角

2. 注意事项

（1）导尿过程中，严格执行无菌操作，防止医源性感染。

（2）插管拔管时，动作轻柔，防止损伤患者的尿道黏膜。

（3）为女性患者导尿时，特别是老年女性由于尿道口回缩陷于阴道前壁，插管时要仔细观察辨认。若导尿管误插入阴道，应更换无菌导尿管重新插入；若导尿管滑出或疑有污染不能再向内插，防止发生泌尿系统感染。

（4）男性尿道有两个弯曲，导尿时阴茎上提，使耻骨前弯消失，便于插管。由于有三个狭窄，插管时略有阻力，因此在插管过程中受阻时，稍停片刻，请患者深呼吸，减轻尿道括约肌的紧张，再缓缓插入导尿管，切忌用力过快过猛而损伤尿道黏膜。

（5）膀胱高度膨胀且极度虚弱的患者，第一次放尿不能超过 1000 mL。因为放出尿液过多，会使腹内压突然降低，血液大量滞留在腹腔血管内，导致血压下降而引起虚脱；又因膀胱内压力突然降低，可使膀胱黏膜急剧充血，发生血尿。

（6）操作过程中注意保暖和保护患者隐私。

【评价】

（1）引流出尿液，患者痛苦减轻或消失，身心舒适。

（2）护患沟通有效，注意保护患者隐私，患者能主动配合，接受指导。

（3）护士有较强的无菌观念，动作轻柔，患者未发生泌尿系统感染或黏膜损伤。

2. 留置导尿术　在导尿后，将导尿管保留在膀胱内引流尿液的方法。

实训 3-11-2　留置导尿术

【目的】

（1）抢救危重、休克患者时正确记录每小时尿量，测量尿比重，密切观察患者的病情变化。

（2）为盆腔手术排空膀胱，使膀胱持续保持空虚，避免术中误伤。

（3）某些泌尿系统疾病术后留置导尿管，便于引流和冲洗，并减轻手术切口的张力，利于伤口愈合。

（4）为尿失禁或会阴部有伤口的患者引流尿液，保持会阴部的清洁干燥。

（5）为尿失禁的患者行膀胱功能训练。

【评估】

（1）患者的病情、意识状态、排尿情况、导尿目的。

（2）患者膀胱充盈度及会阴部皮肤黏膜情况。

（3）患者的心理状态、自理能力及合作程度。

（4）周围环境是否适合导尿。

【计划】

1. 操作者准备　着装整洁，修剪指甲，洗手，戴口罩。

2. 用物准备　同导尿术。

3. 患者准备　了解留置导尿的目的、方法、注意事项及配合要点，学会引流袋的固定方法及留置导尿管的护理要点。嘱患者清洗外阴，若患者无自理能力则协助患者清洁外阴。

4. 环境准备　环境整洁、舒适，温湿度适宜，光线充足，酌情关闭门窗，用屏风或床帘遮挡。

【实施】

1. 操作步骤

操作步骤	要点说明
1. 核对解释　同导尿术	• 确认患者，取得患者合作
2. 消毒插管　同导尿术进行消毒并插入尿管	• 同导尿术

续表

操作步骤	要点说明
3.固定尿管 尿液流出后再插入7～10 cm,根据导尿管上注明的气囊容积,用无菌注射器向气囊内充气或注入无菌溶液。轻拉导管有阻力感以证实导尿管已固定于膀胱内(图 3-11-3)	• 不要用力牵拉以防尿管卡在尿道内口压迫膀胱内壁
4.固定尿袋 夹闭尿管,移开孔巾,将集尿袋固定于低于膀胱高度的位置,开放导尿管	• 防止尿液反流
5.整理指导 脱去手套,撤去患者臀下的防污垫,安置患者,整理床单位,拉开床帘或屏风,指导患者及家属留置尿管的护理要点	• 注意保暖及保护患者隐私
6.洗手记录 洗手,取口罩,记录	• 记录留置尿管的时间、尿量及患者的反应等

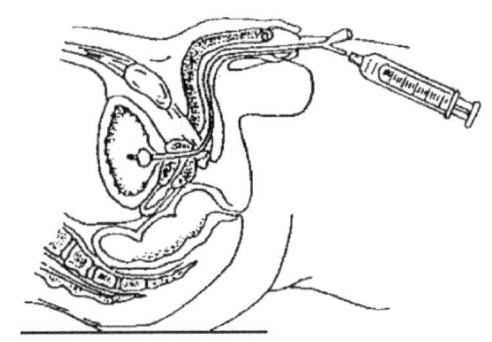

图 3-11-3 气囊导尿管固定法

2. 注意事项

(1)同导尿术注意事项(1)～(6)。

(2)选择合适的导尿管及充盈物质,并注意插管的长度。

(3)固定导尿管时注意不要用力牵拉以防导尿管气囊卡在尿道内口,压迫膀胱内壁。

3. 留置导尿管患者的护理

(1)向患者及其家属解释留置导尿管的目的和护理方法,使其认识到预防泌尿道感染的重要性,并鼓励其主动参与护理。

(2)防止泌尿系统逆行感染 ①保持尿道口清洁:女性患者用消毒液棉球擦拭外阴及尿道口;男性患者用消毒液棉球擦拭尿道口、龟头及包皮,每天1～2次。②每日定时更换集尿袋,及时排空集尿袋,并记录尿量。③一般导尿管每周更换1次,硅胶导尿管可酌情适当延长更换时间。④对离床活动的患者,应妥善固定导尿管及集尿袋,以防导尿管脱出,集尿袋不得超过膀胱高度并避免挤压,防止尿液反流。⑤在病情允许的情况下鼓励患者多饮水,每天摄入 2000 mL 以上的水分,勤更换卧位,增加尿量,达到自然冲洗尿路的作用。

(3)保持引流通畅,避免导尿管受压、扭曲、堵塞。

(4)训练膀胱反射功能,可采用间歇性夹管方式。夹闭导尿管,每3～4 h开放1次,使膀胱定时充盈和排空,促进膀胱功能的恢复。

(5)注意倾听患者主诉并观察尿液情况,发现尿液浑浊、沉淀或有结晶时,应及时处理,每周查尿常规1次。

【评价】

(1)护士有较强的无菌观念,动作轻柔,患者未因导尿而发生泌尿系统感染或黏膜损伤。

(2)护患沟通有效,患者能认识到留置尿管的意义和预防泌尿道感染的重要性,能主动参与护理。

(3)患者尿管引流通畅,局部皮肤清洁、干燥,留置导尿管期间未发生泌尿系统感染等并发症。

间歇性导尿术

间歇性导尿术(Intermittent catheterization,IC)是指定期经尿道或腹壁窦道插入导尿管以帮助不能自主排尿的患者排空膀胱或储尿囊的治疗方法。IC 最早于 1844 年由 Stromeyer 提出,1947 年 Guttmann 提出了用于脊髓损伤患者的无菌性间歇性导尿术(aseptic intermittent catheterization,AIC),1972 年 Lapides 将自我间歇性清洁导尿术(clean intermittent self-catheterization,CISC)引入脊髓损伤等神经源性膀胱患者的治疗。多项研究表明,神经性排尿障碍者长期应用间歇性导尿术能减少留置导尿带来的不便并显著降低尿路感染的发生率及其他并发症,使患者生存得更长久,生活质量也得到改善。间歇性导尿被国际尿控协会推荐为治疗神经源性膀胱功能障碍的首选方法,在临床上应用广泛。

3. 膀胱冲洗 膀胱冲洗是指利用导尿管将溶液灌入膀胱内,再利用虹吸原理将灌入的液体引流出来的方法。

实训 3-11-3 膀胱冲洗

【目的】

(1) 对留置导尿管的患者,保持其尿液引流通畅。

(2) 清除膀胱内的血凝块、黏液、细菌等异物,预防感染。

(3) 治疗某些膀胱疾病,如膀胱炎、膀胱肿瘤等。

【评估】

(1) 患者的病情、意识状态、自理能力、排尿情况及尿液。

(2) 患者的心理状态、对膀胱冲洗的认识及合作程度。

【计划】

1. 操作者准备 着装整洁,修剪指甲,洗手,戴口罩。

2. 用物准备 按导尿术准备导尿用物一套、无菌膀胱冲洗装置一套、消毒液、无菌棉签、根据医嘱准备冲洗溶液(常用冲洗溶液有生理盐水、0.02%呋喃西林溶液等,温度为 38~40 ℃,如为前列腺肥大摘除术后的患者可用 4 ℃生理盐水冲洗)、手消毒液、便盆及便盆巾,医用垃圾桶、生活垃圾桶。必要时备屏风。

3. 患者准备 了解膀胱冲洗的目的、方法、注意事项及配合要点。

4. 环境准备 环境整洁、舒适,温湿度适宜,光线充足,酌情用屏风或床帘遮挡。

【实施】

1. 操作步骤

操作步骤	要点说明
1.准备用物 核对医嘱,洗手、戴口罩	• 根据需要备好用物
2.核对解释 核对患者床号、姓名、腕带,评估患者,向患者解释	• 确认患者,取得患者合作
3.导尿固定 按留置导尿术插好尿管并固定	• 同留置导尿术
4.排空膀胱 开放导尿管,使膀胱内尿液流入集尿袋	• 有利于液体滴入膀胱内,同时使溶液和膀胱黏膜充分接触
5.连接装置 连接冲洗溶液和冲洗装置,将冲洗瓶倒挂于输液架上,排气后关闭导管。分开导尿管与集尿袋引流管接头处,分别消毒导尿管口和引流管接头,将导尿管口和引流管接头分别与 Y 形管的两个分管相连接,Y 形管的主管连接冲洗导管(图 3-11-4)	• 使用三腔导尿管时可不用 Y 形管

续表

操 作 步 骤	要 点 说 明
6.膀胱冲洗 夹闭引流管,开放冲洗管,使溶液滴入膀胱,调节滴速。待患者有尿意或滴入溶液 200～300 mL 后,夹闭冲洗管,放开引流管,将冲洗液全部引流出来后再夹闭引流管	• 滴速不宜过快,引流时 Y 形管须低于耻骨联合,以使引流彻底
7.反复冲洗 根据需要反复冲洗	• 在冲洗过程中经常询问患者感受,注意观察患者的反应及引流液的性状
8.消毒固定 冲洗完毕,取下冲洗管,消毒导尿管口和引流管接头并连接,清洁外阴,固定好导尿管	• 严格无菌操作
9.整理记录 协助患者取舒适卧位,整理床单位,处理用物,洗手,取口罩,记录	• 记录冲洗液名称、冲洗量、引流量、引流液性质、冲洗过程中患者的反应等

2. **注意事项**

(1) 操作中严格遵循无菌操作原则,防止感染。

(2) 冲洗瓶内液面距离床面约 60 cm,以便产生一定的压力,使液体能够顺利滴入膀胱。

(3) 滴速一般为每分钟 60～80 滴,不宜过快。以防患者尿意强烈,膀胱收缩,迫使冲洗液从导尿管侧溢出尿道外。

(4) 如滴入治疗用药,须在膀胱内保留 30 min 后再引流出体外。

(5) 密切观察患者病情变化,如患者出现腹痛、腹胀等不适或有出血情况,应立即停止冲洗,并通知医生,及时处理。

(6) 冲洗时注意观察引流是否通畅,当引流出的液体量少于灌入量时,应考虑是否有血块或脓液阻塞,可增加冲洗次数或更换导尿管。

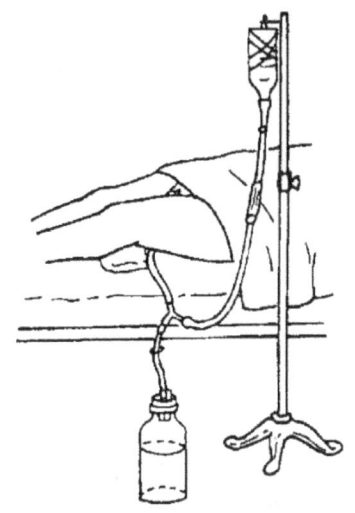

图 3-11-4 膀胱冲洗

【评价】

(1) 护患沟通有效,患者理解膀胱冲洗的意义,能积极配合。

(2) 操作中注意保护和关心患者,有较强的无菌观念,患者未发生感染等并发症。

二、排便护理

(一) 排便活动的评估

1. 影响排便因素的评估

(1) 心理因素 心理因素是影响排便的重要因素。如腹泻、胀气、溃疡性结肠炎,均与心理因素有关。精神抑郁导致身体活动减缓可出现便秘,相反,情绪激动和神经质则可能造成腹泻。

(2) 个人习惯 在日常生活中,许多人都有自己固定的排便时间,或使用某种固定的便器。若因环境改变而无法维持这些生活习惯时,排便规律将被打破。例如,旅行常会破坏个体的日常规律,而导致便秘或腹泻。

(3) 年龄 3 岁以下的婴幼儿,神经肌肉系统发育不完善,常不能控制排便;老年人腹壁肌肉张力逐渐下降,胃肠蠕动逐渐减慢,肛门括约肌逐渐松弛导致排便控制能力下降而出现排便功能的异常。

(4) 食物与液体的摄入 均衡的饮食与足量的液体摄入是维持正常排便的重要条件。纤维素或无法消化的食物残渣会形成粪团,粪团有助于大肠的蠕动,增加排便反射的刺激。每日摄入足量液体,可以液化肠内容物使食物能顺利通过肠道。低纤维、高糖类饮食,易减少排便反射;总摄入量减少直接减少了粪便容积,而产气食物能够使肠道膨胀,刺激肠蠕动。

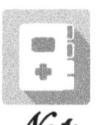

（5）活动　活动可维持肌肉的张力,刺激肠蠕动,有助于维持正常的排便功能。长期卧床、缺乏活动的患者,腹肌及骨盆腔肌肉收缩无力,将无法有效地增加腹内压和协助肛门控制排便。

（6）疾病　肠道本身的疾病或身体其他系统的病变均可影响正常排便。

（7）药物　制酸剂因其化学结构的不同,可造成便秘或腹泻;滥用抗生素可破坏肠道内正常菌群而引起腹泻;全身麻醉剂会抑制中枢神经系统的活动,减缓肠蠕动而易致术后肠功能障碍。

（8）治疗和检查　某些治疗和检查会影响个体的排便活动,例如,肠道手术会暂时中断肠蠕动,造成麻痹性肠梗阻;会阴部的任何手术,因疼痛不适或手术部位水肿的作用,也会影响排便习惯。

2. 粪便的评估

（1）排便次数　排便次数因人而异。一般成人每天排便1~3次,婴儿每天排便3~5次,如一周少于3次或每日多于3次（成人）,应视为排便异常,如腹泻、便秘。

（2）排便量　正常成人每天排便量100~300 g。以进食精细食物或肉食为主者,粪便细腻而量少;进食粗粮,尤其是大量蔬菜者,粪便量较多。胃、肠、胰腺有炎症或功能紊乱时,由于分泌、消化、吸收不良,粪便量增多。

（3）形状　正常成人的粪便为成形软便。便秘时粪便坚硬、呈栗子样;肠道部分梗阻或直肠狭窄的患者,粪便常呈扁条形或带状;消化不良或急性肠炎时可为稀便或水样便。

（4）粪便颜色　正常成人的粪便呈黄褐色或棕黄色,婴儿的粪便呈黄色或金黄色。因摄入食物或药物,粪便颜色也会发生变化:进食大量绿叶蔬菜,粪便可呈暗绿色;进食动物血或含铁制剂,粪便可呈无光样黑色。若粪便颜色的改变与上述情况无关,则表明有病理变化存在:柏油样便,呈暗褐色或黑色,质软富有光泽,宛如柏油,多见于上消化道出血;鲜血便,多见于痔疮或肛裂;陶土样便,多见于阻塞性黄疸;果酱样便,多见于阿米巴痢疾;米泔水样便,多见于霍乱、副霍乱。

（5）内容物　粪便内容物主要为食物残渣、脱落的肠上皮细胞、细菌及机体代谢后的废物。当粪便中混有大量黏液时,多见于肠炎;脓血便多见于痢疾、溃疡性结肠炎、局限性肠炎、结肠或直肠癌;肠道寄生虫感染患者的粪便中可检出蛔虫、蛲虫、绦虫节片等。

（6）粪便气味　正常粪便因含有蛋白质分解产物靛基质及粪臭素等而有臭味,肉食者味重,素食者味轻,患慢性肠炎、胰腺疾病,特别是直肠癌溃烂继发感染时呈恶臭,消化不良患者的粪便呈酸臭,上消化道出血患者的柏油样便呈腥臭,下消化道溃疡或恶性肿瘤患者的粪便呈腐败臭。

（二）异常排便的评估

1. 便秘　正常的排便形态改变,排便次数减少,排出过于干硬的粪便,且排便不畅,困难。

（1）原因　某些器质性病变,排便习惯不良,中枢神经系统功能障碍,排便时间或活动受到限制,强烈的情绪反应,各类直肠肛门手术,某些药物不合理的使用,饮食结构不合理,饮水量不足,滥用缓泻剂、栓剂、灌肠,长期卧床或活动减少等,均可抑制肠道功能而导致便秘的发生。

（2）症状和体征　粪便干硬,伴腹痛、腹胀、消化不良、乏力、食欲不佳、舌苔变厚,触诊腹部较硬且紧张,有时可触及包块,肛诊可触及粪块。

2. 粪便嵌塞　粪便持久滞留堆积在直肠内,坚硬不能排出,常发生于慢性便秘患者。

（1）原因　便秘未能及时解除,粪便滞留在直肠内,水分被持续吸收,而乙状结肠排下的粪便又不断加入,最终使粪块变得又大又硬不能排出。

（2）症状和体征　患者有排便冲动,腹部胀痛,直肠肛门疼痛,肛门处有少量液化的粪便渗出,但不能排出粪便,患者十分痛苦。

3. 腹泻　正常排便形态改变,频繁排出松散稀薄的粪便甚至水样便。

（1）原因　饮食不当或使用泻剂不当;情绪紧张焦虑;消化系统发育不成熟,胃肠道疾病;某些内分泌疾病如甲状腺功能亢进可导致肠蠕动增加,发生腹泻。

（2）症状和体征　粪便松散稀薄或呈液体样,伴腹痛、肠痉挛、疲乏、恶心、呕吐、肠鸣音亢进,有急于排便的需要和难以控制的感觉。

4. 大便失禁　肛门括约肌不受意识的控制而不自主地排便。

（1）原因　神经肌肉系统的病变或损伤，如瘫痪、胃肠道疾病、精神障碍、情绪失调等。

（2）症状与体征　患者不自主地排出粪便。

5. 肠胀气　胃肠道内有过量气体积聚，不能排出。

（1）原因　食入过多产气性食物；吞入大量空气；肠蠕动减少；肠道梗阻及肠道术后。

（2）症状与体征　腹部膨隆，叩诊呈鼓音、腹胀、痉挛性疼痛、呃逆、肛门排气过多。当肠胀气压迫膈肌和胸腔时，可出现气急和呼吸困难。

（三）异常排便的护理

1. 便秘患者的护理

（1）提供适当的排便环境　提供患者单独隐蔽的环境及充足的排便时间。

（2）帮助患者重建正常的排便习惯　指导患者选择适合自身排便的时间，每天固定在此时间排便，并一直坚持使之形成习惯，不随意使用缓泻剂及灌肠等方法。

（3）选择适宜的排便姿势　病情允许时让患者下床上厕所排便；不能下床活动者，训练其在床上使用便器，除非有特别禁忌，最好指导患者采取坐姿或抬高床头，利用重力作用增加腹内压促进排便。

（4）指导进行腹部环形按摩　晚上睡前用手沿结肠解剖位置自右向左环形按摩，可促使降结肠的内容物向下移动，并可增加腹内压，促进排便。指端轻压肛门后端也可促进排便。

（5）合理安排膳食　多摄取可促进排便的食物和饮料。如：多食用蔬菜、水果、粗粮等高纤维食物；餐前提供开水、柠檬汁促进肠蠕动，刺激排便反射；多饮水，病情许可的情况下每天液体摄入量不少于2000 mL；适当食用油脂类食物。

（6）鼓励患者适当运动　根据个人情况制定活动计划（如散步、做操等），卧床患者可进行床上活动。此外，还应指导患者进行增强腹肌和盆底部肌肉的运动，以增强肠蠕动和肌张力，促进排便。

（7）遵医嘱给予口服缓泻药物　缓泻剂可使粪便中的水分含量增加，加快肠蠕动，加速肠内容物的运行，而起导泻作用。对于老人、小孩应选择作用缓和的泻剂（缓泻剂），慢性便秘的患者可选用蓖麻油、番泻叶等缓泻剂。应注意长期使用或滥用缓泻剂会使结肠产生对缓泻剂的依赖，失去正常排便功能，导致慢性便秘。

（8）使用简易通便剂　常用的有开塞露、甘油栓等。其作用机制是软化粪便，润滑肠壁，刺激肠蠕动而促进排便。

（9）以上方法均无效时，遵医嘱给予灌肠。

（10）健康教育　指导患者及家属正确认识维持正常排便的意义并获取相关知识。

2. 粪便嵌塞患者的护理

（1）早期可使用栓剂，口服缓泻剂来润肠通便。

（2）必要时先行油类保留灌肠，2～3 h后再清洁灌肠。

（3）人工取便　通常在清洁灌肠无效后遵医嘱执行，术者戴手套，将涂润滑剂的示指慢慢插入患者直肠内，触到硬物时注意其大小、硬度，然后机械地破碎粪块，一块一块地取出。操作时注意动作轻柔，避免损伤直肠黏膜，如有心悸、头昏等不适，立即停止操作。

（4）健康教育　向患者及家属讲解排便的相关知识。协助患者建立并维持正常的排便习惯，防止便秘的发生。

3. 腹泻患者的护理

（1）去除原因　立即停食可能被污染的食物，肠道感染时遵医嘱给予抗生素治疗。

（2）卧床休息，注意腹部保暖　嘱患者卧床休息以减少肠蠕动，对不能自理的患者及时给予便器，消除焦虑不安的情绪。

（3）饮食调理　鼓励患者饮水，酌情给予清淡的流质或半流质食物，避免油腻、辛辣、高纤维食物。严重腹泻时可暂禁食。

（4）防治水、电解质紊乱　按医嘱给予止泻剂，口服补盐液或静脉输液。

（5）皮肤护理　做好肛周皮肤护理，对婴幼儿、老人、身体衰弱者，每次便后用软纸轻擦肛门，温水

清洗,在肛门周围涂油膏保护局部皮肤。

(6) 密切观察病情　观察及记录排便的次数、粪便的性状等,必要时留取标本送检。病情危重者,密切观察其生命体征的变化。若疑为传染病则按肠道隔离原则护理。

(7) 心理支持　主动关心患者,给予必要的支持和安慰,及时协助更换衣裤、床单、被套和沐浴,促进患者身心舒适。

(8) 健康教育　向患者及家属讲解有关腹泻的知识,指导患者注意饮食卫生,养成良好的卫生习惯。

4. 大便失禁患者的护理

(1) 心理护理　排便失禁的患者心情紧张而窘迫,常感到自卑和忧郁,期望得到理解和支持。护理人员应尊重理解患者,给予心理安慰与支持,帮助其树立信心,配合治疗和护理。

(2) 皮肤护理　床上铺防污垫,每次便后用温水洗净肛门周围及臀部皮肤,保持皮肤清洁干燥,肛门周围涂搽软膏以保护皮肤,避免破损感染。

(3) 帮助患者重建排便的控制能力　了解患者排便时间,掌握规律,定时给予便器,促使患者按时自己排便。教会患者进行肛门括约肌及盆底肌肉收缩锻炼:方法是患者取立位、坐位或者卧位,试做排尿(排便)动作,先慢慢收紧盆底肌肉,再缓缓放松,每次 10 s 左右,连续 10 次,每日 5~10 次,以患者不感到疲乏为宜。

(4) 保持床褥、衣服清洁,室内空气清新　及时更换污湿的衣裤、被单,定时开窗通风,除去不良气味。

5. 肠胀气患者的护理

(1) 勿食产气食物和饮料,积极治疗肠道疾病等。

(2) 鼓励患者适当活动。病情允许时协助患者下床活动如散步,卧床患者可做床上活动或变换体位,促进肠蠕动,减轻肠胀气。

(3) 轻微胀气时,可行腹部热敷或腹部按摩、针刺疗法;严重胀气时,遵医嘱给予药物治疗或行肛管排气。

(4) 健康教育　向患者及家属讲解肠胀气的相关知识,指导患者养成良好的饮食习惯,细嚼慢咽。

(四) 与排便有关的护理技术

见实训 3-11-4。

实训 3-11-4　大量不保留灌肠

【目的】

(1) 解除便秘、肠胀气。

(2) 清洁肠道,为肠道手术、检查或分娩做准备。

(3) 稀释并清除肠道内有害物质,减轻中毒。

(4) 灌入低温液体,为高热患者降温。

【评估】

(1) 患者的病情及治疗情况。

(2) 患者的意识状态、生命体征、排便情况和自理能力。

(3) 患者心理状况及对灌肠的理解、配合程度。

(4) 患者肛周皮肤、黏膜情况。

【计划】

1. 操作者准备　着装整洁,修剪指甲,洗手,戴口罩。

2. 用物准备　一次性灌肠袋或灌肠筒一套(橡胶管连接玻璃接管、全长约 120 cm)、血管钳(或液体调节开关)、肛管、弯盘、润滑剂、棉签、手套、卫生纸、防污垫、水温计。便盆和便盆巾、生活垃圾桶、医疗垃圾桶。输液架及屏风。

灌肠溶液:常用 0.1%~0.2% 肥皂水、生理盐水。溶液温度:39~41 ℃,降温时 28~32 ℃,中暑患

者使用时 4 ℃。用量:成人为 500~1000 mL,小儿为 200~500 mL。

3.**患者准备** 了解灌肠的目的、方法、注意事项及配合要点。

4.**环境准备** 环境整洁、舒适,温湿度适宜,光线充足,酌情关闭门窗,用屏风或床帘遮挡。

【实施】

1.操作步骤

操作步骤	要点说明
1.评估 嘱患者排空膀胱。洗手、戴口罩,备齐用物携至患者床前,再次解释并核对	• 请无关人员回避,关闭门窗,遮挡患者。注意保护患者隐私,核对床号、姓名、腕带
2.安置体位 协助患者取左侧卧位,裤子退至膝部,双膝屈曲,移臀部至床沿	• 该姿势使乙状结肠、降结肠处于下方,利用重力作用使灌肠溶液顺利流入乙状结肠和降结肠
3.垫巾 铺防污垫于臀下,置弯盘于臀边	• 不能自我控制排便的患者可取仰卧位,臀下垫便器
4.准备灌肠筒、戴手套 将灌肠筒或一次性灌肠袋挂在输液架上,使液体距患者肛门 40~60 cm,戴手套(图 3-11-5)	• 保持一定的灌肠压力和速度。伤寒患者灌肠时灌肠筒内液面不得高于肛门 30 cm,液体量不得超过 500 mL • 防止气体进入直肠
5.连接润滑肛管、排气 连接肛管,润滑肛管前端减少摩擦,排出少量液体以排净管内的空气	• 插入时如遇到阻力,可先灌入少量液体,然后轻轻拔出少许肛管,转动一下再行插入。因阻力多由于肠痉挛或肛门括约肌紧张,故灌入少量液体时可缓解痉挛,使括约肌松弛
6.插肛管 夹住肛管,分开患者臀部,将肛管自肛门缓缓插入直肠内 7~10 cm(小儿 4~7 cm)	
7.灌液 当肛管插入合适深度后,放开夹子,扶住肛管固定,使溶液慢慢流入	• 若灌肠筒过高致压力过大,灌入溶液过快,常不易保留
8.观察 密切观察溶液流入情况	• 若筒内液面停止下降,溶液受阻,多由于肛管被小粪块阻塞,稍移动肛管可冲开粪块使溶液继续流动。如患者有便意,应鼓励患者张口深呼吸以放松腹肌,减轻腹压,放低灌肠筒以降低灌入压力
9.拔管 待溶液即将流完时,夹住肛管,用卫生纸包住轻轻取出放弯盘内	• 避免拔管时空气进入肠道
10.保留灌肠液 嘱患者尽量保留 5~10 min 后再排便,以达到较好的效果	• 使灌肠液在肠中有足够的作用时间,以利粪便充分软化容易排出。如降温灌肠,液体要保留 30 min,排便后 30 min 复测体温并记录
11.排便 对不能下床的患者,给予便器,将卫生纸、呼叫器放于易取处。扶住能下床的患者上厕所排便	• 保持病房整洁,去除异味
12.处理用物	
13.记录 详细记录灌入液种类、量、灌肠效果及有无异常情况	• 1/E 表示灌肠一次后大便 1 次。0/E 表示灌肠一次无排便。1¹/E 表示自行排便 1 次,灌肠后又排便 1 次

2.**注意事项**

(1)灌肠完毕嘱患者不要立即排便,使液体保留 5~10 min 以上。

(2)尽量减少暴露,准确掌握溶液的温度、浓度、流速、压力和溶液的量。

(3)伤寒患者灌肠时,溶液不能超过 500 mL,压力要低,液面距肛门高度不能超过 30 cm。为高热患者降温灌肠时用 28~32 ℃等渗盐水,保留 30 min 后再排出,排便后隔 0.5 h 测量体温并记录。

(4)为肝昏迷患者灌肠时,禁用肥皂水。因肥皂水可增加氨的产生和吸收,加重肝昏迷;充血性心力衰竭和水钠潴留患者禁用 0.9%氯化钠溶液灌肠。

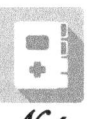

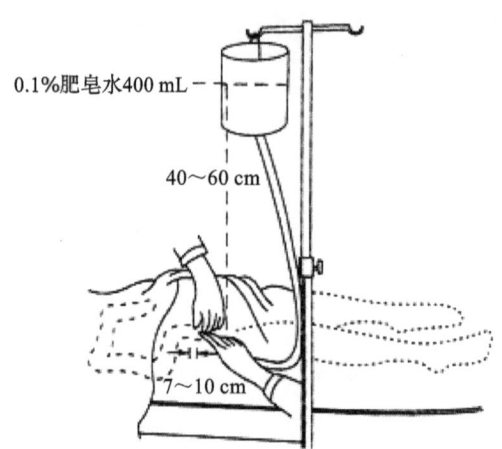

0.1%肥皂水400 mL

40~60 cm

7~10 cm

图 3-11-5　大量不保留灌肠

（5）灌肠过程中随时注意观察患者病情变化,发现患者脉速、面色苍白、出冷汗、剧烈腹痛、心慌气急等症状,立即停止灌肠并及时与医生联系,采取急救措施。

（6）妊娠、急腹症、消化道出血患者禁忌灌肠。

（7）清洁灌肠即反复多次进行大量不保留灌肠,第一次用肥皂水,以后用 0.9% 氯化钠溶液,直至排出液清洁无粪便为止。注意灌肠时压力要低,液面距肛门高度不超过 40 cm。

【评价】

（1）患者能排出肠道内积气和粪便,高热者体温有所下降。

（2）护患沟通有效,患者能主动配合,感觉安全、舒适。

实训 3-11-5　小量不保留灌肠

【目的】

（1）软化粪便,解除便秘。

（2）排除肠道内的气体,减轻腹胀。适用于腹部或盆腔手术后患者及危重患者,年老体弱者,小儿及孕妇等。

【评估】

（1）患者的病情及治疗情况。

（2）患者的意识状态、生命体征、排便情况和自理能力。

（3）患者心理状况及对灌肠的理解、配合程度。

（4）患者肛周皮肤、黏膜情况。

【计划】

1. 操作者准备　着装整洁,修剪指甲,洗手,戴口罩。

2. 用物准备　注洗器、量杯或小容量灌肠筒、14~16 号肛管、温开水 5~10 mL、血管钳、润滑剂、棉签、弯盘、卫生纸、防污垫、便盆、便盆巾、屏风。

灌肠溶液:"1、2、3"溶液(50%硫酸镁 30 mL、甘油 60 mL、温开水 90 mL);甘油或液状石蜡 50 mL加等量温开水;各种植物油 120~180 mL;溶液温度 38 ℃。

3. 患者准备　了解灌肠的目的、方法、注意事项及配合要点。

4. 环境准备　环境整洁、舒适,温湿度适宜,光线充足,酌情关闭门窗,用屏风或床帘遮挡。

【实施】

1. 操作步骤

操作步骤	要点说明
1.评估　嘱患者排空膀胱。洗手、戴口罩,备齐用物携至患者床前,再次解释并核对	• 请无关人员回避,关闭门窗,遮挡患者。注意保护患者隐私,核对床号、姓名、腕带

续表

操作步骤	要点说明
2.安置体位　协助患者取左侧卧位,裤子退至膝部,双膝屈曲,移臀部至床沿	• 利用重力作用使灌肠溶液顺利流入乙状结肠和降结肠
3.垫巾　铺防污垫于臀下,置弯盘于臀边	• 减少插管时的阻力和对黏膜的刺激
4.连接润滑肛管、排气　连接肛管,润滑肛管前端减少摩擦,排出少量液体以排净管内的空气	• 使患者放松,利于插管
5.插肛管　一手垫卫生纸分开臀裂暴露肛门,嘱患者深呼吸,另一手将肛管轻轻插入直肠 7~10 cm(图 3-11-6)	• 注入速度不得过快过猛,以免刺激肠黏膜,引起排便反射
6.灌液　固定肛管,放开血管钳,缓缓注入溶液,注毕夹管,取下注洗器再吸取溶液,松夹后再行灌注,如此反复直至溶液注完	• 确保灌肠液全部流入
7.注水　注入温开水 5~10 mL,抬高肛管尾端,使管内溶液全部流入	• 充分软化粪便,利于排便
8.拔管　夹管或反折肛管,用卫生纸包住肛管轻轻拔出,放入弯盘内。擦净肛门,协助患者取舒适卧位	
9.保留灌肠液　嘱其尽量保留溶液 10~20 min,以达到较好的效果	
10.排便　对不能下床的患者,给予便器,将卫生纸、呼叫器放于易取处。扶能下床的患者上厕所排便	
11.处理用物	
12.记录　详细记录灌肠时间,灌入液体种类、量、灌肠效果及有无异常情况	

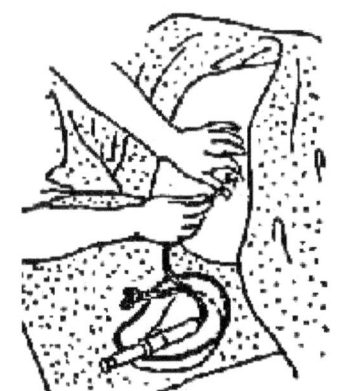

图 3-11-6　小量不保留灌肠

2. 注意事项

(1) 认真执行查对制度,避免差错事故的发生,正确选用灌肠溶液,掌握溶液的温度、浓度和量。

(2) 注入速度不得过快或过猛,以免刺激肠黏膜,引起排便反射。

(3) 如用小容量灌肠筒,液面距肛门应低于 30 cm。

【评价】

(1) 患者能排出肠道内积气和粪便,感觉轻松、舒适。

(2) 护患沟通有效,患者能主动配合,感觉安全、舒适。

实训 3-11-6　保留灌肠

【目的】

将药液灌入直肠或结肠内,通过肠黏膜吸收达到治疗的目的,常用于镇静、催眠和治疗肠道感染。

【评估】

(1)患者的病情及治疗情况。

(2)患者的意识状态、生命体征、排便情况和自理能力。

(3)患者心理状况及对灌肠的理解、配合程度。

(4)患者肛周皮肤、黏膜情况。

【计划】

1. 操作者准备　着装整洁,修剪指甲,洗手,戴口罩。

2. 用物准备　与小量不保留灌肠相同。常用溶液:药物及剂量遵医嘱准备,镇静催眠用10%水合氯醛;肠道抗感染用2%小檗碱、0.5%~1%新霉素或其他抗生素溶液。灌肠溶液量不超过200 mL,溶液温度为39~41 ℃。

3. 患者准备　了解灌肠的目的、方法、注意事项及配合要点。

4. 环境准备　环境整洁、舒适,温湿度适宜,光线充足,酌情关闭门窗,用屏风或床帘遮挡。

【实施】

1. 操作步骤

操作步骤	要点说明
1.评估　嘱患者排空膀胱。洗手、戴口罩,备齐用物携至患者床前,再次解释并核对	• 请无关人员回避,关闭门窗,遮挡患者。注意保护患者隐私,核对床号、姓名、腕带
2.安置体位　根据病情选择不同的卧位	• 慢性细菌性痢疾,病变部位多在直肠或乙状结肠,取左侧卧位;阿米巴痢疾病变多在回盲部,取右侧卧位,以提高疗效
3.抬高臀部　将小垫枕、防污垫于臀下,使臀部抬高约10 cm	• 抬高臀部防止药液溢出
4.连接润滑肛管、排气　连接肛管,润滑肛管前端减少摩擦,排出少量液体以排净管内的空气	
5.插肛管　排气后将肛管轻轻插入直肠15~20 cm	
6.拔管　用卫生纸在肛门处轻轻按揉,嘱患者尽量忍耐,保留药液在1 h以上	• 使药液充分吸收,达到治疗的目的
7.处理用物	
8.记录　将灌肠时间,灌入液体种类、量、灌肠效果及有无异常情况详细记录	

2. 注意事项

(1)肠道抗感染以晚上睡眠前灌肠为宜,因此时活动减少,药液易于保留吸收,达到治疗目的。

(2)为保留药液,减少刺激,做到肛管要细、插入深,注入药液速度慢、量少,液面距肛门不超过30 cm。

(3)直肠、结肠等术后患者及排便失禁的患者禁止做保留灌肠。

【评价】

(1)注意保护和关心患者,护患沟通有效,患者能主动配合。

(2)灌肠液选择正确,灌肠筒高度及肛管插入深度合适。

实训 3-11-7 简易通便法

【目的】

通过简便经济有效的措施,帮助患者解除便秘,适用于老人、体弱和久病卧床患者。

【评估】

(1)患者的病情、排便情况。

(2)患者的意识状态、合作理解程度。

【计划】

用物准备 通便剂、卫生纸、剪刀等。

【实施】

1. 开塞露法 开塞露用甘油或山梨醇制成,装在塑料容器内。使用时将封口端剪去,先挤出少许液体润滑开口处,患者取左侧卧位,放松肛门外括约肌,将开塞露的前端轻轻插入肛门后再将药液全部挤入直肠内,保留 5～10 min 后排便(图3-11-7)。

图 3-11-7 开塞露简易通便法

2. 甘油栓法 甘油栓是用甘油和明胶制成的栓剂。使用时手垫纱布或戴手套捏住甘油栓底部轻轻插入肛门至直肠内,抵住肛门处轻轻按摩,保留 5～10 min 后排便。

3. 肥皂栓法 将普通肥皂削成圆锥形(底部直径约 1 cm,长 3～4 cm),使用时手垫纱布或戴手套,将肥皂栓蘸热水后轻轻插入肛门。注意有肛门黏膜溃疡、肛裂及肛门剧烈疼痛者,不宜使用肥皂栓通便。

【评价】

(1)注意关心保护患者。

(2)正确选择通便剂。

实训 3-11-8 肛管排气法

【目的】

排出肠腔积气,减轻腹胀。

【评估】

(1)患者的病情、腹胀情况。

(2)患者的意识状态、生命体征及心理状况。

【计划】

1. 操作者准备 着装整洁,修剪指甲,洗手,戴口罩。

2. 用物准备 治疗盘内备肛管、玻璃接头、橡胶管、玻璃瓶、瓶口系带(图 3-11-8)、润滑油、棉签、胶布(1 cm×15 cm)、别针、卫生纸、弯盘、屏风。

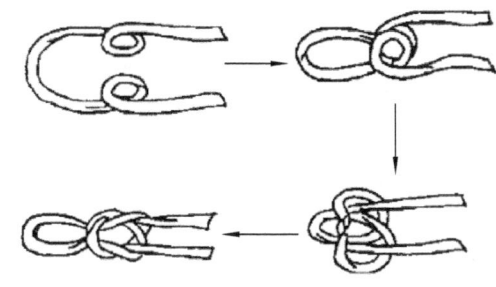

图 3-11-8 瓶口系带法

3. 患者准备 了解肛管排气的目的、操作方法和注意事项,愿意合作。

4. 环境准备 关闭门窗,屏风遮挡。

Note

【实施】

1. 操作步骤

操 作 步 骤	要 点 说 明
1.评估 嘱患者排空膀胱。洗手、戴口罩,备齐用物携至患者床前,再次解释并核对	• 请无关人员回避,关闭门窗,遮挡患者。注意保护患者隐私,核对床号、姓名、腕带
2.安置体位 协助患者取侧卧位或平卧位	• 注意保暖,只暴露肛门。抬高臀部防止药液溢出
3.连接排气装置 将玻璃瓶系于床边,橡胶管一端插入玻璃瓶液面下,另一端与肛管相连	• 防止空气进入直肠,加重腹胀。观察气体排出的情况
4.插管 润滑肛管前端,嘱患者张口呼吸,将肛管轻轻插入直肠15～18 cm,用胶布将肛管固定于臀部,橡胶管留出足够长度用别针固定在床单上(图3-11-9)	• 减少肛管对直肠的刺激 • 长时间留置肛管,会降低肛门括约肌的反应,甚至导致肛门括约肌永久性松弛
5.观察 观察和记录排气情况,如排气不畅,帮助患者更换体位或按摩腹部	
6.拔管 保留肛管不超过20 min,拔出肛管,清洁肛门	
7.处理用物	
8.记录 详细记录排气时间,排气效果及患者的反应	

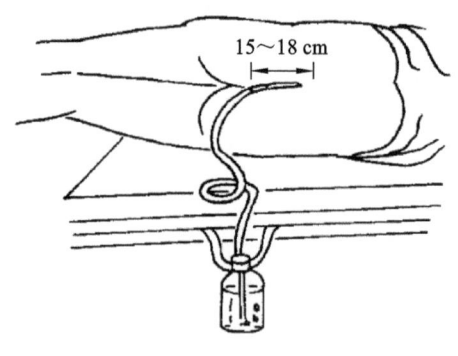

图 3-11-9　肛管排气

2. 注意事项

(1) 防止外界空气进入直肠内,加重腹胀。

(2) 若有气体排出,可见瓶内液面下有气泡自管端逸出。

(3) 保留肛管不超过20 min,若长时间留置肛管,会降低肛门括约肌的反应,甚至导致肛门括约肌永久性松弛。需要时,2～3 h后再行肛管排气。

【评价】

(1) 患者腹胀减轻或消失。

(2) 肛管插入深度合适,留置时间正确。

(3) 注意关心和保护患者。

知识链接

人工肛门的护理

人工肛门即人造的开口(简称造口),它是通过手术将病变的肠段切除,将一段肠管拉出,翻转缝于腹壁,用于排泄粪便,也就是人工造成的排泄粪便的通道。来自造口的粪便常含有消化酶,会刺激造口周围的皮肤。因此应加强造口的护理。

操作方法:

(1) 评估患者,洗手,携用物至床旁,解释并核对,酌情关门窗,屏风遮挡。

(2) 协助患者取侧卧位或平卧位,注意遮盖患者。

(3) 协助患者暴露造口部位,排空造口袋,从上到下慢慢剥离粘胶。在造口处下方垫上纱布垫。

(4) 清洁造口附近皮肤待干,用软的卫生纸擦拭造口后,用温水(或生理盐水)清洁造口周围皮肤(禁止滥用消毒剂擦拭造口周围皮肤),检查皮肤,进行相应处理。

(5) 用造口测量尺测出造口大小和形状。

(6) 根据造口大小形状裁剪造口袋粘胶中心孔。

（7）向袋内吹入少量空气,然后撕下粘贴保护膜。

（8）将造口袋剪孔对准造口平整贴上,用手轻压一会儿。

（9）协助患者取舒适体位,询问患者有无其他需要,整理床单位,撤去屏风。

（10）清理用物,洗手、记录。

注意事项:

（1）防止造口部位受压。

（2）保持造口周围皮肤完整、清洁、干燥。

（3）预防造口狭窄。

直通护考

一、A1/A2 型题

1. 尿路感染女性发病率高于男性,是因为女性尿道较男性尿道（　　）。

A. 短而宽　　　　B. 长而窄　　　　C. 扁而平　　　　D. 宽而长　　　　E. 短而窄

2. 有机磷中毒患者的尿液呈（　　）。

A. 蒜臭味　　　　B. 烂苹果味　　　　C. 粪臭味　　　　D. 氨臭味　　　　E. 腥臭味

3. 可实施大量不保留灌肠的患者是（　　）。

A. 心肌梗死患者　　　　　　　B. 高热患者　　　　　　　C. 急腹症患者

D. 妊娠早期患者　　　　　　　E. 消化道出血患者

4. 患者,男,56 岁,因脑血栓处于昏迷状态。医嘱进行留置导尿术。留置导尿 15 天后,护士在观察尿液情况时,发现尿液混浊、沉淀。这时应（　　）。

A. 拔出导尿管　　　　　　　　B. 清洗尿道口　　　　　　　C. 膀胱内滴药

D. 给予膀胱冲洗　　　　　　　E. 定时更换卧位

5. 患者,女,38 岁。剖宫手术后第 2 天,导尿管拔除后 5 h,患者诉下腹部腹痛,有尿意但排不出。护士检查发现耻骨上膨隆,应首先进行的处理措施是（　　）。

A. 肌内注射卡巴可　　　　　　　　　　　B. 用力按压膀胱,帮助患者排尿

C. 重新插导尿管,将尿液排出　　　　　　D. 让患者听流水声诱导其排尿

E. 让患者尝试去厕所蹲着排尿

6. 患者,女,20 岁,因腹泻入院,以下护理措施正确的是（　　）。

A. 任何原因引起的腹泻,均需服用抗生素　　　　B. 及时隔离患者

C. 嘱患者少饮水,减少胃肠蠕动　　　　　　　　D. 立即给予止泻药,防止水电解质紊乱

E. 卧床休息,减少体力消耗

7. 患者,73 岁,长期便秘排便困难,护士可指导患者进行腹部按摩。正确的顺序为（　　）。

A. 升结肠、横结肠、降结肠　　　　　　　　B. 横结肠、升结肠、降结肠

C. 升结肠、降结肠、横结肠　　　　　　　　D. 降结肠、升结肠、横结肠

E. 降结肠、横结肠、升结肠

二、A3/A4 型题

（8~9 题共用题干）

患者,女,56 岁。卵巢癌术后,拔出尿管后 7 h 未能自行排尿。查体:耻骨上部膨隆,叩诊呈实音,有压痛,考虑尿潴留。

8. 为患者提供的护理措施中,维护其自尊的是（　　）。

A. 教育其养成良好的排尿习惯　　　　　　　　B. 耐心解释并提供隐蔽的排尿环境

C.调整体位以协助排尿　　　　　　　　　　D.按摩其下腹部,使尿液排出

E.温水冲洗会阴以诱导排尿

9.如果首次导尿过多,将会发生(　　)。

A.膀胱挛缩　　　　　　　　B.加重不舒适感　　　　　　　　C.血尿和虚脱

D.诱发膀胱感染　　　　　　E.膀胱反射功能恢复减慢

(10~12题共用题干)

患者,女,5岁。体温39.6 ℃,医嘱为该患儿灌肠降温。

10.灌肠液的温度为(　　)。

A.4 ℃　　　　　B.29 ℃　　　　　C.38 ℃　　　　　D.40 ℃　　　　　E.42 ℃

11.灌肠时为该患儿安置的卧位是(　　)。

A.平卧位　　　　　B.俯卧位　　　　　C.中凹卧位　　　　　D.左侧卧位　　　　　E.右侧卧位

12.灌肠时插入肛管的深度为(　　)。

A.2.5~3 cm　　　B.4~7 cm　　　C.7~10 cm　　　D.10~15 cm　　　E.15~18 cm

(13~15题共用题干)

患者,男,70岁。肝性脑病前期,患者精神错乱,睡眠障碍,行为失常,3天未排便。

13.为解除便秘,给予灌肠时禁用的灌肠液是(　　)。

A.甘油+水　　　　　　　　B."1、2、3"溶液　　　　　　　　C.肥皂水

D.生理盐水　　　　　　　　E.润肠药物

14.若患者肠胀气,护士可采取的措施是(　　)。

A.肛管排气　　　　　　　　B.硫酸镁溶液灌肠　　　　　　　　C.10%水合氯醛灌肠

D.肛门周围涂凡士林　　　　E.口服硫酸镁

15.肛管排气时插入直肠的深度为(　　)。

A.4~7 cm　　　B.7~10 cm　　　C.11~14 cm　　　D.15~18 cm　　　E.19~22 cm

(湖北职业技术学院　卢珊、李琴)

任务十二　药物治疗技术

 护考提示

1.药物的领取和保管、安全给药的原则、口服给药技术、超声波和氧气雾化吸入技术。

2.各注射技术的定义,注射原则,皮内注射、皮下注射、肌内注射、静脉注射技术。

 **学习目标**

1.知识目标:能叙述给药的基本知识;能正确阐述药物的保管原则、安全给药的原则和注射原则;熟悉给药的途径、次数和时间间隔,影响药物疗效的因素。

2.能力目标:能正确进行注射前的准备、注射部位的定位、实施各种给药技术。

3.素质目标:具有认真严谨的工作态度,关心爱护患者,操作中能够严格执行查对制度和无菌原则,动作轻柔敏捷,确保用药的安全。

 参考答案

 在线答题

 PPT课件

 Note

案例解析

情境训练

案例引导

　　患者,男,56岁,3天前淋雨受凉后突发寒战、高热,咯铁锈色痰,经胸部X线诊断为"大叶性肺炎",遂收治入院。医嘱:口服止咳糖浆;超声雾化吸入;青霉素肌内注射。作为一名主管护士,请完成以下任务:①说出安全给药的原则,口服给药的注意事项。②为患者正确实施雾化吸入。③为患者进行肌内注射时如何正确定位?需注意些什么?

　　药物治疗是临床最常采用的一种治疗方法,广泛应用于预防、诊断及治疗疾病、减轻症状、维持正常生理功能和促进健康。护士是给药的直接执行者,也是用药后的监护者。为了保证合理、安全、准确和有效地用药,护士必须了解药物治疗的基本知识、药理作用,掌握正确的给药方法和技术,正确指导患者安全用药,及时评价药物疗效和反应。

一、给药的基本知识

(一) 药物的种类、领取和保管

1. 药物的种类

　　(1) 内服药　片剂、丸剂、胶囊、散剂、纸剂、溶液、酊剂、合剂等。

　　(2) 注射药　溶液、油剂、粉剂、结晶、混悬液等。

　　(3) 外用药　软膏、滴剂、洗剂、搽剂、酊剂、栓剂、粉剂、涂抹剂等。

　　(4) 新颖剂型　粘贴敷片、植入慢溶药片、胰岛素泵等。

2. 药物的领取　药物的领取必须凭医生的处方进行。门诊患者凭医生处方在门诊药房自行领取;住院患者的药物由住院药房(中心药房)根据医嘱负责配备、病区护士负责领取,一般情况如下。

　　(1) 病区　病区内设有药柜,备有一定数量的常用药物,由专人负责管理,按期进行领取和补充;患者使用的贵重药物和特殊药物凭医生的处方领取;剧毒药和麻醉药(如吗啡、盐酸哌替啶等),病区内有固定数量,使用后凭专用处方和空安瓿领取补充。

　　(2) 中心药房　医院内设有中心药房,中心药房的人员负责摆药,病区护士核对并取回,按时给患者服用。

3. 药物的保管原则

　　(1) 药柜位置要合理并保持清洁　放在干燥、通风、光线明亮处,但应避免阳光直射,并保持整洁,由专人负责管理。

　　(2) 药物应分类放置　按内服、外用、注射等分类放置,并按有效期的先后顺序排放,先领先用,以防失效。剧毒药、麻醉药品要加锁保管,用专本登记,专人保管,班班交接。

　　(3) 药瓶标签要清楚　药瓶上应有明显标签。一般内服药用蓝色边标签,外用药用红色边标签,剧毒药、麻醉药用黑色边标签。标签上注明药物名称(中英文对照)、浓度和剂量,字迹清晰。

　　(4) 定期检查药物质量　药品要定期进行检查,凡没有标签或标签模糊、药物超过有效期、变色、发霉、异味、混浊、沉淀等现象,均不可使用。

　　(5) 根据药物的性质分类保存

　　①容易氧化和遇光易变质的药物,应装在深色密盖瓶中,针剂放黑纸遮盖的药盒内,置于阴凉处,如维生素C、氨茶碱、硝酸甘油、盐酸肾上腺素、氢化可的松等。

　　②容易挥发、潮解或风化的药物,应装瓶密盖存放,置于阴凉干燥处,如乙醇、过氧乙酸、糖衣片、酵母片等。

　　③容易被热破坏的药物或生物制品,须置于干燥、阴凉(约20 ℃)处或2～10 ℃冰箱内保存,如疫苗、白蛋白、胎盘球蛋白、抗毒血清、胰岛素和青霉素皮试液等,但不可冷冻。

　　④易燃、易爆的药物,应密闭单独存放于低温处,远离明火,如乙醇、乙醚和环氧乙烷等。

　　⑤患者个人专用的特殊、贵重或来源困难的药物,应单独存放,并注明床号、姓名,注意不可借用。

（二）安全给药的原则

安全给药的原则是一切用药的总则，护士在给药中必须严格遵守。

1. 严格根据医嘱给药 护士必须严格按医嘱给药，不得擅自更改；对有疑问的医嘱，应立即提出，经确认无误后方可给药，不可盲目执行；发现给药错误，应及时报告、处理。

2. 严格执行查对制度 查对制度是安全给药的保障，是杜绝差错事故的有效措施。给药时要求2名护士同时进行核对。

（1）三查 操作前、操作中、操作后检查（查七对的内容）。

（2）七对 核对床号、姓名、药名、浓度、剂量、方法、时间。

（3）检查药物的质量，以确保药物在有效期内并且没有变质。

3. 正确实施给药 做到"五准确"，即将准确的药物，按准确的剂量，用准确的方法，在准确的时间内，给予准确的患者；避免久置引起药物污染或药效降低等；对易发生过敏反应的药物，使用前详细询问过敏史、用药史和家族史，按需要进行药物过敏试验，结果阴性者方可用药；注意药物的配伍禁忌。

4. 做好用药指导 给药前向患者解释，取得理解配合。给药过程中根据药物性质给予指导。

5. 密切观察 观察用药后药物疗效和不良反应，并做好相应记录。

（三）给药的途径

根据患者的病情、身体状况、治疗目的及药物的剂型、性质等因素选择给药的途径。临床常用的给药途径有口服、注射（皮内、皮下、肌内、静脉）、吸入、舌下含服、外敷、直肠给药等。药物的吸收是药物由给药部位进入血液循环的过程，除了血管内给药（动脉、静脉注射）外，其他的给药途径，给药方式不同，吸收的快慢不同，速度从快到慢为，气雾吸入＞舌下含服＞直肠给药＞肌内注射＞皮下注射＞口服给药＞皮肤给药。

（四）给药的次数和时间间隔

给药的次数和时间间隔取决于药物的半衰期，同时考虑药物的特性和人体的生理节奏，以维持血液中有效的血药浓度，发挥最大药效。临床工作中常用外文缩写来描述给药次数、给药时间、给药部位等（表 3-12-1，表 3-12-2）。

表 3-12-1 医院常用的外文缩写及中文译意

外文缩写	中文译意	外文缩写	中文译意
qh	每1h一次	st	立即
q2h	每2h一次	prn	需要时（长期）
q3h	每3h一次	sos	必要时（限用一次，12h内有效）
q4h	每4h一次	DC	停止
q6h	每6h一次	Ad	加至
qd	每日一次	Aa	各
bid	每日两次	Rp,R	处方
tid	每日三次	PO	口服
qid	每日四次	Inj	注射
qod	隔日一次	ID	皮内注射
biw	每周两次	H	皮下注射
qm	每晨一次	IM/im	肌内注射
qn	每晚一次	IV/iv	静脉注射
am	上午	ivgtt	静脉滴注
pm	下午	OD	右眼

外文缩写	中文译意	外文缩写	中文译意
12n	中午 12 点	OS	左眼
12mn	午夜 12 点	OU	双眼
hs	睡前	AD	右耳
ac	饭前	AS	左耳
pc	饭后	AU	双耳

表 3-12-2　医院常用给药时间安排

给药时间缩写	给药时间安排	给药时间缩写	给药时间安排
qd	8am	q2h	6am,8am,10am,12n,2pm,4pm……
bid	8am,4pm	q3h	6am,9am,12n,3pm,6pm……
tid	8am,12n,4pm,	q4h	8am,12n,4pm,8pm,12mn……
qid	8am,12n,4pm,8pm	q6h	8am,2pm,8pm,2am
qm	6am	qn	8pm

（五）影响药物疗效的因素

药物发挥疗效不仅受药物本身理化性质的影响,还受个体、给药方法、饮食营养等因素的影响。

1. 药物的体内过程对药物疗效的影响　药物进入体内要经过吸收、分布、代谢、排泄,在血液中达到一定浓度,进入作用部位,才能发挥药物疗效。

（1）药物的吸收　药物从给药部位进入血液循环的过程。药物的理化性质、药物的剂型、吸收环境、给药途径等因素影响着药物的吸收。一般分子小、脂溶性高、溶解度大、解离度小的药物易被吸收;水溶性制剂比油剂、混悬液、固体剂型吸收快;口服给药时,胃排空延迟、肠蠕动过快或肠内容物过多等均不利于药物的吸收;不同给药途径其吸收快慢的顺序为:静脉给药、吸入给药、肌内注射、皮下注射、直肠给药、口服给药、皮肤给药。

（2）药物的分布　药物被吸收后,随血液到达组织器官的过程。药物在各组织器官中分布是不均匀的。组织器官血流量、药物的理化性质和体液的 pH 值、药物与血浆蛋白的结合力、药物与组织的亲和力等因素影响着药物的分布。

（3）药物的代谢　药物进入作用部位与组织细胞相互作用,发生化学变化,失去活性,易于排出的过程,药物的代谢又称药物的生物转化。肝脏是药物代谢的主要器官,凡影响肝脏功能的因素,也影响药物的代谢。

（4）药物的排泄　药物及其代谢产物自机体排出体外的过程。肾脏是排泄的主要器官,胆道、肺、胃肠道、汗腺等也可排泄某些药物,这些部位的异常或病理改变,均可影响药物在体内的浓度和作用时间,而导致中毒或其他不良反应的发生。

2. 给药因素对药物疗效的影响　药物的剂型、用量、给药途径与时间、联合用药等因素均可影响药物疗效。同类药物口服片剂要比注射针剂发挥药效慢;药物的剂量大小与效应强弱有一定关系,药物必须达到一定的剂量才能产生效应。在一定范围内,剂量越大、血药浓度越高、作用越强。但剂量超过一定限度时则会产生中毒反应;给药途径与时间直接影响药物在体内的吸收、分布、代谢和排泄过程。联合用药的目的如下:①联合用药可以发挥药物的协同作用,增强治疗效果,如中枢抑制药(镇痛药)与另一类中枢抑制药(异丙嗪)合用,可使中枢抑制作用加强,治疗结核病时,将利福平、异烟肼联合应用增强其疗效;②合理联合用药可以利用药物之间的拮抗作用,从而减少药物的副作用,如中枢兴奋药尼可刹米可对抗中枢抑制药吗啡的呼吸抑制作用。不合理的联合用药会降低疗效或出现不良反应,加大毒性,如糖皮质激素与强心苷类药物合用有拮抗作用,可增加心脏对强心苷的敏感性,易致室颤;硫酸亚铁与氢氧化铝同服,可减少铁的吸收,降低铁剂的疗效。因此,给药时应熟悉药物的相互作用,注意药物的配

伍禁忌,合理用药。

3. 机体因素对药物疗效的影响

(1) 年龄和体重 通常情况下,药物用量与体重成正比。年龄对药物作用的影响主要体现在小儿和老年人,一般所说的药物常用量是针对 14～60 岁的个体。小儿正处于生长发育阶段,组织血流量充足,血脑屏障不完善,肝肾功能等发育不健全,对药物的敏感性较成人高,使药物的吸收和分布快,代谢和排泄慢,易造成中毒;而老年人因肝肾功能衰退而影响药物的代谢和排泄,因而对药物的耐受性降低。因此,小儿和老年人用药时剂量应酌情减少。

(2) 性别 性别对药物反应并无明显的差别。但是女性有月经、妊娠、分娩、哺乳等特点,用药时应予注意。如:月经期应避免使用泻药和抗凝剂,以免月经过多;妊娠早期避免使用易致胎儿畸形或流产的药物;哺乳期慎用通过乳汁排泄的药物,避免对乳儿造成影响。

(3) 身体状况 疾病可影响机体对药物的敏感性和药物在体内的代谢过程,从而影响药物的疗效。如:阿司匹林只能使发热患者的体温降低,对正常体温并无影响;当肝、肾功能受损时,药物的代谢和排泄慢,易引起药物的蓄积中毒。

(4) 个体差异 在年龄、性别、体重相同的情况下,个体对药物的反应仍存在个体差异。如:特异体质的患者,对某些药物的敏感性高,很小剂量即可引起中毒;有些个体对药物的敏感性低,需要较大剂量才能达到同等疗效。

(5) 心理因素 心理因素在一定程度上会影响药物的疗效,其中以患者的情绪、对药物的依赖程度、医护人员的语言、暗示作用等最为明显。若患者焦虑、恐惧、悲观失望、不信赖医护人员和药物,可使病情加重并影响药物疗效的发挥。

4. 饮食对药物疗效的影响 饮食可以影响药物的吸收和排泄,从而影响药物的疗效。

(1) 饮食促进药物吸收,增强疗效 如:粗纤维食物可促进肠蠕动,增强驱虫剂的疗效;高脂肪饮食可促进脂溶性维生素的吸收。

(2) 饮食干扰药物吸收,降低疗效 如:菠菜中含有大量草酸,可与钙结合形成草酸钙而影响钙剂的吸收;高脂肪饮食可抑制胃酸的分泌而影响铁剂的吸收。

(3) 通过改变尿液 pH,影响药物疗效 动物性食物在体内代谢时产生酸性物质、豆制品和蔬菜在体内代谢时产生碱性物质,代谢产物排出体外时影响尿液 pH 值,而影响药物疗效。如:氨苄青霉素在酸性环境中杀菌力强,应多食荤菜,使尿液偏酸,增强其疗效;磺胺类药物在碱性环境中疗效增强,应多食素食,以碱化尿液,增强其疗效。

二、口服给药技术

口服给药是药物经口服后,被胃、肠黏膜吸收,通过血液循环到达局部或全身,达到治疗疾病目的的一种方法。口服给药法是临床上常用、方便、经济、安全的一种给药方法。但由于口服给药吸收较慢、易受消化液的影响,所以口服给药不适用于急救,对意识不清、吞咽困难、呕吐不止、禁食的患者不宜采用。

实训 3-12-1 口服给药技术

【目的】
通过口服给药,达到减轻症状、治疗疾病、维持正常生理功能、协助诊断、预防疾病的目的。

【评估】
(1) 患者的年龄、性别、体重、病情、治疗情况、用药史、过敏史、肝肾功能等。

(2) 患者服药能否自理,包括年龄、意识状态及活动能力等。

(3) 患者有无口腔、食管疾病,有无吞咽困难、呕吐等。

(4) 患者对服药的心理反应,患者是否具备所服药物的有关知识。

【计划】
1. 操作者准备 着装整洁,修剪指甲,洗手,戴口罩,熟悉药物的药理作用及用法,向患者解释用药的目的及有关注意事项。

2. 用物准备　发药车、药物、服药本、小药卡、药盘、药杯、药匙、量杯、滴管、研钵、湿纱布、治疗巾、水壶(内备温开水)、小纸片、吸管、弯盘、小刷子。

3. 患者准备　患者理解用药目的,了解所服用药物的相关知识并能积极配合。

4. 环境准备　安静、整洁、光线充足。

【实施】

1. 操作步骤

操作步骤	要点说明
1.备药 (1)洗手、戴口罩 (2)核对医嘱,根据服药本上的床号、姓名填写小药卡,按床号顺序将小药卡插入药盘内,放好药杯 (3)根据服药本上的床号、姓名、药名、剂量、浓度、时间进行配药 (4)不同剂型的药物采取相应的取药方法 ★固体药物　用药匙取药,同一患者同一时间内服用的数种固体药可放入一个药杯内 ★液体药物　用量杯量取 ①摇匀药液 ②打开瓶盖,使其内面向上放置 ③一手持量杯,拇指置于所需刻度,并使其刻度与视线平;另一手持瓶(瓶签朝向手心)倒药液至所需刻度 ④将药液倒入药杯 ⑤用湿纱布擦净瓶口,药瓶放回原处 ⑥量取不同药液时,应洗净量杯或滴管 ⑦油剂、按滴计算的药液或药量不足1 mL时,用滴管吸取药液。盛药前药杯内应先倒入少量温开水 (5)备药完毕,整理药柜、将物品归还原处,根据服药本再核对一遍,盖上治疗巾	• 严格执行三查七对 • 通常由住院药房(中心药房)配备,护士负责核对 • 同一患者的药物先备固体药,后备水剂和油剂药 • 药物需碾碎时,将药物在研钵内碾碎,用药匙刮出,用纸包好,放药杯内 • 使用单一剂量包装的药品,需在发药给患者时再打开包装 • 避免药液内溶质沉淀影响药物浓度 • 保证剂量准确 • 不同的药液应分别倒入不同的药杯,以免发生化学反应 • 1 mL以15滴计算,滴药时滴管稍稍倾斜,保证剂量准确
2.发药 (1)洗手,根据服药本与另一名护士再次核对一遍 (2)携带服药本,备温开水,按床号顺序送至患者床前,核对床号、姓名、药名、剂量、浓度、时间、方法,并向患者解释用药的目的及注意事项 (3)协助患者取舒适卧位服药;危重患者及不能自行服药者应喂服;鼻饲者应将药物碾碎用水溶解后从胃管注入 (4)再次核对,在服药本上签名	• 以免药液附着杯壁,影响剂量 • 确认无误后再发药 • 同一患者的药物应一次取出药盘;不同患者的药物不可同时取出,避免发错药物
3.发药后处理 (1)服药后,收回药杯,按要求做相应处理 (2)清洁药盘 (3)随时观察患者用药后反应	• 收回的药杯先浸泡消毒,后冲洗清洁备用;盛油剂的药杯,先用纸擦净再消毒;一次性药杯经集中消毒后按规定处理 • 若有异常,及时与医生联系

2. 注意事项

(1)发药前　应收集患者有关资料,若遇患者不在、特殊检查或手术而须禁食者,暂不发药,将药物带回保管,适时再发或做好交班。

(2)发药时　患者若提出疑问,应虚心听取,重新核对,确认无误后给予解释,再给患者服下。

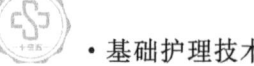

（3）发药后　密切观察药物疗效和不良反应并及时处理。

（4）加强健康教育，尤其是慢性病患者和出院后需继续服药者。

3. 健康教育　向患者介绍服药的有关知识，使其主动配合药疗，以提高药物疗效和减少不良反应。

（1）口服给药通常用温开水送服，不用茶水送服，因有些药物中的铁剂或蛋白质与茶叶中的鞣酸结合而影响吸收或失去活性；饮酒会影响药物疗效的发挥，服药前后禁忌饮酒。

（2）健胃及增进食欲的药物，宜饭前服；助消化及对胃黏膜有刺激的药物，宜饭后服，使药物和食物混合，有利于食物消化和减少对胃黏膜的刺激，如红霉素、布洛芬、氨茶碱、阿司匹林等。

（3）对牙齿有腐蚀作用和使牙齿染色的药物，如酸剂、铁剂，服用时避免和牙齿接触，可用饮水管吸入药液，服药后漱口。

（4）止咳糖浆服后不宜立即饮水，以免冲淡药物，降低疗效。若同时服用多种药物，应最后服用止咳糖浆。

（5）磺胺类药服后应多饮水，以免因尿液不足而致磺胺类结晶析出，堵塞肾小管。

（6）发汗类药服后应多饮水，以增加药物疗效。

（7）服用强心苷类药物前应先测脉率（心率）及心律，脉率低于 60 次/分或节律异常，应停止服药，并报告医生。

【评价】

（1）患者能主动配合，合作良好。

（2）患者能安全正确服药，达到治疗效果。

（3）患者能说出口服给药的有关知识及注意要点。

三、注射给药技术

注射给药法是将无菌药液或生物制剂注入体内，达到协助诊断、预防和治疗疾病的方法。注射给药法的优点是药物吸收快，血药浓度迅速升高，吸收的量也较准确，能较快地发挥疗效，适用于需要药物迅速发挥作用或因各种原因不宜口服给药的患者。但是，注射给药法因造成组织的损伤可引起患者的疼痛，还可引起潜在并发症的发生，同时某些药物的不良反应出现迅速，处理比较困难。常用的注射给药法有皮内注射、皮下注射、肌内注射、静脉注射和动脉注射。

（一）注射原则

注射原则是各种注射给药法的总则，必须严格遵守。

1. 严格遵守无菌操作原则

（1）注射环境整洁安静，符合无菌操作要求。

（2）注射前护士衣帽整洁，洗手、戴口罩；注射后护士应洗手。

（3）注射器空筒的内壁、活塞体、乳头和针头的针尖、针梗、针栓内壁必须保持无菌。

（4）注射部位皮肤应按要求消毒，并保持无菌。皮肤常规消毒方法：用无菌棉签蘸取 2% 碘酊，以注射点为中心由内向外呈螺旋式涂擦，直径在 5 cm 以上，待干后（约 20 s），用 70% 乙醇以同法脱碘，范围大于碘酊消毒范围，待干后方可注射。若使用 0.5% 碘伏，则用棉签同法涂擦消毒两遍即可，无需脱碘。

2. 严格执行查对制度　实行两人同时进行"三查七对"，仔细检查药液质量，若发现药液有变质、沉淀、混浊、过期、密封瓶盖松动或安瓿有裂痕等现象，均不能使用；当需要同时注射几种药物时，应查对有无配伍禁忌。

3. 严格执行消毒隔离制度　注射时做到一人一套物品，包括注射器、针头、止血带、治疗巾、棉垫。所用物品须按消毒隔离制度和一次性用物处理原则进行处理，不可随意丢弃。

4. 选择合适的注射器和针头　根据注射途径、药液剂量、黏稠度及刺激性的强弱选择合适的注射器和针头。注射器应完整无损，不漏气。针头选用型号合适、无钩、无锈、无弯曲的锐利针头。同时注射器和针头的衔接必须紧密。一次性注射器的包装应密封，并在有效期内。

5. 药液要现配现用　注射的药液应现配现用,在规定注射时间临时抽取,即时注射,以免放置过久而降低药效或被污染。

6. 选择合适的注射部位　注射部位应避开神经、血管处(动、静脉注射除外),局部应无炎症、皮疹、硬结、瘢痕或皮肤病,尽量不在伤侧肢体注射,偏瘫患者应在健侧选择注射部位。对需长期注射的患者应经常更换注射部位。

7. 注射前排尽空气　注射前应排尽注射器内的空气,特别是静脉、动脉注射。排气时,应防止浪费药液和污染针头。

8. 掌握合适的进针角度和深度　各种注射法分别有不同的进针深度要求(图 3-12-1),进针时不可把针梗全部刺入注射部位,以防不慎发生断针时处理更加困难。

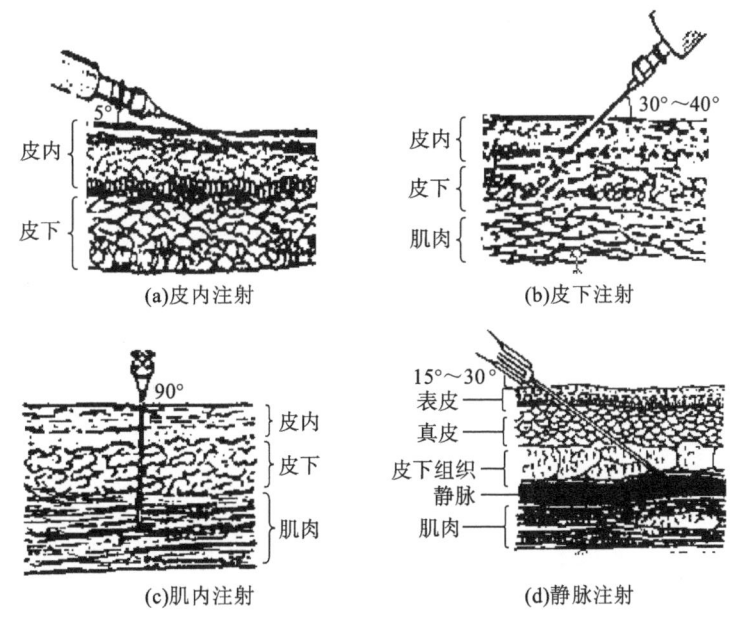

(a)皮内注射　(b)皮下注射
(c)肌内注射　(d)静脉注射

图 3-12-1　各种注射技术的进针角度和深度

9. 注药前检查回血　进针后注入药液前应先抽动活塞,检查有无回血(皮内注射除外)。动脉、静脉注射必须见回血方可注入药液,皮下、肌内注射无回血方可注射,若发现有回血,应拔出针头重新进针,不可将药液注入血管内。

10. 运用无痛注射技术

(1)注射前,解除患者思想顾虑,分散其注意力;采取合适的体位,使肌肉放松,易于进针。

(2)注射时,做到进针、拔针快,推药慢,且推药速度均匀。

(3)注射刺激性强的药液时,宜选用粗长的针头,且进针要深,以免造成硬结和疼痛。

(4)同时注射多种药液时,应先注射刺激性弱的,再注射刺激性强的,且推药速度宜更慢。

（二）注射用物

1. 基础注射盘　无菌持物镊罐、无菌持物镊、无菌纱布、2％碘酊(或 0.5％碘伏)、70％乙醇、棉签、砂轮、弯盘、开瓶器、弯盘、无菌手套、手消毒液,静脉注射需止血带和小垫枕。

2. 注射器和针头

(1)注射器　有玻璃和塑料两种制品,目前大多数医院采用的是一次性塑料注射器。注射器由空筒和活塞两部分组成,空筒上标有容量刻度,前端为乳头,活塞由活塞体、活塞轴、活塞柄组成。其规格有 1 mL、2 mL、2.5 mL、5 mL、10 mL、20 mL、30 mL、50 mL、100 mL 等。

(2)针头　针头由针尖、针梗和针栓三部分组成,静脉注射或静脉采血时还可使用相应规格的一次性头皮针,常用的针头型号有 4、$4\frac{1}{2}$、5、$5\frac{1}{2}$、6、$6\frac{1}{2}$、7、8、9 号(图 3-12-2)。

3. 注射药物　按医嘱准备。常用的药液有溶液、油剂、混悬液、结晶和粉剂等,结晶和粉剂药物需溶解后方可使用。

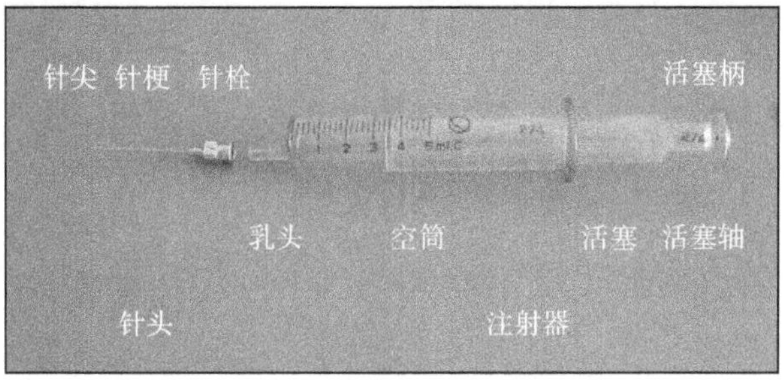

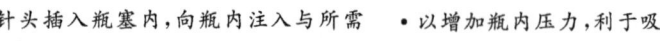

图 3-12-2　注射器与针头的构造

4. 注射本或注射卡　根据医嘱准备,是注射给药的依据,便于"三查七对"。

5. 治疗车备物　治疗车上层备手消毒液,下层备生活垃圾桶、医疗垃圾桶和锐器盒。

(三) 药物抽吸技术

见实训 3-12-2。

实训 3-12-2　药液抽吸技术

【目的】

遵医嘱正确抽吸药液,为各种注射做准备。

【评估】

(1) 药液名称、浓度、剂量、有效期、批号,确保安瓿完整、药液质量完好。

(2) 注射器及针头型号合适,在有效期内,包装完整无漏气。

【计划】

1. 操作者准备　着装整洁,修剪指甲,洗手,戴口罩。熟悉药物的用法和药理作用。

2. 用物准备　基础注射盘、注射本(卡)、药液、注射器和针头。另备分类处理用物容器。

3. 环境准备　环境安静、整洁,光线适宜,符合无菌操作要求。

【实施】

1. 操作步骤

操作步骤	要点说明
1.查对药物	• 仔细核对药物,严格注意无菌操作要求,避免污染药液
2.吸取药液	
★自安瓿内吸取药液	• 若安瓿颈部有蓝点标记,则不需划痕,用消毒液棉签消毒安瓿颈都,用无菌纱布按住颈部,蓝点标记在上,折断安瓿
(1) 消毒及折断安瓿　手指轻弹安瓿颈部,使安瓿顶部药液流至体部,用消毒液棉签消毒安瓿和砂轮后,用砂轮在安瓿颈部划一锯痕,再次消毒,拭去细屑,用无菌纱布按住颈部,折断安瓿	
(2) 抽吸药液　持注射器,把针头斜面向下放入安瓿内的液面下,持活塞柄,抽动活塞,吸取药液(图 3-12-3、图 3-12-4)	• 针头不可触及安瓿外口,针栓不可进入安瓿内 • 抽吸药液时手不可触及活塞体部 • 结晶、粉剂药物先用 0.9%氯化钠溶液、注射用水或专用溶媒充分溶解后再吸取
★自密封瓶内吸取药液(图 3-12-5)	
(1) 开启铝盖中心并消毒　查对后除去铝盖的中心部分,常规消毒瓶塞,待干	
(2) 抽吸药液　将针头插入瓶塞内,向瓶内注入与所需药液等量的空气,倒转药瓶和注射器,使针头在药液面以下,抽动活塞吸取药液至所需量,再以示指固定针栓,拔出针头	• 以增加瓶内压力,利于吸药 • 抽药液时手不可触及活塞体部

续表

操作步骤	要点说明
3.排尽空气 将针头垂直向上,轻拉活塞,使针头中的药液流入注射器内,并使注射器内的气泡聚集在乳头口,稍推活塞,驱出气体	• 若注射器的乳头偏向一侧,排气时,应将注射器乳头向上倾斜,使气泡集中于乳头根部,驱出气体 • 排气时示指固定针栓
4.妥善放置,保持无菌 排气毕,将安瓿或药瓶套在针头上,再次核对后置于无菌盘内备用	• 也可套针头套,但须将安瓿或药瓶放于一边,以便查对

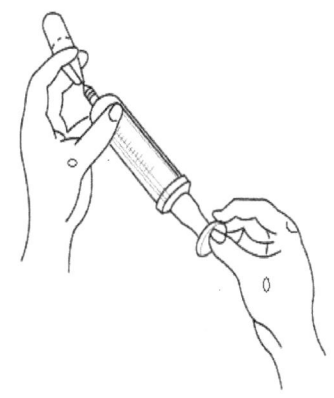

图 3-12-3　自小安瓿内抽吸药液

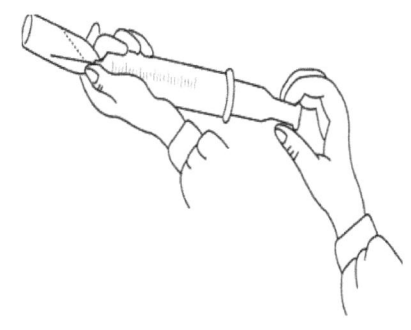

图 3-12-4　自大安瓿内抽吸药液

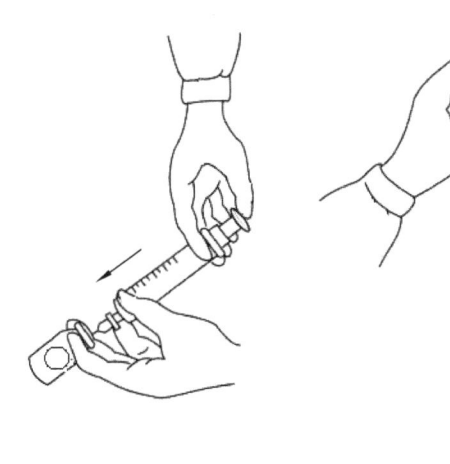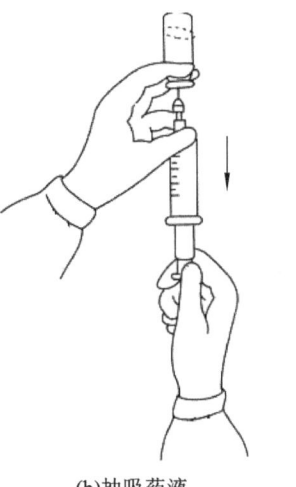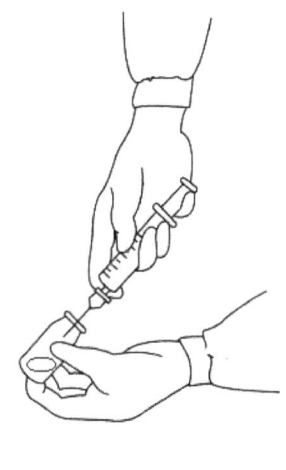

(a)注入等量的空气　　　　(b)抽吸药液　　　　(c)拔针

图 3-12-5　自密封瓶内吸取药液

2. 注意事项

(1) 严格执行无菌操作原则和查对制度。

(2) 抽吸药液时不可用手握住活塞体部,以免污染药液;排气时不可浪费药液以免影响药量的准确性。

(3) 根据药液的性质抽吸药液:混悬剂摇匀后立即吸取;吸取结晶、粉剂药物时,用 0.9% 氯化钠溶液或注射用水或专用溶媒将其充分溶解后吸取;油剂可稍加温或双手对搓药瓶(药液易被热破坏者除外)后,用稍粗针头吸取。

(4) 药液现用现抽吸,避免药液污染和效价降低。

【评价】

(1) 严格执行查对制度和无菌操作原则。

(2) 药液抽吸过程中未浪费药液,剂量准确。

（3）药液抽吸过程中无污染和差错发生。

（四）常用注射技术

1. 皮内注射技术 皮内注射技术（intradermic injection，ID）是将小量药液注入表皮与真皮之间的方法。

实训 3-12-3 皮内注射技术

【目的】

（1）进行药物过敏试验，以观察有无过敏反应。

（2）预防接种。

（3）局部麻醉的先驱步骤。

【评估】

（1）患者病情、治疗情况、用药史、药物过敏史。

（2）患者意识状态、心理状态、对用药的认知合作程度。

（3）患者注射部位的皮肤状况。根据皮内注射的目的选取不同的部位；药物过敏试验常取前臂掌侧下段，因该处皮肤较薄且色浅，易于注射和观察局部反应；预防接种常取上臂三角肌下缘；局部麻醉常选需局部麻醉的部位。

【计划】（以药物过敏试验为例）

1. 操作者准备 着装整洁，修剪指甲，洗手，戴口罩。熟悉药物的用法及药理作用，询问患者药物过敏史并解释皮内注射的目的及注意事项。

2. 用物准备 基础注射盘（消毒液只需备 70％乙醇）、注射本（卡）、1 mL 注射器、$4\frac{1}{2}$号针头、注射药液，根据需要备 0.1％盐酸肾上腺素注射液、2 mL 注射器、6 号针头。另备分类处理用物容器。

3. 患者准备 患者理解注射目的，能积极配合，取舒适体位并暴露注射部位。

4. 环境准备 符合无菌操作要求；注射环境安静、整洁，光线适宜，必要时遮挡患者。

【实施】

1. 操作步骤

操作步骤	要点说明
1.准备药液 洗手、戴口罩，按医嘱准备药液，并在治疗室内抽吸药液	• 仔细核对药物，严格注意无菌操作要求
2.核对解释 携用物至患者处，查对并解释	• 详细询问用药史、过敏史、家族史
3.消毒 选择注射部位，戴手套，以 70％乙醇消毒皮肤，待干，再次查对并排尽空气	• 忌用碘酊消毒，避免影响结果的观察
4.进针 左手绷紧注射部位皮肤，右手持注射器，示指固定针栓，针头斜面向上，与皮肤成 5°刺入皮内。待针头斜面完全进入皮内后，放平注射器，左侧拇指固定针栓，右手推入 0.1 mL 药液，见局部出现一圆形隆起的皮丘，皮肤变白并显露毛孔（图 3-12-6）	• 加强与患者的沟通 • 皮内注射的注入剂量为 0.1 mL
5.拔针 注射完毕，迅速拔出针头	• 切勿按揉穿刺点，并嘱咐患者勿按擦局部
6.观察 再次查对，安置患者	• 若为药物过敏试验，嘱患者勿离开病房，15～20 min 后观察局部反应并做出判断
7.整理 清理用物，洗手并记录	• 用物处理严格按消毒隔离原则进行

2. 注意事项

（1）严格执行无菌操作原则和两人同时查对制度，严格遵守消毒隔离原则。

（2）若做药物过敏试验，在皮内注射前应详细询问患者的用药史、过敏史、家族史，另备 0.1％盐酸

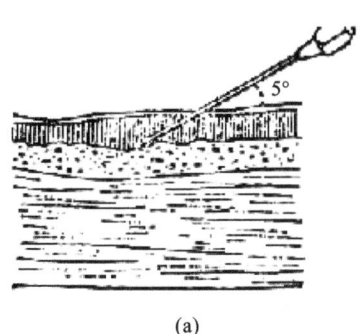
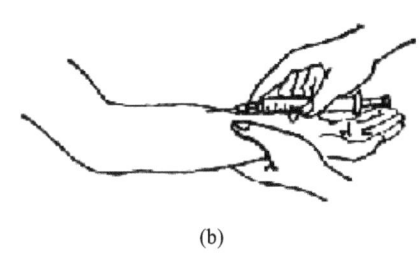

(a)　　　　　　　　　　　　　　(b)

图 3-12-6　皮内注射技术

肾上腺素。

(3) 消毒皮肤忌用碘酊,以免因脱碘不彻底而影响局部反应的观察,并且易与碘过敏反应相混淆。

(4) 拔针后注射部位不可用手按揉,以防影响结果观察。

(5) 若为药物过敏试验,同时需做对照试验,可用另一注射器及针头,在另一侧前臂相应部位注入 0.1 mL 生理盐水。

【评价】

(1) 患者理解皮内注射的目的,愿意接受并配合。

(2) 注射过程严格按注射原则进行,未发生感染。

(3) 患者获得有关药物过敏的一般知识。

2. 皮下注射技术(hypodermic injection,H)　将少量药液注入皮下组织的方法。

实训 3-12-4　皮下注射技术

【目的】

(1) 需迅速达到药效、不能或不宜经口服给药时采用。例如,胰岛素口服在胃肠道内易被消化酶破坏,失去作用,而皮下注射迅速被吸收。

(2) 预防接种。

(3) 局部麻醉用药。

【评估】

(1) 患者病情、治疗情况、用药史、所用药物的药理作用。

(2) 患者意识状态、肢体活动能力,对用药的认知合作程度。

(3) 患者注射部位的皮肤及皮下组织状况。常用的皮下注射部位有上臂三角肌下缘、腹壁、后背、大腿外侧和前侧(图 3-12-7)。

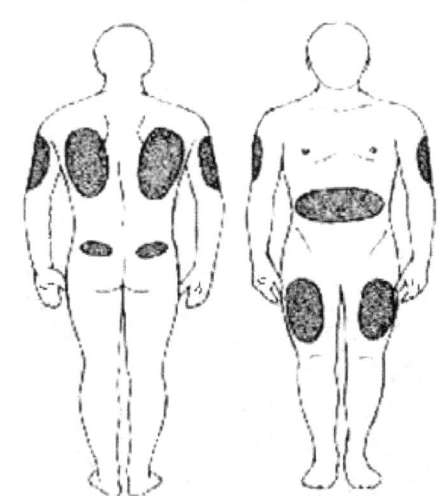

图 3-12-7　皮下注射部位

【计划】

1. 操作者准备　着装整洁,修剪指甲,洗手,戴口罩。熟悉药物的用法及药理作用,询问患者用药史并解释皮下注射的目的及注意事项。

2. 用物准备　基础注射盘、1~2 mL 注射器、$5\frac{1}{2}$~6 号针头、注射本(卡)、遵医嘱准备药液。另备分类处理用物容器。

3. 患者准备　患者理解注射目的,能积极配合,取舒适体位并暴露注射部位。

4. 环境准备　符合无菌操作要求;注射环境安静、整洁、光线适宜,必要时遮挡患者。

Note

【实施】

1. 操作步骤

操 作 步 骤	要 点 说 明
1.准备药液　洗手、戴口罩,按医嘱准备药液并在治疗室内抽吸药液	• 仔细核对药物,严格注意无菌操作要求 • 对皮肤有刺激性的药物一般不进行皮下注射
2.核对解释　携用物至患者处,查对并解释	• 注射少于1 mL的药液时,须用1 mL注射器,以保证注入的药液剂量准确
3.消毒　选择注射部位,戴手套,常规消毒皮肤,待干,再次查对并排尽空气	• 加强与患者的沟通
4.进针　左手绷紧注射部位皮肤,右手持注射器,示指固定针栓,针头斜面向上,与皮肤呈30°～40°角,快速将针梗的1/2～2/3刺入皮下(图3-12-8)	• 进针角度不宜超过45°,以免刺入肌层
5.推药　松开左手,抽动活塞,如无回血,缓慢推注药液	• 确认针头未刺入血管内
6.拔针　注射完毕,用干棉签轻压针刺处,快速拔针后按压片刻	• 如有回血,拔出针头重新注射 • 压迫至不出血为止
7.整理　再次查对,安置患者,整理床单位,清理用物,洗手并记录	• 用物处理严格按消毒隔离原则进行

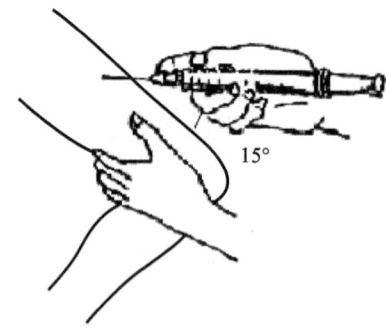

15°

图 3-12-8　皮下注射技术

2. 注意事项

(1) 严格执行无菌操作原则和两人同时查对制度,严格遵守消毒隔离原则。

(2) 进针角度不宜超过45°,以免刺入肌层;对于过于消瘦者,可捏起局部组织,穿刺角度适当减小。

(3) 注射少于1 mL的药液时,须用1 mL注射器,以保证注入的药液剂量准确。

(4) 需长期皮下注射者,应建立轮流使用注射部位的计划,经常更换注射部位,以促进药物充分吸收。

(5) 有刺激性的药物、油剂和注射剂量大的药物不宜作皮下注射。

【评价】

(1) 患者理解皮下注射的目的,愿意接受并配合。

(2) 注射过程严格按注射原则进行,注射部位未出现硬结、未发生感染。

3. 肌内注射技术(intramuscular injection,IM)　将一定量的药液注入肌肉组织的方法。

实训 3-12-5　肌内注射技术

【目的】

(1) 不宜或不能进行静脉注射的药物,要求比皮下注射更迅速地发挥疗效者。

(2) 注射刺激性较强或药量较大的药物。

【评估】

(1) 患者的病情和意识状态,对用药的认知与合作程度。

(2) 治疗情况、用药史、所用药物的药理作用。

(3) 患者的肢体活动能力,注射部位的皮肤及肌肉组织状况并准确定位。一般选择肌肉较厚,离大神经、大血管较远的部位,其中最常用的部位是臀大肌,其次是臀中肌、臀小肌、上臂三角肌及股外侧肌。

①臀大肌注射定位法:臀大肌是臀肌中最大且表浅的肌肉,近似四方形,几乎占据整个臀部皮下。

肌纤维平行向外下方止于股骨上部。小儿此肌不发达,较薄。坐骨神经为全身最大的神经,起自骶丛神经,经梨状肌下孔穿出骨盆至臀部,位于臀大肌中部深面,约在坐骨结节与股骨大转子连线的中点处下降至股后部,其体表投影为自大转子尖至坐骨结节中点向下至腘窝。注射时须注意避免损伤坐骨神经。臀大肌注射定位法有两种(图3-12-9)。

a.十字法:从臀裂顶点向左或右划一水平线,从髂嵴最高点作一垂线,将一侧臀部分为四个象限,其外上象限并避开内角(从髂后上棘至股骨大转子连线),即为注射区。

b.连线法:取髂前上棘与尾骨连线的外上1/3处为注射区。

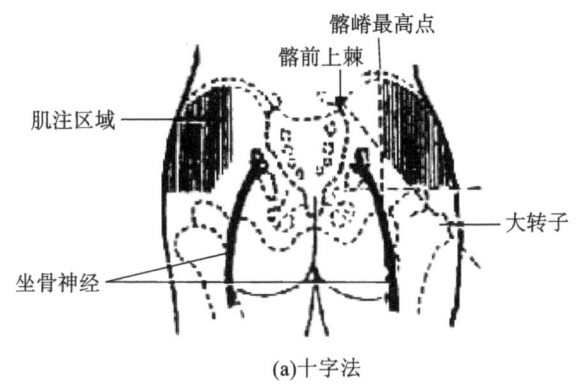

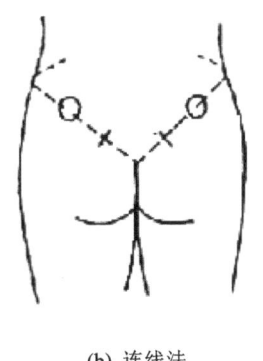

(a)十字法   (b) 连线法

图3-12-9 臀大肌注射定位法

②臀中肌、臀小肌注射定位法:该处血管、神经分布较少,且脂肪组织较薄,故被广泛使用,常用于小儿、病情危重不能翻身的患者。定位方法有如下两种。

a.三角法:以示指尖和中指尖分别置于髂前上棘和髂嵴下缘处,在髂嵴、示指、中指之间构成一个三角形区域,这个三角形区域即为注射部位(图3-12-10)。护士的左手测定患者的右侧,右手测定患者的左侧。

b.三指法:以髂前上棘外侧三横指处为注射区域(以患者自己的手指宽度为准)。

③股外侧肌注射定位法:大腿中段外侧,一般成人可取髋关节下10 cm至膝关节上10 cm,此处宽约7.5 cm(图3-12-11)。此区域大血管、神经干很少通过,注射范围较广,适用于多次注射者。

④上臂三角肌注射定位法:上臂外侧,自肩峰下2~3横指处,此处肌肉分布较臀部少,只能作为小剂量注射(图3-12-12)使用。

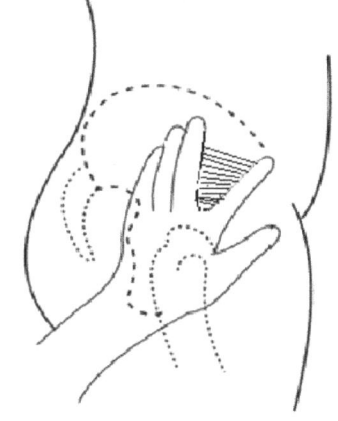

图3-12-10 臀中肌、臀小肌注射定位法

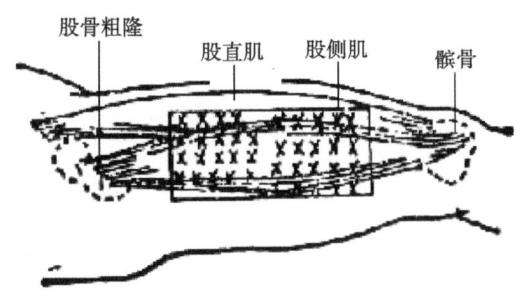

图3-12-11 股外侧肌注射区

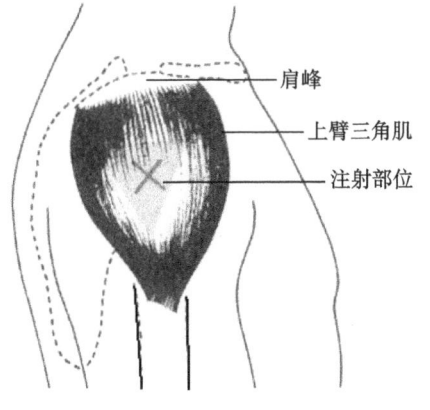

图3-12-12 上臂三角肌注射区

三角肌九区划分法

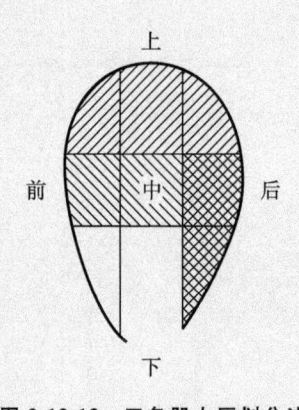

图 3-12-13　三角肌九区划分法

　　将三角肌的长度和宽度中线都均分为三等分,使三角肌成为九个区,分别为三角肌上、中、下 1/3 部的前、中、后区(图 3-12-13)。

　　1. 三角肌的上 1/3 部的前、中、后区为三角肌肌内注射的绝对安全区。

　　2. 三角肌的中 1/3 部的前、中区为相对安全区。

　　3. 三角肌的中、下 1/3 部的后区深面,因有桡神经通过,为三角肌注射的危险区。

　　4. 三角肌的下 1/3 部的前、中区因肌肉太薄不能作为肌内注射使用。

【计划】

　　1. 操作者准备　着装整洁,修剪指甲,洗手,戴口罩。熟悉药物的用法及药理作用,询问患者用药史并解释肌内注射的目的及注意事项。

　　2. 用物准备　基础注射盘、2 mL 或 5 mL 注射器、6~7 号针头、注射本(卡)、遵医嘱准备药液。另备分类处理用物容器。

　　3. 患者准备　患者理解注射目的,能积极配合,取舒适体位并暴露注射部位。

　　4. 环境准备　符合无菌操作要求;注射环境安静、整洁,光线适宜,必要时遮挡患者。

【实施】

　　1. 操作步骤

操作步骤	要点说明
1.准备药液　洗手、戴口罩,按医嘱准备药液并在治疗室内抽吸药液	• 仔细核对药物,严格注意无菌操作要求
2.核对解释　携用物至患者处,查对并解释	
3.体位　协助患者取合适体位,选择注射部位,戴手套,定位	• 为使臀部肌肉松弛,减轻痛苦与不适感可取以下各种体位:侧卧位,上腿伸直,下腿稍弯曲;俯卧位,足尖相对,足跟分开,头偏向一侧;坐位,椅要稍高,便于操作,常用于门诊患者;仰卧位,常用于危重及不能自行翻身的患者采用臀中肌、臀小肌注射时
4.消毒　常规消毒皮肤,待干,再次查对药液并排尽空气	
5.进针　左手拇、示指绷紧注射部位皮肤,右手持注射器,中指固定针栓,将针头迅速垂直刺入针梗的 2/3	• 切勿将针梗全部刺入,以防针梗从根部衔接处折断
6.推药　松开绷紧皮肤的手,抽动活塞,如无回血,缓慢推注药液,同时观察患者的表情及反应。	• 加强与患者的沟通 • 消瘦者及患儿的进针深度酌减 • 确认针头未刺入血管内
7.拔针　注射完毕,用干棉签轻压针刺处,快速拔针后按压片刻(图 3-12-14)	• 压迫至不出血为止
8.整理　再次查对,安置患者,整理床单位,清理用物,洗手并记录	• 用物处理严格按消毒隔离原则进行

　　2. 注意事项

　　(1) 严格执行无菌操作原则和两人同时查对制度,严格遵守消毒隔离原则。

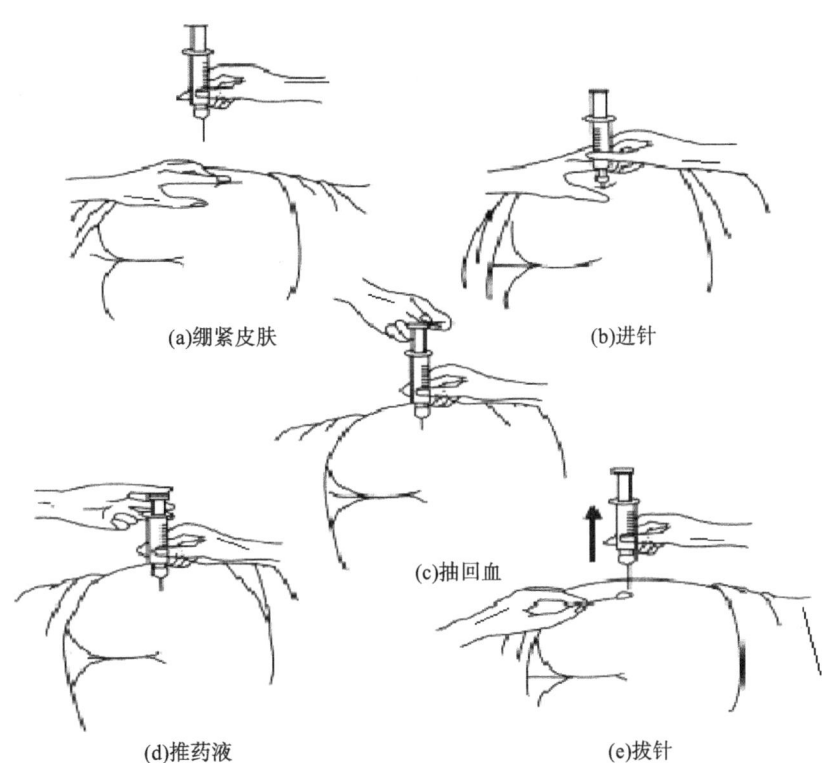

(a)绷紧皮肤　　　　　　　　　　(b)进针

(c)抽回血

(d)推药液　　　　　　　　　　(e)拔针

图 3-12-14　肌内注射技术

（2）两种药液同时注射时，要注意配伍禁忌；需长期进行肌内注射者，注射部位应交替更换，并用细长针头，避免硬结的发生。

（3）2 岁以下婴幼儿不宜选用臀大肌注射，因有损伤坐骨神经的危险，幼儿在未能独自走路前，其臀部肌肉发育不好，应选用臀中肌、臀小肌处注射。

（4）切勿将针梗全部刺入，以防发生断针。一旦发生断针，嘱患者原位不动，同时固定原位组织，以防断针移位，并尽快用无菌血管钳或镊子夹住断端取出；若断针全部埋入肌内无法取出，立即请外科医生处理。

【评价】

（1）患者理解肌内注射的目的，积极配合。

（2）注射过程严格按注射原则进行，注射部位未发生硬结和感染。

知识链接

肌内注射的技巧

　　为减轻注射局部的疼痛，更有利于药液的吸收，可在实施肌内注射过程中采用以下技巧。

　　1. Z 形注射法　在皮肤常规消毒后，注射前用左手手指向一侧或向下牵拉皮肤及皮下组织，使注射点更易进入肌肉组织，而且注射完成时放松牵拉的皮肤及皮下组织使其回到原位，使注射线形成了"Z"线。采用 Z 形肌内注射方法，使药液不易溢出，药物达到了最好的利用度，减少因药液溢出而引起的各种不良反应。由于其特有的注射方式，特别适用于老年人、超体重、注射右旋糖酐铁及刺激性强药物的患者，使药液更容易注射到肌肉组织中，Z 形注射法既能减少渗血和渗液，在增加药物吸收方面也明显优于常规注射法，又能减少注射后压迫时间。

　　2. 留置气泡技术　常规抽吸药液后，再吸入 0.2～0.3 mL 空气，该方法可使针头部位的药液全部进入肌肉组织内，并可防止拔出针头时，药液渗入皮下组织，从而降低了组织受刺激的程度，减轻疼痛，此外，还可起到将药液限制在注射肌肉局部，而利于吸收，减少无效腔残留。

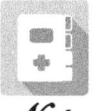

Note

4. 静脉注射法（intravenous injection, IV） 将一定量的无菌药液注入静脉的方法。

实训 3-12-6　静脉注射技术

【目的】

（1）药物不宜口服、皮下、肌内注射，或需迅速发挥药效时。

（2）注入药物做某些诊断性检查，如为肝、肾、胆囊等进行造影时需经静脉注入造影剂。

（3）输液或输血。

（4）静脉营养治疗。

【评估】

（1）患者年龄、病情、治疗情况、用药史、药物过敏史，所用药物的药理作用。

（2）患者意识状态、肢体活动能力，对用药的认知合作程度。

（3）患者注射部位的皮肤状况、静脉充盈度及管壁弹性。常用的静脉注射部位如下。

①四肢浅静脉（图 3-12-15）：肘部的贵要静脉、正中静脉、头静脉、腕部及手背浅静脉网；下肢足部大隐静脉、小隐静脉、足背浅静脉网。

②股静脉：位于股三角区，在股动脉内侧约 0.5 cm 处（图 3-12-16）。

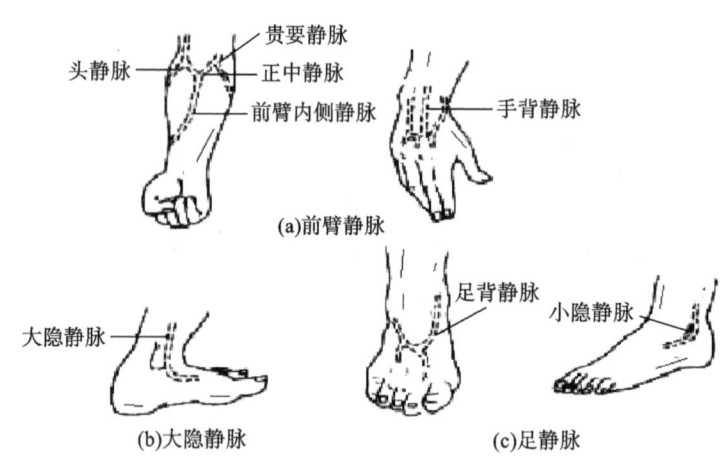

图 3-12-15　四肢浅静脉

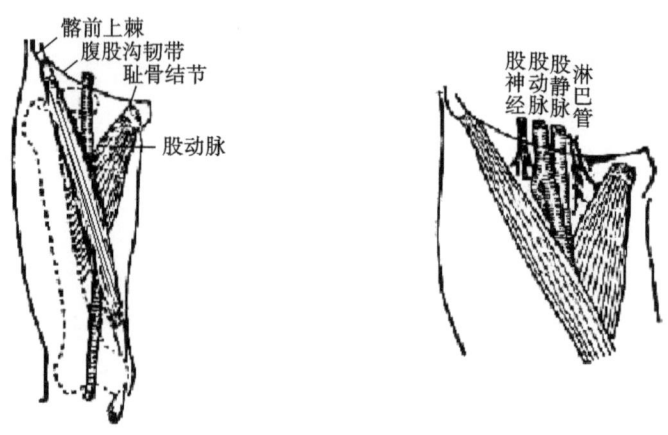

图 3-12-16　股静脉的解剖位置

【计划】

1. 操作者准备　着装整洁，修剪指甲，洗手，戴口罩。熟悉药物的用法及药理作用，询问患者用药史并解释静脉注射的目的及注意事项。

2. 用物准备　基础注射盘、注射器（规格视药量而定）、6～9 号针头或 $4\frac{1}{2}$～9 号头皮针、止血带、注射用小枕、胶布、注射本（卡）、遵医嘱准备药液。另备分类处理用物容器。

3. 患者准备　患者理解注射目的，能积极配合，取舒适体位并暴露注射部位。

4. 环境准备　符合无菌操作要求;注射环境安静、整洁、光线适宜,必要时遮挡患者。

【实施】

1. 操作步骤

操作步骤	要点说明
1.准备药液　洗手、戴口罩,按医嘱准备药液并在治疗室内抽吸药液	• 严格执行查对制度和无菌操作的原则
2.核对解释　携用物至患者处,查对并解释	
3.根据病情选择静脉进行注射	
★四肢浅静脉注射	
(1) 协助患者取合适卧位,戴手套,选择合适静脉,在穿刺部位肢体下垫小枕,在距穿刺点上方(近心端)约 6 cm 处扎止血带,常规消毒皮肤,待干	• 选择粗、直、弹性好、易于固定的静脉,避开静脉瓣、关节,有计划地使用血管,先远后近 • 止血带末端向上,避免污染消毒区域
(2) 再次查对药液并排尽空气。以一手拇指绷紧静脉下端皮肤,使其固定;另一手持注射器,示指固定针栓,针头斜面向上,与皮肤成15°~30°角自静脉上方或侧方刺入皮下再刺入静脉	• 使静脉充盈、显露,便于穿刺 • 穿刺时应沉着,一旦出现局部血肿,立即拔出针头,按压局部,另选他处静脉
(3) 见回血,视情况再顺静脉进针少许,松止血带,固定针头(图 3-12-17)	• 见回血提示针头已刺入血管内
★股静脉注射	• 常用于急救时加压输液、输血
(1) 协助患者取仰卧位,穿刺侧下肢伸直略外展外旋,常规消毒局部皮肤	• 必要时穿刺侧腹股沟下可垫小枕以显露注射部位
(2) 再次查对,排尽空气	• 加强与患者的沟通
(3) 术者按无菌技术原则戴上无菌手套,一手示指和中指于腹股沟处扪及股动脉搏动最明显部位并固定,另一手持注射器,针头与皮肤成 90°或 45°角,在股动脉内侧 0.5 cm 处刺入,抽动活塞见有暗红色血,固定针头	• 抽出暗红色血液,提示针头已进入股静脉
4.推药　缓慢推注药液	• 注药过程中要缓慢地试抽回血,以检查针头是否仍在静脉内,如有局部疼痛或肿胀隆起,抽无回血,应拔出针头,更换部位,重新注射
5.拔针　注射完毕,把干棉签放在针刺点上方,快速拔针后按压片刻	• 股静脉注射,拔针后局部用无菌纱布加压止血3~5 min,以免引起出血或血肿
6.整理　再次查对,安置患者,清理用物,洗手并记录	• 用物处理严格按消毒隔离原则进行

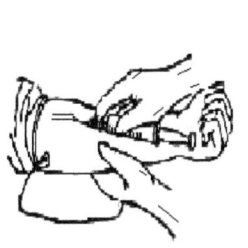 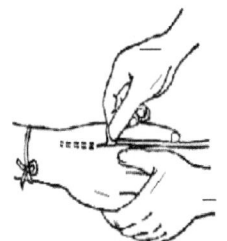 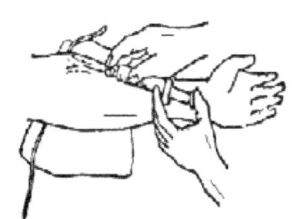

(a)注射器进针法　　　　(b)头皮针进针法　　　　(c)推药

图 3-12-17　静脉注射技术

2. 注意事项

(1) 严格执行无菌操作原则和两人同时查对制度,严格遵守消毒隔离原则。

(2) 注射时应选择粗直、弹性好、易于固定的静脉,避开关节和静脉瓣;对长期静脉用药的患者,为

保护血管应有计划地自远心端到近心端选择静脉注射。

（3）根据患者的病情、年龄及药物性质，掌握注入药液的速度，并随时听取患者的主诉，观察局部情况及其病情变化。

（4）对组织有强烈刺激的药物，注射前应先抽吸少量0.9%氯化钠溶液作穿刺，再注入少量等渗盐水，证实针头确在血管内，再推注药物，以防药液外溢于组织内而发生坏死。

（5）去甲肾上腺素、钙剂等强刺激性药物不宜采用头皮静脉注射。

（6）股静脉注射有出血倾向者不宜采用；如抽出鲜红色血液，提示针头刺入股动脉，应立即拔出针头，用无菌纱布紧压穿刺处5~10 min，确认无出血后，在另一侧股静脉穿刺。

【评价】

（1）患者理解肌内注射目的，积极配合。

（2）注射过程严格按注射原则进行，注射部位未发生渗出、肿胀和感染。

（3）能分析静脉注射失败的原因，根据患者情况提高静脉穿刺成功率。

【静脉注射失败常见原因及对策】

（1）针头刺入静脉过浅，或因松止血带时针头滑出血管，抽吸未见回血，推药时局部隆起，有疼痛感。此时可再沿静脉走向进针少许直至回血，也可重新穿刺。

（2）针头未完全刺入静脉，针头斜面一部分在血管内，一部分在血管外，回血断断续续，注药时溢出至皮下，皮肤隆起，患者局部疼痛。此时可再沿静脉走向进针少许直至回血，也可重新穿刺。

（3）针头刺入较深，针头斜面一部分穿破对侧血管壁，见有回血，但推药不畅，部分药液溢出至深层组织，患者有痛感，若只推注少量药液，局部不一定隆起。此时应重新穿刺。

（4）针头刺入过深，针尖完全穿透对侧血管壁，抽吸无回血，推药时患者主诉疼痛。此时应重新穿刺。

> **知识链接**
>
> ### 提高静脉穿刺成功率的方法
>
> （1）老年患者　老年患者皮下脂肪较少，静脉易滑动且脆性较大，针头难以刺入或易穿破血管壁。注射时，可用手指分别固定穿刺段静脉上下两端，再沿静脉走向穿刺。
>
> （2）肥胖患者　肥胖患者皮下脂肪较厚、静脉较深、难以辨认，但较易固定。注射时，在摸清血管走向后从静脉上方进针，进针角度稍加大（30°~40°角）。
>
> （3）水肿患者　可沿静脉解剖位置，用手按揉局部，以暂时驱散皮下水分，使静脉充分显露后再行穿刺。
>
> （4）脱水患者　血管充盈不良致使穿刺困难，可在扎止血带后，从穿刺部位远心端向近心端方向反复推揉，以使血管充盈后再穿刺。
>
> （5）天气寒冷　天冷时浅表静脉收缩，可先用热毛巾或热水袋热敷局部，使血管充盈后再穿刺。

实训3-12-7　电脑微量注射泵的使用技术

电脑微量注射泵可以将药物精确、均匀、持续地输入体内，严格控制药物用量，保证药物最佳的有效浓度，合理地调节药物的注射速度，连续输注各种急需的药物，减少并发症的发生。常用于各类血管活性药物、抗心律失常药物、电解质溶液、麻醉药、儿科药物的输注等。其操作简便，在抢救危重患者时能减轻工作量，提高工作效率，准确、安全、有效地配合医生抢救，常用于ICU、CCU、儿科、心内科、脑外科、普外科等重症患者。

【目的】

使药液均匀、用量准确并安全地注入患者体内发挥作用。

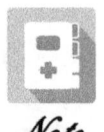

【评估】

(1)患者年龄、病情、治疗情况、用药史,所用药物的药理作用。

(2)患者意识状态、肢体活动能力,对用药的认知合作程度。

(3)患者注射部位的皮肤状况、静脉充盈度及管壁弹性。

【计划】

1.操作者准备 着装整洁,修剪指甲,洗手,戴口罩。熟悉药物的用法及药理作用,解释目的及注意事项。

2.用物准备 微量注射泵及电源线、专用延长管(必要时用避光延长管)、50 mL 或 20 mL 注射器及抽吸的输入药物(遵医嘱)、抽吸 5~10 mL 生理盐水的注射器、必要时备静脉输液用物。另备分类处理用物容器。

3.患者准备 患者理解注射目的,能积极配合,取舒适体位并暴露注射部位。

4.环境准备 符合无菌操作要求;注射环境安静、整洁、光线适宜,必要时遮挡患者。

【实施】

1.操作步骤

操作步骤	要点说明
1.准备药液 洗手、戴口罩,按医嘱准备药液并在治疗室内用专用注射器抽吸药液	• 严格执行查对制度和无菌操作的原则
2.核对解释 携用物至患者处,查对并解释	• 取得患者配合
3.连接电源 插好电源,打开开关	• 检查微量泵电路、电源、距离和仪器状态
4.固定注射器 抽吸好药液的注射器连接延长管排气后将其设置于泵体夹内,推动滑座至可注射状态	
5.设定参数 根据医嘱按选择键设定好流速和总量等各参数	• 注射过程中如需改变参数,按停止键,再按选择键,先清零,再重新选择总量或流速
6.穿刺 选择合适的静脉,常规消毒皮肤,待干,再次核对后,将抽吸生理盐水的注射器与头皮针相连,穿刺静脉,成功后固定头皮针	
7.连接 分离注射器与头皮针,将头皮针连接延长管	
8.注射 按下"开始"键,开始注射	• 注药过程中随时注意观察患者反应和药液输入的情况
9.拔针 注射完毕,迅速拔针后按压片刻	• 当药液即将注射完毕时,"接近完成"键闪烁并报警。注射继续进行,药液注射完毕,自动停止
10.取出注射器 再次查对,解除微量泵通路,取出注射器,按住电源开关关机,切断电源	
11.整理记录 安置患者,清理用物,洗手并记录	• 用物处理严格按消毒隔离原则进行

2.注意事项

(1)严格执行无菌操作原则和两人同时查对制度,严格遵守消毒隔离原则。

(2)连续注射 24 h 要更换注射器和延长管。

(3)注药过程中随时注意观察患者反应和药液输入的情况,及时排除警报、故障,防止液体输入失控。

(4)夜间消除报警声音,使患者睡眠充足,消除紧张心理。此时,可准备好另一注射器的药物。

【评价】

(1)患者理解注射目的,有安全感,积极配合。

(2)护士操作规范,严格执行查对和无菌制度。

电脑微量注射泵特点

(1) 微量泵具有完整的报警指示系统。

(2) 带有蓄电池,连接交流电可自行充电,充电 15 h 可连续使用 3 h。

(3) 在交流电中断时可自动转为电池供电,不因停电或转送患者而中断给药。

(4) 流量可在 0.1~99.9 mL/h 之间选择。累计容量在 0.1~999 mL 之间选择,限制量在 0~999 mL。

(5) 可根据药液多少选择 20 mL、50 mL 等规格的一次性无菌注射器。

(6) 为临床护理服务提供了便捷、省时省力、用药剂量准确无误的有效途径。

5. 动脉注射技术(arterial injection) 从动脉注入药液的方法。

实训 3-12-8 动脉注射技术

【目的】

(1) 加压注入高渗葡萄糖液或血液,增加有效血容量,用于抢救重度休克尤其是创伤性休克的患者。

(2) 注入造影剂,用于施行某些特殊检查,如血管造影等。

(3) 注入抗癌药物作区域性化疗。

【评估】

(1) 患者病情、治疗情况、用药史、药物过敏史,所用药物的药理作用。

(2) 患者意识状态、肢体活动能力,对用药的认知合作程度。

(3) 患者注射部位的皮肤及血管状况。常用的动脉注射部位有股动脉、桡动脉。作区域性化疗时,头面部疾病可采用颈总动脉;上肢疾病可采用锁骨下动脉或肱动脉;下肢疾病可采用股动脉。

【计划】

1. 操作者准备 着装整洁,修剪指甲,洗手、戴口罩。熟悉药物的用法及药理作用,询问患者用药史并解释动脉注射的目的及注意事项。

2. 用物准备 基础注射盘、注射器(规格视药量而定)、6~9 号针头、无菌纱布、无菌手套及无菌洞巾(必要时)、沙袋、注射卡、遵医嘱准备药液。另备分类处理用物容器。

3. 患者准备 患者理解注射目的,能积极配合,取舒适体位并暴露注射部位。

4. 环境准备 符合无菌操作要求;注射环境安静、整洁、光线适宜,必要时遮挡患者。

【实施】

1. 操作步骤

操作步骤	要点说明
1.准备药液 洗手、戴口罩,按医嘱准备药液并在治疗室内抽吸药液	·严格执行查对制度和无菌操作的原则 ·必要时,铺无菌洞巾
2.核对解释 携用物至患者处,查对并解释	
3.选择注射部位 协助患者取适当体位,选择并显露穿刺部位,常规消毒皮肤,直径大于 6 cm	·止血带末端向上 ·桡动脉穿刺的穿刺点为前臂掌侧腕关节上 2 cm,动脉搏动明显处
4.查对 再次查对药液并排尽空气	
5.戴无菌手套 术者按无菌技术原则戴上无菌手套,在欲穿刺动脉的搏动最明显部位固定于两指间,另一手持注射器,在两指间垂直或与动脉走向成 40°角刺入动脉,见有鲜红色血液涌进注射器,即固定穿刺针头的方向和深度,推注药液	·股动脉穿刺点在腹股沟股动脉搏动明显处,穿刺时,患者仰卧位,下肢伸直略外展外旋,以充分暴露穿刺部位 ·有血液涌进注射器表明针头已刺入动脉血管内 ·推注速度可略快

续表

操作步骤	要点说明
6.拔针　注射完毕,迅速拔针后局部用无菌纱布加压止血5～10 min	• 也可用沙袋加压止血
7.整理　再次查对,安置患者,清理用物,洗手并记录	• 用物处理严格按消毒隔离原则进行

2. 注意事项

(1) 严格执行无菌操作原则和两人同时查对制度,严格遵守消毒隔离原则。

(2) 有出血倾向者,谨慎应用动脉穿刺。

(3) 推注药液过程中随时听取患者主诉,观察局部情况及病情变化。

(4) 拔针后局部用无菌纱布或沙袋加压止血,以免出血或形成血肿。

【评价】

(1) 患者理解注射目的,有安全感,积极配合。

(2) 注射过程严格按注射原则进行,注射部位无血肿或感染发生。

(3) 血液病患者禁用此法注射,以免引起流血不止。

四、雾化吸入技术

雾化吸入技术是用雾化装置将药液分散成细小的雾滴以气雾状喷出,经口或鼻吸入达到局部或全身治疗的方法。雾化吸入用药奏效快、药物用量少、不良反应较轻,除对呼吸道局部产生作用外,还可以通过肺组织吸收而达到全身治疗的作用。临床应用比较广泛,临床上常用的雾化吸入技术有超声雾化吸入技术、氧气雾化吸入技术和手压式雾化吸入技术三种。

(一) 超声雾化吸入技术

超声雾化吸入是应用超声波声能将药液变成细微的气雾,再经鼻或口吸入呼吸道的方法。

1. 超声雾化吸入器介绍

(1) 基本构造(图 3-12-18)　①超声波发生器:接通电源后可输出高频电能,面板上有电源和雾量调节开关、指示灯和定时器。②水槽与晶体换能器:水槽内盛冷蒸馏水,底部有一个晶体换能器,接收超声波发生器输出的高频电能,并将其转化为超声波声能。③雾化罐和透声膜:雾化罐内盛放药液,底部是半透明的透声膜。④螺纹管和口含嘴(或面罩)。

(2) 作用原理　超声波发生器通电后输出高频电能,电能通过水槽底部的晶体换能器转换成超声波声能,声能震动并通过雾化罐底部的透声膜作用于罐内的药液,使药液表面张力被破坏而形成细微的气雾,通过螺纹管在患者深吸气时进入呼吸道。特点是雾滴小而均匀,直径在 5 μm 以下;雾量大小可以调节;药液可随深吸气到达终末支气管和肺泡;对药液温和加热,使吸入的气雾温暖、舒适。

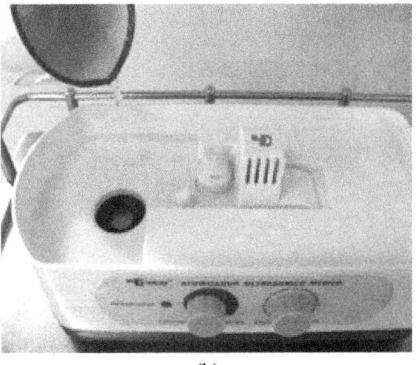

(a)　　　　　　　　　　　　(b)

图 3-12-18　超声雾化吸入器

2. 常用药物　遵医嘱给予患者用药。

(1) 控制呼吸道感染,消除炎症　常用庆大霉素、卡那霉素等抗生素。

(2) 解除支气管痉挛　常用氨茶碱、沙丁胺醇等。

(3) 稀释痰液,帮助祛痰　常用 α-糜蛋白酶、痰易净等。

(4) 减轻呼吸道黏膜水肿　常用地塞米松等。

3. 超声雾化吸入技术　见实训 3-12-9。

实训 3-12-9　超声雾化吸入技术

【目的】

1. 预防和治疗呼吸道感染　吸入祛痰、抗感染药物,消除炎症。常用于咽喉炎、支气管扩张、肺炎、肺脓肿、胸部手术前后等患者。

2. 改善通气功能　解除支气管痉挛,改善呼吸道通气状况。常用于支气管哮喘、喘息性支气管炎等患者。

3. 湿化呼吸道　吸入温暖、潮湿的气体、减少呼吸道的刺激,稀释痰液,帮助祛痰。常用于呼吸道湿化不足、痰液黏稠、气道不畅者,也作为气管切开术后常规治疗手段。

4. 治疗肺癌　间歇吸入抗癌药物治疗疾病。

【评估】

(1) 患者病情、治疗情况及用药史等。

(2) 患者意识状态,对治疗计划的了解,心理状态及配合程度。

(3) 患者呼吸道是否通畅,有无感染、支气管痉挛、呼吸道黏膜水肿、痰液等;患者面部及口腔黏膜情况,有无感染、溃疡等。

【计划】

1. 操作者准备　着装整洁、修剪指甲、洗手、戴口罩。熟练使用超声雾化吸入器,熟悉药物的药理作用及可能出现的不良反应。

2. 用物准备

(1) 超声雾化吸入器一套。

(2) 常用药物　遵医嘱给予患者用药。

(3) 其他用物　水温计、冷蒸馏水、生理盐水、治疗巾、弯盘、电源插座。

3. 患者准备　患者了解雾化吸入的目的并能够积极配合操作,协助其取舒适体位。

4. 环境准备　安静、整洁、温湿度适宜。

【实施】

1. 操作步骤

操 作 步 骤	要 点 说 明
1.护士洗手、戴口罩,连接雾化器主件与附件	• 操作前检查雾化器各性能是否完好,避免意外发生
2.水槽内加冷蒸馏水 250 mL 左右	• 水量约高 3 cm,视不同类型的雾化器而定,要求浸没雾化罐底部的透声膜
3.将药液用生理盐水稀释至 30～50 mL,倒入雾化罐内,检查无漏水后,将雾化罐放入水槽,盖紧水槽盖	• 水槽内必须保持有足够冷蒸馏水,无水时不能开机,以免损坏机器
4.携用物至床旁,核对患者并解释	
5.协助患者取舒适卧位,铺治疗巾于患者领下,接通雾化器电源,打开电源开关(指示灯亮),预热 3～5 min,调整定时开关至所需时间,打开雾化开关,根据需要调节雾量	• 操作轻,避免损伤水槽底部的晶体换能器和雾化罐底部的透声膜

操 作 步 骤	要 点 说 明
6.将口含嘴放入患者口中(如用面罩需妥善固定),指导患者做深呼吸	• 确认患者,取得合作
7.治疗完毕,取下口含嘴或面罩,先关雾化开关,再关电源开关	• 一般每次定时 15～20 min,雾量大小随患者的需要适当调节,雾量过大会使患者不适,过小达不到治疗目的
8.擦干患者面部,协助取舒适卧位,整理床单位	
9.清理用物,放掉水槽内的水,擦干水槽,将口含嘴、雾化罐、螺纹管浸泡于消毒液内 1 h,洗净晾干后备用	• 连续使用雾化器时,中间应间隔 30 min • 按消毒隔离原则清洁整理用物
10.观察超声雾化吸入后的治疗结果	
11.洗手并记录	• 记录雾化开始时间、持续时间,患者的反应及雾化吸入后的效果等

2. 注意事项

(1)严格执行查对制度,遵守消毒隔离原则。

(2)水槽内需保持足够的冷水,若发现水温超过 50 ℃或水量不足,应在关机后更换或加入冷蒸馏水。

(3)雾化过程中指导患者做深呼吸,可以帮助药液到达呼吸道深部,更好地发挥药效。观察患者痰液排出是否困难,黏稠的分泌物经湿化后膨胀致痰液无法咳出时,可给予拍背协助咳痰,必要时吸痰。

3. 健康指导

(1)向患者及家属介绍雾化吸入的相关知识,并教会其正确的使用方法。

(2)教给患者利用深呼吸配合雾化吸入的方法,并指导雾化后正确的咳嗽、排痰方法。

【评价】

(1)患者理解雾化吸入目的,愿意正确配合治疗。

(2)患者感觉舒适,痰液易咳出,症状缓解,治疗作用明显。

(二)氧气雾化吸入技术

氧气雾化吸入技术是借助氧气高速气流,破坏药液表面的张力,使其形成雾状,并随患者吸气进入呼吸道的方法。

1. 氧气雾化吸入器介绍

(1)基本构造　其基本构造如图 3-12-19 所示。

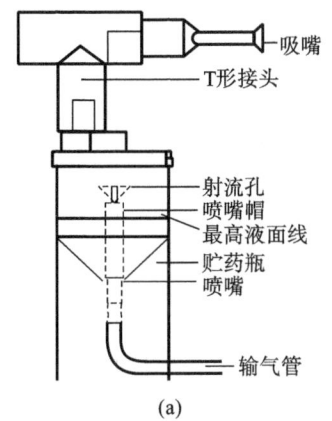
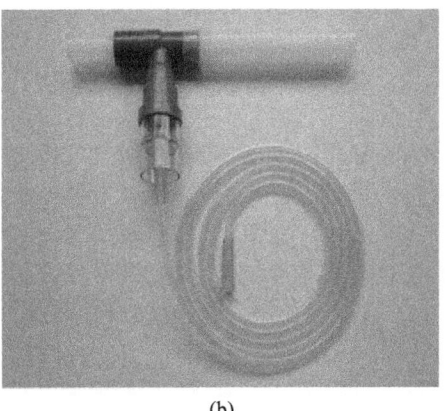

(a)　　　　　　　　　　　(b)

图 3-12-19　氧气雾化吸入器

(2)原理　常用的氧气雾化吸入器为射流式雾化器。基本原理是借助高速气流通过毛细管并在管

口产生负压,负压将药液由相邻的小管吸出,所吸的药液又被毛细管口高速的气流冲击成细小的雾滴,呈气雾状喷出。

2. 氧气雾化吸入技术 见实训 3-12-10。

实训 3-12-10 氧气雾化吸入技术

【目的】

(1) 预防、控制呼吸道感染;稀释痰液,促进排痰。

(2) 改善通气功能,解除支气管痉挛。

【评估】

同超声雾化吸入技术

【计划】

1. 操作者准备 着装整洁,修剪指甲,洗手,戴口罩,熟练使用氧气雾化吸入器,熟悉常用药物的用法及药理作用。

2. 用物准备

(1) 氧气雾化吸入器一套。

(2) 常用药物 同超声雾化吸入技术。

(3) 其他用物 氧气装置、治疗巾、弯盘等。

3. 患者准备 患者了解氧气雾化吸入的目的并能够积极配合操作,协助其取舒适体位。

4. 环境准备 环境安静、整洁,温湿度适宜、光线适中。

【实施】

1. 操作步骤

操作步骤	要点说明
1.护士着装整洁、洗手、戴口罩,遵医嘱将抽吸的药液注入雾化器药杯内,药液稀释后不得超过规定刻度	• 使用前检查氧气雾化吸入器连接是否完好,有无漏气
2.携用物至患者床旁,核对并解释	• 严格执行查对制度
3.将雾化器和氧气装置相连接,调节氧气流量至 6~8 L/min	• 氧气湿化瓶内勿放水
4.协助患者取舒适卧位,指导患者将雾化器吸嘴放入口中,紧闭口唇深吸气,用鼻呼气,如此反复循环,至药液吸完为止	• 使药液充分到达支气管和肺部,充分地发挥药效
5.取出雾化器后关闭氧气开关,协助患者清洁口腔,整理床单位并清理用物	• 用物处理按消毒隔离原则进行 • 一次性雾化吸入器用完后按医院规定处理
6.观察氧气雾化吸入的疗效	• 观察患者排痰情况,配合拍背、吸痰
7.洗手并记录	

2. 注意事项

(1) 使用前检查雾化吸入器连接是否完好,有无漏气。

(2) 氧气湿化瓶内勿放水,以免液体进入雾化吸入器内使药液稀释。

(3) 操作中应严格安全用氧,严禁接触烟火和易燃品,避免意外的发生。

(4) 一个患者固定一套雾化器,用后用温开水洗净,定期用消毒水浸泡。

3. 健康教育 同超声雾化吸入技术。

【评价】

(1) 患者理解氧气雾化吸入目的,愿意正确配合治疗。

(2) 患者感觉舒适,症状缓解,治疗作用明显。

(三) 手压式雾化吸入技术

手压式雾化吸入技术是利用拇指按压雾化器顶部,使药液从喷嘴喷出,形成雾滴作用于口腔及咽部

气管、支气管黏膜被吸收的治疗方法。

1. 手压式雾化吸入器介绍

（1）基本构造 其基本构造如图3-12-20所示。

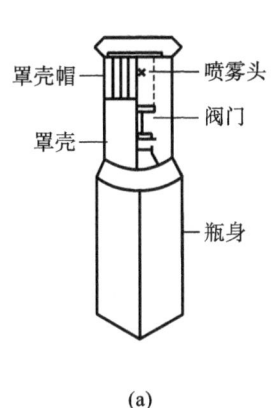
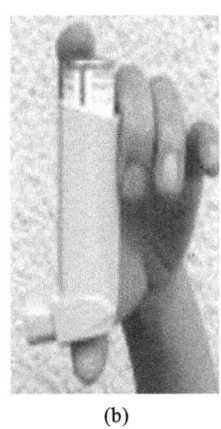

罩壳帽
喷雾头
阀门
罩壳
瓶身

(a)   (b)

图3-12-20 手压式雾化吸入器

（2）原理 手压式雾化吸入器内的药液,预置于雾化器的高压送雾器中,使用时将药液倒置,用拇指按压雾化器顶部时,阀门打开,药液便快速地从喷嘴喷出,80%形成药雾,到达口腔、咽部、气管,药物经黏膜吸收。

2. 手压式雾化吸入器技术 见实训3-12-11。

实训 3-12-11 手压式雾化吸入技术

【目的】

通过吸入药物如拟肾上腺素类药、氨茶碱等以改善通气功能,解除支气管痉挛,适用于支气管哮喘、喘息性支气管炎的对症治疗。

【评估】

同超声雾化吸入技术。

【计划】

1. 操作者准备 着装整洁,修剪指甲,洗手,戴口罩,熟练使用手压式雾化吸入器,熟悉药物的用法及作用。

2. 用物准备 手压式雾化器一套。

3. 患者准备 理解手压式雾化吸入技术的目的,能够取舒适体位,积极配合操作。

4. 环境准备 环境安静、整洁,温湿度适宜、光线适中。

【实施】

1. 操作步骤

操作步骤	要点说明
1. 护士着装整洁、洗手、戴口罩,遵医嘱准备手压式雾化器	• 检查雾化器是否完好
2. 携用物至患者床旁,核对并解释	• 严格执行查对制度
3. 取下手压式雾化器的保护盖,使用前充分摇匀药液	
4. 协助患者取得舒适的卧位,雾化器倒置,将接口端放入患者口唇中,均匀吸气	• 患者紧闭口唇
5. 随着深吸气的动作,按压雾化器顶部,药液喷出后随吸气而吸入患者体内	
6. 延长屏气时间,约10 s,然后呼气。每次1~2喷,两次间隔时间3~4 h	• 延长屏气时间

Note

操 作 步 骤	要 点 说 明
7.取出雾化器,协助患者清洁口腔	
8.整理床单位,清理用物	• 按有关规定处理用物
9.洗手并记录	

2. 注意事项

(1) 严格执行查对制度,遵守消毒隔离原则。

(2) 手压式雾滴直径为 $2.8\sim4.3~\mu m$,速度快,药物直接可到达口腔、咽部,随着深吸气,药物可达气管。

(3) 喷雾器使用后应放在阴凉处,一般在 30 ℃以下保存。

3. 健康教育

(1) 该类药物一般由患者保管,指导患者正确使用手压式雾化吸入给药。

(2) 教会患者正确评价疗效,当疗效不满意时,不能随意增加或减少用量和次数,以免加重不良反应。

(3) 协助患者分析并解释引起呼吸道痉挛的各种因素,指导其选择适宜的活动,增强体质,预防呼吸道感染。

【评价】

(1) 患者理解手压式雾化吸入技术的目的,愿意正确积极配合治疗。

(2) 患者呼吸道痉挛缓解,感觉舒适。

五、其他给药法

(一) 皮肤外用药

见实训 3-12-12。

实训 3-12-12 皮肤外用药

【目的】

皮肤给药是将药物直接涂于皮肤上,起到局部治疗的作用。常用的剂型有溶液、油膏、糊剂、粉剂等。

【评估】

患者对用药知识的理解及用药的需要、药物的性能。

【计划】

1. 操作者准备 着装整洁,修剪指甲,洗手,戴口罩,掌握皮肤给药的知识。

2. 用物准备 皮肤用药、棉签、弯盘、清洁皮肤用物。

3. 患者准备 了解用药的目的和注意事项,教会患者正确使用药物。

4. 环境准备 拉好窗帘,必要时用屏风遮挡。

【实施】

1. 涂抹药物前 先用温水与中性肥皂清洁患者皮肤,如有皮炎仅用清水清洁。

2. 根据药物剂型,采用相应的护理方法

(1) 溶液剂 溶液剂一般为非挥发性药物的水溶液(如3%硼酸溶液、依沙吖啶溶液等),有清洁、收敛、消炎等作用。主要用于急性皮炎并伴有大量渗液或脓液者。使用方法如下:用橡胶单或塑料布垫于患处下面,防止污染床单,用钳子夹取蘸有药液的湿棉球洗抹患处,清洁后用干棉球抹干。也可用于湿敷法给药。

(2) 糊剂 含有较多粉末的半固体制剂,如氧化锌糊、甲紫糊等,起到保护受损皮肤的作用,并能吸收渗液和消炎等。主要适用于亚急性皮炎,有少量渗液或轻度糜烂者。使用方法:用无菌棉签蘸取药

液后,将药糊直接涂于患者患处,涂抹不必过厚;也可将糊剂涂在纱布上,贴在受损皮肤处后再进行包扎。

(3)软膏 药物与适宜基质制成有适当稠度的膏状制剂(如硼酸软膏、硫酸软膏等)。软膏具有保护患处、润滑和软化痂皮等作用。一般用于慢性增厚性皮损。使用方法:用棉签将软膏涂于患处,不宜涂得太厚,一般不需要包扎,但溃疡或皮肤大片糜烂受损则需要包扎。

(4)乳膏剂 药物与乳剂型基质制成的软膏,分霜剂和脂剂两种,如樟脑霜和尿素脂,具有止痒、保护、消除轻度炎症的作用。使用方法:用棉签将乳膏剂涂于患处,但因其渗出物较多对急性皮炎禁用。

(5)酊剂和醑剂 不挥发性药物的乙醇溶液为酊剂,如碘酊;挥发性药物的乙醇溶液为醑剂,如樟脑醑。两者都有杀菌、消毒、止痒的作用,主要适用于慢性皮肤患者的皮炎苔癣样变。使用方法:用棉签蘸药涂于患处,需要注意的是药物具有刺激性,不宜用于有糜烂面的急性皮炎,黏膜及眼、口的周围。

(6)粉剂 一种或数种药物的极细粉均匀混合制成的干燥粉末样制剂,如滑石粉、痱子粉等。有保护皮肤的作用。常用于急性或亚急性皮炎无糜烂渗液的受损皮肤。使用方法:将药粉均匀地扑撒在受损皮肤处。粉剂多次应用后常会有粉块形成,用温生理盐水湿润后即可除去。注意观察用药后的反应,了解患者主观感受,认真评价用药效果。

3. 注意事项

(1)观察患者局部用药后的反应,尤其对小儿和老年患者应仔细观察。

(2)了解患者对局部用药的主观感觉,做好解释工作。

【评价】

(1)患者了解皮肤用药的目的,能够积极配合治疗。

(2)患者病情得到缓解,感觉舒适。

(二)黏膜给药技术

1. 直肠栓剂插入技术 见实训 3-12-13。

实训 3-12-13 直肠栓剂插入技术

【目的】

(1)经直肠插入甘油栓,软化粪便,利于排出。

(2)栓剂中有效成分被直肠黏膜直接吸收后起到全身治疗作用,如使用解热镇痛药栓剂。

【评估】

评估患者对药物的了解,对有关用药知识的了解程度。

【计划】

1. 操作者准备 着装整洁,修剪指甲,洗手,戴口罩。

2. 用物准备 直肠栓剂,指套或手套,手纸。

3. 患者准备 取侧卧位,膝部弯曲,暴露出肛门。

4. 环境准备 需要时用屏风遮挡,拉好窗帘。

【实施】

直肠给药方法较简单,护士可指导并教会患者自己使用。

(1)操作者戴上指套或手套。

(2)嘱患者张口深呼吸,尽量放松。

(3)将栓剂轻轻插入肛门,并用示指将栓剂沿直肠壁朝脐部方向送入 6~7 cm(图 3-12-21)。

(4)置入栓剂后,保持侧卧位 15 min,以防药物栓滑脱或溶化后渗出肛门外,如若栓剂滑脱出肛门外,应予重新插入。

(5)给药后观察是否产生预期药效。

2. 阴道栓剂插入技术 见实训 3-12-14。

Note

图 3-12-21   直肠栓剂插入技术

实训 3-12-14   阴道栓剂插入技术

【目的】

自阴道插入栓剂能起到局部治疗的作用,如插入消炎、抗菌药物治疗阴道炎。

【评估】

评估患者的病情,对药物的了解及用药的接受、配合程度。

【计划】

1. 操作者准备   着装整洁,修剪指甲,洗手,戴口罩。

2. 用物准备   阴道栓剂、栓剂置入器或手套、卫生棉垫、必要时备屏风。

3. 患者准备   了解用药目的,取仰卧位,双腿外展暴露会阴部。

4. 环境准备   拉下窗帘,必要时用屏风遮挡患者。

【实施】

(1) 利用置入器或戴上手套将栓剂沿阴道下后方轻轻送入 5 cm,达阴道穹隆处(图 3-12-22)。

(2) 嘱咐患者至少平卧 15 min,以利药物扩散至整个阴道组织,利于药物吸收。

(3) 为避免药物或阴道渗出物污染内裤,可使用卫生棉垫,指导患者治疗期间避免性生活。

(4) 观察患者用药后的效果,了解患者的主观感觉。同时教会患者自行操作的方法。

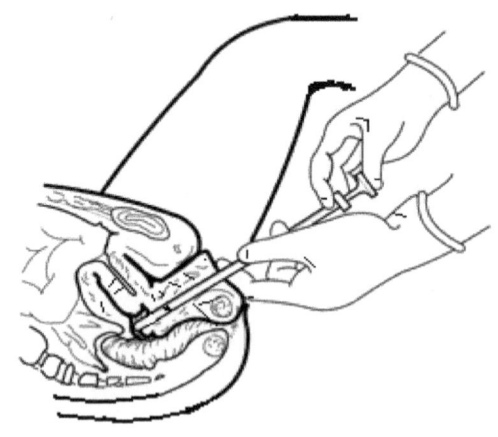

图 3-12-22   阴道栓剂插入技术

(三) 舌下给药技术

药物经舌下给药,可被口腔黏膜丰富的毛细血管所吸收,避免了胃肠道的刺激、吸收不全和首过消除,并且具有生效快的作用。目前常用的硝酸甘油剂,舌下含服在 2～5 min 内就能够发挥作用,舌下给药后患者心前压迫感、疼痛感减轻或消除。

指导患者应用此类药物时应正确放在舌下,让药物自然溶解吸收,不可嚼碎后吞咽,会降低药物疗效。

直通护考

一、A1/A2 型题

1. 某冠心病患者将其每日口服的氨氯地平、阿司匹林、舒降之、硝酸甘油、心得安放置于透明的塑料分药盒中,责任护士发现后立即告知患者有一种药物不宜放入此药盒中。这种药物是(　　)。

A. 氨氯地平 　　B. 阿司匹林 　　C. 舒降之 　　D. 硝酸甘油 　　E. 心得安

2. 患者,女,28 岁,咽炎,医嘱:复方新诺明 1.0 g,po,bid,护士指导患者服药时间,正确的是(　　)。

A. 8am 　　B. 8pm 　　C. 8am-4pm 　　D. 8am-12n-4pm 　　E. 8am-12n-4pm-8pm

3. 患者,男,30 岁。阿米巴痢疾,医嘱:硫酸巴龙霉素 40 万~60 万单位,po,qid。患者正确的服药时间是(　　)。

A. 每日 4 次 　　B. 每日 3 次 　　C. 每日 2 次 　　D. 每日 1 次 　　E. 每 4 h 1 次

4. 按医嘱静脉注射地西泮 2 mg(1 mL 含 10 mg 地西泮),应抽取药液的量是(　　)。

A. 0.2 mL 　　B. 0.4 mL 　　C. 0.6 mL 　　D. 0.8 mL 　　E. 1 mL

5. 护士为患者发口服药时恰逢其外出,此时正确的做法是(　　)。

A. 等候患者 　　　　B. 将药交给陪护 　　　　C. 将药置于床头柜上

D. 暂缓发药 　　　　E. 交给患者同病室病友

6. 为患者分发口服药后将一次性药杯收回,正确的处理方法是(　　)。

A. 直接丢弃 　　B. 消毒后销毁 　　C. 清洗后销毁 　　D. 消毒后备用 　　E. 清洗后备用

7. 宜餐前服用的药物是(　　)。

A. 阿奇霉素 　　B. 氨茶碱 　　C. 阿司匹林 　　D. 维生素 C 　　E. 西咪替丁

8. 男性,29 岁。因高热、畏寒、咳嗽、流涕而住院治疗。医生开出以下口服药,护士在指导用药时嘱咐患者宜最后服用的是(　　)。

A. 止咳糖浆 　　B. 利巴韦林 　　C. 维 C 银翘片 　　D. 对乙酰氨基酚 　　E. 阿莫西林胶囊

9. 服用磺胺类药后多饮水的目的是(　　)。

A. 增强药物疗效 　　　　B. 减轻患者的消化道反应 　　　　C. 促进药物吸收

D. 促进胃液分泌 　　　　E. 避免肾小管堵塞

10. 服用下列药物时,需常规测量脉搏或心率的是(　　)。

A. 心得安 　　B. 安定 　　C. 洋地黄 　　D. 强的松 　　E. 氯丙嗪

11. 男性,29 岁。体温 39.3 ℃,咽痛。诊断为化脓性扁桃体炎。医嘱:头孢曲松钠皮试。护士进行皮试时,正确的操作是(　　)。

A. 选择前臂掌侧下段为注射部位 　　　　B. 用安尔碘消毒皮肤

C. 注射时,针尖斜面向下 　　　　D. 针尖与皮肤成 15°角刺入皮内

E. 注射完毕,迅速拔出针尖,用棉签按压针眼

12. 为防止发生过敏反应,输血前应皮下注射抗过敏药物,下列操作方法中错误的是(　　)。

A. 注射部位常规消毒 　　　　B. 进针部位选择三角肌

C. 针头与皮肤成 30°~40°进针 　　　　D. 抽吸无回血后推药液

E. 注射完毕用干棉签轻压注射处

二、A3/A4 型题

(13~14 题共用题干)

患者,女,55 岁,因哮喘发作在医院急诊就医,医嘱"氨茶碱 0.25 g 入 25%葡萄糖 20 mL,iv"。

13. 护士为患者行静脉注射时穿刺的角度为(　　)。

A. 紧贴皮肤 　　B. 5°~10° 　　C. 15°~30° 　　D. 35°~38° 　　E. 40°~45°

14. 注射过程中发现局部肿胀,抽有回血,患者主诉疼痛明显,可能的原因是(　　)。

Note

参考答案

在线答题

PPT 课件

A. 针头堵塞　　　　　　　　　　　　　B. 针头穿透血管壁

C. 针头斜面紧贴血管壁　　　　　　　　D. 针头斜面一半在血管外

E. 针头穿刺过深致药物进入组织间隙

（枣庄科技职业学院　刘永华）

任务十三　药物过敏试验技术

护 考 提 示

1. 青霉素过敏反应与过敏试验的方法。

2. 青霉素过敏反应的临床表现与过敏性休克的抢救措施。

3. 破伤风抗毒素(TAT)过敏试验法与脱敏注射法。

4. 链霉素、碘等药物过敏试验的方法。

5. 常用药物过敏试验液的浓度及配制方法。

学 习 目 标

1. 知识目标：能够说出过敏反应发生的原因、临床表现。能够说出破伤风抗毒素脱敏注射的原理和方法。

2. 能力目标：能正确配制各种药物过敏试验溶液。能正确地对各种药物过敏试验的结果进行判断。能正确实施过敏性休克的急救措施及对其他过敏反应的处理。

3. 素质目标：具有高度责任心、细心、耐心、独立思考能力、调研能力、团队协作能力。

案例引导
案例解析

　　　　患者，女，45岁，因咽喉胀痛、发热来门诊就诊。诊断为急性扁桃腺炎，门诊医嘱：青霉素 80 万 U,im,bid。假如你在门诊注射室值班，请完成以下任务：①给患者用药前，应做什么？如何做？②患者在接受青霉素皮试后 3 min，感到胸闷、气促、呼吸困难、面色苍白，出冷汗，脉细弱、BP 80/50 mmHg。看到此情景，请你判断患者发生了什么情况？你如何处理？

临床上使用某些药物时，可因患者的过敏体质而引起不同程度的过敏反应，甚至发生过敏性休克，如不及时抢救，可危及生命。为防止发生过敏反应，在使用易致敏的药物前，应详细询问患者的用药史、过敏史，并做药物过敏试验，护士应熟练掌握试验液的配制和试验方法，认真观察反应，正确判断试验结果，熟练掌握过敏性休克的急救技术。

情境训练

一、青霉素过敏试验技术

青霉素具有毒性低、疗效高的特点，临床应用广泛。但青霉素易发生过敏反应，是各种抗生素中过敏反应率最高的药物，人群中有 5%～6% 的人对青霉素过敏，而且任何年龄、任何给药途径、任何剂型和剂量均可发生过敏反应。因此，在使用各种剂型青霉素前都应先做过敏试验，试验结果阴性者方可用药。

（一）青霉素过敏反应的原因

青霉素过敏反应是抗原与抗体在致敏细胞上相互作用而引起的。青霉素是一种半抗原物质，进入

机体后其降解产物与组织蛋白结合形成全抗原,刺激机体产生特异性抗体 IgE,IgE 黏附在某些组织上,如皮肤、鼻、咽喉、声带、支气管黏膜下微血管周围的肥大细胞上和血液中的嗜碱性粒细胞表面,使机体呈致敏状态。当机体再次接受类似的抗原刺激后,即与特异性抗体 IgE 结合,发生抗原抗体反应,导致细胞破裂,释放组胺、缓激肽、5-羟色胺、慢反应物质等血管活性物质。这些物质分别作用于效应器官,引起平滑肌痉挛、微血管扩张、毛细血管通透性增高、腺体分泌增多,从而产生一系列过敏反应(图 3-13-1)。

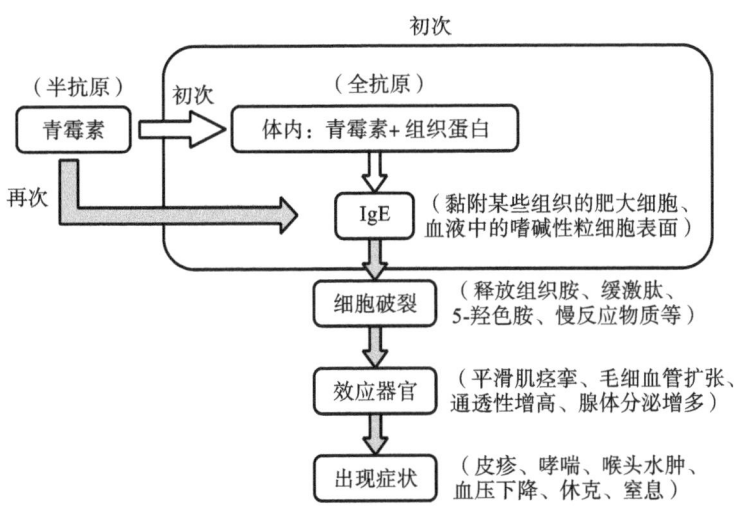

图 3-13-1　青霉素过敏反应的机制

(二)青霉素过敏反应的预防

青霉素过敏反应,特别是过敏性休克,直接威胁到患者的生命,因此,需做好预防工作,采取各项预防措施是预防过敏反应发生的关键。

(1)使用任何剂型的青霉素前,必须详细询问患者的用药史、过敏史和家族过敏史,患者如有青霉素过敏史,应禁止做过敏试验;患者如首次使用青霉素、已经接受过青霉素治疗、停药超过 3 天后再用、用药途中更换药物批号,均须重新做过敏试验,试验结果阴性者方可用药。

(2)皮试液要现用现配,皮试液浓度与注射剂量要准确。因青霉素水溶液极不稳定,在常温下放置易产生降解产物,导致药物效价降低,还可产生致敏物质。但是青霉素在接近中性的溶剂中分解缓慢,所以一般选择 0.9% 氯化钠溶液或专用溶液作为溶剂。

(3)青霉素过敏试验和注射前均应做好急救的准备工作,备好急救盒(内置 0.1% 盐酸肾上腺素、砂轮、注射器、皮肤消毒液、棉签、吸氧管)及其他急救药物和器械,能随时应用。

(4)严密观察患者局部和全身反应,并注意倾听患者主诉,交代患者皮试后 30 min 内不能离开病房或注射室。注射后继续观察 30 min,以免发生迟缓性过敏反应。

(5)护理人员应严格执行"三查七对",实行 2 人同时核对患者的床号、姓名、药物和判断皮试结果。

(6)试验结果阳性者禁止使用青霉素,同时报告医生,并在体温单、医嘱单、床头卡、注射卡、一览表和门诊病历上醒目注明青霉素过敏试验阳性反应,并将结果告知患者及其家属。

(7)患者不宜在空腹、剧烈运动或麻醉情况下,做过敏试验。在同一时间内不宜做两种或两种以上药物的过敏试验。

(三)青霉素过敏试验技术

实训 3-13-1　青霉素过敏试验技术

【目的】

预防青霉素过敏反应,保证患者用药安全,作为临床应用青霉素治疗的依据。

【评估】

(1)患者的病情、年龄、意识、情绪状态、进食情况(患者空腹时不宜进行皮试)、治疗目的、用药史、

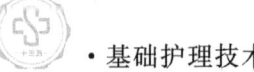

过敏史和家族过敏史。

（2）注射部位皮肤颜色,有无皮疹、硬结、瘢痕、感染等。

（3）药物的性质、作用及不良反应。

（4）患者对药物了解程度及心理反应。

【计划】

1. 操作者准备　着装整洁,修剪指甲,洗手,戴口罩,举止端庄,态度和蔼可亲。

2. 用物准备　注射盘(内置砂轮、皮肤消毒液、棉签、启瓶器、碗盘)、青霉素、10 mL 生理盐水、一次性 1 mL 和 5 mL 注射器、医嘱及注射治疗卡、急救药品(0.1％盐酸肾上腺素)及其他急救器械(吸氧装置、吸痰装置)、快速手消毒剂。

3. 患者准备　确认无青霉素过敏史,无空腹,体位舒适,理解注射目的,积极配合。

4. 环境准备　环境整洁,符合无菌操作及方便抢救。

【实施】

1. 操作步骤

操作步骤	要点说明
1.取药核对　洗手、戴口罩,取青霉素一瓶(80 万 U)及 1 支 10 mL 生理盐水,核对、检查药物,撬开青霉素铝盖中心部分并消毒、待干	• 仔细核对药物,严格遵守无菌操作原则,避免污染药液
2.溶解药物　取用 5 mL 注射器抽取生理盐水 4 mL,注入密封瓶溶解青霉素,则每 1 mL 的原液含青霉素 20 万 U	• 注入生理盐水后,回抽等量空气,保证密封瓶内外压力一致,药液要充分溶解
3.第一次稀释　再次消毒青霉素瓶塞中心部分,待干。取上液 0.1 mL,加生理盐水稀释至 1 mL,摇匀,则每 1 mL 含青霉素 2 万 U	• 取 0.1 mL 原液时量要准确,抽生理盐水时勿抽空气,如有空气,应排气后再抽吸药液,确保稀释药液浓度准确
4.第二次稀释　弃去上液 0.9 mL,剩 0.1 mL,加生理盐水稀释至 1 mL,摇匀,则每 1 mL 含青霉素 2000 U	
5.第三次稀释　弃去上液 0.75 mL 或 0.9 mL,剩 0.25 mL 或 0.1 mL,加生理盐水稀释至 1 mL,摇匀,则每 1 mL 含青霉素 500 U 或 200 U 为皮试液备用	
6.皮内试验　按皮内注射法在前臂掌侧下段注射青霉素皮试液 0.1 mL(含青霉素 20 U 或 50 U)	• 嘱患者勿揉擦局部,勿离开,如有不适应立即报告
7.结果判断　20 min 后观察、判断试验结果 ★阴性:皮丘大小无改变,周围不红肿,无红晕,全身无不适表现 ★阳性:局部出现皮丘隆起,红晕硬块,直径大于 1 cm,或红晕周围有伪足,痒感,全身可有头晕、心慌、恶心等不适,严重时可出现过敏性休克	• 若需做对照试验,则用另一注射器及针头,在另一侧前臂相应部位注入 0.1 mL 生理盐水
8.记录皮试结果　按要求正确记录皮试结果和青霉素的批号	

2. 注意事项

（1）配制青霉素试验液须用 0.9％的氯化钠溶液进行稀释,每次配制皮试液时均应准确抽吸药液并充分摇匀,以确保试验液浓度准确。

（2）青霉素皮试后须严密观察患者反应。若出现青霉素过敏性休克,应立即组织抢救。

（3）青霉素皮试属侵入性操作,且可能出现过敏性反应,操作前应签写或查看患者知情同意书。

3. 健康教育

（1）告知注射原因、药物副作用。

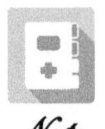

（2）皮试后指导患者不可用手按压注射部位，以防影响结果的观察，20 min 内禁止离开病房或注射室，如有不适立即报告医护人员。

（3）皮试后 20 min 观察结果，阴性者方可用药，阳性者禁止使用青霉素。

【评价】

（1）患者明确试验的目的及注意事项，能主动配合。

（2）护理人员严格遵守操作规程，皮试液的配制、试验方法和结果判断正确。

（四）青霉素过敏反应的临床表现

1. 过敏性休克　过敏性休克是青霉素过敏反应中最严重的反应，可危及患者的生命。一般呈闪电式，在数秒或数分钟内发生，也可在半小时后发生。过敏性休克可发生在青霉素皮试过程中，也可发生于初次肌内注射或静脉注射时（皮内试验结果阴性），还有极少数患者发生在连续用药的过程中。其主要表现如下。

（1）呼吸道阻塞症状　由喉头水肿和肺水肿引起，表现为胸闷、气促、发绀、呼吸困难、喉头堵塞伴濒死感。

（2）循环衰竭症状　由于周围血管扩张和通透性增加，导致循环血容量不足，表现为面色苍白、出冷汗、脉细弱、血压急剧下降。

（3）中枢神经系统症状　由于脑组织缺氧，表现为头晕、眼花、面部及四肢麻木、躁动不安、抽搐、意识丧失、大小便失禁等。

（4）皮肤过敏症状　表现为皮肤瘙痒、荨麻疹及其他皮疹。

2. 血清病型反应　一般于用药后 7～12 天内发生，临床表现和血清病相似，患者有发热、皮肤发痒、荨麻疹、关节肿痛、全身淋巴结肿大、腹痛等症状。

3. 各器官或组织的过敏反应

（1）皮肤过敏反应　表现为瘙痒、荨麻疹、皮炎，严重者可发生剥脱性皮炎。

（2）呼吸道过敏反应　可引起哮喘或诱发原有的哮喘发作。

（3）消化系统过敏反应　可引起过敏性紫癜，以腹痛和便血为主要症状。

以上症状既可单独出现，又可同时存在，常以呼吸道症状或皮肤瘙痒最早出现，故必须注意倾听患者的主诉。

（五）青霉素过敏性休克的急救措施

（1）立即停药，就地抢救，使患者平卧，注意保暖，报告医生。

（2）立即皮下注射 0.1％盐酸肾上腺素 1 mL，患儿酌减，如症状不缓解，可每隔半小时皮下或静脉注射 0.5 mL，直至脱离危险期。盐酸肾上腺素是抢救过敏性休克的首选药物，具有收缩血管、增加外周血管阻力、兴奋心肌、增加心输出量及松弛支气管平滑肌的作用。

（3）立即给予氧气吸入，改善缺氧症状。若呼吸受抑制，遵医嘱肌内注射尼可刹米或洛贝林等呼吸兴奋剂；若呼吸停止，应立即进行人工呼吸；若喉头水肿影响呼吸，应立即配合医生准备气管插管或施行气管切开术。

（4）根据医嘱给药

①给予地塞米松 5～10 mg 静脉注射，或用氢化可的松琥珀酸钠 200 mg 加 5％或 10％葡萄糖溶液 500 mL 静脉滴注；此药为抗过敏药物，可迅速缓解症状。

②若血压仍不回升，可根据医嘱给予升压药物，如多巴胺、间羟胺等。

③给予纠正酸中毒如碳酸氢钠、乳酸钠等。

④给予抗组织胺类药物，如肌内注射盐酸异丙嗪 25～50 mg 或扑尔敏 10 mg 等。

（5）若患者出现心跳呼吸骤停，应立即进行心肺复苏，如实施体外心脏按压、气管内插管或人工呼吸等急救措施。

（6）密切观察患者体温、脉搏、呼吸、血压、尿量及其他临床变化，并做好详细的病情动态记录。患者未脱离危险期，不宜搬动。

二、其他药物过敏试验技术

（一）链霉素过敏试验技术

链毒素不仅导致过敏反应,还可能发生毒性反应。链霉素过敏性休克的发生率仅次于青霉素,但死亡率较青霉素高,其原因除过敏因素外,还与过敏体质及毒性反应有关。因此,用药前必须做过敏试验,试验结果阴性者方可用药。

1. 过敏试验法

(1) 试验液的配制 以每毫升试验液含链霉素 2500 U 为标准,皮内试验的剂量 0.1 mL(含链霉素 250 U),具体配制见(表 3-13-1)。

表 3-13-1 链霉素皮内试验液的配制方法

步骤	链霉素	加 0.9%氯化钠溶液/mL	药物浓度/(U/mL)	要求
溶解药液	100 万 U/支	3.5	25 万	充分溶解
稀释 1	取上清液 0.1 mL	0.9	2.5 万	摇匀
稀释 2	取上清液 0.1 mL	0.9	2500	摇匀

(2) 试验方法 在患者前臂掌侧下段皮内注射链霉素皮试液 0.1 mL(含链霉素 250 U),计时,20 min 后判断皮试结果。

(3) 结果判断 同青霉素过敏试验法。

(4) 记录皮试结果。

2. 过敏反应的临床表现及处理

(1) 链霉素过敏反应较少见,临床表现同青霉素过敏反应,但链霉素常伴有毒性反应,表现为全身无力、肌肉麻木、抽搐、眩晕、耳鸣、耳聋等症状。

(2) 链霉素过敏反应的处理与青霉素过敏反应大致相同,同时链霉素可与钙离子络合,可静脉注射 10%葡萄糖酸钙(或氯化钙)10 mL,可使其毒性症状减轻或消失。

（二）破伤风抗毒素（TAT）过敏试验技术

破伤风抗毒素是一种免疫马血清,对人体是一种异种蛋白,具有抗原性,注射后容易出现过敏反应。因此,在用药前必须做过敏试验;曾用过破伤风抗毒素间隔超过 7 天者,如再使用,须重新做过敏试验。

1. 过敏试验法

(1) 试验液的配制 以每毫升含破伤风抗毒素 150 U 为标准。具体配制方法:取每毫升含 1500 U 的破伤风抗毒素原液 0.1 mL 加生理盐水稀释到 1 mL,即每毫升含破伤风抗毒素 150 U。

(2) 试验方法 取破伤风抗毒素试验液 0.1 mL(含 15 U)进行皮内注射,观察 20 min 后,判断试验结果并记录。

(3) 试验结果判断 ①阴性:局部无红肿,全身无反应。②阳性:局部反应为皮丘红肿、硬结,直径大于 1.5 cm,红晕直径超过 4 cm,有时出现伪足、痒感;全身过敏反应、血清病型反应与青霉素过敏反应相同。

当试验结果不能肯定时,应用生理盐水在对侧手臂做对照试验,试验结果确定为阴性者,将余液 0.9 mL 进行肌内注射。试验结果为阳性者,但病情需要时,应采用脱敏注射法。

2. 阳性患者脱敏注射法 脱敏注射法是给过敏试验阳性者分多次少剂量注射药液,以达到脱敏目的的方法。脱敏注射法的具体方法(表 3-13-2)。其机理是少量抗原进入机体后,释放出少量的活性物质,不引起临床症状;经过多次少量的反复注射后,可使细胞表面的 IgE 抗体大部分甚至全部被结合而消耗掉,直至最后大量注射破伤风抗毒素(TAT)时也不会发生过敏反应。但这种脱敏只是暂时的,经一段时间后可再产生 IgE 而重建致敏状态,因此,日后需再用 TAT 时,还需重做过敏试验。

采用 TAT 脱敏注射时,应预先按抢救过敏性休克的要求准备好急救物品。

表 3-13-2 破伤风抗毒素脱敏注射法

次数	TAT/mL	加 0.9%氯化钠溶液/mL	注射方法	间隔时间/min
1	0.1	0.9	IM	20
2	0.2	0.8	IM	20
3	0.3	0.7	IM	20
4	余量	稀释至 1 mL	IM	20

在脱敏注射过程中需严密观察患者反应,当发现患者出现全身反应,如面色苍白、气促、发绀、荨麻疹或过敏性休克时,应立即停止注射,并迅速处理(方法同青霉素过敏性休克的抢救法)。如过敏反应轻微,待症状消退后,酌情将每次注射的剂量减少,注射次数增加,在严密观察病情的情况下顺利注入所需的药量。

知识链接

破伤风免疫球蛋白

破伤风免疫球蛋白全称为人抗破伤风免疫球蛋白,是用乙型肝炎疫苗免疫后再经吸附破伤风疫苗免疫的健康人血浆,经提取、灭活病毒制成的特异性免疫球蛋白,其中90%以上为丙种球蛋白,含有高效价破伤风抗体。主要是预防和治疗破伤风,尤其适用于对破伤风抗毒素(TAT)有过敏反应者。适用于免疫史不清与血清过敏,伤口感染24 h 以上以及接种破伤风类毒素仍无免疫力的破伤风患者。人破伤风免疫球蛋白属于人工被动免疫,注射后即刻产生免疫效果,但持续时间较短,免疫时间为2 周,一般不超过3 周。注射后一般无不良反应。极少数人有红肿、疼痛感,无需特殊处理,可自行恢复。

用法:只限于臀部肌内注射,不需做皮试,但不得静脉注射。

用量:一般儿童、成人一次用量均为 250 IU,创面严重或污染严重者可加倍。

注意事项:安瓿打开后,制品应一次注射完毕,不得分次使用;冻干制剂溶后应为澄明或带乳光液体,如有摇不散的沉淀或异物,则不可使用。

(三) 头孢菌素类过敏试验技术

1. 试验液的配制 以先锋霉素 Ⅵ 为例,以每毫升含先锋霉素 Ⅵ 500 μg 为标准,具体配制法见表3-13-3。

表 3-13-3 先锋霉素Ⅵ皮试液的配制方法

步骤	先锋霉素Ⅵ	加 0.9%氯化钠溶液/mL	药物浓度/mL	要求
溶解药液	0.5 g/支	2	250 mg	充分溶解
稀释1	取上清液 0.2 mL	0.8	50 mg	摇匀
稀释2	取上清液 0.1 mL	0.9	5 mg	摇匀
稀释3	取上清液 0.1 mL	0.9	500 μg	摇匀

2. 试验方法 取先锋霉素Ⅵ试验液 0.1 mL(含先锋霉素 50 μg)进行皮内注射,20 min 后根据患者皮丘及全身情况来判断试验结果。判断方法和过敏反应的处理同青霉素过敏试验。

3. 注意事项

(1)在应用头孢菌素时,不能用青霉素皮肤过敏试验代替,而应用头孢菌素本身做皮肤过敏试验。

(2)头孢菌素类药物初次用药、停药 3 天后再用,或用药途中更换药物批号,均须按常规做过敏试验,结果阴性方可用药。

(3)头孢菌素类药物皮肤过敏前应详细询问患者的用药史、过敏史和家族过敏史,患者如有过敏

史,应禁止做过敏试验。

(4) 皮试液必须现配现用,浓度与剂量必须准确。

(5) 严密观察患者的反应,首次注射后必须观察 30 min,倾听患者主诉,注意局部和全身反应,做好急救的准备工作。

(6) 试验结果阳性者禁止使用头孢菌素类药物,应及时报告医生,同时在体温单、医嘱单、床头卡、注射卡、一览表和门诊病历上醒目注明,并将结果告知患者及其家属。

(四)碘过敏试验技术

临床上常用碘化物造影剂作肾脏、胆囊、膀胱、支气管、脑血管、心血管造影。此类药物可发生过敏反应,应在造影前 1~2 天做过敏试验,阴性者方可做碘造影检查。

1. 试验方法

(1) 口服法 口服 5%~10%碘化钾 5 mL,每天 3 次,共 3 天,观察结果。

(2) 皮内注射法 取碘造影剂 0.1 mL 作皮内注射,观察 20 min 后,判断试验结果。

(3) 静脉注射法 静脉缓慢注射碘造影剂(30%泛影葡胺)1 mL,观察 5~10 min 后判断试验结果。

2. 试验结果判断

(1) 口服法 阴性,无任何症状;阳性,出现口麻、头晕、心慌、恶心、呕吐、流泪、流涕、荨麻疹等症状。

(2) 皮内注射 阴性,局部无反应;阳性,局部有红肿、硬块,直径超过 1 cm。

(3) 静脉注射 阴性,无任何症状;阳性,出现血压、脉搏、呼吸和面色等改变。

3. 注意事项

(1) 在静脉注射造影剂前,必须先做皮内试验,结果阴性,再做静脉注射试验,结果也为阴性,方可进行碘剂造影。

(2) 少数患者虽然过敏试验阴性,但在注射碘造影剂时仍会发生过敏反应,故在造影时必须备好急救药品,过敏反应的处理同青霉素过敏反应的处理。

(五)普鲁卡因过敏试验技术

普鲁卡因属于局部麻醉药,少数患者用药后可发生过敏反应,故使用普鲁卡因前先做皮肤过敏试验,结果阴性者方可用药。

1. 皮试液的配制 以 0.25%普鲁卡因为标准。具体配制方法:若为 1%的普鲁卡因溶液,取 0.25 mL 药液加生理盐水稀释至 1 mL 即可;若为 2.5%的普鲁卡因溶液,取 0.1 mL 药液加生理盐水稀释至 1 mL 即可。

2. 试验方法 取 0.25%普鲁卡因溶液 0.1 mL(含普鲁卡因 0.25 mg)进行皮内注射,观察 20 min 后,判断试验结果。

3. 结果判断和过敏反应的处理 同青霉素过敏试验及过敏反应的处理。

(六)细胞色素 C 过敏试验技术

细胞色素 C 是一种细胞呼吸激活酶,常作为组织缺氧治疗的辅助用药,使用该药偶见过敏反应,用药前需做过敏试验。过敏试验常用方法有两种。

1. 皮内试验法

(1) 试验液的配制 以每毫升含细胞色素 C 0.75 mg 为标准。具体配制方法:细胞色素 C 每支 2 mL 含 15 mg,取 0.1 mL 加 0.9%氯化钠溶液稀释至 1 mL,即每毫升含细胞色素 C 0.75 mg。

(2) 试验方法 取细胞色素 C 试验液 0.1 mL(含 0.075 mg)做皮内注射,20 min 后观察结果。

(3) 试验结果判断 局部发红,直径大于 1 cm,有丘疹者为阳性。

2. 划痕试验法

取细胞色素 C 原液(每毫升含 7.5 mg)1 滴,滴于前臂掌侧下段皮肤上,用无菌针头透过药液在表皮上划痕两道,长约 0.5 cm,深度以微量渗血为宜。20 min 后观察结果,结果判断同皮内试验法。

知识链接

抗狂犬病血清

抗狂犬病血清中含有抗狂犬病病毒免疫球蛋白,对预防狂犬病有显著效果。用于配合狂犬病疫苗对被疯动物严重咬伤如头、脸、颈部或多部位咬伤者进行预防注射。被动物咬伤后注射愈早愈好,被咬后48 h内注射本品,可减少发病率。对已有狂犬病症状的患者,注射本品无效。但是主要是马血清制剂,所以注射前必须做过敏试验。

1. 皮试液配制及试验方法 取抗狂犬病血清0.1 mL(每支5 mL),以等渗盐水稀释至1 mL,然后取0.1 mL做皮内注射,观察20 min后判断试验结果。

2. 试验结果判断

(1)阴性:皮丘无改变,周围不红肿可用全量(5 mL)作肌内注射。

(2)阳性:若注射局部出现皮丘增大、红肿浸润,特别是形似伪足有痒感者为阳性反应。若注射局部硬结直径超过1.5 cm,周围红晕超过4 cm,或除局部反应外并伴有全身症状,如荨麻疹、鼻咽刺痒、喷嚏及伴有全身不适等,为强阳性。

3. 脱敏注射法 若为阳性,应做脱敏注射;强阳性者应停止注射抗狂犬病血清,改为抗狂犬病免疫球蛋白。脱敏注射方法同破伤风抗毒素。

4. 注意事项

(1)凡有哮喘、枯草热或一周前曾注射马血清,以及直系亲属有过敏病史者,都应特别提防过敏性休克的发生。

(2)如果发生休克,立即抢救,抢救法与过敏性休克的抢救相同。

(3)在注射抗狂犬疫苗前必须注射抗狂犬病血清。

直通护考

一、A1/A2型题

1. 使用青霉素正确的方法是( )。

A.青霉素过敏者再次用药时须重做过敏试验

B.青霉素过敏者应加强用药观察

C.试验结果阴性者,今后再用青霉素时免做过敏试验

D.青霉素外用可不做过敏试验

E.注射青霉素之前应做好急救的准备工作

2. 医生为某患者开医嘱青霉素肌内注射。护士在核对医嘱时,注意到该患者无青霉素用药史记录,医生也未开青霉素皮试医嘱。此时,护士应首先( )。

A.拒绝执行医嘱　　　　　　B.向医生提出加开皮试医嘱　　　　　C.执行医嘱

D.为患者行青霉素皮试　　　　E.向护士长报告

3. 青霉素过敏反应中最严重的是( )。

A.皮肤过敏反应　　　　　　B.血清病型反应　　　　　　C.呼吸道过敏反应

D.过敏性休克　　　　　　　E.消化道过敏反应

4. 发生青霉素过敏性休克反应,患者最早出现的症状常是( )。

A.血压下降、心搏骤停　　　　B.意识丧失或幻觉、谵妄　　　　C.大小便失禁

D.呼吸困难或皮肤瘙痒　　　　E.关节疼痛

5. 下列皮试剂量(0.1 mL内含)哪项不正确? ( )

A.青霉素20~50 U　　　　　B.链霉素250 U　　　　　　C.普鲁卡因25 mg

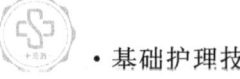

D. TAT   15 IU   E.细胞色素 C 0.075 mg

6. 碘过敏试验的时间应在碘化物造影检查前(   )。

A. 2 周   B. 1 周   C. 3~5 天   D. 2~3 天   E. 1~2 天

7. 患者,女,66 岁。右小腿外伤感染。拟给予青霉素治疗,进行皮肤试验局部呈阳性反应,下列做法不正确的是(   )。

A. 及时报告医生

B. 告知患者及家属禁用青霉素

C. 严格交班,并写入交班报告

D. 在另一侧前臂掌侧下缘用生理盐水做对照试验

E. 在治疗单、门诊病历、床头卡注明青霉素阳性标记

8. 患者,男,30 岁。青霉素皮试 1 min 后出现胸闷、心慌、气急,皮肤瘙痒,大汗淋漓,BP 85/55 mmHg,首先应采取的措施是(   )。

A. 给予氧气吸入   B. 皮下注射 0.1% 盐酸肾上腺素 1 mL

C. 应用呼吸兴奋剂   D. 静脉注射地塞米松

E. 立即皮下注射去甲肾上腺素

9. 患者,男,40 岁。因足部外伤 30 min 就诊。清创缝合后遵医嘱 TAT 肌内注射,注射前需做 TAT 过敏试验。皮试液的浓度为(   )。

A. 15 U/mL   B. 150 U/mL   C. 1500 U/mL   D. 15 万 U/mL   E. 150 万 U/mL

10. 女性,17 岁,行破伤风抗毒素过敏试验,20 min 后结果示局部皮丘红肿,硬结大于 1.5 cm,红晕大于 4 cm,自述有痒感。应采取的处理措施是(   )。

A. 停止注射,改换其他药物

B. 将药液分 2 次肌内注射,每次间隔 20 min

C. 将药液分 4 次肌内注射,每次间隔 20 min

D. 将药液稀释,分 2 次肌内注射,小剂量并逐渐增加,每次间隔 20 min

E. 将药液稀释,分 4 次肌内注射,小剂量并逐渐增加,每次间隔 20 min

二、A3/A4 型题

(11~12 题共用题干)

患者,男,65 岁。因"直肠癌"拟行手术治疗,医嘱"青霉素皮内试验",护士配制好青霉素皮试液后给患者注射。

11. 青霉素试验需要注射的剂量应是(   )。

A. 1500 U   B. 200 U   C. 150 U   D. 20 U   E. 15 U

12. 注射前应询问患者的情况不包括(   )。

A. 既往是否使用过青素素   B. 最后一次使用青霉素的时间

C. 有无其他药物或者食物过敏史   D. 是否对海鲜、花粉等过敏

E. 家属有无青霉素过敏史

(13~15 题共用题干)

患者,女,40 岁。诊断为"破伤风",医嘱 TAT 治疗。患者 TAT 过敏试验阳性。

13. TAT 过敏试验阳性局部的表现是(   )。

A. 硬结直径大于 1 cm,红晕范围直径超过 2 cm

B. 硬结直径大于 1 cm,红晕范围直径超过 3 cm

C. 硬结直径大于 1 cm,红晕范围直径超过 4 cm

D. 硬结直径大于 1.2 cm,红晕范围直径超过 3 cm

E. 硬结直径大于 1.5 cm,红晕范围直径超过 4 cm

14. 皮试结果阳性的正确处理方法是(   )。

A.停止注射 TAT
B.采用脱敏疗法注射 TAT
C.再次做过敏试验并用生理盐水做对照试验
D.注射肾上腺素等药物抗过敏
E.先准备好抢救器械,然后直接注射 TAT

15. 脱敏注射法正确的是( )。

A.将一支 TAT 分四次注射,每次注 1/4 支

B.采用皮下注射法

C.每次注射相隔 20 min

D.注射后患者若出现不适则停止注射,改用其他药物

E.注射后患者无不适感,可减少注射次数,将余量注完

(枣庄科技职业学院　马音音)

参考答案

在线答题

任务十四　静脉输液与静脉输血技术

 护考提示

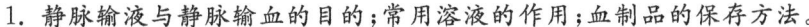

1. 静脉输液与静脉输血的目的;常用溶液的作用;血制品的保存方法。

2. 静脉输液法、静脉留置针输液法、颈外静脉输液法、头皮静脉的特点;输液原则、输液速度,以及输液时间的计算方法。

3. 静脉输血前准备工作;静脉输血后注意事项。

4. 静脉输液与静脉输血反应。

PPT课件

 学习目标

1. 知识目标:能够说出静脉输液与输血的目的;静脉补液及补钾原则;常见输液障碍的种类,输液法、输血法的注意事项;能正确阐述以下概念,即静脉输液、静脉输血、直接交叉配血试验及间接交叉配血试验;能够正确鉴别常用溶液的种类及作用。

2. 能力目标:能正确进行静脉输液和输血,识别输液故障、输液反应、输血反应并进行正确的处理。

3. 素质目标:具有高度责任心,严格执行"三查七对";具有评判性思维能力及团队协作能力。

 案例引导

在巡视患者时,53 岁的患者马某告诉护士自己觉得胸闷憋气,看到患者手绢上有粉红色泡沫样痰液咳出。经仔细询问护士了解到,该患者因想快点输完,自行调整了输液速度。

如果你是护士,请完成以下任务:①患者发生了什么输液反应? 可能是什么原因引起的? ②如何预防这种输液反应的发生? ③应该如何处理?

静脉输液与输血技术是临床上重要且应用广泛的治疗手段,通过静脉输液与输血技术可以达到纠正机体内环境紊乱,补充营养物质及血容量,治疗疾病等多种目的。因此,护理人员应熟练掌握与静脉输液、静脉输血有关的基础理论知识和实践技能,能够安全、积极、有效地实施输液与输血,完成治病救人的工作使命。

案例解析

情境训练

Note

一、静脉输液技术

静脉输液是利用大气压与液体静压之和高于人体静脉血压的原理,将无菌溶液、药物等液体由静脉输入体内的一种治疗方法。

（一）静脉输液的目的

1. 静脉输液的原理 正常情况下,人体的静脉血压高于大气压,所以若使溶液顺利输入人体静脉血管内,应在大气压的基础上,增加液体静压,如在静脉输液时应将溶液瓶挂于高于穿刺部位 50～60 cm 高度,既提高液体静压,以此两种压力对抗静脉血压,进而将无菌液体输入体内。

2. 静脉输液的目的

（1）补充水分、电解质,预防和纠正水、电解质和酸碱平衡紊乱 常用于大手术后、剧烈呕吐、禁食、腹泻等各种原因引起的脱水、酸碱平衡失调患者。

（2）补充血容量,改善微循环,维持血压及微循环灌注量 常用于严重烧伤、大出血、休克等患者。

（3）供给营养,促进组织修复,维持正氮平衡 常用于慢性消耗性疾病、昏迷、口腔疾病、禁食等消化吸收功能障碍或不能经口进食的患者。

（4）输入药物,治疗疾病 输入抗生素以达到控制感染的作用;输入解毒剂以达到解毒作用;输入脱水剂以达到降低颅内压或利尿消肿的作用。

> **知识链接**
>
> **静脉输液的优点和缺点**
>
> 1. 静脉输液的主要优点
> （1）易使药物达到疗效浓度,并可持续维持疗效所需的恒定浓度。
> （2）对肌肉、皮下组织有刺激的药物可经静脉给予。
> （3）可迅速地补充身体所丧失的液体或血液。
> （4）静脉营养品的输注。
> 2. 静脉输液的主要缺点
> （1）处理不当易产生全身性或局部性的感染。
> （2）药物过量或滴注过快,易产生不良反应,甚至危及生命。
> （3）持续性的过量输注,易造成循环负荷过重,或电解质失衡。
> （4）医源性疾病的增多。

（二）常用溶液及作用

1. 晶体溶液 晶体溶液的相对分子质量小,在血管内存留的时间短,在维持细胞内、外水分的相对平衡中起到重要作用,可用于纠正体液、电解质平衡失调。常用的晶体溶液有以下四种。

（1）葡萄糖溶液 用于补充水分和热量,也可用作静脉给药的载体和稀释剂。临床常用的溶液为 5% 和 10% 的葡萄糖溶液。

（2）等渗电解质溶液 用于补充水分和电解质,维持体液和渗透压的平衡状态。临床常用的溶液为 0.9% 氯化钠溶液、复方氯化钠溶液（林格等渗溶液）和 5% 葡萄糖氯化钠溶液。

（3）碱性溶液 用于纠正酸中毒,调节酸碱平衡失调。临床常用的溶液为 5% 和 1.4% 碳酸氢钠溶液,11.2% 和 1.84% 乳酸钠溶液。

（4）高渗溶液 用于利尿脱水,降低颅内压。临床常用的溶液为 20% 甘露醇、25% 山梨醇以及 25%～50% 葡萄糖溶液等。

2. 胶体溶液 胶体溶液相对分子质量大,在血管内存留时间长,可有效维持血浆胶体渗透压,增加循环血容量,改善微循环,提高血压。临床上常用的胶体溶液如下。

（1）右旋糖酐溶液 一种水溶性多糖类高分子聚合物。常用的溶液有中分子右旋糖酐（右旋糖酐-

70)和低分子右旋糖酐(右旋糖酐-40)两种。中分子右旋糖酐,其平均相对分子质量为 7.5 万左右,有提高血浆胶体渗透压,扩充血容量的作用;低分子右旋糖酐,其平均相对分子质量为 4 万左右,有降低血液黏稠度及红细胞聚集性,改善微循环和防止血栓形成的作用。

(2)代血浆　其作用与低分子右旋糖酐相似,在体内停留时间比右旋糖酐长,有较好的扩容效果,输入后可显著增加循环血量和心输出量,且过敏反应较少,在急性大出血时可与全血共同使用。常用的溶液有羟乙基淀粉(706 代血浆)、聚乙烯吡咯酮、明胶多肽注射液等。

(3)血液制品　可用于提高胶体渗透压,减轻水肿,增加循环血容量,补充蛋白质和抗体,纠正低蛋白血症,促进组织修复和增强机体免疫力。临床上常用的血液制品有 5％白蛋白和血浆蛋白等。

3. 静脉高营养液　静脉高营养液主要由氨基酸、脂肪酸、维生素、矿物质、高浓度葡萄糖或右旋糖酐及水分组成,可用于补充热量、蛋白质、各种维生素和矿物质,维持正氮平衡,多用于营养摄入不足或不能经消化道补充营养的患者。常用的溶液有复方氨基酸、脂肪乳制剂等。

输入溶液的种类和量应依据患者体内水分、电解质及酸碱平衡失调的程度来确定,一般常遵循"先晶后胶""先盐后糖""宁酸勿碱""宁少勿多"的补液原则。在为患者进行补钾时,应遵循"四不宜"的原则:不宜过早,见尿后补钾,一般尿量超过 40 mL/h 或 500 mL/d 方可补钾;不宜过浓,浓度不超过 40 mmol/L;不宜过快,输入速度不超过 20～40 mmol/h;不宜过多,限制补钾总量,依据血清钾水平,补钾量为 60～80 mmol/d,以每克氯化钾相当于 13.4 mmol 钾计算,需补充氯化钾 3～6 g/d。输液过程中应注意:严格掌握输液速度,随时观察患者的反应,并及时根据患者的病情变化做出相应的调整。

(三) 常用静脉输液技术

1. 周围静脉输液技术

实训 3-14-1　周围静脉输液技术

【目的】

(1)补充水分、电解质,预防或纠正水、电解质和酸碱平衡紊乱。

(2)补充血容量,改善微循环,维持血压及微循环灌注量。

(3)供给营养,促进组织修复,维持正氮平衡。

(4)输入药物,治疗疾病。

【评估】

(1)患者的年龄、病情、意识状态及营养状况。

(2)患者心理状态及配合程度,是否具备所用药物的有关知识。

(3)穿刺部位的皮肤、血管状况及肢体活动度。

【计划】

1. 操作者准备　着装整洁,修剪指甲,洗手,戴口罩,熟悉药物的药理作用及用法,向患者解释用药的目的及有关注意事项。

2. 用物准备　治疗车、注射盘用物一套、弯盘、液体及药物(按医嘱准备)、加药用注射器及针头、止血带、胶布(或输液敷贴)、静脉小垫枕、治疗巾、瓶套、砂轮、开瓶器、输液器一套、输液贴、输液卡、输液记录单、手消毒液、锐器收集盒、生活垃圾桶、医用垃圾桶、输液架、必要时备小夹板、棉垫及绷带。静脉留置针输液法需另备静脉留置针一套、封管液(无菌生理盐水或稀释肝素溶液)。

3. 患者准备　患者理解用药目的,了解所服用药物的相关知识并能积极配合。

4. 环境准备　安静、整洁、光线充足。

【实施】

1. 操作步骤

操 作 步 骤	要 点 说 明
★密闭式输液技术	
1.备药	
(1)洗手、戴口罩	

操作步骤	要点说明
(2)核对医嘱 根据输液卡准备药物	• 根据医嘱认真进行三查七对,避免出现差错
(3)检查药液 认真核对药物(名称、浓度、剂量和有效期),检查标签是否清楚,药瓶有无破裂,瓶口是否松动,将瓶轻摇后对光检查,是否浑浊,沉淀,变色或絮状物出现	• 检查瓶口有无松动,瓶身有无裂缝,对光检查药液有无浑浊
(4)贴标签 在输液标签上写明患者的姓名、床号、瓶内所加药物的名称、浓度、剂量,倒贴在输液瓶上	• 注意输液贴勿覆盖原有的标签
(5)套瓶套 将瓶套套在输液瓶上	
(6)开启瓶盖	
(7)消毒瓶塞 消毒两次,待干	
(8)加药 根据医嘱加入药物	• 加药时要注意配伍禁忌,根据病情及药物半衰期合理安排输液顺序,合理安排用药
(9)插输液器 检查输液器,检查输液器灭菌日期,检查有无漏气,取出输液管,将输液器粗针头插入瓶塞,拧紧调节器,将通气管固定在瓶套上	• 插入时注意保持无菌
2.准备	
(1)推治疗车至患者床旁,认真做好三查七对,做好解释,以取得合作,嘱其排尿	• 执行三查七对制度,解释输液目的及过程,消除患者顾虑,取得患者配合,避免输液后如厕不便
(2)洗手、戴口罩	
3.给药	
(1)选择静脉,把输液架放在合适位置	• 可根据患者静脉条件扎止血带与否,选择粗、直、弹性好,避开炎症、损伤、皮疹及静脉瓣部位
(2)挂输液瓶,将输液瓶挂在输液架上	• 高度适中,保证液体压力超过静脉压,以促使液体进入静脉
(3)排气 将茂菲滴管倒举,待液体流入茂菲滴管内1/2～2/3满时,迅速转正滴管,打开调节器,使液面缓慢下降,直至排尽导管和针头内的空气(图3-14-1)。将输液管末端放入输液器包装袋内,置于治疗盘中	• 清除输液管内空气,防止发生空气栓塞 • 如茂菲滴管下端的输液管内有小气泡不易排除时,可以轻弹输液管,将气泡弹至茂菲滴管内
(4)扎止血带 如选手背静脉,可将小垫枕(或油布治疗巾)放于手下,距穿刺点上方6～8 cm处扎止血带	• 保证输液装置为无菌状态 • 使止血带的尾端向上
(5)消毒 常规碘酊、酒精(或安尔碘直接消毒2次)消毒穿刺部位皮肤,消毒范围大于5 cm,待干,备胶布	• 止血带的松紧度以能阻断静脉血流而不阻断动脉血流为宜
(6)再次排气 左手持针头端,右手打开调节器,再次排气,药液流入弯盘内,并对光检查确无气泡后,关闭调节器	• 如果静脉充盈不良,可采取以下方法:按摩血管;嘱患者反复进行握拳、松拳;用手指轻拍血管等
(7)二次核对 核对患者床号、姓名、所用药液的药名、浓度、剂量及给药时间和方法	• 保证穿刺点及周围皮肤的无菌状态,防止感染 • 准备一次性无菌胶布(三条胶布),放于易取处 • 确保穿刺前滴管下端输液管内无气泡 • 操作中查对:避免差错事故的发生
(8)穿刺 嘱患者握拳(或使患者手成杯状),取下护针帽,左手绷紧皮肤,右手持针,针头斜面向上,沿静脉上方或侧方刺入皮下,见回血后,使针头与皮肤的角度应减小,将针头平行送入血管少许,暂时用手固定针柄	• 沿静脉走行进针,防止刺破血管
(9)"三松",松开止血带,松开调节器,嘱患者松拳	• 使静脉恢复通畅
(10)固定 观察通畅后,用胶布固定,第一条固定针柄,第二条带无菌棉固定针眼,第三条将头皮针盘旋后固定(图3-14-2),必要时用夹板固定关节	• 固定牢固,避免过松或过紧

操 作 步 骤	要 点 说 明
(11) 调节滴速 根据患者的年龄、病情、药物性质调节滴速,一般成人 40~60 gtt/min,儿童 20~40 gtt/min,年老体弱、婴幼儿、肺心病患者输液速度宜慢;脱水严重,心肺功能良好者输液速度可快。一般溶液的输液速度可稍快;高渗盐水、含钾药物,输液速度宜慢	• 目前临床上常用的输液器的点滴系数是20,因此,成人输液滴数应为 55~80 gtt/min
(12) 第三次核对,核对患者的床号、姓名、药名、药物浓度、剂量、用法、时间	
4.给药后处理 (1) 安置卧位 撤去治疗巾,取出止血带和小垫枕,整理床单位,协助患者取舒适卧位,将呼叫器放于患者易取处 (2) 整理用物,洗手 (3) 记录 在输液记录单上记录输液开始的时间、药物的种类、滴速、患者的全身及局部状况,护士签名,并挂在输液架上 (4) 巡视 每15~20 min 巡视患者一次,观察局部情况和全身反应及输液故障 (5) 更换液体 如果多瓶液体连续输入,则在第一瓶液体输尽前开始准备第二瓶液体并更换,检查滴管液面高度是否合适、输液管中有无气泡	• 操作后查对:避免差错事故的发生 • 嘱患者或陪护人员自己不可调节滴速,如穿刺部位肿胀、疼痛,输液速度自行变快、变慢甚至不滴,茂菲滴管下面的输液管内有气体,输液瓶内液体即将滴完,输液过程中患者需要便器时,应及时告知,或按呼叫器,以便及时处理 • 持续输液应及时更换输液瓶,以防空气进入导致空气栓塞 • 更换输液瓶时,注意无菌操作,以防污染
5.输液完毕后处理 确认全部液体输入完毕 关闭输液器,轻揭输液敷贴(或胶布),用无菌干棉签或无菌棉球轻压穿刺点上方,快速拔针,局部按压 1~2 min(至无出血为止)	• 输液完毕后及时拔针,以防空气进入导致空气栓塞 • 拔针时勿用力按压局部,以免引起疼痛;按压部位应稍靠皮肤穿刺点以压迫静脉进针点,防止皮下出血
★静脉留置针输液技术 1. 备药 同"密闭式输液技术" 2. 准备 同"密闭式输液技术" 3. 给药 (1)~(3)同"密闭式输液技术" (4) 连接留置针与输液器 打开静脉留置针及肝素帽或可来福接头处外包装,手持外包装将肝素帽或可来福接头对接在留置针的侧管上,将输液器与肝素帽或可来福接头连接。打开调节器,将套管针内的气体排于弯盘中,关闭调节器,将留置针放回留置针盒内	• 打开外包装前注意检查有效期及有无破损、针头斜面有无倒钩,导管边缘是否粗糙 • 连接时注意严格无菌操作
(5) 扎止血带 将小垫枕置于穿刺肢体下,铺治疗巾,在穿刺点上方 8~10 cm 处扎止血带	• 要点同"密闭式输液技术"
(6) 消毒 按常规消毒穿刺部位的皮肤,消毒直径大于 5 cm,待干,备胶布及透明胶布	• 保证穿刺点及周围皮肤的无菌状态,防止感染
(7) 再次排气 取下护针帽,旋转松动外套管(转动针芯)(图 3-14-3);右手拇指与示指夹住两翼,再次排气于弯盘中	• 确保穿刺前滴管下端输液管内无气泡
(8) 二次核对 核对患者床号、姓名、所用药液的药名、浓度、剂量及给药时间和方法	• 操作中查对:避免差错事故的发生
(9) 穿刺 嘱患者握拳,绷紧皮肤,固定静脉,右手持留置针,在血管的上方,使针头与皮肤成 15°~30°角进针。见回血后压低角度(放平针翼),顺静脉走行再继续进针少许;撤针芯将外套管送入静脉内	• 沿静脉走行进针,防止刺破血管

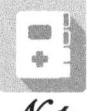

续表

操作步骤	要点说明
(10)"三松" 松开止血带,松开调节器,嘱患者松拳,待输液通畅后撤针芯,放于锐器收集盒	
(11)固定 用无菌透明敷贴对留置针管进行密闭式固定,再用胶布固定插入肝素帽内的输液器针头及输液管(图 3-14-4)并在透明胶布上记录日期和时间	
(12)调节滴速 根据患者的年龄、病情、药物性质调节滴速	• 使静脉恢复通畅
(13)第三次核对 核对患者的床号、姓名、药名、药物浓度、剂量、用法、时间	• 用无菌透明敷贴可避免穿刺点及周围被污染,而且便于观察穿刺点的情况
4. 给药后处理 同"密闭式输液技术"步骤 4"给药后处理"	• 标记日期和时间,为更换套管针提供依据
5. 输液完毕后处理	• 同"密闭式输液技术"步骤 3 下的(11)"调节滴速"
(1)确认全部液体输入完毕	• 操作后查对:避免差错事故的发生
①封管 拔出输液器针头,常规消毒静脉帽的胶塞。用注射器向静脉帽内注入封管液。边推注边退针,直至针头完全退出为止,确保正压封管	• 封管可以保证静脉输液管道的通畅,并可以将残留的刺激性药液冲入血流,避免刺激局部血管 • 注意无菌操作 • 常用的封管液:①无菌生理盐水,每次用 5～10 mL,每隔 6～8 h 重复冲管一次;②稀释肝素溶液,每毫升生理盐水含肝素 10～100 U,每次用量 2～5 mL
②再次输液 常规消毒静脉帽胶塞,将静脉输液针头插入静脉帽内完成输液	• 要点同"密闭式输液技术" • 输液完毕后及时拔针,以防空气进入导致空气栓塞
③拔针 关闭调节器,揭开胶布及无菌敷贴,用无菌干棉签或无菌棉球轻压穿刺点上方,快速拔出套管针,局部按压至无出血为止	• 拔针时勿用力按压局部,以免引起疼痛;按压部位应稍靠皮肤穿刺点以压迫静脉进针点,防止皮下出血
(2)协助患者适当活动穿刺肢体,并协助患者取舒适卧位	
(3)整理床单位,清理用物	• 记录输液结束的时间,液体和药物滴入的总量,患者有无全身和局部反应
(4)洗手,做好记录	

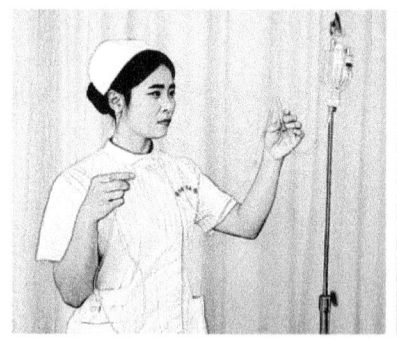　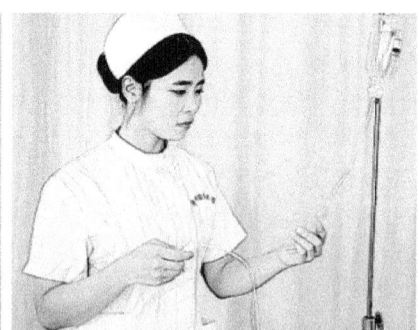

(a)倒置茂菲滴管　　　　　　　　　　　(b)回转茂菲滴管

图 3-14-1　静脉输液排气法

2. 注意事项

(1)严格执行无菌操作原则及查对制度,防止感染及护理差错事故的发生。

(2)注意药物配伍禁忌,对于刺激性或特殊药物,应在确认针头已刺入静脉内后再输入。根据病情需要合理、有计划地安排输液顺序。

(3)对于长期输液的患者,要注意保护且合理使用静脉,一般应从远心端小静脉开始,更换使用。

(4)输液前要排尽输液管及针头内的空气,药液滴尽前要及时更换输液瓶或拔针,严防造成空气栓塞。

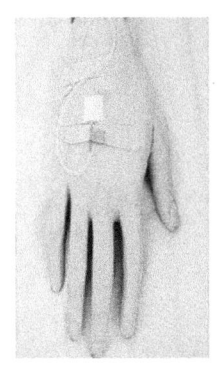

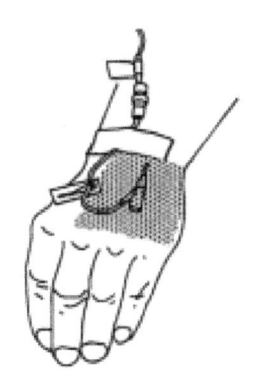

图 3-14-2　静脉输液胶布固定法　　　　图 3-14-3　旋转松动外套管　　　　图 3-14-4　静脉留置针固定法

（5）严格掌握输液速度。对有心、肺、肾疾病的患者,老年患者、婴幼儿及输入高渗、含钾或升压药液的患者,要适当减慢输液速度;对严重脱水,心肺功能良好者可适当加快输液速度。

（6）输液过程中要加强巡视,注意观察患者反应,穿刺部位及溶液是否顺利输入等情况,并及时做好记录。

（7）禁止在输液部位的肢体进行抽血化验或测量血压。

（8）用静脉留置针输液法,要严格掌握留置时间。一般静脉留置针可以保留 3~5 天,最好不要超过 7 天,严格按照产品说明执行。

（9）需 24 h 输液者,应更换输液装置,若超过 48 h 应更换注射部位及输液管。

【评价】

（1）正确执行无菌操作和查对制度,无差错发生,操作程序清晰、规范,静脉穿刺一次成功,无局部、全身不适和不良反应。

（2）患者能理解输液的目的,了解有关用药知识,愿意接受并积极配合。

2. 经外周中心静脉置管输液技术（PICC）　经由周围静脉穿刺置入导管,并将导管末端留置于锁骨下静脉或上腔静脉中下 1/3 处进行输入溶液的方法。此输液法具有操作简单、创伤小、并发症少、保留时间长等优点,一般导管可保留在血管内 7 天~1 年。

目前临床上使用的 PICC 导管大多为硅胶材质,质地柔软弹性好。通常导管总长为 65 cm,且导管全长均可放射显影。常用的 PICC 导管有两种:一种是三向瓣膜式 PICC 导管（图 3-14-5）;另一种是末端开放式 PICC 导管（图 3-14-6）。其中:三向瓣膜式 PICC 导管的三向瓣膜可以减少血液反流、防止空气进入;末端开放式 PICC 导管可用于中心静脉压的测定。两种导管均可根据个体需要在使用前进行适当修剪。

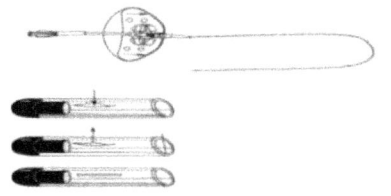

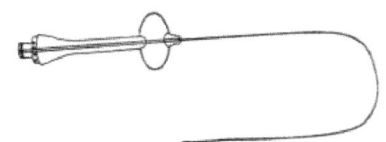

图 3-14-5　三向瓣膜式 PICC 导管　　　　　　图 3-14-6　末端开放式 PICC 导管

实训 3-14-2　经外周中心静脉置管输液技术

【目的】

（1）需长期输液,外周静脉穿刺困难者。

（2）外周循环衰竭需要测量中心静脉压者。

（3）需长期输入刺激性强、浓度高的制剂或行静脉高营养者。

（4）需大量输液而使用输液泵或压力输液者。

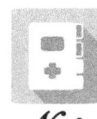

Note

【评估】

(1)患者的年龄、病情、意识状态及营养状况等。

(2)患者的心理状态及配合程度。

(3)患者穿刺部位的皮肤、血管状况及肢体活动度。

(4)患者的血压、脉搏。

【计划】

1.操作者准备　着装整洁,修剪指甲,洗手,戴口罩。

2.用物准备

(1)PICC穿刺套件　PICC导管、延长管、连接器、思乐扣、皮肤保护剂、肝素帽或正压接头。

(2)PICC穿刺包　治疗巾(3块)、孔巾、止血钳或镊子(2把)、直剪刀、3 cm×5 cm小纱布(3块)、6 cm×8 cm纱布(5块)、大棉球6个,弯盘2个。

(3)其他物品　注射盘,无菌手套2副,0.9%氯化钠溶液500 mL,20 mL注射器2个,10 cm×12 cm透明敷贴,皮肤消毒液(0.5%氯己定溶液,或75%乙醇+碘伏,或2%碘酊+75%乙醇),抗过敏无菌胶布,皮尺,止血带。

(4)视需要准备　2%利多卡因,1 mL注射器,弹力或自粘绷带。

3.患者准备　患者理解用药目的,了解所服用药物的相关知识并能积极配合。

4.环境准备　安静、整洁、光线充足。

【实施】

1.操作步骤

操 作 步 骤	要 点 说 明
1.操作前准备 (1)洗手,戴口罩 (2)评估并选择静脉,常在肘部以贵要静脉、肘正中静脉和头静脉为序选择静脉,首选右侧 (3)知情同意:向患者及家属充分告知相关事宜,并签署知情同意书 (4)安置体位:协助患者取平仰卧位,暴露穿刺区域,穿刺侧上肢外展与躯干成90°	• 小儿:贵要静脉、肘正中静脉、头静脉、大隐静脉
2.置管 (1)确定穿刺点并测量导管预置长度及臂围(图3-14-7):根据上臂皮肤及血管的情况选择穿刺点。皮肤完整、静脉弹性佳时易于穿刺成功。自穿刺点到胸锁关节,向下至第3肋间隙的长度即为预置达上腔静脉的长度,如将此长度减去2 cm即为达锁骨下静脉的长度。在肘窝上9 cm处测双臂臂围并记录 (2)皮肤消毒:打开PICC穿刺包,戴无菌手套,将一块治疗巾铺于穿刺肢体下。用0.5%氯己定溶液消毒3遍(或用75%乙醇和碘伏分别消毒3遍;或用2%碘酊和75%乙醇分别消毒3遍),注意消毒范围上下直径20 cm,两侧至臂缘,且每次消毒方向需与上次相反,待干 (3)建立无菌区:更换无粉无菌手套(若为有粉手套,需先将滑石粉冲洗干净),铺孔巾及治疗巾,并将PICC穿刺套件及所需无菌用物置于无菌区域中 (4)预冲导管:用注射器抽吸0.9%氯化钠溶液20 mL冲洗导管,检查导管是否通畅,再将导管置于0.9%氯化钠溶液中(图3-14-8)	• 应准确测量置入导管深度,以免导管过深

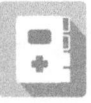

续表

操作步骤	要点说明
(5) 系止血带：由助手协助系止血带，注意止血带的末端反向于穿刺部位	
(6) 穿刺：视情况可于穿刺前先由助手用 2% 利多卡因在穿刺部位行局部麻醉。左手绷紧皮肤，右手以 $15°\sim30°$ 角进针，见回血后立即放低穿刺针以减小穿刺角度，再推进少许，以保持插管鞘留在血管腔内不易脱出。嘱助手松开止血带后，再用右手保持钢针针芯位置，左手单独向前推进外插管鞘并用拇指固定，再用左手示指和中指按压并固定插管鞘上方的静脉以减少出血，右手撤出针芯	
(7) 送管：将导管缓慢、匀速送入，当导管置入约 15 cm 即导管尖端到达患者肩部时，嘱患者将头转向穿刺侧贴近肩部，以防止导管误入颈静脉，直至置入预定长度	• 该动作增加颈外静脉压力，应避免误入颈外静脉 • 置入导管有明显阻力时，应停止操作，不可强行插管
(8) 抽回血：用盛有 0.9% 氯化钠溶液的注射器抽吸回血	• 缓慢轻柔地将注射器活塞回拉 $1\sim2$ mL，等待片刻即可见回血，切忌过分用力。如不能抽回血，可能是导管末端紧贴于血管壁，应先充入少量生理盐水使导管漂浮在血液中，即可见到回血
(9) 撤出插管鞘及支撑导丝：用无菌纱布块在穿刺点上方 6 cm 处按压固定导管，将插管鞘从静脉管腔内撤出，远离穿刺点。将支撑导丝与导管分离，并与静脉走行相平行撤出支撑导丝	
(10) 修剪导管长度：用无菌生理盐水纱布清洁导管上血迹，确认置入长度后，保留体外导管 5 cm，用锋利的无菌剪刀与导管成直角，小心地剪断导管，注意勿剪出斜面与毛碴(图 3-14-9)；如果留在外面的导管长度小于 5 cm，应轻轻将置入的导管外拉，拉出的长度以保证剪去 1 cm 后体外导管长度达 5 cm 为度	
(11) 安装连接器：将减压套筒安装到导管上，再将导管与连接器相连，并确认导管推至根部，但不可出皱褶	• 连接器一经安装不能拆开重新使用
(12) 冲封管：连接肝素帽或正压接头，再用 0.9% 氯化钠溶液 20 mL 行脉冲式冲管；若为肝素帽，当 0.9% 氯化钠溶液推至最后 5 mL 时，则需行正压封管，即边推边退针(冲净肝素帽)	
(13) 固定：用生理盐水纱布清洁穿刺点周围皮肤，然后涂以皮肤保护剂，注意勿触及穿刺点。在近穿刺点约 0.5 cm 处放好白色固定护翼，导管出皮肤处逆血管方向摆放"L"或"U"弯，使用无菌胶布横向固定连接器翼形部分，穿刺点上方放置无菌纱布块，用 10 cm×12 cm 透明敷贴无张力粘贴，用已注明了穿刺日期、时间及操作者的指示胶带固定透明敷贴下缘，再用无菌脱敏胶布固定延长管(图 3-14-10)	
(14) X 线确认：经 X 线确认导管在预置位置后即可按需要进行输液	• 未得到 X 线片证实导管顶端位置前，不可使用该导管
(15) 记录：操作结束后，应将相关信息记录在护理病历中，内容包括：穿刺日期、穿刺时间、操作者、导管规格和型号、所选静脉及穿刺部位、操作过程等	

3.导管的维护

(1) 穿刺后第一个 24 h 更换敷料，以后每周更换敷料 $1\sim2$ 次

(2) 每次进行导管维护前，先确认导管体外长度，并询问患者有无不适

(3) 再抽回血以确定导管位置，再将回血注回静脉

(4) 注意揭敷贴时应由下至上，防止导管脱出。观察并记录导管体内长外刻度

续表

操作步骤	要点说明
(5)消毒时以导管为中心,直径 8～10 cm,用 0.5%洗必泰溶液消毒 3 遍,或用 75%乙醇和碘伏各消毒 3 遍,再覆盖透明敷贴	
4.拔管 拔管时应沿静脉走向,轻轻拔出,拔出后立即压迫止血(有出血倾向的患者,压迫止血时间要超过 20 min),并用无菌纱布块覆盖伤口,再用透明敷贴粘贴 24 h,以免发生空气栓塞和静脉炎。并对照穿刺记录观察导管有无损伤、断裂和缺损	• 预先备止血带一条,一旦发生导管断裂,可用止血带结扎患者上臂血管后通知医生进行处理

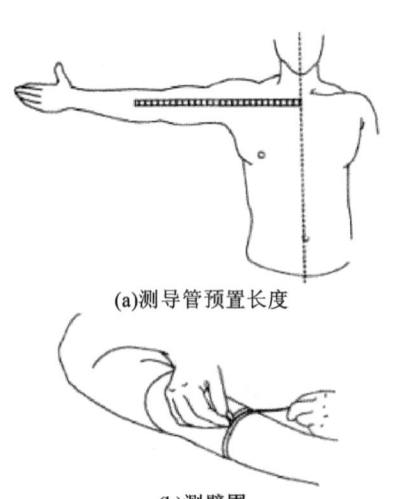

(a)测导管预置长度

(b)测臂围

图 3-14-7　测量 PICC 导管预置长度及臂围

图 3-14-8　预冲 PICC 导管

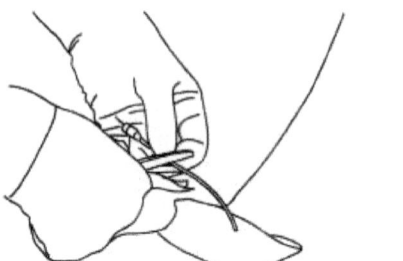

图 3-14-9　修剪 PICC 导管长度

图 3-14-10　固定 PICC 导管

2. 注意事项

(1)导管送入速度不宜过快,若遇阻力,不可强行置入,可将导管先退少许再行置入。

(2)导管留置部位不可过深,若导管插入右心室或右心房,可诱发心律失常;若导管质地较硬,还可能会造成心肌穿孔,引发心包积液,甚至出现急性心包填塞。

(3)因乙醇或丙酮等物质会损伤导管材质,所以在使用含此类物质的溶液进行穿刺部位的清洁护理时,应待溶液完全干燥后再用敷料遮盖。

(4)置管后应密切观察穿刺局部,如有红、肿、热、痛等异常症状出现,应及时测量臂围,并与置管前的臂围进行比较。观察置管侧肢体肿胀情况,必要时进行 B 超检查。

(5)置管后应告知患者注意以下几种情况。

①适当地进行功能锻炼,置管侧肢体可做松、握拳、屈伸等动作,以促进静脉回流,减轻水肿。但置管侧上肢应避免过度外展、外旋转或屈肘运动。

②勿提取重物。

③尽量避免置管侧肢体受物品及躯体压迫。

（6）疑似存在导管移位时，应通过 X 线检查来确定导管头端所处位置，严禁导管体外部分移入体内。

（7）采血、输入血液、血制品或脂肪乳等高黏性药物后，应立即取用 20 mL 的 0.9%氯化钠溶液脉冲式冲管。冲管时避免使用少于 10 mL 的注射器，禁止使用暴力，以免造成导管破损。

3. 健康教育

（1）操作前做好患者准备，如告知患者 PICC 技术的目的、优点、注意事项、配合方法及可能出现的并发症，在取得患者及其家属同意后签署知情同意书，同时确保置管过程顺利完成。

（2）置管前协助患者或告知患者沐浴、更衣。若患者病情不允许沐浴时，则须用肥皂水彻底清洁穿刺部位的皮肤。

（3）告知患者置管后应保持穿刺处的清洁、干燥，避免污染，不可自行撕下贴膜。24 h 后方可淋浴，但应注意避免穿刺部位进水。

（4）在治疗间歇期，应每隔 7 天寻求专业护士进行 PICC 导管维护，包括冲管、更换透明敷料、换肝素帽等。

【评价】

（1）正确执行无菌操作和查对制度，无差错发生，操作程序清晰、规范，静脉穿刺一次成功，无局部、全身不适和不良反应。

（2）患者能理解输液的目的，了解有关用药知识，愿意接受并积极配合。

3. 颈外静脉插管输液技术　颈外静脉是颈部最粗大的浅静脉，由耳后静脉和下颌后静脉汇合而成，在下颌角后方垂直下降，越过胸锁乳突肌后缘，于锁骨上方穿过深筋膜，最后汇入锁骨下静脉。颈外静脉因其行径表浅且位置固定，故易于穿刺。

实训 3-14-3　颈外静脉穿刺置管输液技术

【目的】

（1）需要长期输液而周围静脉不宜穿刺者。

（2）周围循环衰竭而需要测中心静脉压者。

（3）长期输入浓度高、刺激性强的药物的患者。

（4）行静脉内高营养治疗的患者。

【评估】

（1）患者的年龄、病情、意识状态及营养状况等。

（2）患者的心理状态及配合程度。

（3）患者穿刺部位的皮肤、血管状况及肢体活动度。

（4）患者的血压、脉搏。

【计划】

1. 操作者准备　着装整洁，修剪指甲，洗手，戴口罩。

2. 用物准备　除头皮针静脉输液法的用物外，还需要进行如下准备。

①无菌穿刺包　内装穿刺针 2 根（长约 6.5 cm，内径 2 mm，外径 2.6 mm）、硅胶管 2 条（长 25～30 cm，内径 1.2 mm，外径 1.6 mm）、5 mL 和 10 mL 注射器各 1 个、6 号针头 2 枚、平针头 1 个、尖头刀片、镊子、无菌纱布 2～4 块、孔巾、弯盘。

②另备　无菌生理盐水、1%普鲁卡因注射液（或 2%利多卡因）、无菌手套、无菌敷贴、0.4%枸橼酸钠生理盐水或肝素稀释液。

3. 患者准备　患者理解用药目的，了解所服用药物的相关知识并能积极配合。

4. 环境准备　安静、整洁、光线充足。

【实施】

1. 操作步骤

操 作 步 骤	要 点 说 明
1.操作前准备	
(1) 备药液	• 核对药液并插好输液器
(2) 排气	• 排尽空气
(3) 安置体位,协助患者去枕平卧,头偏向一侧,肩下垫一薄枕,使患者头低肩高,颈部伸展平直	• 充分暴露穿刺部位
2.置管	
(1) 选择穿刺点并消毒:术者立于床头,取下颌角与锁骨上缘中点连线的上 1/3 处颈外静脉外缘为穿刺点(图 3-14-11),常规消毒皮肤	
(2) 打开铺巾:打开无菌穿刺包,戴无菌手套,铺孔巾,布置一个无菌区	• 便于术者操作
(3) 局部麻醉:由助手协助,术者用 5 mL 注射器吸 1% 普鲁卡因,在穿刺部位行局部麻醉;用 10 mL 注射器吸取无菌生理盐水,以平针头连接硅胶管,排尽空气备插管时用	• 严格无菌操作
(4) 穿刺:先用刀片尖端在穿刺点上刺破皮肤做引导以减少进针时皮肤阻力,穿刺时助手用手指按压颈静脉三角处(阻断血流时静脉充盈,便于穿刺),术者左手绷紧穿刺点上方皮肤,右手持穿刺针与皮肤成45°进针,入皮后成25°沿静脉方向穿刺	• 穿刺点:下颌角与锁骨上缘中点连线上1/3处,颈外静脉外缘
(5) 插管:见回血后,立即抽出穿刺针内芯,左手拇指用纱布堵住针栓孔,右手持备好的硅胶管送入针孔内 10 cm 左右。插管时由助手一边抽回血,一边缓慢注入生理盐水。当插入过深,较难通过锁骨下静脉与颈外静脉汇合角处时,可改变插管方向,再试通过	• 插管动作要轻柔,以防盲目插入使硅胶管在血管内打折或硅胶管过硬刺破血管发生意外
(6) 接输液器输液:确定硅胶管在血管内后,缓慢退出穿刺针;再次抽回血,注入生理盐水,检查导管是否在血管内;确定无误后,移开孔巾,接输液器输入备用液体	• 若输液不畅,应观察硅胶管有无弯曲,是否滑出血管外
(7) 固定并调节滴速:固定并调节滴速;用无菌敷贴覆盖穿刺点并固定硅胶管;硅胶管与输液器接头处用无菌纱布包扎并用胶布固定在颌下	• 固定要牢固,防止硅胶管脱出。根据患者的年龄、病情及药物性质调节滴速
3.输液后处理	
(1) 暂停输液的处理:暂停颈外静脉输液时,为防止血液凝集在输液管内,可用 0.4% 枸橼酸钠生理盐水 1~2 mL 或肝素稀释液 2 mL 注入硅胶管进行封管,用无菌静脉帽塞住针栓孔,再用安全别针固定在敷料上	• 每天更换穿刺点敷料,用 0.9% 过氧乙酸溶液擦拭消毒硅胶管,常规消毒局部皮肤
(2) 再行输液的处理:如需再次输液,取下静脉帽,消毒针栓孔,接上输液装置即可	• 输液前应检查导管是否在静脉内
(3) 输液完毕处理:停止输液时,硅胶管末端接上注射器,边抽吸边拔出硅胶管(边抽吸边拔管可防止残留的小血块和空气进入血管,形成血栓),局部加压数分钟,用 75% 乙醇消毒穿刺局部,无菌纱布覆盖	• 切忌将血凝块和空气推入血管,防止造成栓塞

2. 注意事项

(1) 严格执行无菌操作原则及查对制度,预防感染及护理差错事故的发生。

(2) 穿刺点的位置应仔细确定,过高因靠近下颌角而不利于操作,过低则容易因锁骨下胸膜及肺尖受损而造成气胸。

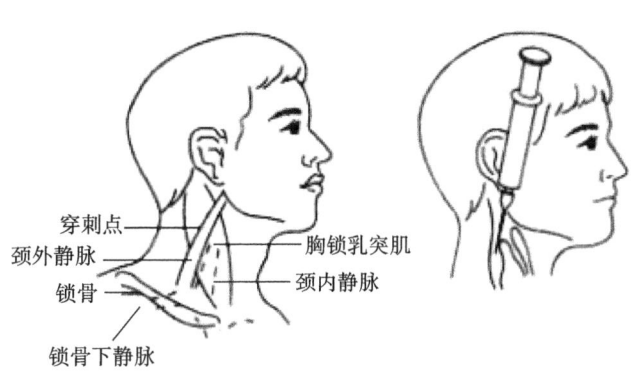

穿刺点
颈外静脉
锁骨
锁骨下静脉
胸锁乳突肌
颈内静脉

图 3-14-11 颈外静脉穿刺点示意图

（3）输液过程中应加强巡视，若发现导管内有回血，为避免血块阻塞硅胶管，护士应及时用 0.4％枸橼酸钠生理盐水进行冲注。

（4）每天输液完毕时，用 0.4％枸橼酸钠生理盐水 1～2 mL 或肝素稀释液 2 mL 进行封管，防止导管内发生凝血。若发现导管内已形成凝血块，应使用注射器将血块抽出，严禁将凝血块推注到血管内造成栓塞。

（5）每次输液前应先检查导管是否在静脉内，确定在血管内再连接液体。

（6）穿刺部位的敷料应每日按正确的方法消毒后进行更换，如有潮湿应立即更换。在更换敷料时要注意观察局部皮肤情况，一旦出现红、肿、热、痛等炎症表现，应及时做好相应的抗炎处理。

3. 健康教育

（1）操作前告知患者及其家属颈外静脉插管的优点，以获得患者的主动配合。

（2）输液过程中告知患者及其家属因颈外静脉血管较粗、压力较低，输液速度不易掌握，所以为避免空气进入发生栓塞，绝对不能自行调节输液速度。

【评价】

（1）正确执行无菌操作和查对制度，无差错发生，操作程序清晰、规范，穿刺一次成功，无局部、全身不适和不良反应。

（2）患者能理解输液的目的，了解有关用药知识，愿意接受并积极配合。

知识链接

植入式静脉输液港

植入式静脉输液港是一种完全植入的血管通道系统，可为患者提供长期的静脉血管通道，是目前国际上首选的可植入皮下长期留置的体内静脉输液装置，主要用于需要长期及反复输液的患者，适用于化疗药物，肠外营养（TPN）的静脉注射或者连续输注，还可以用于抗生素、血液制品、普通静脉补液及采血等几乎所有的静脉治疗。植入式静脉输液港能保证穿刺置管率，使患者减少了化疗及中心置管相关并发症带来的痛苦，给患者带来舒适、方便，还能保护患者个人隐私。

植入式静脉输液港优点如下。

1. 感染风险低：因其操作简单，且为皮下埋植，从而降低了感染的风险。

2. 方便患者：埋植于皮下不易被别人注意。

3. 减少穿刺血管的次数，保护血管，减少药物外渗的机会。

4. 维护简单，治疗间歇期 4 周维护一次即可。

5. 使用期限长：按穿刺隔膜能让 19G 的无损伤穿刺针穿刺 1000 次，蝶翼针连续使用 7 天来计算，输液港可使用 19 年。

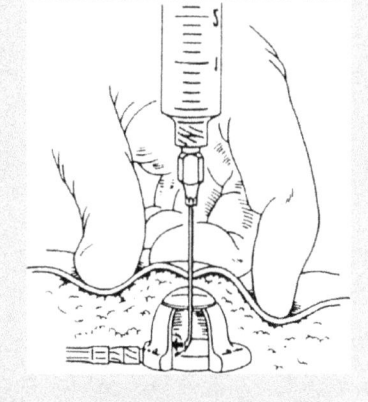

推广前景:建立静脉输液港通路,完全埋入皮下的输液装置,不影响患者洗澡、游泳等,提高患者生活质量;每月维护一次的频率,减少患者往返医院频率。在不影响患者肢体活动,保护患者隐私的同时,提高了医疗服务的效率。此项技术已经在北京、上海、广州开展,并逐步取代了 PICC,作为中长期输液患者的首选。目前 80% 静脉输液港用于癌症治疗,而高达 60% 的静脉输液港应用于乳腺癌的治疗,其他应用人群依次为肺癌、淋巴瘤、白血病、卵巢癌、结直肠癌。

(四)输液速度的调节

1. 输液速度的调节原则

(1) 根据患者的年龄、病情及药物性质进行滴速调节,一般成人 40~60 滴/分,儿童 20~40 滴/分。目前临床上常用的输液器的点滴系数是 20,因此,成人输液滴数应为 55~80 滴/分。

(2) 对年老体弱、婴幼儿,以及有心、肺、肾疾病患者输液速度宜慢;对严重脱水、心肺功能良好的患者输液速度可适当加快。

(3) 一般溶液输入速度可稍快,而高渗盐水、含钾药物、升压药物等输入速度宜慢。

2. 输液速度与时间的计算

在输液过程中,每毫升溶液的滴数称为该输液器的点滴系数(gtt/mL)。目前常用静脉输液器的点滴系数有 10、15、20 三种。静脉点滴的速度和时间可按下列公式计算。

(1) 已知每分钟滴数与输入液体总量,计算输液所需用的时间。

$$输入时间(h) = \frac{液体总量(mL) \times 点滴系数}{每分钟滴数 \times 60 \, min}$$

例如,某患者需要输入 2000 mL 液体,每分钟滴数为 40 滴,所用输液器的点滴系数为 15,请问需要多长时间输完?

$$输入时间(h) = \frac{2000 \times 15}{40 \times 60} = 12.5 \, h$$

(2) 已知输入液体总量与计划所需用的输液时间,计算每分钟滴数。

$$每分钟滴数 = \frac{液体总量(mL) \times 点滴系数}{输入时间(min)}$$

例如,某患者需要输入 2000 mL 液体,计划 12.5 h 输完,所用输液器的点滴系数为 15,请问每分钟滴数是多少?

$$每分钟滴数 = \frac{2000 \times 15}{12.5 \times 60} = 40$$

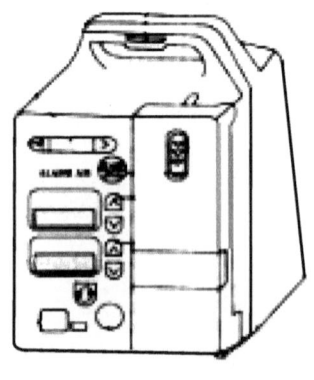

图 3-14-12 静脉输液泵

3. 输液泵的应用 输液泵通常是机械或电子的输液控制装置,它通过作用于输液导管达到控制输液速度的目的,可将溶液匀速、微量、精确地输入体内,多用于需要严格控制输液速度和药量的情况,如为患者输入升压药物、抗心律失常药物或婴幼儿静脉输液或静脉麻醉时。

根据输液泵的控制原理,可将其分为活塞型注射泵和蠕动滚压型输液泵两类,其中输液泵又可分为容积控制型输液泵和滴数控制型输液泵。现以 JMS—OT—601 型(图 3-14-12)为例简单介绍输液泵的使用方法。

实训 3-14-4 输液泵输液技术

【目的】

控制输液速度,使输液速度精确平稳。

【评估】

（1）患者的年龄、病情、意识状态及营养状况等。

（2）患者的心理状态及配合程度。

（3）穿刺部位的皮肤、血管状况及肢体活动度。

【计划】

1．操作者准备　衣帽整洁，修剪指甲，洗手，戴口罩。

2．用物准备　不同型号的输液泵、输液架、静脉输液装置。

3．患者准备　患者理解用药目的，了解所服用药物的相关知识并能积极配合。

4．环境准备　安静、整洁、光线充足。

【实施】

1．操作步骤

操作步骤	要点说明
1.操作前准备	
（1）固定输液泵：将输液泵固定在输液架上	
（2）接通电源：接通电源，打开电源开关	
（3）排气：按常规排尽输液管内的空气	• 输液管内无空气
（4）放置：打开"泵门"，将输液管"S"形放置在输液泵的管道槽中，关闭"泵门"	
（5）设定：设定每毫升滴数以及输液量限制	• 严格控制滴速
2.应用	
（1）连接：按常规穿刺静脉后，将输液针与输液泵连接	
（2）启动：确认输液泵设置无误后，按压"开始/停止"键，启动输液	
（3）结束提示：当输液量接近预先设定的"输液量限制"时，"输液量显示"键闪烁，提示输液结束	• 及时巡视并处理
3.输液完毕后处理	
（1）停止输液：输液结束时，再次按压"开始/停止"键，停止输液	
（2）取出输液管：按压"开关"键，关闭输液泵，打开"泵门"，取出输液管	
（3）消毒：输液泵消毒处理	

2．注意事项

（1）护士应了解输液泵的工作原理，熟练掌握其使用方法。

（2）使用过程中要经常巡视，如输液泵出现报警，应查找可能的原因，如有气泡、输液管堵塞或输液结束等，并给予及时的处理。

3．健康教育

（1）告知患者，在护士不在场的情况下，一旦输液泵出现报警，应及时打信号灯求助护士，以便及时处理出现的问题。

（2）患者及其家属不要随意搬动输液泵，防止输液泵电源线因牵拉而脱落。

（3）患者输液侧肢体不要剧烈活动，防止输液管道被牵拉脱出。

（4）告知患者，输液泵内有蓄电池，患者若需如厕，可以通过信号灯请护士帮忙暂时拔掉电源线，返回后再重新插好。

【评价】

（1）正确执行无菌操作和查对制度，无差错发生，操作程序清晰、规范，静脉穿刺一次成功，无局部、全身不适和不良反应，能够正确使用输液泵。

（2）患者能理解输液的目的，了解有关用药知识，愿意接受并积极配合。

（五）常见输液故障的排除

1. 溶液不滴

（1）针头斜面滑出血管外　因液体注入皮下组织,而出现局部肿胀、疼痛。处理方法:将针头拔出,更换针头后应另选血管重新穿刺。

（2）针头斜面紧贴血管壁　液体滴入受阻。处理方法:应调整针头位置或适当变换肢体位置,直至点滴顺畅。

（3）针头阻塞　轻轻挤压靠近针头端的输液管,同时捏紧另一侧,会感到有阻力且松手无回血。处理方法:更换针头,另选静脉重新穿刺。切忌用溶液冲注针头或强行挤压导管,以避免血块冲入静脉内造成栓塞。

（4）压力过低　因输液瓶(袋)悬挂位置过低或患者肢体抬举过高、周围循环不良所致。处理方法:适当加压、抬高输液架高度或放低肢体位置。

（5）血管痉挛　由于穿刺肢体长时间暴露在寒冷的环境中或输入温度过低的液体所致。处理方法:局部可行按摩、热敷以缓解痉挛。

2. 茂菲滴管内的液面过高

（1）滴管侧壁若有调节孔,可先夹住滴管上端的输液管,后打开调节孔,待滴管内液体降至露出液面时,再关闭调节孔及松开滴管上端的输液管。

（2）滴管侧壁若无调节孔,可先将输液瓶取下并倾斜,以使插入瓶内的针头高于液面,待滴管内液体降至露出液面后,再将输液瓶挂至输液架上继续点滴。

3. 茂菲滴管内的液面过低

（1）滴管侧壁有调节孔者,可先夹住滴管下端的输液管,后打开调节孔,待滴管内液面升至适当高度(一般为 $\frac{1}{2} \sim \frac{2}{3}$ 滴管高度)时,再关闭调节孔并松开滴管下端的输液管。

（2）滴管侧壁无调节孔者,可先夹住滴管下端的输液管,用手挤压滴管,当滴管内液面升至适当高度时,停止挤压并松开滴管下端的输液管。

4. 茂菲滴管的液面自行下降　输液过程中,如发现茂菲滴管内的液面自行下降,则应检查滴管与输液管路衔接是否紧密,是否存在滴管有漏气或裂隙现象,必要时应更换输液器。

（六）常见输液反应及护理

1. 发热反应

（1）原因　发热是最常见的输液反应,多因输入致热物质引起,如药液制品不纯、输液用具灭菌不彻底、静脉输液操作过程中未严格执行无菌操作等均可能造成发热反应。

（2）临床表现　多发生于输液后数分钟至 1 h,主要表现为患者发冷、寒战、发热。轻者体温在 38 ℃左右,可在停止输液后数小时内自行恢复正常;重者初起寒战,继而出现高热,体温可达 40 ℃以上,并伴有头痛、恶心、呕吐、脉速等全身不适症状。

（3）预防　严格执行无菌操作原则及查对制度,输液前认真检查药液的质量,输液用具的包装灭菌日期及有效期。

（4）处理　①立即减慢输液速度或停止输液,并及时告知医生:反应轻者应减慢输液速度并注意为患者保暖(适当增加盖被或给予热水袋);反应重者,须立即停止输液,并保留剩余溶液及输液器,于必要时送至检验科做细菌培养,以查找引起发热反应的原因。②高热者,应及时给予物理降温,并严密观察患者生命体征的变化,必要时遵医嘱进行抗过敏药物或激素治疗。

2. 循环负荷过重反应　循环负荷过重反应又可称为急性肺水肿。

（1）原因　①由于输液速度过快,短期内输入液体过多,促使循环血量急剧增加,心脏负荷过重所致。②因患者原有心肺功能不良所致,多见于急性左心功能不全者。

（2）临床表现　患者突然出现呼吸困难、胸闷、咳嗽、咯粉红色泡沫样痰;严重时痰液可从口腔和鼻腔涌出。听诊肺部布满湿啰音,心率快且节律不齐。

（3）预防　在输液过程中应加强巡视,根据患者年龄、病情和药物性质严格控制输液速度和输液量,特别是老年人、儿童及心肺功能不全者需要更加慎重。

（4）处理　①立即停止输液、迅速通知医生,并进行紧急处理:当患者病情允许时,可协助其取端坐位,使双腿下垂,以减少下肢静脉回流,减轻心脏负担;安慰患者以减轻其紧张心理。②给予高流量吸氧,一般氧流量调节为 $6\sim8$ L/min,同时向湿化瓶内加入 $20\%\sim30\%$ 的乙醇溶液,以降低肺泡内泡沫表面张力,促使泡沫破裂消散,改善气体交换,减轻缺氧症状。③遵医嘱用药:如镇静、平喘、强心、利尿及扩血管药物,以稳定患者情绪,扩张周围血管,促进液体排出,减少回心血量,减轻心脏负荷。④必要时行四肢轮扎法以阻断静脉血流,减少回心血量,但应注意每 $5\sim10$ min 轮流放松肢体上的止血带,待症状缓解将止血带逐渐解除。⑤减少回心血量最直接的方法是静脉放血 $200\sim300$ mL,但此法应谨慎使用,贫血患者禁止使用此法。

3. 静脉炎

（1）原因　①长期输入浓度高、刺激性较强的药物,或长时间在静脉内放置刺激性较强的塑料导管,引起局部静脉壁的化学炎性反应。②输液过程中未严格执行无菌操作引起局部静脉感染。

（2）临床表现　沿静脉走行出现条索状红线,局部组织红、肿、灼热、疼痛,有时伴有畏寒、发热等全身症状。

（3）预防　输液时严格执行无菌操作原则;长期输液患者应有计划地更换穿刺部位,保护静脉血管;输入浓度高或对血管壁有刺激性的药物时,应充分稀释后再应用,且滴速宜慢,并防止药物外渗;静脉内置管不宜时间过长。

（4）处理　①停止在炎症部位进行静脉输液,抬高患肢并制动。②局部用 95% 乙醇溶液或 50% 硫酸镁进行湿热敷,每日 2 次,每次 20 min。③进行超短波理疗,每日 1 次,每次 $15\sim20$ min。④中药局部外敷治疗,将如意金黄散加醋调成糊状,每日 2 次,具有清热、止痛、消肿的作用。④若合并感染,遵医嘱给予抗生素药物治疗。

4. 空气栓塞

（1）原因　①输液管路内空气未排尽或导管连接不紧有漏气。②加压输液、输血时无人在旁守护,液体输完未能及时更换药液或拔针。③拔出较粗、进胸腔的深静脉导管后,穿刺点封闭不严密,均有可能发生空气栓塞的危险。

进入静脉的空气,随血流经右心房进入右心室。如果空气量较少,则空气会被右心室压入肺动脉,并分散到肺小动脉内,被毛细血管吸收,所以损害较小。如果空气量较大,则空气会在进入右心室后阻塞于肺动脉入口（图3-14-13）,使右心室内的血液（静脉血）无法进入肺动脉,因而使回流的静脉血不能到肺内进行气体交换,引起患者严重缺氧而危及生命。

（2）临床表现　患者自觉胸部不适或突发胸骨后疼痛、呼吸困难,严重的发绀并伴有濒死感。听诊心前区可闻及响亮的且持续的"水泡音"。心电图可表现为心肌缺血、急性肺心病的改变。

（3）预防　输液前应认真检查输液器质量并将输液管路内的空气完全排尽;输液中应加强巡视,加压输液时应安排专人在旁守护,及时更换输液瓶或拔针;拔出较粗、近胸腔的深静脉导管后,应立即严密封闭穿刺点。

（4）处理　①立即安置患者为头低足高、左侧卧位。该体位使肺动脉入口处低于右心室,有助于气体流向右心室尖部,防止阻塞肺动脉入口。空气随着心脏的收缩和舒张运动被血液打成泡沫后,可分次、小量地进入肺动脉内,最后逐渐被吸收（图3-14-14）。②给予高流量吸氧,以提高患者的血氧浓度,纠正缺氧状态。③有条件时可通过中心静脉导管抽出空气。④严密观察患者病情变化,如有异常及时对症处理并做好记录。

（七）输液微粒污染与预防

输液微粒是指输入液体中的非代谢性颗粒杂质,其直径一般为 $1\sim15$ μm,少数较大的直径可达 $50\sim300$ μm,直径在 50 μm 以上的输液微粒肉眼可见。输液微粒的多少决定着输入溶液的透明度,由此判断液体的质量。输液微粒污染是指在输液过程中,将输液微粒随液体进入人体并造成严重危害的

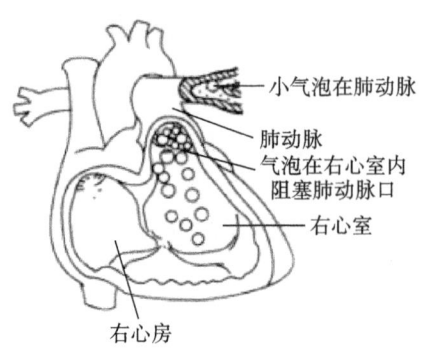

图3-14-13　空气在右心室内阻塞肺动脉入口

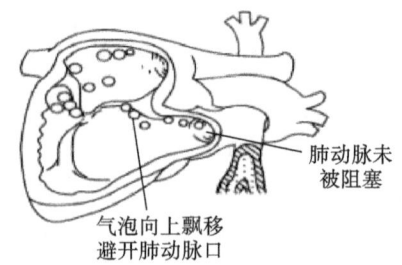

图3-14-14　置患者于左侧、头低足高卧位，
使气泡避开肺动脉入口

过程。

1. 输液微粒的来源

(1) 药物的生产制作工艺不够完善,如因水、空气、原材料的污染等,使异物与微粒混入。

(2) 溶液瓶体或瓶塞不洁净或因液体存放时间过长,瓶内壁和瓶塞被药液浸泡腐蚀剥脱形成输液微粒。

(3) 输液及加药用具不洁净。

(4) 输液环境不洁净或操作过程中反复穿刺瓶塞、切割安瓿等均可导致微粒进入液体内,造成输液微粒污染。

2. 输液微粒污染的危害　输液微粒污染对机体的危害程度主要取决于微粒的大小、形状、化学性质及微粒堵塞血管的部位、血流阻断的程度及人体对微粒的反应等。最容易被输液微粒损害的部位是肺、脑、肝及肾脏等。输液微粒污染对机体的危害包括如下几点。

(1) 阻塞血管,引起局部组织供血不足、缺血、缺氧,甚至坏死。

(2) 红细胞聚集在微粒上,形成栓子,导致血管栓塞和静脉炎。

(3) 微粒进入肺毛细血管,引起巨噬细胞增殖并包围微粒而形成肺内肉芽肿,影响肺功能。

(4) 引起过敏反应和血小板减少症。

(5) 微粒刺激组织而导致炎症或肿块。

3. 输液微粒污染的预防和处理

(1) 制剂生产方面　严格监管制剂生产过程中的每个环节,以确保药液质量,如做好车间卫生环境调控以防止空气中悬浮的尘粒与细菌污染,工人严格执行操作要求及规程、选用优质原材料、提高检验技术等。

(2) 输液操作方面　①为减少污染机会,应采用密闭式一次性医用输液(血)器。②认真检查待输入液体透明度、质量、有效期,包装有无裂痕、瓶塞有无松动等。③净化治疗室空气。有条件者可采用超净工作台进行药液配制工作。④在通气针头或通气管路内安置空气过滤器,防止空气中微粒进入溶液瓶内。⑤严格执行无菌技术操作原则,药液应现用现配,避免污染。⑥净化病室内空气,减少病室内空气中病原微生物和尘埃的数量,使操作环境洁净。

二、静脉输血技术

静脉输血是将全血或成分血由静脉输入体内的方法。静脉输血技术应用广泛,是临床上急救和治疗疾病的重要措施之一。

(一) 静脉输血的目的

1. 输血的目的

(1) 补充血容量　常用于因失血或失液引起的血容量减少或休克的患者,可使体内有效循环血量增加,心肌功能及全身血液灌流得到改善,升高血压,增加心输出量,促进血液循环。

（2）补充血红蛋白　常用于因血液系统疾病引起的严重贫血及某些慢性消耗性疾病的患者,可促进携氧功能,纠正贫血。

（3）补充血浆蛋白　常用于低蛋白血症及大出血、大手术的患者,可改善营养状态,维持血浆胶体渗透压及有效循环血量,减少组织渗出和水肿。

（4）补充各种凝血因子和血小板　常用于大出血及凝血功能障碍（如血友病）的患者,可改善凝血功能,利于止血。

（5）补充抗体、补体等血液成分　常用于严重感染、烧伤及免疫力低下的患者,可增强机体免疫力和抵抗力。

（6）排除有害物质　当机体一氧化碳、苯酚等化学物质中毒时,血红蛋白携氧、运氧或释放氧气能力发生障碍,无法供给组织利用,为了改善组织器官的缺氧情况,可通过换血疗法将无法正常工作的红细胞置换出去。此外,换血法还可用于溶血性输血反应及重症新生儿溶血病;采用换血浆法可以排除血浆中的自身抗体。

（二）血液制品的种类

血液由血浆和血细胞两大部分组成,随着血液制备技术的发展,血液制剂种类也在不断增加。

1. 全血　全血是指血液在采集后未经任何加工处理而保存备用的血液。根据保存时间不同可将全血分为新鲜血和库存血两类。

（1）新鲜血　在 4 ℃ 环境下,保存 5 天以内的酸性枸橼酸盐葡萄糖全血或保存 10 天以内的枸橼酸盐葡萄糖全血均可作为新鲜血。它基本保留了血液中原有成分,适于血液病患者。

（2）库存血　在 2～6 ℃ 环境下,保存 2～3 周的全血,适用于各种原因引起的大出血。库存血中的有效成分会随着保存时间的延长而发生变化。随着保存时间延长,血液中红细胞、白细胞逐渐破坏,细胞内钾离子外排,使血浆钾离子浓度升高,葡萄糖分解,乳酸增高,造成 pH 值逐渐下降,血液的酸性增强。因此,大量输注库存血可造成酸中毒和高钾血症。

2. 成分血　成分血是指在一定的条件下,采用特定的方法将血液中各种有效成分分离提纯而制成的血液制剂。可根据病情的需要有针对性地进行补充成分血。成分血的优点较多,如纯度高、疗效好、副作用少、稳定性高、可一血多用等,成分血是临床上常用的输血类型。

（1）血浆　全血经分离后所得到的液体部分,主要成分为血浆蛋白,不含血细胞,无凝集原,常用于补充血容量、蛋白质和凝血因子。

①新鲜冰冻血浆:全血采集后 6～8 h 内离心分离出的血浆,于 −18 ℃ 以下的环境中保存,保存期为 1 年。适用于低血容量和低血浆蛋白的患者。使用前须在 37 ℃ 水中解冻,且在 24 h 内输入,以免纤维蛋白原析出。

②冰冻血浆:新鲜冰冻血浆保存超过 1 年后继续保存,或新鲜冰冻血浆分离出冷沉淀层,或超过保质期 5 天以内的全血分离出血浆后保存在 −18 ℃ 下的环境中,保质期 4 年。

（2）红细胞　可增加血液的携氧能力,用于贫血、失血较多的手术或疾病,也可用于心功能衰竭的患者补充红细胞,以避免心脏负荷过重。红细胞包括以下四种。

①浓缩红细胞（比容红细胞）:新鲜血经离心或沉淀去除血浆后的剩余部分,保存于 4 ℃ 环境中,浓缩红细胞比容为 0.65～0.80。适用于携氧功能缺陷和血容量正常的贫血患者,如一氧化碳中毒或长期慢性贫血的患者。

②洗涤红细胞:红细胞经生理盐水数次洗涤后,再加入适量生理盐水制成,多次洗涤后可以去除 99% 的血浆、90% 白细胞和大部分血小板,在 4 ℃ 环境下的保存时间应不超过 24 h。适用于器官移植术后患者或免疫性、溶血性贫血的患者。

③红细胞悬液:全血经分离提取血浆后的红细胞加入等量红细胞保养液制成。适用于战地急救及中、小手术者。

④去白细胞浓缩红细胞:全血或红细胞经去白细胞过滤器后所得的红细胞,在 2～6 ℃ 环境下保存。适用于因白细胞抗体或原因不明造成的输血发热反应,也可用于再生障碍性贫血、骨髓和器官移植等

患者。

（3）白细胞浓缩悬液　新鲜全血离心后提取白膜层的白细胞，于 4 ℃环境下保存，48 h 内有效。此外，还可以用血细胞分离机将新鲜全血分离单采后制成粒细胞浓缩悬液，20～24 ℃环境中保存，24 h 内有效。适用于粒细胞缺乏合并严重感染的患者。

（4）血小板浓缩悬液　新鲜全血经离心后所得，于 20～24 ℃环境下保存，存于普通采血袋 24 h 内有效，存于专用血小板储存袋可保存 5 天。适用于血小板减少或功能障碍性出血的患者。

3．其他血液制品

（1）白蛋白制剂　由血浆中提纯而得，可提高机体血浆蛋白水平和胶体渗透压。白蛋白溶液相当稳定，一般保存于 2～6 ℃环境中，保质期为 5 年，白蛋白浓度为 20%～25%，临床上常用的白蛋白制剂有每瓶 10 g 和每瓶 5 g 两种，用于治疗因各种原因引起的低蛋白血症的患者，如外伤、肝硬化、肾病及烧伤等。

（2）免疫球蛋白制剂　静脉注入免疫球蛋白可用于免疫抗体缺乏的患者，预防和治疗因病毒、细菌导致的感染性疾病。特异性免疫球蛋白是用相应抗原免疫后，从含有高效价的特异性抗体的血浆中提纯制备的，如抗风疹、抗牛痘、抗狂犬病、抗破伤风免疫球蛋白等。

（3）凝血因子制剂　可有针对性地补充某些缺乏的凝血因子，如冷沉淀凝血因子、凝血因子Ⅷ、凝血因子Ⅸ浓缩剂、凝血酶原复合物、纤维蛋白原等，用于因凝血因子缺乏造成的出血性疾病。

（三）静脉输血技术

1．血型及交叉配血试验

（1）血型与红细胞凝集　血型是指红细胞膜上特异性抗原的类型。红细胞凝集是指将血型不相容的两个人的血液滴在载玻片上并使其混合，则红细胞会凝集成簇的现象。凝集的红细胞在补体的作用下会破裂，造成溶血。该特异性抗原在凝血反应中起到抗原的作用，故又可称为凝集原，而那些能与凝集原起反应的特异性抗体被称为凝集素。当为患者输入与其血型不相容的血液时，其血管内即可发生红细胞凝集和溶血反应，严重时可危及患者的生命。

根据红细胞上所含的凝集原不同，可以将人的血型分为若干类型。目前已经发现的 25 种红细胞血型系统中，ABO 血型系统和 Rh 血型系统与临床关系最密切。

ABO 血型系统：根据人的红细胞内含有的 A、B 两种凝集原的类型不同，将人的血液分为 A、B、AB、O 四种类型，而不同血型的人血清中会有抗 A 凝集素或抗 B 凝集素。人体 ABO 血型系统具体构成见表 3-14-1。

表 3-14-1　ABO 血型系统

血型	红细胞膜上的抗原（凝集原）	血清中的抗体（凝集素）
A	A	抗 B
B	B	抗 A
AB	A、B	无
O	无	抗 A、抗 B

Rh 血型系统：人类红细胞内除了 A、B 抗原外，还含有 C、c、D、d、E、e 六种抗原，被称为 Rh 抗原或称 Rh 因子。其中 D 抗原的抗原性最强，故医学上通常将红细胞膜上含有 D 抗原者称为 Rh 阳性，反之为 Rh 阴性。在我国，塔塔尔族为 15.8%，苗族为 12.3%，布依族和乌孜别克族为 8.7%，汉族和其他大部分民族的 Rh 阴性者仅占 1% 左右。所以 Rh 血型的问题在上述部分少数民族居住的地区应受到特别重视。

（2）血型鉴定和交叉配血试验　为保证用血安全，在输血前必须在献血者与受血者之间进行血型鉴定和交叉配血试验。

①血型鉴定：ABO 血型鉴定通常是采用已知的抗 A、抗 B 血清来检测红细胞的抗原并确定血型（表 3-14-2），也可以采用正常人的 A 型和 B 型红细胞作为指示红细胞，检查血清中的抗体来确定血型。Rh

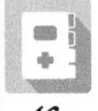

血型主要是用抗 D 血清来鉴定。

表 3-14-2 ABO 血型鉴定

血型	与抗 A 血清的反应(凝集)	抗 B 血清
A	+	−
B	−	+
AB	+	+
O	−	−

②交叉配血试验:包括直接交叉配血试验和间接交叉配血试验(表 3-14-3)。如果直接交叉和间接交叉试验结果均未发生凝集反应,则交叉配血试验结果为阴性,可进行输血。

表 3-14-3 交叉配血试验

人员	直接交叉配血试验	间接交叉配血试验
供血者	红细胞	血清
受血者	血清	红细胞

2. 静脉输血技术

(1)输血前准备

①输血前签署相关文件:护士在输血前应先取得患者和家属的理解,并征求患者和家属的同意,并签署"输血治疗同意书"后方可输入。

②备血:根据医嘱认真填写输血申请单,并抽取患者的静脉血标本 2 mL,将血标本及输血申请单一并送至血库做血型鉴定和交叉配血试验。注意:为避免发生混淆,严禁同时采集两个患者的血标本。

③取血:护士遵医嘱凭取血单到血库取血,并与血库人员共同完成"三查八对"。三查:查血液的有效期、血液的质量和血液的包装是否完好无损。八对:核对患者的姓名、住院号、床号、血型、血袋(瓶)号(储血号)、交叉配血试验结果、血液种类和血量。正常库存血的血液无变色、浑浊、凝血块、气泡等其他异常物质,且会明显地分为上、下两层,界线清楚,无红细胞溶解,其中:上层为半透明、浅黄色的血浆;下层为暗红色、均匀分布的血细胞。如果血浆与血细胞界线不清,血浆颜色变红或混浊,有泡沫,血细胞呈紫玫瑰色,则提示血液已经变质,不能使用。护士核对无误并在交叉配血试验单上签字后方可提血。

④取血后注意事项:血液取出后不可剧烈振荡,避免因红细胞破坏而发生溶血。库存血需在室温下放置 15～20 min 后再输注,不可加温,避免因血浆蛋白凝固变性而产生不良反应。

⑤输血前核对:需由两名护士再次核对,确定无误并检查血液质量后方可输入。

(2)输血技术 见实训 3-14-5。

实训 3-14-5 静脉输血技术

【目的】

同输血的目的。

【评估】

(1)患者的病情、治疗情况。

(2)患者的血型、输血史及过敏史。

(3)患者的心理状态及对输血相关知识的了解程度。

(4)患者穿刺部位皮肤、血管状况 根据病情、输血量、年龄选择静脉,并避开破损、发红、硬结、皮疹等部位的血管。一般采用四肢浅静脉,急症输血时多采用肘部静脉,周围循环衰竭时,可采用颈外静脉或锁骨下静脉。

【计划】

1. 操作者准备 洗手,戴口罩,着装整洁,向患者解释用血的目的及有关注意事项。

2. 患者准备 患者了解输血目的、方法、注意事项并能积极配合。

3. 用物准备

(1) 间接静脉输血法　同密闭式输液法,仅将一次性输液器换为一次性输血器(滴管内有滤网,可去除大的细胞碎屑和纤维蛋白等微粒,而血细胞、血浆等均能通过过滤网;静脉穿刺针头为 9 号针头)。

(2) 直接静脉输血法　同静脉注射,另备 50 mL 注射器及针头数个(根据输血量多少而定)、3.8%枸橼酸钠溶液、血压计袖带。

(3) 生理盐水、血液制品(根据医嘱准备)、一次性手套。

4. 环境准备　安静、整洁、光线充足。

【实施】

1. 操作步骤

操作步骤	要点说明
★间接输血法	
1. 准备　备齐输血用物和药液携至患者床旁,解释输血目的,操作方法以取得患者合作	
2. 查对　操作前由两个护士认真查对,无误方可操作	• 认真仔细进行"三查八对"
3. 建立静脉通道　按周围静脉输液技术进行操作,建立静脉通道,先输入少量生理盐水	• 输入血液前先输入少量生理盐水,冲洗输血器管道
4. 摇匀血液　将血袋从注射盘中取出,以手腕旋转动作,将血袋内血液轻轻摇匀	• 避免剧烈振动,防止红细胞破坏
5. 连接血袋　戴手套,打开储血袋封口,常规消毒储血袋上开口处塑料管(也可用安尔碘消毒)将生理盐水瓶上输血器针头拔出,插入上述已消毒血袋输血接口部位,缓慢将储血袋倒挂于输液架上	• 戴手套是为了医护人员自身的防护 • 输血袋若为双插头,则用锁扣锁住生理盐水通路(或用止血钳夹住生理盐水通路),打开另一输血通路开始输血
6. 操作后查对　核对患者姓名、床号、住院号、血瓶(袋)号、血型、交叉配血试验结果、血液种类、血量	• 防止差错事故的发生
7. 控制和调节滴速　开始输血滴入速度宜慢,观察 15 min,如无不良反应后,再根据年龄、病情调节滴速	• 开始滴速不超过 20 gtt/min,成人一般为 40~60 gtt/min,儿童酌减 • 及时发现输血故障和输血反应,做到早发现、早处置,避免意外
8. 操作后处理 (1) 安置卧位:撤去治疗巾,取出止血带和小垫枕,整理床单位,协助患者取舒适卧位 (2) 将呼叫器放于患者易取处 (3) 整理用物,洗手 (4) 记录	• 告知患者如有不适及时使用呼叫器通知护士 • 在输血卡上记录输血的时间、滴速、患者的全身及局部情况,并签全名
9. 续血时的处理　需要输入两袋以上血液时,应在上一袋血液滴尽时,输入生理盐水冲洗输血器,然后再按与第一袋血相同的方法连接血袋继续输血	• 两袋血之间用生理盐水冲洗是为了避免两袋血之间发生反应 • 若为双插头血袋,则用锁扣锁住输血通路(或用止血钳夹住输血通路),打开生理盐水通路开始滴入生理盐水
10. 输血完成后的处理 (1) 用上述方法继续滴入生理盐水,直到将输血器内的血液全部输入体内再拔针 (2) 输血袋及输血器的处理:输血完毕后,用剪刀将输血器针头剪下放入锐器收集盒中;将输血管道放入医用垃圾桶中;将输血袋送至输血科保留 24 h (3) 洗手、记录	• 最后滴入生理盐水是为了保证输血器内的血液全部输入体内,保证输血量的准确 • 避免针刺伤 • 以备患者在输血后发生输血反应时检查分析原因 • 记录的内容包括:输血时间、血量、血型、血袋号(储血号)、有无输血反应

续表

操作步骤	要点说明
★直接输血法 1.准备卧位 请供血者和患者分别卧于相邻的两张床上,露出各自供血或受血的一侧肢体	• 将供血者的血液抽出后立即输给患者的方法,适用于无库存血而患者又急需输血及婴幼儿的少量输血时
2.查对 认真核对供血者和患者的姓名、血型及交叉配血结果	• 方便操作 • 严格执行查对制度,避免差错事故
3.抽取抗凝剂 用备好的注射器抽取一定量的抗凝剂	• 避免抽出的血液凝固
4.抽、输血液 (1)将血压计袖带缠于供血者上臂并充气	• 一般 50 mL 血中需加入 3.8% 枸橼酸钠溶液 5 mL • 使静脉充盈,易于操作 • 压力维持在 13.3 kPa(100 mmHg)左右
(2)选择穿刺静脉,常规消毒皮肤	• 一般选择粗大静脉,常用肘正中静脉 • 抽血、输血液时需三人配合:一人抽血,一人传递,另一人输注,如此连续进行
(3)用加入抗凝剂的注射器抽取供血者的血液,然后立即行静脉注射将抽出的血液输给患者	• 从供血者血管内抽血时不可过急过快,并注意观察其面色、血压等变化,并询问有无不适 • 推注速度不可过快,随时观察患者的反应 • 连续抽血时,不必拔出针头,只需更换注射器,在抽血间期放松袖带,并用手指压迫穿刺部位前端静脉,以减少出血
5.输血完毕后的处理 输血完成后,拔出针头,用无菌纱布块按压穿刺点至无出血	
6.记录	• 记录输血时间、血量、血型,有无输血反应

2. 注意事项

(1)为避免差错事故发生,在取血和用血过程中,要严格执行无菌操作及查对制度。在输血前,一定由两名护士再次进行查对。

(2)为防止不良反应发生,输血前后及两袋血之间需要输入少量生理盐水。

(3)为防止血液凝集或溶解,切不可向血液内随意加入其他药品,如钙剂、高渗或低渗液体、酸性及碱性药品等。

(4)一定要加强输血过程中的巡视,观察并询问患者有无不适。一旦出现输血反应,应立刻停止输血,并积极进行处理(详见输血反应及护理)。

(5)严格掌握输血速度,特别是对年老体弱、严重贫血、心肺疾病患者滴速宜慢。

(6)输完的血袋应送回输血科保留 24 h,以备患者在输血后发生输血反应时检查分析原因。

(7)对急症输血或大量输血的患者可进行加压输血。加压输血时,护士应在床旁守护,当输血完成时及时拔针,以免发生空气栓塞。

3. 健康教育

(1)告知患者输血速度调节的依据,请患者切勿擅自调节滴速。

(2)告知患者常见输血反应的症状和防治方法,一旦出现不适症状,应及时按床旁呼叫器。

(3)告知患者输血的适应证和禁忌证。

(4)告知患者有关血型及交叉配血试验的知识和意义。

【评价】

(1)患者理解输血目的,有安全感,愿意接受。

(2)正确执行无菌操作和查对制度,操作规范,静脉穿刺一次成功。输血部位无渗出、肿胀,未发生

感染及其他输血反应。

（3）输血过程中无血制品浪费现象。

知识链接

自 体 输 血

自体输血是指术前采集患者体内血液或手术中收集自体失血,经过洗涤、加工,在术后或需要时再输回给患者本人的方法。自体输血是最安全的输血方法。

1. 优点

（1）无需做血型鉴定和交叉配合试验,不会产生溶血、发热和过敏反应。

（2）节省血源。

（3）避免经血液传播的疾病,如肝炎、梅毒、艾滋病等。

2. 适应证与禁忌证

（1）适应证:①胸、腹腔内出血,如脾破裂、异位妊娠破裂出血者;②预计出血量在 1000 mL以上的大手术,如肝叶切除术;③一般术后 6 h 内的引流血液可用于术后回输;④体外循环或深低温下进行心内直视手术;⑤患者血型特殊,难以找到供血者时。

（2）禁忌证:①胸、腹腔开放性损伤达 4 h 以上者;②凝血因子缺乏者;③合并心脏病、阻塞性肺疾病或原有贫血的患者;④血液于术中受胃肠道内容物污染;⑤血液可疑受癌细胞污染者;⑥有菌血症和脓毒血症者。

3. 自体输血　常见以下三种形式。

（1）术前自体血预存法:指在术前采集患者的血液,并将其储存,待手术或需要时再回输给患者。用于符合条件、身体状况良好的择期手术的患者。一般在术前 3～5 周开始,每周或隔周采血一次,截止于术前 3 天,以利于机体有效应对因采血引起的失血,利于血浆蛋白恢复正常水平。

（2）术前血液稀释法:于手术当日,手术开始前采集患者的血液,同时自静脉输入等量的晶体或胶体溶液,以保持患者的血容量不变,使血液中的红细胞压积降低,血液处于稀释状态,减少术中红细胞的损失。用于预计术中出血量较多的大手术患者,在术中或术后将所采集的血液回输给患者。

（3）术中失血回输法:应用自体输血装置收集手术中失血、体腔内积血及术后引流的血液,经抗凝和过滤处理后再回输给患者。多用于胸腹腔内大出血,如脾破裂、输卵管破裂等,血液流入腹腔 6 h 内无污染或无凝血者。自体失血回输血液的总量应控制在 3500 mL 以内,且大量回输自体失血时,应适当进行新鲜血浆和血小板的补充。

（四）常见输血反应与护理

输血是一项具有一定危险性的治疗措施,可能会出现一些输血反应,重者可能会危及生命。为了保证患者用血安全,护士在为患者输血过程中,必须严密观察患者病情,及时发现并积极采取有效的措施处理各种输血反应。

1. 发热反应　发热反应是最常见的一种输血反应。

（1）原因　①输入致热物质引起,如血液、保养液或输血用具被致热物质污染。②在多次输血后,患者血液中产生白细胞和血小板抗体,当再次输血时,受血者体内产生的抗体与供血者的白细胞和血小板发生免疫反应,引起发热。③未严格执行无菌操作原则造成污染。

（2）临床表现　多发生于输血过程中或者输血后 1～2 h 内。患者出现发冷、寒战,继之高热,体温升高可达 38～41 ℃,有的患者还可伴有全身症状,如头痛、恶心、呕吐、肌肉酸痛等,一般不伴有血压下降。发热持续时间不等,轻者持续 1～2 h 可自行缓解,体温可逐渐降至正常。

（3）预防　严格管理血液保养液和输血用具,有效预防致热原,输血过程中严格执行无菌操作原

则,防止污染。

(4)处理 ①反应轻者可减慢输血速度,症状自行缓解;②反应重者应立即停止血液输入,及时通知医生,严密观察患者生命体征变化,并及时给予对症处理,如发冷者注意保暖、高热者给予物理降温;③按医嘱给予解热镇痛或抗过敏药物,如异丙嗪或肾上腺皮质激素等;④保留余血、储血袋及输血器一并送检,以查明原因。

2. 过敏反应

(1)原因 ①患者呈过敏体质,输入血液中的异体蛋白质与患者体内的蛋白质结合形成全抗原而致敏。②供血者的血液中含有致敏物质,如供血者在采血前摄入了可致敏的食物或药物。③因多次接受输血患者产生过敏性抗体,当再次输血时,抗原、抗体相互作用发生过敏反应。④供血者血液中存在的变态反应性抗体随血液传给受血者,致使受血者在一定条件下易致敏。

(2)临床表现 过敏反应多发生于输血后期或即将结束时,其严重程度通常与症状出现的早晚有关,症状出现越早,反应越重。轻者出现皮肤瘙痒,局部或全身出现荨麻疹。中度过敏者多表现为颜面部血管神经性水肿,如眼睑、口唇高度水肿;也可发生喉头水肿,表现为呼吸困难,两肺可闻及哮鸣音,严重者可发生过敏性休克。

(3)预防 ①严格进行血液和血制品管理;②献血人员应无过敏史的,且于采血前 4 h 内不宜摄入高蛋白质和高脂肪食物,可食用少量清淡的食物或糖水,以避免血液中含有过敏物质;③对有过敏史的受血者,输血前遵医嘱应用抗过敏药物。

(4)处理 ①轻者减慢输血速度,遵医嘱应用抗过敏药物如异丙嗪、苯海拉明或地塞米松,以缓解过敏症状;②中、重度过敏者,需立即停止输血,及时通知医生,并根据医嘱皮下注射 1∶1000 肾上腺素 0.5~1 mL 或静脉滴注抗过敏药物,如氢化可的松或地塞米松等;③为呼吸困难的患者吸氧,若出现严重喉头水肿时可配合完成气管插管或切开手术;④循环衰竭者给予抗休克治疗;⑤严密监测患者生命体征的变化。

3. 溶血反应 受血者或供血者的红细胞发生异常破坏或溶解,而使大量血红蛋白散布到血浆中导致机体引起的一系列临床症状,是一种最严重的输血反应。

(1)原因 ①输入异型血:供血者的血型与受血者血型不符而造成血管内溶血,溶血反应发生快,一般在输入 10~15 mL 血液时,即可出现症状,并产生严重后果。②输入变质血:输血前因血液储存不当,被剧烈震荡或被细菌污染等,导致红细胞被破坏发生溶解。

(2)临床表现 轻者症状与发热反应相似,重者则在输入 10~15 mL 血液时即可出现溶血症状,死亡率高。通常将溶血反应的临床表现分为以下三个阶段。

①开始阶段:供血者血液中的红细胞表面上的凝集原与受血者血清中的凝集素发生凝集反应,使红细胞凝集成团,部分小血管被阻塞。患者出现头部胀痛、面部潮红、胸闷、恶心、呕吐、四肢麻木、腰背剧烈疼痛等。

②中间阶段:凝集成团的红细胞发生溶解,使大量血红蛋白释放到血浆中,患者出现黄疸和血红蛋白尿(尿呈酱油色),并伴有寒战、发热、呼吸困难、发绀和血压下降等。

③最后阶段:在大量血红蛋白由血浆进入肾小管,遇酸性物质后形成结晶,阻塞肾小管的同时,因抗原、抗体的相互作用,又可造成肾小管内皮缺血、缺氧而坏死脱落,由此进一步加重肾小管阻塞,引发急性肾衰竭,表现为少尿或无尿,管型尿及蛋白尿,高血钾症、酸中毒,严重者可致患者死亡。

(3)预防 输血前严格执行查对制度,不使用变质血液,避免差错事件发生,并认真做好血型鉴定和交叉配血试验。

(4)处理 一旦发现患者出现输血反应,应及时进行以下处理。①立即停止输血,并告知医生。②为患者吸氧,建立静脉通路,并遵医嘱应用升压药或其他药物治疗。③将剩余血液,患者血、尿标本送化验室进行检验。④实施双侧腰部封闭,可用热水袋热敷双侧肾区,以解除肾小管痉挛,保护肾脏。⑤碱化尿液:静脉注射碳酸氢钠,以增加血红蛋白在尿液中的溶解度,减少沉淀,避免阻塞肾小管。⑥严密观察生命体征及尿量,留置导尿管,监测每小时尿量,并做好记录。若患者发生肾衰竭,应行腹膜透析或血

液透析治疗。⑦若患者出现休克症状,应进行抗休克治疗。⑧心理护理:及时安慰患者,以消除其紧张、恐惧的心理。

4. 与大量输血有关的反应 大量输血一般是指在 24 h 内紧急输血量相当于或大于患者的总血容量。常见的与大量输血有关的反应包括循环负荷过重的反应、出血倾向及枸橼酸钠中毒等。

(1) 循环负荷过重 即肺水肿,其原因、临床表现和护理与静脉输液反应相同。

(2) 出血倾向 ①原因:由于库存血中的血小板被破坏较多,所以长期反复输血或超过患者原血液总量的输血,会使凝血因子减少而引起出血。②临床表现:患者的皮肤、黏膜出现淤点或淤斑,穿刺部位可见大块淤血,牙龈出血或手术伤口渗血等。③护理:如果患者需要在短时间内输入大量库存血,应密切观察患者意识、生命体征等变化,注意观察患者皮肤、黏膜或手术伤口有无出血或淤点、淤斑;严格掌握输血总量,每输入 3～5 个单位的库存血,应补充 1 个单位的新鲜血;根据凝血因子缺乏情况补充相应成分血。

(3) 枸橼酸钠中毒 ①原因:大量输血使大量枸橼酸钠进入体内,如果患者的肝功能受损,体内的枸橼酸钠则不能完全氧化和排出,进而与血液中的游离钙结合,导致血钙浓度降低。②临床表现:患者表现为手足抽搐、心率缓慢、血压下降、有出血倾向。心电图出现 Q-T 间期延长,甚至心搏骤停。③护理:常规每输入库存血 1000 mL,须遵医嘱静脉注射 10%葡萄糖酸钙 10 mL,以补充钙离子,预防低血钙的发生。输血过程中,严密观察患者反应。

5. 输血相关传染病 在已知的通过输血传播的 10 余种疾病与感染中,艾滋病、乙型肝炎和丙型肝炎是最严重的。在输血相关传染病的预防和控制中,采供血机构与医疗机构的标准化工作和规范化管理起着至关重要的作用。综合预防策略:提倡无偿献血、自体输血和成分输血;对血液制品及成分血进行病毒灭活;严格进行血液筛查,加强消毒隔离,做好职业防护。

6. 其他反应 空气栓塞、细菌污染等反应,所以应严格管理采血、储血和用血的各个环节,是预防输血反应的关键措施。

知识链接

输血反应和意外的检测与报告

(一) 监测与报告的意义

输血反应和意外的监测与报告是一个连续、规范化的数据收集和分析系统,贯穿于采血到输血的全过程,具有十分重要的意义。

(1) 可以及时发现严重输血反应和意外,多科室合作制定相应的措施和治疗方案,使受血者的损伤减小到最低程度。

(2) 有助于提高采供血机构和用血医院的安全输血水平:对于严重的输血反应和意外应及时测报,由医院输血管理委员会组织召开输血评估会(或鉴定会),输血科负责人和有关临床科室参加,并将评估(鉴定)意见转报采供血机构。医院和采供血机构应进行内部质量评估,排除一切可能引发严重输血反应和意外的因素。

(3) 为制定政策、法规提供决策信息:测报制度有助于收集输血后肝炎等输血传染病的发生率数据,从而客观了解和分析输血传染病的流行病学状况,为政策、法规的制定提供依据。

(4) 有助于输血新技术、新制品的研究和推广:针对输血反应和意外,一些先进的输血技术和新型制品已用于临床,如成分输血、去白细胞过滤血液、经病毒灭活血浆、经 γ 射线照射的血液等。输血传染病和意外的测报、统计工作为比较性研究和新技术及新产品推广和运用提供了客观的依据。

(二) 监测与报告的工作程序

(1) 填写"输血反应记录单":医院输血科(血库)在发血的同时,附带发放"输血反应记录单"(表 3-14-3,表 3-14-4),由输血科(血库)人员、医生和护士共同填写。患者在接受输血治疗

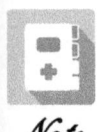

以及输血后一段时间内,护士应密切观察患者情况。若出现严重输血反应症状,如短时间内体温急剧升高、过敏反应、输血后紫癜、休克、全身出血、血红蛋白尿、少尿或无尿等,应立即停止输血和(或)给予药物治疗,并重新校对用血申请单、血袋的标签等,医生和护士共同填写"输血反应记录单",并抽取患者血样 5 mL(1 mL 用 EDTA 抗凝,4 mL 不抗凝),连同血袋一起送回输血科(血库)。严重输血反应应记录在受血者的病程记录中。

(2)输血科(血库)收到"输血反应记录单"后,应对患者血样和输注的血液进行鉴定和检测,查明原因。对需要继续输血的患者,在排除引起输血反应的原因后,选用相配血液输注(如经不规则抗体筛选、白细胞抗体的交叉配血试验等的血液),或选用特殊制备的血液成分(如去白细胞血液成分、洗涤红细胞、照射血液等),也可将患者输血前、后的血样及血袋一起送交采供血机构做进一步检测。

(3)如果患者在接受输血治疗一段时间内出现输血传染病症状,如病毒性肝炎、艾滋病、梅毒等,除向辖区疾病控制中心报告外,还应向供血机构书面报告。

表 3-14-3 输血反应记录单(正面)

No.				血型			
医院		患者姓名			年龄		性别
科别		病区		床号		住院号	诊断
血液种类:全血、红细胞、血浆、白细胞、血小板、其他( )数量:							
献血者姓名(或条形码)					编号		血型
如果有输液反应发生,请血库人员将患者输血前、后血样及血装起送回供血单位的血型参比实验室。							
填卡人:			年	月		日	

表 3-14-4 输血反应记录单(反面)

输血开始发生反应时间					输入量		
脉搏		次/分		血压	/	kPa(mmHg)	
科别		病区		床号	住院号	诊断	
( )发热(指输血后比输血前升高 1 ℃)					( )输血处痛、发红		
( )出汗	( )头晕、头痛		( )面部潮红、发绀		( )恶心、呕吐		
( )皮疹	( )面色苍白		( )荨麻疹		( )胸闷、心悸		
( )气急	( )伤口渗血		( )血红蛋白尿		( )紫癜		
( )出血	( )腰背酸痛		( )尿少尿闭		( )黄疸		
( )昏迷	( )其他						
如果发生严重的输血反应,应立即停止输血,抽取患者血样 5 mL(1 mL 用 EDTA 抗凝,4 mL 不抗凝),连同血袋一起送回输血科(血库)。							
填卡人			年	月		日	

直通护考

一、A1/A2 型题

1. 为了给患者补充热量,输液时应选用( )。

A. 各种代血浆　　　　　　　　B. 0.9% 氯化钠　　　　　　　　C. 5% 碳酸氢钠

D. 5%~10% 葡萄糖溶液　　　　　　　　E. 50% 葡萄糖注射液

2. 为了改善患者的微循环,应选用的溶液是(　　)。

A. 5% 葡萄糖溶液　　　　　　　B. 0.9% 氯化钠溶液　　　　　　　C. 低分子右旋糖酐

D. 10% 葡萄糖溶液　　　　　　　E. 5% 碳酸氢钠

3. 下列哪项不是输液的目的?(　　)

A. 纠正水电解质失衡　　　　　　B. 增加血容量　　　　　　　C. 输入药物

D. 供给各种凝血因子　　　　　　E. 利尿消肿

4. 以下有关输液的叙述,不正确的是(　　)。

A. 需长期输液者,一般从远端静脉开始　　　　　B. 需大量输液时,一般选用较大静脉

C. 连续 24 h 输液时,应每 12 h 更换输液管　　　D. 输入多巴胺应调节较慢的滴速

E. 颈外静脉穿刺拔管后在穿刺点加压数分钟,避免出血

5. 患者,女,36 岁,因支原体肺炎入院,给予红霉素静脉输液。用药 3 天后,注射部位沿静脉走向出现条索状红线,伴红肿、热、痛。该患者上述表现与下列哪项因素有关?(　　)

A. 输入的药物制品不纯　　　　　　　　B. 短时间内输入大量的液体

C. 输入高浓度刺激性强的药物　　　　　D. 输入致热物质

E. 输入致敏物质

6. 护士巡视病房,发现患者静脉输液的溶液不滴,挤压时感觉输液管有阻力,松手时无回血,此种情况是(　　)。

A. 输液压力过低　　　　　　　B. 针头滑出血管外　　　　　　　C. 静脉痉挛

D. 针头斜面紧贴血管壁　　　　E. 针头阻塞

7. 患者,男,40 岁,因食管静脉曲张破裂出血,表现为心悸、呼吸急促、出冷汗、烦躁不安,医嘱给予输血。该治疗有利于(　　)。

A. 改善血液循环,提高血压　　　　B. 纠正贫血　　　　　　　C. 止血

D. 减轻组织渗出水肿　　　　　　　E. 维持胶体渗透压

8. 患者,男,20 岁,全身水肿,倦怠,意识清楚,尿蛋白(++++),血肌酐 88.4 μmo/L,给予环磷酰胺 200 mg 稀释后静脉输液。护士应特别注意(　　)。

A. 药液不要溢出血管外　　　　　B. 输入药液速度宜慢　　　　　C. 化疗药物不宜避光

D. 有无出血倾向　　　　　　　　E. 有无荨麻疹发生

9. 患者,女,28 岁,因异位妊娠破裂后大量输血而出现手足抽搐、血压下降,诊断为枸橼酸钠中毒。此时可静脉注射(　　)。

A. 10% 葡萄糖酸钙 10 mL　　　　B. 4% 碳酸氢钠 10 mL　　　　C. 0.9% 氯化钠 10 mL

D. 盐酸肾上腺素 2 mL　　　　　　E. 地塞米松 5 mg

10. 患者,女,28 岁,因异位妊娠破裂后急需输入 400 mL 血液,每输完 200 mL 血液,再换另一袋之前应滴注(　　)。

A. 5% 葡萄糖　　　　　　　　　B. 0.9% 生理盐水　　　　　　　C. 5% 葡萄糖盐水

D. 复方氯化钠　　　　　　　　　E. 平衡液

二、A3/A4 型题

(11~13 题共用题干)

患者,男,67 岁。因冠心病入院;在静脉输液过程中出现腹泻、呼吸困难、咳嗽、咳粉红色泡沫痰。

11. 该患者发生了(　　)。

A. 发热反应　　B. 急性肺水肿　　C. 静脉炎　　　D. 空气栓塞　　　E. 过敏反应

12. 此时,护士应为患者采取的卧位是(　　)。

A. 去枕仰卧位　　　　　　　　　B. 左侧卧位　　　　　　　C. 端坐位,两腿下垂

D. 休克卧位　　　　　　　　　　E. 头低足高位

13. 给氧时护士应选择的吸氧流量为（　　）。

A. 1～2 L/min　　　C. 5～6 L/min　　　B. 3～4 L/min　　　D. 6～8 L/min　　　E. 9～10 L/min

（14～15 题共用题干）

患者,女,36 岁。急性淋巴细胞白血病。医嘱浓缩红细胞和血小板输注。在首先输注浓缩红细胞过程中患者出现全身皮肤瘙痒伴颈部、前胸出现荨麻疹。

14. 首先考虑该患者发生了（　　）。

A. 发热反应　　　B. 溶血反应　　　C. 过敏反应　　　D. 超敏反应　　　E. 急性肺水肿

15. 针对上述患者发生的情况,护士应该首先采取的处理是（　　）。

A. 密切观察体温,局部涂沫止痒药膏

B. 减慢输血速度并按医嘱给予抗过敏药等

C. 停止输注浓缩红细胞并保留血袋、余血及输血器送检

D. 停止输注浓缩红细胞并重新采集血标本进行交叉配血

E. 停止输注浓缩红细胞并待患者情况好转后重新输血

（锦州医科大学　郑丹丹）

参考答案

在线答题

任务十五　冷、热疗技术

护考提示

1. 冷、热疗技术的概念。

2. 影响冷、热疗技术的因素。

3. 冷、热疗技术的禁忌证。

4. 冷、热疗技术操作的目的和注意事项。

学习目标

1. 知识目标:熟悉冷、热法的生理效应和继发效应;熟悉影响冷热疗法效果的因素;熟悉冷热疗法的目的;掌握冷热疗法的禁忌证。

2. 能力目标:能运用所学知识,正确选择冷热疗法;掌握并实施冷热疗法,操作规范。

3. 素质目标:服装鞋帽整洁、仪表大方,举止端庄。语言柔和,恰当,态度和蔼可亲。

案例引导

患者,女,33 岁,因"肺炎链球菌肺炎"收入院,住院期间患者面色潮红灼热,呼吸急促,BP 133/88 mmHg,R 28 次/分,P 132 次/分,T 39.9 ℃,值班的护士为患者行乙醇擦浴。

如果你是住院护士,请问:①乙醇擦浴的目的是什么? ②为该患者擦浴时为什么要在头部放置冰袋和足部放置热水袋? ③擦浴过程中在哪些部位应适当延长擦拭时间? 哪些部位禁忌擦拭?

冷、热疗技术是临床上常用的物理治疗方法。冷和热对人体是一种温度刺激,通过用冷或热作用于人体的局部或全身,可借助于神经末梢的传导,引起皮肤和内脏器官的血管收缩或扩张,改变机体各系

PPT 课件

案例解析

情境训练

Note

统的体液循环和新陈代谢等活动,以达到止血、镇痛、消炎、降温、增进舒适和减轻症状的作用。作为冷、热疗技术的实施者,护士应及时、有效地评估患者局部或全身情况,了解冷、热疗技术的效应,掌握正确的使用方法,观察患者的反应,并对治疗效果进行及时评价,以达到促进疗效、减少损伤发生的目的。冷、热疗技术的应用使机体产生不同的生理效应(表 3-15-1)。

表 3-15-1　冷、热疗技术的生理效应

生理指标	生理效应	
	热疗	冷疗
血管扩张或收缩	扩张	收缩
细胞代谢率	增加	减少
需氧量	增加	减少
毛细血管通透性	增加	减少
血液黏稠度	降低	增加
血液流动速度	增快	减慢
淋巴流动速度	增快	减慢
结缔组织伸展性	增强	减弱
神经传导速度	增快	减慢
体温	上升	下降
关节腔滑液黏稠	增加	降低

冷疗或热疗超过一定时间,产生的与生理效应相反的作用,这种现象称为继发效应。如热疗可使血管扩张,但持续 30~45 min 后,则血管收缩;同样持续冷疗 30~60 min 后,则血管扩张,这是机体避免长时间用冷或用热造成的对组织的损伤而引起的防御反应。因此,应用冷、热疗技术需要注意在适当的时间范围内,以 20~30 min 为宜,如需反复使用,中间需间隔 1 h,让组织有一个复原的过程,防止产生继发效应而抵消生理效应。

一、冷疗技术

冷疗技术是利用低于人体温度的物质,作用于机体的局部或全身,以达到止血、止痛、消炎和退热的治疗方法。

（一）冷疗的作用

1. 减轻局部充血或出血　冷疗可使毛细血管收缩,毛细血管通透性降低,减轻局部充血、出血;同时冷疗还可以使血流减慢,血液的黏稠度增加,有利于血液凝固而控制出血。常用于扁桃体手术后,牙科术后、鼻衄、头部外伤及局部软组织损伤的初期。

2. 减轻组织肿胀和疼痛　冷疗可抑制细胞活动,减慢神经冲动的传导,使神经末梢敏感性降低而减轻疼痛。由于充血压迫神经末梢而致疼痛者,也可因冷疗使血管收缩、毛细血管通透性降低,渗出减少从而减轻由于组织肿胀压迫神经末梢所引起的疼痛。临床上常用于牙痛、烫伤、急性损伤初期和外科小手术的局部麻醉。

3. 控制炎症扩散　冷疗可使局部血管收缩,减少局部血流,使细胞代谢降低,同时也降低了细菌的活力,从而限制了炎症和化脓的扩散。适用于炎症早期。

4. 降低体温　冷疗直接作用于皮肤大血管处,通过传导与蒸发的物理作用,可将体内的热传导散发于体外。全身冷疗后,先是毛细血管收缩继而皮肤血管扩张,增加散热,来降低体温。临床上常用于高热、中暑患者。对脑外伤、脑缺氧患者,利用局部或全身降温,减少脑细胞需氧量,有利于脑细胞的康复。

（二）影响冷疗的因素

1. 方式　冷疗方式可分为干法和湿法,同等温度条件下湿法比干法效果好,所以干法的温度应比

湿法低一些,才能达到治疗效果。

2. 部位 因皮肤的厚薄不同,不同部位的冷疗,效果也不同,一般皮肤较薄的部位对冷更为敏感。另外,冷疗效果还受血液循环情况的影响,例如,在颈部、腋下、腹股沟等体表较大的血管流经处置冷,因血液循环良好,冷疗效果更好。

3. 面积 冷疗的效果与冷疗面积大小成正比,冷疗面积大则反应强,冷疗面积小则反应弱。但需要注意的是,冷疗面积越大,机体的耐受性越差,越易引起全身反应。

4. 时间 冷疗的效应需要一定的时间才能产生,并随着时间的延长而增强,一般用冷时间为 15～30 min。时间过长会引起继发性效应,不但抵消治疗效果,还可导致不良反应、出现冻伤等,甚至造成组织细胞死亡。

5. 温度差 冷疗的温度与体表皮肤的温度相差越大,机体对冷刺激的反应越强,反之则越弱;另外,环境温度也会影响冷疗效果,若在冷环境中用冷疗,冷效应会增强。

6. 个体差异 患者机体状况、精神状态、年龄及性别不同,对冷疗的耐受力不同,反应也不相同。如:年老患者,因感觉功能减退,对冷疗刺激反应比较迟钝;婴幼儿因体温调节中枢未发育完善,对冷疗耐受性较低;女性患者对冷的感受较男性敏感等。

（三）冷疗的禁忌证

1. 血液循环障碍 大面积组织受损、全身微循环障碍、休克、周围血管病变、动脉硬化、糖尿病、神经病变、水肿等患者,因循环不良,组织营养不足,若使用冷疗,会进一步使血管收缩,加重血液循环障碍,导致局部组织缺血缺氧而变性坏死。

2. 慢性炎症或深部有化脓病灶 冷疗可使局部血流量减少,妨碍炎症的吸收。

3. 组织损伤、破裂或有开放性伤口处 冷疗可降低血液循环,增加组织损伤,且影响伤口愈合,尤其是大范围组织损伤,应禁止用冷。

4. 对冷过敏者 对冷过敏者使用冷疗可出现红斑、荨麻疹、关节疼痛、肌肉痉挛等过敏症状。

5. 其他 如昏迷、感觉异常、年老体弱者、婴幼儿、关节疼痛、心脏病、哺乳期产妇胀奶等应慎用冷疗法。

6. 冷疗的禁忌部位

（1）枕后、耳廓、阴囊忌用冷疗法,以防冻伤。

（2）心前区忌冷,以防反射性心率减慢、心房、心室纤颤及传导阻滞。

（3）腹部忌冷,以防腹泻。

（4）足底忌冷,以防反射性末梢血管收缩,影响散热或引起一过性的冠状动脉收缩。

（四）冷疗技术

1. 局部冷疗技术 见实训 3-15-1、实训 3-15-2、实训 3-15-3。

实训 3-15-1 冰袋、冰囊的使用

【目的】

降温、止血、镇痛、消炎。

【评估】

（1）患者的年龄、病情、治疗情况等。

（2）患者意识状态及活动能力等。

（3）患者的体温、局部皮肤状况等。

【计划】

1. 操作者准备 着装整洁,修剪指甲,洗手,戴口罩,向患者解释冰袋、冰囊使用的目的及有关注意事项。

2. 用物准备 冰袋或冰囊（图 3-15-1）、布套、毛巾、冰块、脸盆及冷水、勺、手消毒液。

3. 患者准备 患者理解冰袋或冰囊的使用目的,了解降温相关知识并能积极配合。

4. 环境准备 室温适宜、酌情关闭门窗、避免对流风直吹。

【实施】

1. 操作步骤

操作步骤	要点说明
1. 准备冰袋	
(1) 备冰:将小冰块放入盆内用冷水冲去棱角	• 避免棱角引起患者不适及损坏冰袋
(2) 装袋:将冰块装袋至 2/3 满	• 便于冰袋与皮肤接触
(3) 排气:排出冰袋内空气并夹紧袋口	• 空气可加速冰的融化,且无法与皮肤完全接触,影响治疗效果
(4) 检查:用毛巾擦干冰袋、倒提,检查	• 检查冰袋有无破损、漏水
(5) 加套:将冰袋装入布套	• 避免冰袋与患者皮肤直接接触,也可吸收冷凝水气
2. 核对 携用物至患者床旁,核对患者床号、姓名、腕带	• 确认患者
3. 放置位置 ★高热降温置冰袋于前额、头顶部和体表大血管流经处(颈部两侧、腋窝、腹股沟等);扁桃体摘除术后将冰囊置于颈前颌下(图 3-15-2)	• 放置前额时,应将冰袋悬吊在支架上,以减轻局部压力,但冰袋必须与前额皮肤接触(图 3-15-3)
4. 放置时间 ★不超过 30 min	• 以防产生继发效应
5. 观察 效果与反应	• 当局部皮肤出现发紫、麻木感时,停止使用
6. 操作后处理 撤去治疗用物,协助患者取舒适体位,整理床单位,对用物进行处理	• 冰袋内冰水倒空,倒挂晾干,吹入少量空气,夹紧袋口备用;布袋送洗
7. 洗手、记录 记录用冷的部位、时间、效果、反应	• 便于评价

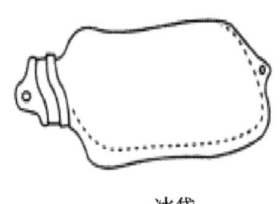 

冰袋   冰囊

图 3-15-1 冰袋、冰囊

 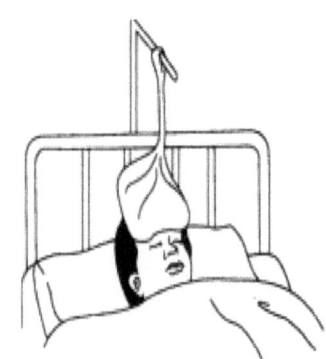

图 3-15-2 颈部冷敷   图 3-15-3 冰袋使用法

2. 注意事项

(1) 随时观察、检查冰袋有无漏水,是否夹紧。冰块融化后及时更换,保持布袋干燥。

(2) 观察冷疗部位情况,皮肤色泽,若出现皮肤苍白、青紫、麻木感等需立即停止用冷,防止冻伤。倾听患者主诉,有异常立即停止冷疗。

(3) 冰袋使用后 30 min 需测量体温,当体温降至 39 ℃ 以下时,应取下冰袋,并在体温单上做好记录。

3. 健康教育 向患者介绍冰袋、冰囊使用的有关知识,使其主动配合治疗,以提高降温疗效和减少不良反应。

（1）对患者进行冰袋、冰囊的材质说明，根据不同材质使用方法或要求有可能不同。

（2）放置冰袋、冰囊的位置不要随意移动，以免影响降温治疗效果。

（3）使用冰袋、冰囊的时间不宜超过 30 min，让患者了解不是时间越长越好，避免不良反应发生。

【评价】

（1）冰袋完整、无漏水，布套干燥。

（2）患者舒适，无损伤发生，达到冷疗目的。

实训 3-15-2　冰帽、冰槽的使用

【目的】

头部降温，预防脑水肿。

【评估】

（1）患者的年龄、病情、治疗情况等。

（2）患者能否自理，包括意识状态及活动能力等。

（3）患者体温情况、心理状态和合作程度。

（4）患者是否具备冰帽、冰槽使用的相关知识。

【计划】

1. 操作者准备　着装整洁，修剪指甲，洗手，戴口罩，熟悉冰帽或冰槽的用法，向患者解释其目的及有关注意事项。

2. 用物准备　治疗车、冰帽或冰槽（图 3-15-4）、冰块、脸盆及冷水水桶、肛表、手消毒液、医疗垃圾桶，若使用冰槽降温还需准备不脱脂棉球及凡士林纱布。

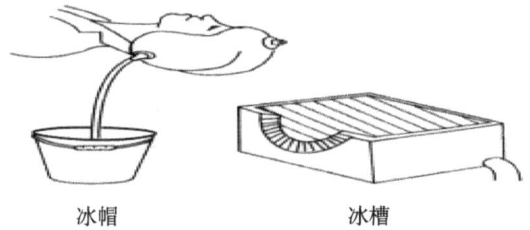

冰帽　　　　　　　　冰槽

图 3-15-4　冰帽、冰槽

3. 患者准备　患者了解冰帽、冰槽的使用目的，了解其相关知识并能积极配合。

4. 环境准备　室温适宜、酌情关闭门窗、避免对流风直吹患者。

【实施】

1. 操作步骤

操作步骤	要点说明
1. 核对　携用物至患者床旁，核对患者床号、姓名	• 确认患者
2. 备冰　同冰袋法	
3. 降温	
（1）★冰帽降温：头部置冰帽中，后颈部、双耳廓垫海绵；排水管放水桶内	• 防止枕后、外耳冻伤
（2）★冰槽降温：头部置冰槽中，双耳塞不脱脂棉球，双眼覆盖凡士林纱布	• 防止冰水流入耳内，保护角膜
4. 观察　效果与反应	• 维持肛温在 33 ℃左右，不可低于 30 ℃，以防心室纤颤等并发症出现
5. 操作后处理　撤去治疗用物，协助患者取舒适体位，整理床单位，对用物进行处理	• 冰帽：处理方法同冰袋 • 冰槽：将冰水倒空后以备用
6. 洗手、记录　记录冷疗的部位、时间、效果、反应	• 便于评价

Note

2. 注意事项

(1) 随时观察、检查冰帽有无破损、漏水,冰帽或冰槽内的冰块融化后应及时更换或添加。

(2) 观察冷疗部位情况,皮肤色泽,防止冻伤。注意监测肛温,肛温不得低于 30 ℃。

(3) 冷疗时间不得超过 30 min,以防产生继发效应。

3. 健康教育　向患者介绍冰帽、冰槽使用的有关知识,使其主动配合治疗,以提高降温疗效和减少不良反应。

(1) 患者进行冰帽降温时,后颈部和双耳廓部要垫海绵以免冻伤。

(2) 患者进行冰槽降温时,双耳塞不脱脂棉球,双眼覆盖凡士林纱布,防止冰水流入耳内,保护角膜。

【评价】

(1) 操作方法正确,患者未发生不良反应。

(2) 患者感觉舒适,安全。

实训 3-15-3　冷湿敷法

【目的】

止血、止痛、消炎、消肿。

【评估】

(1) 患者的年龄、病情、治疗情况、用药史等。

(2) 患者能否自理、意识状态及活动能力等。

(3) 患者体温情况、局部皮肤状况和合作程度等。

(4) 患者是否具备冷湿敷法的有关知识。

【计划】

1. 操作者准备　着装整洁,修剪指甲,洗手,戴口罩,熟悉冷湿敷法的作用及用法,向患者解释冷湿敷法的目的及有关注意事项。

2. 用物准备　卵圆钳(2 把)、敷布(2 块)、凡士林、纱布、棉签、一次性治疗巾、盛放冰水的容器、手消毒液、医疗垃圾桶、治疗车,必要时备屏风、换药用物。

3. 患者准备　患者取舒适卧位,暴露患处,垫一次性治疗巾于受敷部位下,受敷部位涂凡士林,上盖一层纱布。

4. 环境准备　温度适宜、酌情关闭门窗,必要时屏风或床帘遮挡。

【实施】

1. 操作步骤

操作步骤	要点说明
1. 核对　携用物至患者床旁,核对患者床号、姓名、腕带	• 确认患者
2. 冷敷	
(1) 敷布浸入冰水中,卵圆钳夹起拧至半干	• 敷布须浸透,拧至不滴水为宜
(2) 抖开(图 3-15-5)敷布敷于患处	• 冷敷部位为开放性伤口,须按无菌技术处理伤口
(3) 每 3～5 min 更换一次敷布,持续 15～20 min	
3. 观察　局部皮肤变化及患者反应	• 确保冷敷效果,以防产生继发效应
4. 操作后处理　擦干冷敷部位,擦掉凡士林,协助患者取舒适体位,对用物进行处理	• 用物消毒后备用
5. 洗手、记录　记录冷敷的部位、时间、效果、反应	• 便于评价

2. 注意事项

(1) 注意观察局部皮肤情况及患者的反应。

(2) 敷布湿度得当,以拧至不滴水为宜。

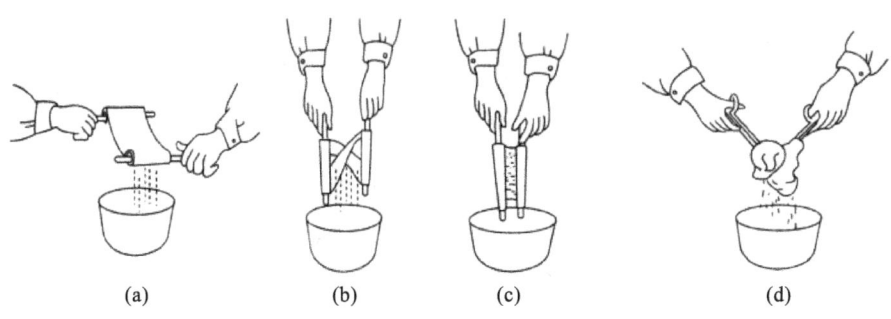

(a)   (b)   (c)   (d)

图 3-15-5　冷湿敷拧敷布法

（3）若为降温，则使用冷湿敷 30 min 后应测量体温，并将体温记录在体温单上。

3．**健康教育**　向患者介绍冷湿敷法使用的有关知识，使其主动配合治疗，以提高疗效和减少不良反应。

（1）对患者进行冷湿敷时，敷布须浸透，拧至不滴水为宜。

（2）对患者进行冷湿敷时，冷敷部位为开放性伤口的，须按无菌要求处理伤口。

（3）在进行冷湿敷使用时每 3～5 min 更换一次敷布，持续 15～20 min，确保冷敷效果，以防产生继发效应。

【评价】

（1）冷疗的时间正确，达到冷疗的目的，无不适。

（2）确保冷湿敷部位有伤口的不被污染。

2．**全身冷疗技术**　见实训 3-15-4。

实训 3-15-4　温水或乙醇拭浴

【目的】

通过全身用冷，为高热患者降温。乙醇是易挥发性液体，拭浴时在皮肤上迅速蒸发，吸收和带走机体大量的热，而且乙醇又具有刺激皮肤使血管扩张的作用，因而散热能力较强。

【评估】

（1）患者的年龄、病情、治疗情况、乙醇过敏史等。

（2）患者能否自理，包括意识状态及活动能力等。

（3）患者的体温情况、局部皮肤状况、心理状态和合作程度等。

（4）患者是否具备对温水或乙醇拭浴的有关知识。

【计划】

1．**操作者准备**　着装整洁，修剪指甲，洗手，戴口罩，熟悉温水或乙醇拭浴的作用及用法，向患者解释温水或乙醇拭浴的目的及有关注意事项。

2．**用物准备**　大毛巾、小毛巾、热水袋及套、冰袋及套，脸盆内盛放 32～34 ℃温水，2/3 满或盛放 30 ℃、25％～35％乙醇 200～300 mL，手消毒液。必要时备屏风、干净衣裤及便器。

3．**患者准备**　患者了解温水或乙醇拭浴的目的，了解其相关知识并能积极配合。

4．**环境准备**　室温适宜，酌情关闭门窗，必要时屏风或床帘遮挡。

【实施】

1．操作步骤

操作步骤	要点说明
1．核对　携用物至患者床旁，核对患者床号、姓名、腕带	• 确认患者
2．松被尾、脱衣　松开床尾盖被，协助患者脱去上衣	• 便于擦拭

续表

操作步骤	要点说明
3.置冰袋、热水袋　冰袋置于头部,热水袋置于足底	• 冰袋置于头部以助降温并防止头部充血而致头痛;热水袋置足底,以促进足底血管扩张而减轻头部充血,并使患者感到舒适
4.拭浴 1)方法:脱去衣裤,大毛巾垫擦拭部位下,小毛巾浸入温水或乙醇中,拧至半干,缠于手上成手套状,以离心方向拭浴,拭浴毕,用大毛巾擦干皮肤	• 保护床单位,毛巾套拭浴促进舒适
2)顺序★ (1)双上肢:患者取仰卧位,按顺序擦拭: ①颈外侧→肩→肩上臂外侧→前臂外侧→手背 ②侧胸腋窝→上臂内侧→前臂内侧→手心 (2)腰背部:患者取侧卧位,从颈下肩部→臀部,擦拭毕,穿好上衣	• 擦至腋窝、肘窝、手心处稍用力并延长停留时间,以促进散热
(3)双下肢:患者取仰卧位,按顺序擦拭: ①外侧:髂骨→大腿外侧→足背 ②内侧:腹股沟→大腿内侧→内踝 ③后侧:臀下→大腿后侧→腘窝→足跟	• 擦至腹股沟、腘窝处稍用力并延长停留时间,以促进散热
5.观察　患者是否出现寒战、面色苍白、脉搏及呼吸异常	• 注意时间,每侧(四肢、背腰部)3 min,全程20 min以内,以防产生继发效应 • 如有异常,停止拭浴,及时处理
6.操作后处理 (1)拭浴完毕,取下热水袋,根据需要更换清洁衣裤,协助患者取舒适体位 (2)整理床单位,开窗,拉开床帘或撤去屏风 (3)用物处理	• 用物处理后备用
7.洗手、记录　记录时间、效果、反应	• 便于评价
8.复测体温	• 拭浴后30 min测量体温,若低于39 ℃,取下头部冰袋,降温后将体温记录在体温单上

　　2. 注意事项

　　(1)拭浴过程中,护士需要注意观察局部皮肤情况及患者的反应。

　　(2)胸前区、腹部、后颈部、足底为拭浴的禁忌部位。婴幼儿及血液病高热患者禁用乙醇拭浴,因婴幼儿用乙醇擦拭皮肤易造成中毒,甚至导致昏迷和死亡,血液病患者用乙醇擦浴易导致或加重出血。

　　(3)拭浴时,以拍拭(轻拍)方式进行,避免用摩擦方式,因为摩擦容易生热。

　　3. 健康教育　向患者介绍温水或乙醇拭浴使用的有关知识,使其主动配合治疗,以提高降温疗效和减少不良反应。

　　(1)对患者进行温水或乙醇拭浴时,擦至腋窝、肘窝、手心处和擦至腹股沟、腘窝处时要稍用力并长停留时间,促进散热。

　　(2)拭浴过程要求时间控制在全程20 min以内,以防产生继发效应。

　　(3)乙醇拭浴前一定要询问患者是否对酒精过敏,有过敏史的患者不能进行乙醇拭浴。

　　【评价】

　　(1)患者自觉身体舒适,体温下降,达到降温效果。

　　(2)用冷的时间正确,达到冷疗目的,无不适反应。

其他冷疗法

1. **化学制冷袋** 可替代冰袋,维持时间2h,具有方便、实用的特点。化学制冷袋有两种:一种是一次性的,它是将两种化学制剂分成两部分装在特制密封的聚乙烯塑料袋内,使用时将两种化学制剂充分混合后便可使用。在使用过程中,需观察有无破损、漏液现象,如有异常,需要立即更换,以防损伤皮肤。另一种可以反复使用,又称超级冷袋,它是内装凝胶或其他冰冻介质的冷袋,将其放入冰箱内4h,其内容物由凝胶状态变为固态,使用时取出,在常温下吸热,又由固态变为凝胶状态(可逆过程),使用后,冷袋外壁用消毒液擦拭,置冰箱内,可再次使用。

2. **冰毯机** 医用冰毯全身降温仪,简称冰毯机,分为单纯降温法和亚低温治疗法两种。前者用于高热患者降温,后者用于重型颅脑损伤患者。冰毯机是利用半导体制冷原理,将水箱内蒸馏水冷却后通过主机与冰毯内的水进行循环交换,促进与毯面接触的皮肤进行散热,达到降温目的。使用时,在毯面上覆盖中单,助患者脱去上衣,整个背部贴于冰毯上。冰毯机上连有肛温传感器,可设置肛温上、下限,根据肛温变化自动切换"制冷"开关,将肛温控制在设定范围。冰毯机使用过程中应注意监测肛温、传感器是否固定在肛门内、水槽内水量是否足够等。

3. **半导体降温帽** 利用半导体温差电制冷技术,造成帽内局部的低温环境,从而降低脑代谢率。多用于脑外伤、脑缺氧、脑水肿、颅内压增高等。该机由冰帽和整流电源两部分组成,帽内温度由整流电源输出电流调节,在环境温度不高于35℃时,帽内温度在0~25℃范围内连续可调。与传统冰帽比较,具有降温时间持久,操作简便可以随意控制温度等特点。

二、热疗技术

热疗技术是用高于人体温度的物质,作用于机体的局部或全身,以达到促进血液循环、消炎、解痉和促进舒适的治疗方法。

(一) 热疗的作用

1. 促进炎症的消散和局限 热疗使局部血管扩张,血液循环速度加快,促进组织中毒素、废物的排出;血量增多,白细胞数量增多,吞噬能力增强和新陈代谢增加,营养状态改善使机体局部或全身的抵抗力和修复力增强。因而炎症早期热疗,可促进炎症吸收与消散;炎症后期热疗,可促进白细胞释放蛋白溶解酶,使炎症局限。

2. 减轻疼痛 热疗可降低痛觉神经兴奋性,改善血液循环,加速致痛物质排出和炎性渗出物吸收,解除对神经末梢的刺激和压迫,减轻疼痛;热疗使肌肉松弛,增强结缔组织伸展性,增加关节的活动范围,减少肌肉痉挛、僵硬,关节强直所致疼痛。适用于腰肌劳损、肾绞痛、胃肠痉挛、麦粒肿、乳腺炎等患者。

3. 减轻深部组织充血 热疗时皮肤血管扩张,使平时大量呈闭锁状态的动静脉吻合支开放、皮肤血流量增多。由于全身循环血量的重新分布,减轻深部组织的充血。

4. 保暖与舒适 热疗使局部血管扩张,促进血液循环,将热量带至全身,使体温升高,并使患者感到舒适。适用于年老体弱、早产儿、危重、末梢循环不良者。

(二) 影响热疗的因素

1. 方式 热疗的方式分为干热法和湿热法,湿热法由于水传导热的能力比空气强,且渗透性大,因而热疗的效果比干热法更好。所以,使用湿热法时,水温应低于干热法。

2. 部位 因皮肤的厚薄不同,不同部位的热疗,效果也不同,一般皮肤较薄及经常不暴露的部位对热更为敏感。另外,热疗效果还受血液循环情况的影响,血液循环良好的部位,热疗效果更好。

3. 面积 热疗的效果与热疗面积大小成正比:热疗面积大则反应强;热疗面积小则反应弱。但需要注意的是,热疗面积越大,机体的耐受性越差,易引起全身反应。

4. 时间　热效应与热疗的时间长短不成比例关系,一般热疗的效应需要一定的时间才能产生,并随着时间的延长而增强,用热时间多为 10～30 min。时间过长会引起继发性效应,不但抵消热疗效果,还可导致不良反应,引起烫伤等。

5. 温度差　热疗的温度与体表皮肤的温度相差越大,机体对热刺激的反应越强,反之则越弱;另外,环境温度也会影响热疗效果,例如,用热时室温过低,散热就快,热效应也会降低。

6. 个体差异　患者机体状况、精神状态、年龄及性别不同,对热疗的耐受力不同,反应也不相同。年老患者,因感觉功能减退,对热疗刺激反应比较迟钝;婴幼儿对热疗的耐受性较低;女性患者对热较男性敏感。故对此类患者用热时要加倍小心,以防烫伤。

(三) 热疗法禁忌证

1. 未明确诊断的急性腹痛　热疗虽能减轻疼痛,但易掩盖病情真相,贻误诊断和治疗,有引发腹膜炎的危险。

2. 面部危险三角区的感染　该处血管丰富,面部静脉无静脉瓣,且与颅内海绵窦相通,热疗可使血管扩张,血流增多,导致细菌和毒素进入血液循环,促进炎症扩散,易造成严重的颅内感染和败血症。

3. 各种脏器出血、出血性疾病　热疗使局部血管扩张,增加脏器的血流量和血管通透性而加重出血。血液凝固障碍的患者,用热会增加出血的倾向。

4. 软组织损伤或扭伤的初期(48 h 内)　热疗可促进血液循环,加重皮下出血、肿胀、疼痛。

5. 其他

(1) 心、肝、肾功能不全者　大面积热疗使皮肤血管扩张,减少对内脏器官的血液供应,加重病情。

(2) 皮肤湿疹　热疗可加重皮肤受损,热疗也使患者增加痒感而不适。

(3) 急性炎症　如牙龈炎、中耳炎、结膜炎等,热疗可使局部温度升高,有利于细菌繁殖及分泌物增多,加重病情。

(4) 孕妇　热疗可影响胎儿的生长。

(5) 金属移植物部位、人工关节　金属是热的良好导体,用热易造成烫伤。

(6) 恶性病变部位　热疗可使正常与异常细胞都加速新陈代谢而加重病情,同时又促进血液循环而使肿瘤扩散、转移。

(7) 麻痹、感觉异常者　婴幼儿、老年人慎用。

(8) 睾丸　热疗会抑制精子发育并破坏精子。

(四) 热疗技术

1. 干热法　常见干热法装置如图 3-15-6 所示。

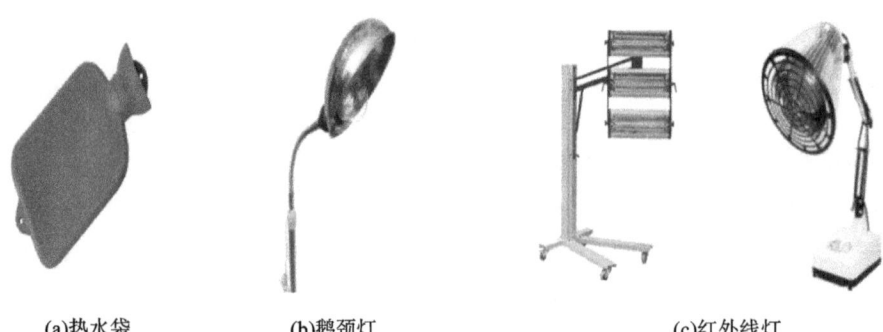

(a)热水袋　　　　(b)鹅颈灯　　　　　　　(c)红外线灯

图 3-15-6　热水袋、鹅颈灯、红外线灯

实训 3-15-5　热水袋的使用

【目的】

保暖、解痉、镇痛、舒适。

【评估】

(1) 患者的年龄、病情、治疗情况等。

(2) 患者能否自理,包括意识状态及活动能力等。

(3) 患者体温状况、局部皮肤状况,心理状态和合作程度等。

(4) 患者是否具备热水袋使用的有关知识。

【计划】

1. 操作者准备　着装整洁,修剪指甲,洗手,戴口罩,熟悉热水袋的作用及用法,向患者解释其目的及有关注意事项。

2. 用物准备　热水袋、布套、毛巾、水温计、热水、盛水容器、手消毒液。

3. 患者准备　患者了解使用热水袋的目的,了解其相关知识并能积极配合。

4. 环境准备　室温适宜、酌情关闭门窗、避免对流风直吹患者。

【实施】

1. 操作步骤

操作步骤	要点说明
1.核对　携用物至患者床旁,核对患者床号、姓名、腕带	• 确认患者
2.测量、调节水温	• 成人 60～70 ℃,昏迷、老人、婴幼儿、感觉迟钝、循环不良者,水温应低于 50 ℃
3.备热水袋 (1) 灌水:放平热水袋,去塞,一手持热水袋口边缘,一手灌水(图 3-15-7)。一般灌至热水袋容积的 1/2～2/3 即可 (2) 排气:热水袋缓慢放平,排出袋内空气并拧紧塞子 (3) 检查:用毛巾擦干热水袋,倒提,检查 (4) 加套:将热水袋装入布套	• 一边灌一边提高热水袋,防止水溢出 • 灌水过多,使热水袋膨胀变硬,柔软舒适感下降 • 以防影响热的传导 • 检查热水袋有无破损、漏水 • 避免热水袋与患者皮肤直接接触增进舒适
4.放置位置　放置所需部位,袋口朝向身体外侧	• 谨慎小心,避免烫伤
5.观察　效果与反应,热水温度等	• 放置时间不超过 30 min 以防产生继发效应 • 如局部皮肤出现潮红、疼痛,则停止使用,并在局部涂凡士林以保护皮肤 • 保证热水温度,达到治疗效果
6.操作后处理 (1) 撤去治疗用物,协助患者取舒适体位,整理床单位,对用物进行处理 (2) 热水倒空,倒挂晾干,吹入少量空气,旋紧塞子,放阴凉处;布袋洗净备用	• 防止热水袋内面粘连
7.洗手、记录　记录部位、时间、效果、反应	• 便于评价

2. 注意事项

(1) 经常检查热水袋有无破损、热水袋与塞子是否配套,以防漏水。

(2) 炎症部位热敷,热水袋灌水 1/3 满,以免压力过大,引起疼痛。

(3) 特殊患者使用热水袋,应再包一块大毛巾或放于两层毯子之间,以防烫伤。

(4) 加强巡视,定期检查局部皮肤,必要时床边交班。

图 3-15-7　灌热水袋法

3. 健康教育　向患者介绍热水袋使用的有关知识,使其主动配合治疗,以提高疗效和减少不良反应。

Note

（1）患者使用热水袋时，要测量、调节水温，成人 60～70 ℃，昏迷、老人、婴幼儿、感觉迟钝、循环不良等患者，水温应低于 50 ℃以免烫伤。

（2）热水袋灌水不宜过多，否则会使热水袋膨胀变硬，柔软舒适感下降。

（3）热水袋口朝向身体外侧，避免热水渗出烫伤患者。

（4）使用不超过 30 min，以防产生继发效应。

【评价】

（1）达到热疗的目的，患者感觉舒适安全。

（2）患者无过热、心慌、头晕等感觉。

实训 3-15-6　烤灯的使用

【目的】

消炎、解痉、镇痛、促进创面干燥结痂，保护肉芽组织的生长。

【评估】

（1）患者的年龄、病情、治疗情况等。

（2）患者能否自理，包括意识状态及活动能力等。

（3）患者局部皮肤情况、心理状态和合作程度等。

（4）患者是否具备烤灯治疗的有关知识。

【计划】

1. 操作者准备　着装整洁，修剪指甲，洗手，戴口罩，熟悉烤灯作用及用法，向患者解释其目的及有关注意事项。

2. 用物准备　红外线灯或鹅颈灯，手消毒液，必要时备有屏风或床帘遮挡。

3. 患者准备　患者了解烤灯使用目的，了解其相关知识并能积极配合。

4. 环境准备　室温适宜、酌情关闭门窗，必要时使用屏风或床帘遮挡。

【实施】

1. 操作步骤

操作步骤	要点说明
1.核对　携用物至患者床旁、核对患者床号、姓名、腕带	• 确认患者
2.暴露　暴露患处，体位舒适，清洁局部治疗部位	• 必要时屏风或床帘遮挡，维护患者隐私
3.调节　调节烤灯与治疗部位的距离（图 3-15-8）	• 防止烫伤
4.照射　20～30 min，注意保护	• 前胸、面颈照射时应戴有色眼镜或用纱布遮盖，以保护眼睛
5.观察　随时观察治疗效果与反应	• 观察有无过热、心慌、头晕感觉及皮肤有无发红、疼痛等，若出现应立即停止，报告医生 • 皮肤出现红斑为合适
6.用物整理　将烤灯擦拭整理后备用	
7.洗手记录　记录部位、时间、效果、反应	• 便于评价

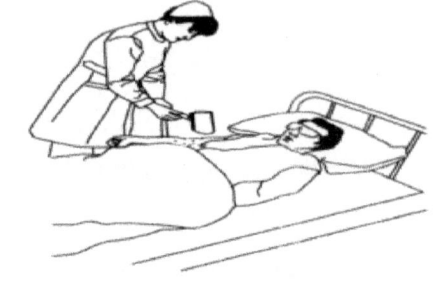

图 3-15-8　烤灯的使用

2. 注意事项

（1）根据治疗部位选择不同功率灯泡：胸、腹、腰、背 500～1000 W，手、足部 250 W（鹅颈灯 40～60 W）。

（2）由于眼内含有较多的液体，对红外线吸收较强，一定强度的红外线直接照射可引发白内障。因此前胸、面颈照射时，应戴有色眼镜或用纱布遮盖。

（3）意识不清、局部感觉障碍、血液循环障碍、瘢痕者，治疗时应加大灯距，防止烫伤。

(4) 红外线多次治疗后,治疗部位皮肤可出现网状红斑,色素沉着。

(5) 使用时避免触摸灯泡,或用布覆盖烤灯,以免发生烫伤及火灾。

3. 健康教育　向患者介绍红外线灯、鹅颈灯使用的有关知识,使其主动配合治疗,以提高疗效和减少不良反应。

(1) 嘱患者不要随意调节灯距,一般灯距为 $30\sim50$ cm,如果感到温度过高或过低要及时与护士沟通,防止烫伤。

(2) 照射时间为 $20\sim30$ min,注意保护眼睛。

【评价】

(1) 患者体位舒适,无过热、心慌、头晕等感觉。

(2) 照射患者颈部和胸前时,患者眼睛未受伤害。

(3) 无烫伤出现。

2. 湿热法　见实训 3-15-7、实训 3-15-8、实训 3-15-9。

实训 3-15-7　热湿敷法

【目的】

消炎、解痉、止痛、消肿。

【评估】

(1) 患者的年龄、病情、治疗情况等。

(2) 患者能否自理,包括意识状态及活动能力等。

(3) 患者局部皮肤情况、心理状态和合作程度等。

(4) 患者是否具备热湿敷的有关知识。

【计划】

1. 操作者准备　着装整洁,修剪指甲,洗手,戴口罩,熟悉热湿敷的作用及用法,向患者解释其目的及有关注意事项。

2. 用物准备 卵圆钳(2 把)、敷布(2 块)、凡士林、纱布、棉签、一次性治疗巾、棉垫、水温计、热水瓶、脸盆内盛放热水、手消毒液、医疗垃圾桶、治疗车。必要时备大毛巾、热水袋、屏风、换药用物。

3. 患者准备　患者了解热湿敷的目的,了解其相关知识并能积极配合。

4. 环境准备　室温适宜、酌情关闭门窗、必要时屏风或床帘遮挡。

【实施】

1. 操作步骤

操作步骤	要点说明
1.核对　携用物至患者床旁,核对患者床号、姓名、腕带	• 确认患者
2.患处准备　暴露患处,垫一次性治疗巾于受敷部位下,受敷部位涂凡士林,上盖一层纱布	• 保护皮肤及床单位 • 必要时床帘或屏风遮挡,维护患者隐私
3.热湿敷 (1) 敷布浸入热水中,卵圆钳夹起拧至半干	• 水温为 $50\sim60$ ℃,拧至不滴水为宜,放在手腕内侧试温,以不烫手为宜
(2) 抖开,折叠敷布敷于患处,上盖棉垫	• 及时更换盆内热水维持水温,若患者感觉过热,可掀起敷布一角散热
(3) 每 $3\sim5$ min 更换一次敷布,持续 $15\sim20$ min	• 若热敷部位有伤口,须按无菌要求处理伤口 • 以防产生继发反应
4.观察　效果、反应	• 观察皮肤颜色、全身情况,以防烫伤

操作步骤	要点说明
5.操作后处理	
(1)敷毕,轻轻拭干热敷部位,协助患者取舒适体位,整理床单位	• 勿用摩擦方法擦干,因皮肤长时间处于湿热气中容易破损
(2)用物处理	• 消毒后备用
6.洗手、记录 记录部位、时间、效果、反应	• 便于评价

2. 注意事项

(1) 若患者热敷部位不禁忌压力,可在敷布上置热水袋再盖以大毛巾,维持温度。

(2) 面部热敷者,应间隔 30 min 方可外出,以防感冒。

3. 健康教育 向患者介绍热湿敷的有关知识,使其主动配合治疗,以提高疗效和减少不良反应。

(1) 水温为 50~60 ℃,拧至不滴水为宜,放在手腕内侧试温,以不烫手为宜。

(2) 及时更换盆内热水维持水温,若患者感觉过热,可掀起敷布一角散热。

(3) 每 3~5 min 更换一次敷布,持续 15~20 min,若热敷部位有伤口,须按无菌要求处理伤口。

(4) 热敷结束后,勿用摩擦方法擦干,因皮肤时间处于湿热气中容易破损。

【评价】

(1) 患者无不适感觉,未发生烫伤。

(2) 患者皮肤无破损。

实训 3-15-8 热水坐浴

【目的】

减轻盆腔、直肠器官的充血,达到消炎、止痛、消肿,促进引流的作用,用于会阴部、肛门疾病及手术后等患者。

【评估】

(1) 患者的年龄、病情、治疗情况等。

(2) 患者能否自理,包括意识状态及活动能力等。

(3) 患者局部皮肤和伤口状况,心理状况和合作程度等。

(4) 患者是否具备热水坐浴的有关知识。

【计划】

1. 操作者准备 着装整洁,修剪指甲,洗手,戴口罩,熟悉热水坐浴的作用及用法,向患者解释其目的及有关注意事项。

2. 用物准备 坐浴椅、消毒坐浴盆、热水瓶、水温计、药液(遵医嘱配置)、毛巾、无菌纱布、手消毒液、医疗垃圾桶、治疗车,必要时屏风、换药用物。

3. 患者准备 患者理解热水坐浴目的,了解其相关知识并能积极配合。

4. 环境准备 室温适宜、酌情关闭门窗、必要时屏风或床帘遮挡。

【实施】

1. 操作步骤

操作步骤	要点说明
1.配药、调温 遵医嘱配置药液置于浴盆内 1/2 满,调节水温	• 水温 40~45 ℃,避免烫伤
2.核对 携用物至患者床旁,核对患者床号、姓名、腕带	• 确认患者
3.置浴盆于坐浴椅 见图 3-15-9	
4.遮挡、暴露 床帘或屏风遮挡,暴露患处	• 维护患者隐私

续表

操作步骤	要点说明
5.坐浴	
（1）协助患者将裤子脱至膝盖部位后取坐姿	• 便于操作,促进舒适
（2）嘱患者用纱布蘸药液清洗外阴部皮肤	• 臀部完全泡入水中
（3）待适应水温后,坐入浴盆中,持续 15～20 min	• 随时调节水温,尤其冬季注意室温与保暖,防止患者着凉
6.观察 效果、反应	• 若出现面色苍白、脉搏加快、晕眩、软弱无力,应停止
7.操作后处理	
（1）坐浴毕,用纱布擦干臀部,协助患者穿裤并卧床休息	• 患者舒适
（2）开窗、拉开床帘或撤去屏风、整理床单位、用物处理	• 用物消毒后备用
8.洗手、记录 记录坐浴的时间、药液、效果、反应	• 便于评价

2. 注意事项

（1）热水坐浴前先排尿、排便,因热水可刺激肛门、会阴部引起排尿、排便反射。

（2）坐浴部位如果有伤口,应备无菌浴盆及药液;坐浴后按无菌技术处理伤口。

（3）女性经期、妊娠后期、产后 2 周内、阴道出血、盆腔急性炎症不宜坐浴,以免感染。

（4）坐浴过程中,加强监测,注意观察患者面色、脉搏、呼吸,倾听患者主诉,有异常时应停止坐浴,扶患者上床休息。

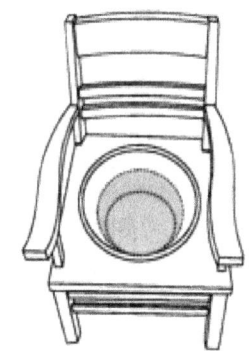

图 3-15-9 坐浴椅

3. 健康教育 向患者介绍热水坐浴的有关知识,使其主动配合治疗,以提高疗效和减少不良反应。

（1）药液置于浴盆内 1/2 满,调节水温 40～45 ℃,避免烫伤。

（2）坐浴前先清洗外阴部皮肤,以免影响治疗效果。

（3）坐浴时臀部要完全泡入水中。

（4）待适应水温后,坐入浴盆中,持续 15～20 min。

【评价】

患者无不适感觉,未发生烫伤。

实训 3-15-9 温水浸泡

【目的】

消炎、镇痛、清洁、消毒创口,多用于手、足、前臂、小腿部感染。

【评估】

（1）患者的年龄、病情、治疗情况等。

（2）患者能否自理,包括意识状态及活动能力等。

（3）患者局部皮肤和伤口状况,心理状态和合作能力等。

（4）患者是否具备温水浸泡的有关知识。

【计划】

1. 操作者准备 着装整洁,修剪指甲,洗手,戴口罩,熟悉温水浸泡的作用及用法,向患者解释其目的及有关注意事项。

2. 用物准备 长镊子、纱布、热水瓶、药液（遵医嘱）、水温计、浸泡盆（根据浸泡部位选用）、手消毒液、医疗垃圾桶、治疗车,必要时备换药用物。

3. 患者准备 患者理解温水浸泡的目的,了解其相关知识并能积极配合。

4. 环境准备 室温适宜、酌情关闭门窗。

【实施】
1. 操作步骤

操 作 步 骤	要 点 说 明
★1.配药、调温　遵医嘱将药液倒于浸泡盆内,水1/2满,调节水温	• 水温43~46℃,避免烫伤
2.核对　携用物至患者床旁,核对患者床号、姓名、腕带	• 确认患者
3.暴露患处　取舒适体位	• 便于操作、促进舒适
★4.浸泡　将肢体慢慢放入浸泡盆中,必要时用长镊子夹纱布轻擦创面,使其清洁(图3-15-10)	• 使患者逐渐适应 • 持续时间为30 min,以防发生继发效应
5.观察　效果、反应	• 局部皮肤有无发红、疼痛等
6.操作后处理 (1)到达浸泡时间时,擦干浸泡部位	• 有伤口按无菌技术处理伤口
(2)撤去治疗用物,协助患者取舒适体位,整理床单位,处理用物	• 用物消毒后备用
7.洗手、记录　记录浸泡时间、药液、效果、反应	• 便于评价

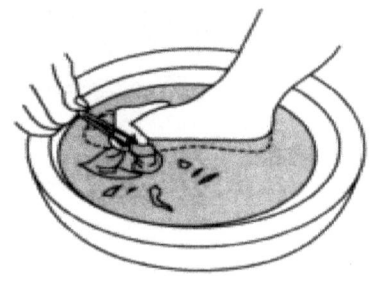

图 3-15-10　温水浸泡

2. 注意事项

(1)浸泡部位若有伤口,浸泡盆、药液及用物须无菌;浸泡后应按无菌技术处理伤口。

(2)浸泡过程中,加强监测,注意观察患者局部皮肤,倾听主诉,随时调节水温。

3. 健康教育　向患者介绍温水浸泡的有关知识,使其主动配合治疗,以提高疗效和减少不良反应。

(1)告诉患者水温为43~46℃,否则容易烫伤。

(2)将肢体慢慢放入浸泡盆,必要时用长镊子夹纱布轻擦创面,使之清洁。

(3)持续时间为30 min,以防发生继发效应。

(4)待适应水温后,坐入浴盆中,持续15~20 min。

【评价】

(1)患者无不适感觉,未发生烫伤。

(2)有创面的部位清洁到位。

知识链接

其他热疗法

1. 化学加热袋　密封的塑料袋内盛两种化学物质,使用时,将化学物质充分混合,使袋内的两种化学物质发生反应而产热。化学物质发生反应初期热温不足,以后逐渐加热并有一高峰期,化学加热袋最高温度可达76℃,平均温度为56℃,可持续使用2 h左右。化学加热袋使用方法与热水袋相同,一定要加布套后使用。必要时可加双层布包裹使用。

2. 透热法　利用高频电流向组织深部注入强热,主要用于类风湿关节炎、变性关节病变、创伤、肌肉痉挛、筋膜炎等物理治疗。使用时注意身体不可有金属物,以免烫伤。

直通护考

一、A1/A2 型题

1. 影响冷疗法、热疗法效果的因素不包括（　　）。
A. 方法　　　　　B. 性别　　　　　C. 部位　　　　　D. 环境温度　　　　E. 时间

2. 乙醇擦浴的浓度是（　　）。
A. 25%～30%　　B. 30%～50%　　C. 60%～70%　　D. 75%～85%　　E. 35%～55%

3. 可用红外线烤灯辅助治疗的疾病是（　　）。
A. 鼻出血　　　　B. 麦粒肿　　　　C. 冻疮溃烂　　　　D. 扁桃体术后　　　E. 胃出血

4. 应用红外线烤灯时，应距治疗部位（　　）。
A. 10～20 cm　　B. 21～29 cm　　C. 30～50 cm　　D. 51～60 cm　　E. 61～70 cm

5. 炎症初期用冷的目的是（　　）。
A. 解除疼痛　　　B. 血管扩张　　　C. 促进愈合　　　D. 使炎症消散　　　E. 血管收缩

6. 下列哪种情况禁用热疗法？（　　）
A. 循环不良　　　　　　　B. 感觉迟钝　　　　　　　C. 各种脏器内出血
D. 炎症晚期　　　　　　　E. 四肢厥冷

7. 足底用冷可引起（　　）。
A. 腹泻　　　　　　　　　B. 反射性心率减慢　　　　C. 心房纤颤
D. 一过性冠状动脉收缩　　E. 传导阻滞

8. 年老体弱及昏迷患者用热水袋，水温应掌握在（　　）。
A. 40 ℃　　　B. 50 ℃　　　C. 60 ℃　　　D. 70 ℃　　　E. 80 ℃

9. 下列情景不可使用冷疗法的是（　　）。
A. 鼻出血　　　　　　　　B. 头皮下血肿的早期　　　C. 中暑
D. 压疮　　　　E. 牙痛

10. 炎症后期用热的目的是（　　）。
A. 解除疼痛　　B. 血管扩张　　C. 消除水肿　　D. 降低体温　　E. 促进组织修复

11. 患者，女，40 岁，便后出血且伴有疼痛，诊断为痔疮，局部有炎症，遵医嘱局部用热疗法，护士指导患者应选用的热疗方法为（　　）。
A. 热水袋　　　B. 烤灯　　　C. 热湿敷　　　D. 热水坐浴　　　E. 温水浸泡

12. 患者，男，65 岁，术后麻醉未清醒，手足厥冷，全身寒战，如用热水袋取暖，下列操作不恰当的是（　　）。
A. 水温控制在 60 ℃以内　　　　　B. 热水袋套外包裹大毛巾
C. 密切观察局部皮肤颜色　　　　　D. 及时更换热水
E. 注意交接

13. 患者，女，20 岁。寒战、发热，右小腿内侧皮肤出现鲜红色片状疹，烧灼样疼痛，附近淋巴结肿大疼痛。错误的护理措施是（　　）。
A. 遵医嘱使用抗生素　　　B. 嘱患者勿抬高患肢　　　C. 局部温热敷
D. 给予物理降温　　　　　E. 嘱患者卧床休息

14. 患者，男，55 岁，因关节疼痛需每日红外线照射一次，在照射过程中观察皮肤出现紫红色，此时护士应该（　　）。
A. 停止照射，改用热敷　　　　　　B. 立即停止照射，涂抹凡士林保护皮肤
C. 适当降低温度，继续照射　　　　D. 改用小功率灯，继续照射
E. 改用大功率灯，继续照射

15. 赵先生,40岁,建筑工人,因在野外施工受凉后头痛、流涕、咽痛1周,因发现四肢无力下肢重于上肢同时伴有感觉障碍自远端向近端发展,饮水发呛及轻度呼吸困难而来急诊。当患者长期卧床有感觉障碍时哪项护理措施不正确?（ ）

A. 保持床单平整无渣屑   B. 经常更换体位   C. 可以使用暖水袋保暖

D. 瘫痪肢体保持功能位   E. 保持大便通畅

二、A3/A4 型题

(16～18题共用题干)

患者,男,56岁,发热待查入院。体温39.8℃,护士遵医嘱为其乙醇擦浴。

16. 乙醇擦浴前,先置冰袋于头部,其目的是（ ）。

A. 防止反射性心律减慢   B. 降低头部温度   C. 增加局部血流

D. 防止脑水肿   E. 防止颅内压升高

17. 为观察降温效果,应在乙醇擦浴后多久测量体温?（ ）

A. 10 min   B. 20 min   C. 30 min   D. 40 min   E. 60 min

18. 体温降至何值时取下头部冰袋?（ ）

A. 37.5 ℃   B. 38.0 ℃   C. 38.5 ℃   D. 39.0 ℃   E. 39.5 ℃

(锦州医科大学　李丹)

任务十六　危重患者的抢救护理技术

护考提示

1. 病情观察的内容。
2. 各种抢救技术的临床应用。

学习目标

1. 知识目标:掌握危重患者病情观察的内容及方法;基本能叙述各种抢救设备及其用途、抢救工作的组织管理过程;掌握常用抢救技术。

2. 能力目标:能正确观察危重患者的病情并实施支持性护理措施;能正确组织抢救工作并根据病情实施正确的抢救技术。

3. 素质目标:有高度的责任感和奉献精神,良好的急救意识及专业水平,团结协作和人际沟通能力。

 案例引导

患者,女,39岁,工人,以"咳嗽、咳痰、伴胸闷气短一周"之主诉入院。查体:T 36.5 ℃,P 86次/分,R 24次/分,BP 120/80 mmHg,肺部听诊呼吸音减低,口唇发绀,主诉胸闷、气短。血气分析示:PaO_2为 40 mmHg,SaO_2为 70%。请根据病例,思考以下问题:①判断该患者的缺氧程度。②吸氧时调节的氧流量以及吸氧后交代患者的注意事项。

一、危重患者的支持性护理

(一) 危重患者的病情观察的意义

病情观察是临床护理工作的一项重要内容,并且贯穿于整个疾病过程。通过对患者的精神、音容、举止、言谈等情况的细致观察,及时、系统、全面地发现患者的病情变化,可为诊断、治疗和护理提供可靠依据,有助于判断疾病的发展和转归,及时采取有效措施,促进患者尽快康复。因此护理人员应熟悉病情观察的内容,并不断努力培养自身有目的、有意识地主动观察病情的能力。

病情观察是一项有意识、审慎、连续化的工作。作为一名有技巧、有能力的护理人员,必须随时随地细致观察,并能灵敏地做出适当反应。这就要求护理人员不仅具备广博的专业知识、严谨的工作作风、高度的责任心及训练有素的观察力,更要做到"五勤",即勤巡视、勤观察、勤询问、勤思考、勤记录。

(二) 病情观察的内容

1. 生命体征 对危重患者须密切观察生命体征并做好记录。

(1) 体温 体温突然升高,多见于急性感染的患者;体温低于 35.0 ℃,多见于休克或极度衰竭的患者;持续高热、超高热、体温持续不升均表示病情严重。

(2) 脉搏 观察患者脉搏的频率、节律、强弱的变化,若出现脉率低于 60 次/分或高于 140 次/分,以及间歇脉、脉搏短绌、细脉等,均提示病情有变化。

(3) 呼吸 观察患者呼吸的频率、节律、深浅度、声响等的变化,若出现呼吸频率高于 40 次/分或低于 8 次/分,以及潮式呼吸、间停呼吸等,均是病情危重的表现。

(4) 血压 监测患者的血压、脉压的变化,特别是观察高血压及休克患者。如收缩压持续低于 70 mmHg 或脉压低于 20 mmHg,多见于休克患者;如收缩压持续高于 180 mmHg 或舒张压持续高于 100 mmHg,是重度高血压。

2. 意识状态 意识是反映疾病严重程度的重要标志。根据中枢神经功能受损情况,意识改变可分为嗜睡、意识模糊、昏睡、昏迷等。根据患者的语言、思维反应、定向力、情感状态、肢体活动能力,结合必要的神经反射检查来判断其有无意识障碍及其程度。

3. 瞳孔 瞳孔的变化是颅内疾病、药物中毒等病情变化的一个重要指征。观察瞳孔应注意两侧瞳孔的形状、大小、边缘、对称性及对光反射等。

4. 一般情况 包括患者的面容与表情、发育与体型、饮食与营养、姿势与体位、皮肤黏膜、休息与睡眠、呕吐物、排泄物等。

5. 特殊检查或药物治疗反应的观察

(1) 药物治疗后的观察 护理人员不仅要遵医嘱准确地完成给药,还应注意观察药物疗效和毒副作用。例如,应用胰岛素治疗的患者,应观察其有无出冷汗、心悸、神志不清等低血糖反应。

(2) 特殊检查后的观察 临床上有时因治疗需要会对未明确诊断的患者进行一些常规或特殊检查,如冠状动脉造影,胆囊造影,胃镜、腹腔镜检查,胸腔、腹腔穿刺等,这些检查均会对患者产生不同程度的创伤,护士应掌握检查前后的注意事项,密切观察生命体征,防止并发症的发生,如冠状动脉造影患者应注意观察检查后的局部止血情况。

6. 心理状态 护理人员可通过患者的语言表达、面部表情、情绪状态、饮食及睡眠等方面的变化来了解患者的心理活动。观察内容包括患者的语言与非语言行为、思维能力、认知能力、对疾病的认识,价值观、信念等以及有无紧张、焦虑、悲伤、抑郁、绝望等情绪反应。

7. 自理能力 评估患者的自理能力、活动能力及活动耐力,如能否自己进食、如厕等,以便护士进行针对性护理。

(三) 危重患者的支持性护理

1. 密切观察生命体征 根据患者病情定时测量并记录生命体征的变化,有条件的可使用监测仪器进行持续监测,以便及时采取有效的措施。如患者出现呼吸及心脏骤停,应立即通知医生进行人工呼吸

和胸外心脏按压等抢救措施。

2. 保持呼吸道通畅 指导并协助清醒患者定时做深呼吸、变换体位或轻叩背部，以促进痰液排出；昏迷患者应将头偏向一侧，并及时用吸引器吸出呼吸道分泌物，以防误吸而导致呼吸困难，甚至窒息。

3. 确保安全 对谵妄、躁动不安、意识丧失的患者，应合理使用保护用具，以防坠床或自行拔管，确保患者安全。对牙关紧闭或抽搐的患者，可用牙垫或压舌板（裹上数层纱布）放于上、下臼齿之间，以防舌咬伤；同时室内光线宜暗，工作人员动作要轻，以避免外界刺激而引起患者抽搐。

4. 加强临床基础护理

（1）眼部护理 对眼睑不能闭合的患者，可涂金霉素眼膏或覆盖凡士林纱布，以防角膜干燥而导致角膜炎、结膜炎或溃疡的发生。

（2）口腔护理 保持患者口腔清洁，每日做口腔护理 2～3 次，可预防口腔感染，增进患者的食欲。

（3）皮肤护理 对长期卧床的患者，应定时协助患者翻身、擦洗、按摩，保持皮肤清洁干燥，保持床单平整，预防压疮的发生。

（4）肢体活动 长期卧床的患者，若病情许可，应指导并协助患者做肢体的被动运动或主动运动，每日 2～3 次，同时进行按摩，以促进血液循环，增加肌肉张力，防止出现肌肉萎缩、关节强直、静脉血栓等并发症。

5. 补充营养和水分 保证患者有足够的营养及水分的摄入，以增强机体抵抗力。对自理缺陷的患者，应协助其进食；对不能经口进食的患者，可采用鼻饲法或给予静脉营养；对各种原因造成体液不足的患者，应注意补充足够的水分。

6. 排泄异常的护理 患者出现尿潴留，可先采取诱导排尿的方法，必要时进行导尿，以减轻患者痛苦；如进行留置导尿，应保持引流通畅，妥善安置引流管和集尿袋，防止泌尿系统感染。患者便秘时，进行简易通便或灌肠等帮助排便。

7. 保持引流管通畅 危重患者身上常会安置多种引流管，如胃肠减压管、留置导尿管、伤口引流管等，应妥善放置，防止扭曲、受压、脱落，以确保引流通畅。

8. 心理护理 护士应根据患者的具体情况和心理特点，关心、同情、理解、尊重患者，通过耐心细致的工作，恰当地利用语言及非语言的功能，消除不良因素的影响，使患者以最佳的心理状态配合治疗和护理，尽快恢复健康。

知识链接

重症护理的发展现状及展望

重症监护起源于北欧，从开始到现在已有 60 多年的历史，我国大陆第一个重症监护室（ICU）于 1982 年在北京协和医院成立，重症护理是对病情危重的患者进行持续性的严密监护并提供生命支持，是近年来发展较快的护理专科领域。ICU 监护技术种类繁多，目前随着公众对健康期望的提高，人口老龄化、疾病愈趋复杂及严重，重症护理的定位及未来发展方向也随之变化，主要表现在以下几个方面。

1. 无创监护 研究表明，有创检测会增加患者出现并发症（如出血、感染）的风险，因此 ICU 监护的未来趋势会更多采用无创监护。

2. 机械通气 目前虽然无创通气的使用在 ICU 愈趋普遍，但仍然不能完全取代机械通气，因为部分危重患者仍需要行气管插管以保护其气道，和需要经气管插管去清除分泌物，估计未来的呼吸机会以患者需求为基础。

3. 高度专科化 部分工作将由人工智能技术取代。高度专科化的创伤中心、烧伤中心，让专业人员、经验及资源更加集中。人工智能技术在临床上将会越来越普遍，被应用于造影检查、临床诊断及患者康复等领域。

4. 远程 ICU 的应用 远程 ICU 目前已经出现,由一个 ICU 中心通过远程科技的视像系统,同时监控几个到十多个处于偏远地区小型医院内的 ICU,使小型医院内的危重患者也能够得到最佳的监护及干预。

5. ICU 护士 ICU 护士要争取更高的基础教育及专科教育并进行专科认证。树立终身学习的理念,争取获得专科教育(如 ICU 专科护士培训)。同时 ICU 护士要学会与其他医务人员及专业学术委员会有良好的合作,创造一个理想的实践环境。

二、危重患者的抢救与护理

危重患者是指病情危急严重,变化快,随时可能发生生命危险的患者。抢救护理技术是抢救危重患者的关键,护理人员必须熟练掌握吸氧法、吸痰法、洗胃法、简易呼吸器的使用等常用抢救护理技术。确保抢救工作及时、准确、有效。

(一) 抢救工作的组织管理

(1) 建立责任明确的系统组织结构 在接到抢救任务时,立即指定抢救负责人,按患者危重、人数情况成立相应抢救小组,可分为全院性和科室性抢救两种。全院性抢救常用于大型灾难等突发情况,负责人由医疗院长组织实施,各科室均参与抢救工作;科室性抢救一般由科主任和护士长组织实施,各级医护人员必须听从指挥,分工明确,密切配合。

(2) 制定抢救方案,明确程序与措施,医、技、护、后勤分工明确,密切协作。

(3) 安排抢救场地,分为急诊抢救室、病区抢救室,要求场地宽敞明亮,方便救护车转运患者及放置抢救设备。

(4) 启用调配抢救设备,护士应熟悉抢救设备性能和使用方法,按需迅速启用、调配所需抢救设备、药品与物品。

(5) 做好抢救配合、查对工作。抢救中护士必须规范执行口头医嘱,做到听清医嘱、复述一遍、看清药品、双重检查、事后准确记录。各种药物、安瓿、空瓶、空袋等应集中放置,事后仔细查对,按要求处置。

(6) 观察病情,做好抢救护理记录,抢救中应仔细观察患者的病情变化,并及时报告医生治疗,及时准确客观地做好抢救护理记录。

(7) 落实抢救护理计划,确定护理目标、制定护理计划、落实护理措施、解决患者现存或潜在的护理问题。根据病情需要落实护理会诊、护理查房及护理病例讨论。

(8) 保护患者隐私,使用屏风,注意保暖,满足患者心理需要,注重人文关怀。

(9) 做好交接工作,准确识别患者身份,做好床边交接,转运交接,药品物品交接及护理记录交接,保证抢救及护理措施的落实。

(二) 抢救设备管理

1. 抢救室 急诊室和病区均应设单独抢救室。病区抢救室宜设在靠近护士办公室的房间内。要求宽敞、安静、整洁、光线充足。室内应备有"五机"(心电图机、呼吸机、洗胃机、除颤仪、吸引器)、"八包"(腰穿包、胸穿包、心穿包、腹穿包、静脉切开包、气管切开包、缝合包、导尿包)及各种急救药品及抢救床,在抢救室内应设计环形输液轨道及各种急救设备。

2. 抢救床 为可升降的活动床,还包括有专业功能的病床、手术床等。

3. 抢救车 做到"五定"管理,定期检查维修、定专人管理、定点安置、定数量、定期消毒灭菌,并按需求配置。

(1) 胸外心脏按压木板一块,供抢救患者心脏骤停时用。

(2) 各种急救药品,包括:中枢兴奋药、升压药、强心剂、脱水利尿药、激素类药、解毒药、电解质、各种浓度的葡萄糖、低分子右旋糖酐等。

（3）各类无菌急救包（"八包"）。

（4）一般用物，包括：各种注射器及针头、输液器及输液针头、血压计、听诊器、开口器、压舌板、舌钳、吸痰管、吸氧管、各种型号的医用橡胶手套、各种型号及用途的硅胶或橡胶导管、手电筒、应急灯、多头电源插座等。

4. 急救器械　呈备用状态，功能完好，专人保养，定期检查，及时报修。包括：氧气筒、吸氧装置或中心供氧系统、中心负压吸引装置或电动吸引器、心电监护仪、心脏起搏器、咽喉镜、简易呼吸器、输液泵、微量泵、医用悬吊系统（可放置监护仪等设备）等。

5. 通信设备　保持畅通，可使用对讲机、自动传呼系统、电话（包括可视电话）等。

（三）常用抢救技术

1. 吸氧法　氧是生命活动所必需的物质，如果组织得不到足够的氧或不能充分利用氧，组织的代谢、功能甚至形态结构都可能发生异常改变，这一现象称为缺氧。吸氧法是指通过给氧，提高动脉血氧分压（PaO_2）和动脉血氧饱和度（SaO_2），增加动脉血氧含量（CaO_2），纠正各种原因造成的缺氧状态，促进组织的新陈代谢，维持机体生命活动的一种治疗技术。

1）缺氧的分类和氧疗的适应证

（1）**低张性缺氧**　由于吸入气氧分压过低，外呼吸功能障碍，静脉血分流入动脉血所致。常见于高山病、慢性阻塞性肺病、先天性心脏病等。此类缺氧氧疗效果最好。

（2）**血液性缺氧**　由于血红蛋白数量减少或性质改变，造成血氧含量降低或血红蛋白结合的氧不易释放所致。常见于贫血、高铁血红蛋白血症、一氧化碳中毒等。此类缺氧氧疗具有一定的治疗效果。

（3）**循环性缺氧**　全身性循环性缺氧和局部性循环性缺氧，可引起组织血流量减少使组织供氧量减少。常见于休克、心力衰竭、大动脉栓塞等。此类缺氧氧疗具有一定的治疗效果。

（4）**组织性缺氧**　组织中毒、细胞损伤、呼吸酶合成障碍，可导致组织细胞利用氧异常，称为组织性缺氧。常见于氰化物中毒、大量放射线照射等。此类缺氧的氧疗治疗效果有限。

2）缺氧程度的判断　缺氧程度可分为轻度、中度和重度三类（表3-16-1）。

表3-16-1　缺氧程度的判断

程度	呼吸困难	发绀	神志	动脉血氧分压（PaO_2）	动脉血氧饱和度（SaO_2）
轻度	不明显	不明显	清楚	>50 mmHg	>80%
中度	明显	明显	正常或烦躁不安	30～50 mmHg	60%～80%
重度	严重，三凹征明显	显著	昏迷或半昏迷	<30 mmHg	<60%

图3-16-1　氧气筒及氧气压力表装置

3）供氧装置　临床上常用氧气筒及氧气压力表装置和管道氧气装置（中心供氧装置）两种。

（1）氧气筒及氧气压力表装置（图3-16-1）

①氧气筒：一圆柱形无缝钢筒，筒内可耐高压达14.7 MPa（150 kg/cm²）的氧，容纳氧气6000 L。氧气筒的顶部有一总开关，控制氧气的进出，打开时，逆时针转1/4周即可。氧气筒颈部的侧面，有一气门与氧气表相连，是氧气自筒中输出的途径。

②氧气表：由压力表、减压器、流量表、湿化瓶、安全阀组成。压力表可测知筒内氧气的压力，以MPa或kg/cm²表示，压力大，表明筒内氧气多。减压器是一种弹簧自动减压装置，将来自筒内氧气压力减至0.2～0.3 MPa（2～3 kg/cm²），使流量平稳，保证安全。流量表用来测量每分钟氧气的流出量，流量表内有浮标，可知每分钟氧气的流出量。湿化瓶内盛1/3～1/2灭菌蒸馏水，通气管浸入水中，湿化瓶出口和鼻导管相连。湿化瓶

内的蒸馏水有湿化氧气的作用,减少呼吸道受干燥气体的刺激。安全阀的作用是当氧气流量过大、压力过高时,安全阀内部活塞即自行上推,使过多氧气由四周小孔流出,保证安全。

③装表法:氧气表装在氧气筒上,以备急用。方法:将氧气筒置于氧气架上,将总开关逆时针旋转打开,使少量氧气从气门冲出,随即迅速关好总开关,以达清洁该处的目的,防止灰尘吹入氧气表内。然后将氧气表稍向后倾斜置于氧气筒气门上,用手初步旋紧,再用扳手拧紧,使氧气表直立于氧气筒旁。将湿化瓶接好。确认流量开关呈关闭状态,打开总开关,再打开流量开关,检查氧气流出是否通畅、各连接部位有无漏气,检查结果正常即可关上流量开关备用。

氧气筒内的氧气供应时间可按下列公式计算:

$$可供应时间=\frac{(压力表压力-5)(\mathrm{kg/cm^2})\times 氧气筒容积(\mathrm{L})}{1\ \mathrm{kg/cm^2}\times 氧流量(\mathrm{L/min})\times 60\ \mathrm{min}}$$

氧浓度和氧流量的关系为:吸氧浓度(%)=21+4×氧流量(L/min)

(2)中心供氧装置 医院氧气集中由供应站负责供给,设管道至病区、门诊、急诊。供应站有总开关控制,各用氧单位配流量表,连接流量表即可使用。

装表法:①将流量表安装在中心供氧管道氧气流出口处,接上湿化瓶;②打开流量开关,调节流量,检查指示浮标达到既定流量,全套装置无漏气即可使用。

4)氧疗方法

(1)鼻导管给氧法 包括单侧鼻导管和双侧鼻导管给氧法两种。

①单侧鼻导管给氧法 将鼻导管插入一侧鼻孔,经鼻腔到达鼻咽部(插入长度为鼻尖至耳垂的2/3),以吸入氧气的方法。此法可节省氧气,但因刺激鼻黏膜,长时间使用患者感觉不适,因而目前不常用(图 3-16-2)。

②双侧鼻导管给氧法 将鼻导管前端插入鼻孔内约 1 cm,将导管固定即可(图 3-16-3)。此法比较简单,患者容易接受,是临床上常用的给氧方法之一。

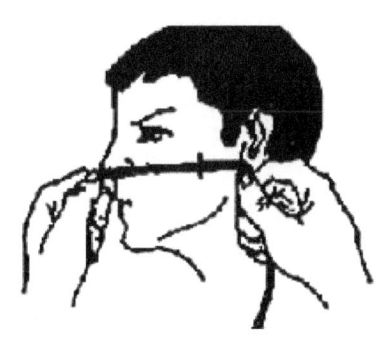
(a)

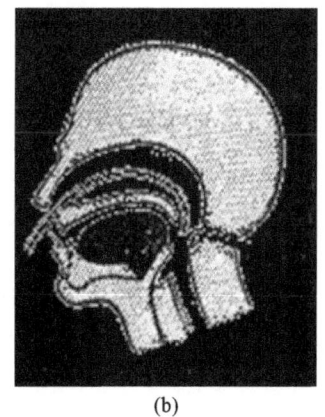
(b)

图 3-16-2 单侧鼻导管

(2)鼻塞法 鼻塞是一种用塑料制成的球状物,鼻塞法是将鼻塞塞入一侧鼻孔鼻前庭内给氧的方法(图 3-16-4)。此法刺激性小,患者较为舒适,且两侧鼻孔可交替使用。

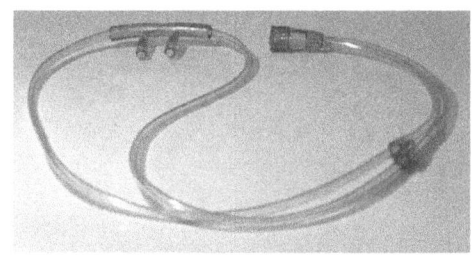
图 3-16-3 双侧鼻导管

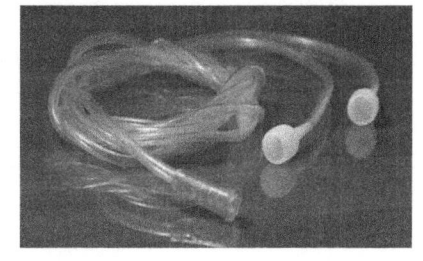
图 3-16-4 鼻塞式导管

Note

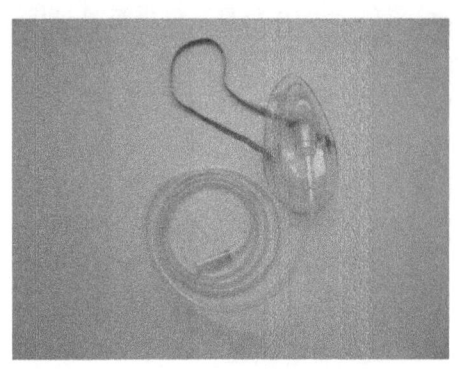

图 3-16-5　简单面罩吸氧

（3）面罩法　将面罩置于患者口鼻部的给氧方法，氧气自下端输入，呼出的气体从面罩两侧孔排出（图 3-16-5）。给氧时必须有足够的氧流量，一般需 6～8 L/min。口鼻部均可吸入氧气，效果较好，适用于张口呼吸且病情较重的患者。

（4）氧气头罩法　将患者头部置于头罩里，罩面上有多个孔（图 3-16-6），可以保持罩内一定的氧浓度、温度和湿度。头罩与颈部之间要保持适当的空隙，防止二氧化碳潴留及重复吸入。此法主要用于小儿。

（5）氧气枕法　氧气枕是一长方形橡胶枕，枕的一角有一橡胶管（图 3-16-7），上有调节器可调节流量，氧气枕充入氧气，接上湿化瓶即可使用。可用于家庭氧疗、危重患者的抢救或转运途中。

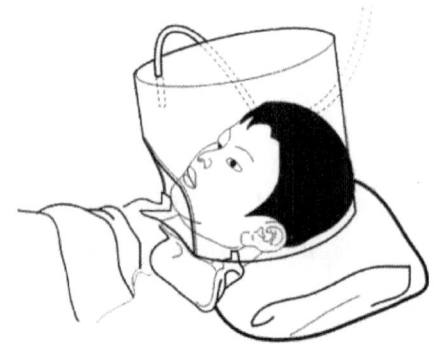

图 3-16-6　氧气头罩

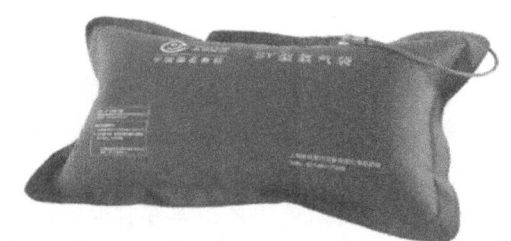

图 3-16-7　氧气枕

（6）家庭供氧方法　一些慢性呼吸系统疾病和持续低氧血症的患者可以在家中进行氧疗。家庭氧疗可采用制氧器、小型氧气瓶等方法，对改善患者健康状况，提高生活质量和运动耐力有显著疗效。

①氧立得：一种便携式制氧器，其原理为制氧剂 A 和催化剂 B 在反应仓中与水产生化学反应得到氧气（图 3-16-8）。优点：制氧纯度高（纯度达到 99.0%），完全符合医用标准；供氧快，方便快捷；易操作，制氧器结构简单，易学易操作；制氧器小巧轻灵，便于携带。缺点：维持时间短（一次反应制出的氧气仅能维持 20 min）。

②小型氧气瓶：小瓶装医用氧（图 3-16-9），同医院用氧一样，系天然纯氧。具有安全、小巧、经济、实用、方便等特点。有各种不同容量的氧气瓶，如 2 L、2.5 L、4 L、8 L、10 L、12 L、15 L 等，尤其适用于冠心病、肺心病、哮喘、支气管炎、肺气肿等慢性疾病患者的家庭氧疗。

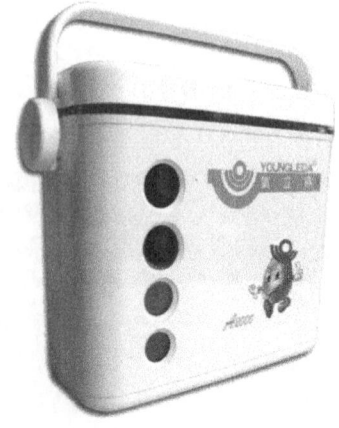

图 3-16-8　氧立得

图 3-16-9　小型氧气瓶

实训 3-16-1 吸氧法

【目的】

通过给氧,增加吸入空气中的氧浓度,以提高动脉血氧分压和动脉血氧饱和度,增加动脉血的氧含量,从而预防和纠正各种原因所造成的组织缺氧。

【评估】

(1)患者的情绪、对疾病的认识、心理状态与合作程度。

(2)患者目前的生命体征、病情、意识、缺氧程度、血气分析结果、肢端皮肤的颜色、鼻中隔偏曲、鼻腔分泌物情况。

【计划】

1. 操作者准备　着装整洁,修剪指甲,洗手,戴口罩,仪表大方,举止端庄,语言柔和恰当,态度和蔼可亲。

2. 用物准备　供氧装置、鼻导管、小药杯(内盛冷开水)、纱布、棉签、弯盘、用氧记录单、笔、手电筒。

3. 患者准备　理解吸氧的目的、方法、注意事项及配合要点,愿意合作,体位舒适,情绪稳定。

4. 环境准备　室温适宜、安静、整洁、光线充足、远离火源。

【实施】

1. 操作步骤(双侧鼻导管法)

操 作 步 骤	要 点 说 明
1.核对　备齐用物携至床旁,核对床号、姓名和腕带,解释	•确认患者,取得合作
2.清洁并检查　用湿棉签清洁双侧鼻腔并检查	•检查鼻腔有无分泌物堵塞及异常
3.连接　将鼻导管与湿化瓶的出口相连接	•检查设备功能是否正常,管道有无漏气
4.调节　氧流量	•根据病情遵医嘱调节氧流量 •轻度缺氧1~2 L/min,中度缺氧2~4 L/min •重度缺氧4~6 L/min,小儿1~2 L/min
5.湿润　鼻导管	•鼻导管前端放小药杯冷开水中湿润,且可检查鼻导管是否通畅
6.插管　将鼻导管插入患者鼻孔1 cm	•动作轻柔,以免引起黏膜损伤
7.固定　将鼻导管环绕患者耳部向下放置,调节松紧度	•松紧适宜,防止因导管太紧引起皮肤破损 •交代患者和家属吸氧后的注意事项
8.记录　给氧时间、氧流量、患者反应	•便于对照
9.观察　缺氧症状、实验室指标、氧气装置有无漏气、是否通畅,有无不良反应	•有异常及时处理
10.停止用氧　先取下鼻导管	•防止操作不当,引起组织损伤
11.安置患者　体位舒适	•整理床单位
12.卸表 ★氧气筒:关总开关,放出余气后,关流量开关后卸表 ★中心供氧:关流量开关,取下流量表	
13.用物处理	•一次性用物丢入专用医疗垃圾袋内集中处理
14. 记录　停止用氧时间及效果	

2. 注意事项

(1) 用氧前,要评估环境是否适合操作,检查氧气装置是否完好无漏气、氧气管是否通畅。

(2) 做好"四防"　严格遵守操作规程,注意用氧安全,切实做好"四防",即防震、防火、防热、防油。搬运时氧气筒要避免倾倒、撞击。氧气筒应放在阴凉处,严禁接近烟火和易燃物,距离明火至少5 m,距

暖气至少 1 m,以防引起燃烧。氧气表及螺旋口勿上油,也不用带油的手装卸。

(3) 正确使用氧气 用氧时,先调节流量再使用;停氧时,先拔出导管,再关闭氧气开关;中途改变流量时,先分离鼻导管和湿化瓶连接处,调节好后再接上。以免开关出错,大量氧气进入呼吸道而造成肺组织损伤。

(4) 持续鼻导管用氧者,定期更换鼻导管 双侧鼻导管、鼻塞应每天更换;面罩给氧应 4~8 h 更换一次面罩。及时清除鼻腔分泌物,防止鼻导管堵塞。

(5) 不可用尽氧气筒内氧气 压力表指针降至 0.5 MPa(5 kg/cm^2)时,不可再用。防灰尘进入氧气筒,再次充气时引起爆炸。

(6) 对未用或已用空的氧气筒,分别悬挂"满"或"空"的标志,避免急用时搬错影响抢救速度。

(7) 常用湿化液为灭菌蒸馏水。但急性肺水肿患者用 20%~30% 乙醇湿化,其目的是降低肺泡内泡沫的表面张力,使肺泡泡沫破裂、消散,改善肺部气体交换,减轻缺氧症状。

3. 健康教育

(1) 向患者及家属解释氧疗的重要性。

(2) 指导正确使用氧疗的方法及注意事项。

(3) 积极宣传呼吸道疾病的预防保健知识。

【评价】

(1) 患者缺氧症状得到改善。

(2) 操作规范,用氧安全。

(3) 护患沟通有效,患者能配合并了解安全用氧知识。

5) 氧疗的观察与护理

(1) 缺氧症状 患者由烦躁不安变为安静、心率变慢、血压上升、呼吸平稳、皮肤红润温暖、发绀消失,说明缺氧症状改善。

(2) 实验室检查 实验室检查指标可作为氧疗监护的客观指标。主要观察 PaO_2(正常值 12.6~13.3 kPa 或 95~100 mmHg)、$PaCO_2$(正常值 4.7~6.0 kPa 或 35~45 mmHg)、SaO_2(正常值 95%)等。

(3) 氧气装置有无漏气,管道是否通畅。

(4) 氧疗的副作用 当吸氧浓度超过 60%、持续时间超过 24 h 时,可出现氧疗副作用,常见的副作用如下。

①氧中毒:其特点是肺实质的改变,表现为胸骨下不适、疼痛、灼热感,继而出现呼吸增快、恶心、呕吐、烦躁、持续的干咳。预防措施是避免长时间、高浓度氧疗,经常做血气分析,动态观察氧疗的治疗效果。

②肺不张:吸入高浓度氧气后,肺泡内的氮气被大量置换,一旦支气管有阻塞时,其所属肺泡内的氧气被肺循环血液迅速吸收,引起吸入性肺不张。表现为烦躁,呼吸、心率增快,血压上升,继而出现呼吸困难、发绀、昏迷。预防措施是鼓励患者做深呼吸,多咳嗽和经常改变卧位、姿势,防止分泌物阻塞。

③呼吸道分泌物干燥:氧气是一种干燥气体,长期吸入可导致呼吸道黏膜干燥,分泌物黏稠,不易咳出,且有损纤毛运动。应加强湿化和雾化吸入,湿化能减少氧疗时上呼吸道的干燥感,促进呼吸道有浓稠分泌物的患者排痰,并定期雾化吸入。

④晶状体后纤维组织增生:仅见于新生儿,以早产儿多见。由于高浓度、长时间吸氧导致视网膜血管收缩、视网膜纤维化,最后出现不可逆的失明,因此给新生儿吸氧时应注意控制吸氧浓度和时间。

⑤呼吸抑制:见于Ⅱ型呼吸衰竭者(PaO_2 降低、$PaCO_2$ 增高),由于 $PaCO_2$ 长期处于高水平,呼吸中枢失去了对二氧化碳的敏感性,呼吸的调节主要依靠缺氧对外周化学感受器的刺激来维持,吸入高浓度氧,解除缺氧对呼吸的刺激作用,使呼吸中枢抑制加重,甚至呼吸停止。因此对Ⅱ型呼吸衰竭患者应给予低浓度、低流量(1~2 L/min)吸氧,维持 PaO_2 在 8 kPa 即可。

2. 吸痰法 吸痰法是指经口、鼻腔或人工气道将呼吸道分泌物吸出,以保持呼吸道通畅,预防吸入性肺炎、肺不张、窒息等并发症的一种方法。适用于无力咳嗽、排痰的患者,如危重、昏迷、新生儿、气管

切开、麻醉未清醒等。临床上最常用的是中心负压吸引装置(图 3-16-10)吸痰法和电动吸引器(图 3-16-11)吸痰法。紧急状态下,也可用注射器吸痰及口对口吸痰。

图 3-16-10　中心负压吸引装置

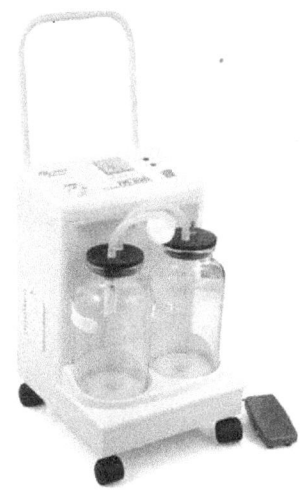

图 3-16-11　电动吸引器

实训 3-16-2　吸痰法

【目的】

(1)清除呼吸道分泌物,保持呼吸道通畅。

(2)促进呼吸功能,预防肺不张、坠积性肺炎等并发症。

【评估】

(1)患者的一般情况,如年龄、病情、文化程度、意识状态、治疗情况等。

(2)患者的心理状态、合作程度。

【计划】

1. 操作者准备　着装整洁,修剪指甲,洗手,戴口罩。

2. 用物准备

(1)吸痰装置　性能正常的电动吸引器或中心负压吸引装置。

(2)治疗盘　内置有盖罐 2 个(试吸罐和冲洗罐,内盛有无菌生理盐水)、无菌纱布数块、无菌止血钳或持物镊、弯盘、无菌手套,必要时备张口器、压舌板、舌钳、手电筒、电插板、痰标本容器等。另备分类处理用物容器。

3. 患者准备　了解吸痰的目的、方法、注意事项与配合。

4. 环境准备　光线充足、清洁、安静、室温适宜。

【实施】

1. 操作步骤(以电动吸引器吸痰为例)

操作步骤	要点说明
1.核对　备齐用物携至床旁,核对床号、姓名和腕带,解释	• 确认患者,取得合作
2.检查、调节　接通电源,打开开关,检查吸引器性能,调节负压	• 一般成人 0.04～0.053 MPa,儿童小于 0.04 MPa
3.检查口鼻　检查患者口、鼻腔,取下活动义齿	• 若口腔吸痰有困难,可由鼻腔吸引;昏迷患者可由压舌板或张口器帮助张口
4.体位　患者头部偏向一侧,面向操作者	
5.试吸　连接吸痰管,在试吸罐中试吸少量生理盐水	• 检查吸痰管是否通畅,同时润滑导管前端

Note

续表

操作步骤	要点说明
6.吸痰 一手反折吸导管末端,另一手用无菌血管钳(镊)或戴手套持吸痰管前端,插入口咽部(10~15 cm),然后放松导管末端,先吸口咽部分泌物,再吸气管内分泌物	• 插管时不可有负压,以免引起呼吸道黏膜损伤 • 若气管切开吸痰,注意无菌操作,先吸气管切开处,再吸口(鼻)部
7.抽吸 吸痰管退出后,在冲洗罐中用生理盐水抽吸	• 采取左右旋转并向上提管的手法,以利于呼吸道分泌物的充分吸尽,每次吸痰时间不超过15 s • 以免分泌物堵塞吸痰导管 • 一根吸痰导管只使用一次
8.观察 气道是否通畅;患者的反应,如面色、呼吸、心率、血压等;吸出液的色、质、量	• 动态评估患者
9.安置患者 拭净脸部分泌物,体位舒适,整理床单位	
10.整理用物 吸痰毕,分离吸痰管,机器端口用无菌套管保护,吸痰的玻璃接管插入盛有消毒液的试管中浸泡,手套及吸痰管按一次性用物处理	• 吸痰用物根据操作性质每班更换或每日更换1~2次
11.记录 洗手后记录	

2. 注意事项

(1) 吸痰前,检查电动吸引器是否功能良好,连接是否正确。

(2) 吸痰过程中注意观察血氧饱和度、呼吸、面色等。

(3) 操作时必须严格执行无菌操作,吸痰管、手套、吸痰溶液必须每次更换,避免因操作不当而引起交叉感染。

(4) 操作时注意动作轻、快,避免损伤气管黏膜,每次吸痰时间不超过15 s,以免造成缺氧。

(5) 电动吸引器连续使用时间不宜过长;储液瓶内液体达到2/3满时,应及时倾倒;为便于清洗消毒,痰液不黏附于瓶底,储液瓶内应放少量消毒液。

3. 健康教育

(1) 教会清醒患者吸痰时正确的配合方法,向患者和家属讲解呼吸道疾病的预防保健知识。

(2) 指导患者呼吸道有分泌物应及时清除,确保呼吸道通畅。

【评价】

(1) 患者呼吸道通畅,呼吸改善。

(2) 吸痰彻底有效,无黏膜损伤。

3. 洗胃法 洗胃法是将洗胃管由口腔或鼻腔插入胃内,反复注入和吸出一定量的溶液,以达到冲洗并排除胃内容物的方法。

实训3-16-3 洗胃法

【目的】

1. 解毒 清除胃内毒物或刺激物,减少或避免毒物吸收。还可利用不同灌洗液进行解毒。适用于急性食物和药物中毒。洗胃应尽早进行,一般服毒后6 h洗胃均有效,如当服毒前胃内容物过多、毒物量过大时,即使超过6 h也不应放弃洗胃。

2. 减轻胃黏膜水肿 幽门梗阻患者因饭后食物潴留引起上腹胀满、恶心、呕吐等症状,通过洗胃可以减轻潴留物对胃黏膜的刺激,从而减轻胃黏膜的炎症和水肿。

【评估】

(1) 患者的年龄、病情、瞳孔变化、意识状态、生命体征、口鼻情况及有无义齿。

(2) 患者的中毒情况,有无洗胃禁忌。

(3) 患者的心理状态、合作程度。

【计划】

1. 操作者准备 着装整洁,修剪指甲,洗手,戴口罩。

2. 用物准备

(1) 口服催吐法 量杯、压舌板、水温计、弯盘、塑料围裙、水桶 2 只(一只盛洗胃液、另一只盛污水)、洗胃溶液(根据毒物性质遵医嘱准备洗胃溶液(表 3-16-2),温度 25~38 ℃)10000~20000 mL。

(2) 电动吸引器洗胃法 性能正常的电动吸引器 1 台,Y 形三通管 1 只,输液架、输液瓶、输液器各 1 个,止血钳 2 把,无菌洗胃包(内置:胃管、镊子、纱布、润滑油),治疗盘(内置量杯 1 只、水温计 1 支、橡胶或塑料围裙 1 条、胶布 2 条、弯盘 1 个),必要时备治疗碗 1 只(内置压舌板、张口器、牙垫、舌钳各一个),水桶 2 只(一只盛洗胃液、另一只盛污水),洗胃溶液同口服催吐法。

(3) 全自动洗胃机洗胃法 将电动吸引器换成性能正常的自动洗胃机,其余同前。

3. 患者准备 了解洗胃的目的、方法、注意事项及配合要点,取舒适的体位。

4. 环境准备 安静、整洁、光线明亮、温度适宜。

表 3-16-2 常见毒物中毒的洗胃溶液和禁忌药物

毒物种类	灌洗溶液	禁忌药物
巴比妥类(安眠药)	1:(15000~20000)高锰酸钾洗胃、硫酸钠溶液导泻[1]	硫酸镁
异烟肼(雷米封)	1:(15000~20000)高锰酸钾洗胃、硫酸钠溶液导泻	
酸性物	镁乳、蛋清水[2]、牛奶	
碱性物	5%醋酸、白醋、蛋清水、牛奶	
氰化物	3%过氧化氢溶液引吐,1:(15000~20000)高锰酸钾洗胃[3]	
敌敌畏	2%~4%碳酸氢钠溶液、1%盐水、1:(15000~20000)高锰酸钾洗胃	
敌百虫	1%盐水或清水、1:(15000~20000)高锰酸钾	碱性药物[4]
1605、1059、4049(乐果)	2%~4%碳酸氢钠溶液	高锰酸钾[5]
DDT(灭害灵)、666	温开水或生理盐水洗胃、50%硫酸镁导泻	油性泻药
河豚、生物碱、毒蕈	1%~3%鞣酸	
发芽马铃薯	1%活性炭悬浮液	
苯酚(石炭酸)	1:(15000~20000)高锰酸钾	
灭鼠药		
1.抗凝血类(敌鼠钠等)	催吐、温水洗胃、硫酸钠溶液导泻	碳酸氢钠溶液
2.有机氟类(氟乙酰胺等)	0.2%~0.5%氯化钙或淡石灰水洗胃、硫酸钠溶液导泻、饮用豆浆、蛋白水、牛奶等	
3.磷化锌[6]	1:(15000~20000)高锰酸钾、0.5%硫酸铜洗胃	鸡蛋、牛奶、脂肪及其他油类食物

注:①巴比妥类药物采用硫酸钠溶液导泻是利用其在肠道内形成高渗透压,而阻止肠道水分和残余的巴比妥药物的吸收,促其尽早排出体外。硫酸钠对心血管和神经系统没有抑制作用,不会加重巴比妥药物中毒。

②蛋清水可黏附于黏膜表面或者创面上,从而起到保护作用,并可减轻患者的痛苦。

③氧化剂可将化学毒品氧化,改变其性能,从而减轻或去除其毒性。

④敌百虫遇碱性药物可分解出毒性更强的敌敌畏,其分解过程随碱性的增强和温度的升高而加速。

⑤1605、1509、4049(乐果)等禁用高锰酸钾洗胃,否则可氧化成毒性更强的物质。

⑥磷化锌中毒时,口服硫酸铜可使其成为无毒的磷化铜沉淀,阻止吸收,并促使其排出体外。磷化锌易溶于油类物质,忌用脂肪性食物,以免促进磷的溶解吸收。

【实施】

1. 操作步骤

操 作 步 骤	要 点 说 明
1.核对　携用物至床旁,核对患者床号、姓名、腕带	• 确认患者
2.解释　向患者及家属解释插管洗胃的目的、操作过程的配合与产生的不适及对不适的应对方法等相关知识	• 取得患者和(或)家属对执行该操作的知情同意
3.卧位　清醒患者取坐位或者半坐卧位;中毒较重患者取左侧卧位。昏迷患者取平卧位,头偏向一侧	• 右侧卧位有助于胃排空,加速毒素向十二指肠排空
4.洗胃 ★口服催吐法 (1)准备　围好围裙,取下义齿,置污物桶于患者座位前或床旁 (2)催吐　指导患者每次饮洗胃液300~500 mL,自行呕吐或用压舌板刺激舌根催吐	• 反复进行,直至吐出液澄清无味为止
★电动吸引器洗胃法(图 3-16-12) (1)检查　接通电源,检查吸引器性能 (2)连接　将输液器与 Y 形三通管主管相连,吸引器储液瓶的引流管及胃管末端分别与 Y 形三通管两分支相连,夹闭输液夹,将灌洗液倒入输液瓶内,挂于输液架 (3)插胃管　用液体石蜡润滑胃管前端,润滑插入长度的 1/3;插入长度为前额发际至剑突的距离,由口腔插入 55~60 cm,通过三种检测方法确定胃管在胃内;用胶布固定胃管 (4)吸引　胃管接灌洗液输液瓶,开动吸引器,负压宜保持在 13.3 kPa,吸出胃内容物。留取第一次标本送检 (5)灌注　关闭吸引器,夹闭储液瓶上的引流管,开放输液管,使灌注液流入胃内 300~500 mL,夹闭输液管,开放储液瓶上的引流管,启动吸引器,吸出灌入的液体。如此反复灌洗,直至洗出液澄清无味为止	• 吸引器负压应保持在 13.3 kPa,避免压力过高损伤胃黏膜 • 确保输液管及其连接处无漏气
★自动洗胃机洗胃法(图 3-16-13) (1)准备洗胃机　自动洗胃机接通电源,将已配好的灌洗液放入桶内,将 3 根橡胶管分别于机器的药管、胃管、污水管相连接。药管的另一端于灌洗液桶内,调节药量和流速。污水管另一端置于空水桶内;胃管的另一端与插入的胃管相连接 (2)插管　同漏斗胃管洗胃方法 (3)灌洗　按"手吸"键,吸出胃内容物,留取标本送检。然后按"自动"键,机器即开始对胃自动冲洗,至洗出液澄清无味时,按"停机"键停止,分离胃管	• 药管的另一端置于灌洗液桶内,管口必须始终浸泡在洗胃液的液面以下,防止大量气体进入胃内 • 若发现有胃内容物堵塞管道,水流缓慢、不流或发生故障,可交替按动"手冲"和"手吸"键,反复冲洗数次,直至管道畅通,再按动"手吸"键将胃内残留液体吸出,按动"自动"键,恢复自动洗胃,直至洗出液澄清无味为止
(4)观察　洗胃过程中,密切观察洗出液的性质、颜色、气味、量及患者的意识、面色、呼吸、脉搏、血压的变化 (5)拔管　反折胃管拔管,协助漱口,擦净面部 (6)整理　协助患者取舒适卧位,整理床单位,清理用物 (7)清洗　将三管(药管、胃管、污水管)同时置于清水中,按"清洗"键,机器自动清洗 (8)记录　洗胃液名称、量,洗出液颜色、气味、性质、量及患者全身反应	• 如患者出现腹痛、洗出液呈血性、休克等现象时,应立即停止洗胃,并采取相应的急救措施 • 防止管内液体误入气管

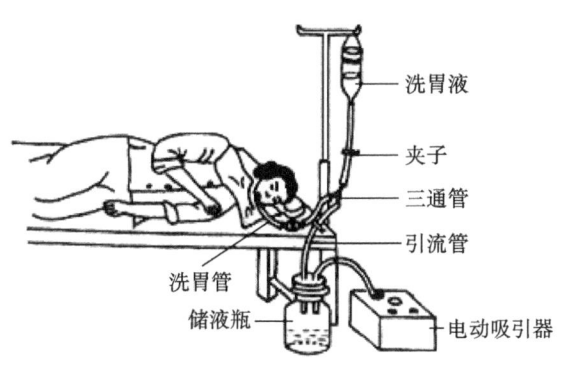

图 3-16-12 电动吸引器洗胃法

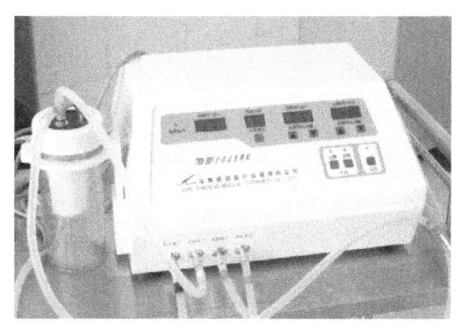

图 3-16-13 全自动洗胃机

2. 注意事项

（1）急性中毒患者应迅速催吐，必要时进行洗胃，以减少毒物的吸收。

（2）当毒物不明时，应先抽取胃内容物送检，以明确毒物性质，并用生理盐水或温开水洗胃，待毒物性质确定后，再选用对抗剂洗胃。

（3）准确掌握洗胃适应证和禁忌证 ①适应证：非腐蚀性毒物中毒，如有机磷、安眠药、重金属类、生物碱及食物中毒等。②禁忌证：强腐蚀性毒物（如强酸、强碱）中毒、肝硬化伴食管胃底静脉曲张、胸主动脉瘤、近期内有上消化道出血及胃穿孔、胃癌等。患者吞服强酸、强碱等腐蚀性药物，禁忌洗胃，以免造成穿孔。可按医嘱给予药物或迅速给予物理性对抗剂，如牛奶、豆浆、蛋清、米汤等以保护胃黏膜。上消化道溃疡、食管静脉曲张、胃癌等患者一般不洗胃，昏迷患者洗胃应谨慎。

（4）洗胃时，随时观察病情，如有血性液体流出或出现虚脱现象或腹痛，应立即停止洗胃。洗胃后注意患者胃内毒物清除状况，中毒症状有无得到缓解或控制。

（5）每次灌入量不要太多（不能超过 500 mL），防毒物推至十二指肠，促使毒物吸收或造成急性胃扩张。突然的胃扩张还可兴奋迷走神经，反射性地引起心脏骤停。

（6）严格掌握洗胃时间，幽门梗阻患者洗胃宜在空腹或饭后 4～6 h 进行，并记录潴留量，以便了解梗阻情况，为静脉输液提供参考。

【评价】

（1）患者安全，无发生误吸、窒息等并发症。

（2）洗胃及时、彻底，能妥善处理洗胃过程出现的问题。

4. 简易呼吸器的使用 又称加压给氧气囊（AMBU），是进行人工通气的简易工具。在未进行气管插管建立紧急人工气道之前，或呼吸机突然发生故障时使用。简易呼吸器具有结构简单，操作迅速方便，易于携带，可随意调节，不需用电动装置，通气效果好等优点。其结构主要由单向阀、球体、氧气储气阀、氧气储气袋、氧气导管、面罩等组成。其基本原理是氧气进入球形气囊和储气袋或蛇形管，人工挤压气囊打开前方活瓣，将氧气压入与患者口鼻贴紧的面罩内或气管导管内，以达到人工通气的目的。

实训 3-16-4　简易呼吸器的使用

【目的】

（1）维持和增加机体通气量。

（2）纠正威胁生命的低氧血症。

【评估】

（1）评估患者的意识、有无自主呼吸、呼吸型态、缺氧程度、呼吸道是否通畅、皮肤黏膜颜色、有无义齿、血气分析情况。

（2）了解有无简易呼吸器的使用禁忌证，如中等以上活动性咯血、心肌梗死、大量胸腔积液等禁用。

【计划】

1. 操作者准备 着装整洁，修剪指甲，洗手，戴口罩，仪表大方，举止端庄，语言柔和恰当，态度和蔼可亲。

Note

2. 用物准备　简易呼吸器装置一套(单向阀、球体、氧气储气阀、氧气储气袋、氧气连接管、面罩);人工呼吸机一台、面罩、螺纹管、湿化器、蒸馏水、集水器、模拟肺、听诊器、Y形三通管;给氧装置已安装呈备用状态。抢救车推至床边。

3. 患者准备　去枕平卧,头偏向一侧,有义齿应取下。意识清醒患者要做好心理指导,消除紧张恐惧情绪。

4. 环境准备　安静、舒适,使用床帘或屏风遮挡,劝退家属。用氧环境安全。

【实施】

1. 操作步骤

操作步骤	要点说明
1. 核对　备齐用物携至床边,核对床号、姓名、腕带,做好解释	• 取得患者和(或)家属对执行该操作的知情同意
2. 清除分泌物　患者取仰卧位,去枕、头后仰。松解患者衣领、腰带等,取下义齿,清除上呼吸道分泌物和呕吐物	
3. 开放气道　操作者站于患者头侧,使患者头尽量后仰,托起下颌	
4. 连接装置　连接面罩、呼吸囊及安装氧气表,调节氧流量 8~10 L/min(供氧浓度为 50%~60%),使储气袋充盈	• 避免漏气
5. 扣戴面罩　将面罩罩住患者口鼻,按紧不漏气。应用 E-C 技术固定面罩。若气管插管或气管切开患者使用简易呼吸器,应先将痰液吸净,气囊充气后再使用	
6. 正确挤压呼吸囊　两手捏住呼吸囊中间部分,两拇指相对朝内,四指并拢或略分开,两手用力均匀挤压呼吸囊,待呼吸囊重新膨起后开始下一次挤压,应尽量在患者吸气时挤压呼吸囊	• 使用时注意潮气量、呼吸频率、吸呼时间比等 • 一般潮气量 8~12 mL/kg(通常成人 400~600 mL 的潮气量就足以使胸壁抬起),以通气适中为好,有条件时测定二氧化碳分压以调节通气量,避免通气过度 • 一般挤压速率为 10 次/分,快速挤压气囊时,应注意气囊的频次和患者呼吸的协调性。在患者呼气与气囊膨胀复位之间应有足够的时间,以防在患者呼气时挤压气囊
7. 观察及评估患者　使用过程中,应密切观察患者对呼吸器的适应性、胸腹起伏、皮肤颜色、听诊呼吸音、生命体征、氧饱和度读数	• 吸呼时间比,成人一般为 1：(1~1.5)
8. 记录	
9. 用物处理	• 用物消毒

2. 注意事项

(1) 使用简易呼吸器容易发生的问题是,活瓣漏气,使患者得不到有效通气。因此要定时检查、测试、维修和保养。

(2) 挤压呼吸囊时,压力不可过大,以挤压呼吸囊的 1/3~2/3 为宜,不可时大时小,时快时慢,以免损伤肺组织,造成呼吸中枢紊乱,影响呼吸功能恢复。

(3) 发现患者有自主呼吸时,应按患者的呼吸动作加以辅助,以免影响患者的自主呼吸。

(4) 对清醒患者做好心理护理,解释应用呼吸器的目的和意义,缓解紧张情绪,使其主动配合,并边挤压呼吸囊边指导患者"吸……""呼……"。

(5) 呼吸器使用后,呼吸活瓣、氧气连接管、面罩拆下,用 1：1000 康威达浸泡 30 min 后,凉水冲净晾干装配好备用。呼吸囊和储气袋用浸有 1：1000 康威达消毒纸擦拭即可。

(6) 弹性呼吸囊不宜挤压变形后放置,以免影响弹性。

【评价】

(1) 患者安全,缺氧情况有所改善。

(2) 患者无误吸、窒息等并发症。

知识链接

简易呼吸器的检查与测试

(1) 取下单向阀和储气阀时,挤压球体,将手松开,球体应很快自动弹回原状。

(2) 将出气口用手堵住,挤压球体时,将会发觉球体不易被压下。如果发觉球体慢慢地向下漏气,要检查进气阀是否组装正确。

(3) 将单向阀接上球体,并在患者接头处接上储气袋,挤压球体,单向阀会张开,使得储气袋膨胀,若储气袋没有膨胀,要检查单向阀,单向阀、储气袋是否组装正确。

(4) 将储气阀和储气袋接在一起,将气体挤入储气阀,使储气袋膨胀,将接头堵住,挤压储气袋气体自储气阀溢出。若未能察觉溢出,要检查安装是否正确。

直通护考

一、A1/A2 型题

1. 吸氧持续 1~2 天,患者会发生氧中毒的最低氧浓度是(　　)。

A. 60%　　　　B. 45%　　　　C. 70%　　　　D. 50%　　　　E. 80%

2. 患儿,3 岁,高热惊厥,在急诊科经止惊、给氧等紧急处理后,情况稳定,欲送儿科病房做进一步治疗。运送过程中最适宜的供氧装置是(　　)。

A. 氧气筒　　　B. 氧气枕　　　C. 中心管道　　　D. 人工呼吸机　　E. 简易呼吸器

3. 患儿,女,1 岁。细菌性肺炎入院。目前患儿烦躁不安、呼吸困难。医嘱:吸氧。适宜该患儿的吸氧方式为(　　)。

A. 单侧鼻导管法　B. 面罩法　　　D. 漏斗法　　　C. 鼻塞法　　　E. 头罩法

4. 患者,男,56 岁。因肺心病需要吸氧,错误的操作是(　　)。

A. 插管前用湿棉签清洁鼻孔　　　　　　　　B. 插管前检查导管是否通畅

C. 先调节好流量再插管　　　　　　　　　　D. 给氧期间不可直接调节氧流量

E. 停用氧气时先关流量开关

5. 吸氧时流量为 3 L/min,其氧浓度为(　　)。

A. 29%　　　　B. 33%　　　　C. 37%　　　　D. 41%　　　　E. 45%

6. 为敌百虫重度患者进行洗胃时,禁用的洗胃溶液是(　　)。

A. 温开水　　B. 生理盐水　　C. 蛋清水　　D. 高锰酸钾溶液　E. 碳酸氢钠溶液

7. 患者,男,50 岁。以外伤入院治疗,在用氧过程中,家属私自将鼻导管氧流量调至 10 L/min,15 min 后患者出现烦躁不安、面色苍白、进行性呼吸困难等表现。该患者最可能出现了(　　)。

A. 肺水肿　　B. 肺不张　　　C. 肺气肿　　　D. 氧中毒　　　E. 心力衰竭

8. 护士使用电动吸引器为患者吸痰,发现痰液黏稠不易吸出。错误的处理措施是(　　)。

A. 叩拍胸背部　　　　　　　B. 增加负压吸引力　　　　　　C. 滴入化痰药物

D. 滴入生理盐水　　　　　　E. 雾化吸入

9. 患者,男,60 岁。因巴比妥中毒急诊入院,立即给予洗胃,应选择的灌洗溶液是(　　)。

A. 蛋清水　　B. 牛奶　　　C. 高锰酸钾溶液　　D. 硫酸铜　　　E. 硫酸镁

10. 患者,女,77 岁,昏迷 4 天,眼睑不能闭合,护理眼部首选的措施是(　　)。

A. 滴眼药水　　　B. 热敷眼部　　　C. 干纱布遮盖　　　D. 按摩双眼睑　　　E. 凡士林纱布遮盖

11. 患者，女，50岁，呼吸衰竭入院，现患者无自主呼吸，应用简易呼吸器抢救。正确的做法是（　　）。

A. 协助患者去枕仰卧，固定活动义齿

B. 护士站在患者头侧，使患者尽量前倾，开放气道

C. 有规律地挤压、放松呼吸气囊，8～12次/分

D. 每次挤压400 mL气体

E. 有自主呼吸，应在呼气时挤压气囊

二、A3/A4型题

（12～13题共用题干）

某患者被人搀扶着步入医院，接诊护士看见其面色发绀，口唇呈黑紫色，呼吸困难，询问病史得知其有慢性阻塞性肺病史。

12. 护士需立即对其采取的措施是（　　）。

A. 分诊协助其就医　　　　　　B. 不进行处理，静候医生　　　　　　C. 鼻塞法吸氧

D. 电击除颤　　　　　　　　　E. CPR

13. 护士采取相应措施时应特别注意（　　）。

A. 对患者实施呼吸道隔离　　　B. 让患者保持镇静　　　　　　C. 氧流量1～2 L/min

D. 只能除颤1次　　　　　　　E. 人工呼吸与胸外心脏按压比例为2∶30

（14～15题共用题干）

患者，男，75岁，在家里突然晕倒，立即被送入医院，诊断为脑血管意外，患者配偶告知护士，患者发病前，一直自服降压药控制高血压。

14. 能够确定患者意识状态的选项是（　　）。

A. 角膜反射　　　B. 生命体征　　　C. 肌腱反射　　　D. 疼痛刺激反应　　　E. 瞳孔对光反射

15. 患者意识逐渐恢复，为鼓励患者自己进食，护士应采取的措施是（　　）。

A. 将餐具放到患者手里

B. 让患者根据自己能力慢慢进食

C. 建议配偶帮助喂饭，并协助患者进食

D. 先给患者喂食，剩余部分让患者自己进食

E. 将食物和餐具放在患者方便拿取的餐桌上

（枣庄科技职业学院　　上官静、刘永华）

参考答案

在线答题

Note

项目四　出院护理

任务十七　临终护理技术

护考提示

1. 临终关怀概念及其意义、濒死及死亡的定义、死亡过程的分期。
2. 临终患者的生理反应、心理反应及其护理,临终患者家属的护理。
3. 死亡后尸体护理、丧亲者的护理。

学习目标

1. 知识目标:掌握临终患者家属及丧亲者的护理内容;濒死、死亡的定义,死亡过程的分期;临终患者的生理、心理反应及护理;尸体护理的注意事项。
2. 能力目标:了解临终关怀的发展过程;能正确实施尸体护理。
3. 素质目标:在护理操作中态度严肃认真,具有同情心,关心、爱护患者,尊重死者,并同家属进行良好沟通;具有崇高的职业道德,维护患者的尊严和权利。

案例引导

　　患者,男,63岁,肝癌晚期收住院,入院后情绪异常,自己感觉家人不关心,家属希望患者在临终阶段能得到较好的照顾,尽量减少患者痛苦,偶尔抱怨医护人员对其不重视、医护技术力量不强。护士告诉患者家属,医院是为患者提供临终关怀的机构。随着病情加重,多器官衰竭,经抢救无效死亡,家属非常悲伤。

　　如果你是患者的责任护士,请完成以下任务:①分析患者入院后的心理反应,弄清临终关怀的理念是什么。②如何做好尸体护理技术工作?③请理解丧亲者的感受,如何给予必要的支持和安抚?

一、概述

　　临终是人生必然的发展阶段,临终和死亡是人生旅途的终点站,在人生的最后旅途最需要的是关爱和帮助。护理人员在临终关怀中发挥着重要的作用,所以应掌握相关的理论知识和技能,了解患者身心两方面的反应,帮助临终患者减轻痛苦,以提高其生存质量;引导患者树立正确的死亡观,使其正确面对死亡,并能无痛苦、平静地接受死亡;同时护士应帮助患者坦然、宁静地面对死亡,也需要对临终患者的

PPT 课件

案例解析

情境训练

Note

275

家属给予心理疏导、支持及安慰,并尽可能减轻患者临终前的痛苦,缓解他们的悲伤情绪,使之有尊严、安详地度过人生旅程的最后阶段。

(一)临终关怀

1. 概念 临终关怀又称善终服务、安宁照顾、终末护理、安息护理等。临终关怀是指由社会各层面即护士、医生、社会工作者、志愿者以及政府、慈善团体人士等组成的团队,为生命处于临终阶段的患者及其家属提供身体、生理、心理、社会、文化及精神等各方面在内的一种全面性支持和照料。其目的是为了满足临终患者身心的需要,使其生命质量得到提高,能够舒适、安详、无痛苦、有尊严地走完人生的最后旅程,更好地度过人生的最后时期,并使家属的身心健康得到维护和增强。

知识链接

现代临终关怀

现代临终关怀创始于 20 世纪 60 年代,创始人是英国的桑德斯博士。1967 年桑德斯在英国的伦敦郊区创办"圣克里斯多福临终关怀院",这是世界上第一家现代临终关怀医院,被赞誉为"点燃了世界临终关怀运动的灯塔",桑德斯博士为促进全世界临终关怀运动的发展做出了卓越的贡献。

1988 年 7 月,天津医学院(现天津医科大学)在黄天中博士的资助下,创办了我国第一个临终关怀研究机构中心。我国临终关怀的起步是从天津医学院临终关怀研究中心的成立开始的,研究中心主任崔以泰被誉为"中国临终关怀之父"。1988 年 10 月,在上海诞生了我国第一家机构型临终关怀医院南汇护理院(现为上海浦东新区老年医院)。自天津医学院临床关怀研究中心成立以来,中国的临终关怀事业的发展大体经历了三个阶段:理论引进和研究起步阶段、宣传普及和专业培训阶段、学术研究和临床实践全面发展阶段。在临床实践方面,我国各地都因地制宜地创办了临终关怀服务机构。至目前全国有百余家临终关怀医院或病房,上万名医护人员从事临终关怀工作。2006 年 4 月中国生命关怀协会在首都北京人民大会堂宣告成立。

2. 临终关怀的内容 临终关怀不仅是一种服务,也是一门探讨临终患者生理、心理特征的和为临终患者及其家属提供全面照顾的新兴学科。主要内容包括以下几个方面。

(1)满足临终患者及家属的需求 临终患者的需求包括生理、心理及社会方面的需求。临终患者家属的需求包括:家属对临终患者治疗、护理的要求和心理需求,协助家属为其施行殡葬服务等。

(2)临终患者的全面照护 尤其应注意控制临终患者的疼痛,并给予相应的心理照护,包括为其提供医疗护理、生活护理、心理护理。临终关怀的核心是控制疼痛及其他主要的不适,这些不适时刻困扰着患者并使他们产生焦虑和恐惧,如恶心、呕吐、便秘、食欲减退、口腔炎、吞咽困难、焦虑、抑郁、意识障碍、惊厥及呼吸困难等。

(3)临终患者家属的照护 进行心理疏导和情感支持,减少家属的疑虑。

(4)死亡教育 死亡教育的对象包括临终患者及其家属。对临终患者进行死亡教育的目的是帮助临终患者树立正确的生死观、生命价值观、生命伦理观,正确对待和接受死亡,消除对死亡的恐惧心理,学习"准备死亡、面对死亡、接受死亡"。死亡教育是探讨生与死的意义,是运用与死亡有关的医学、护理学、心理学,以及精神、经济、法律、伦理学等知识对人们进行教育,使受教育者更加珍爱生命、欣赏生命,减少盲目的轻生和不必要的死亡。死亡教育可以帮助临终患者家属适应患者病情变化和死亡,帮助他们缩短哀伤的过程。

3. 临终关怀的组织形式、理念

1)临终关怀的组织形式 当前,世界范围内临终关怀的机构和服务形式呈现多样化、本土化的特点。英国临终关怀服务以住院照料方式为主,即注重临终关怀医院的发展。美国则以家庭临终关怀服务为主,即开展社区服务。我国正在探索符合当前我国国情的临终关怀服务方式,从目前发展状况来

看,临终关怀病房的形式较为普遍,我国的临终关怀服务组织形式有以下几种。

(1)独立的临终关怀医院 不隶属于任何医疗、护理或其他医疗保健服务机构的临终关怀服务机构,具有医疗和护理设备、一定的娱乐设施、家庭化的危重病房设置,建立适合临终关怀的陪护制度,同时配备一定数量和质量的专业人员,为临终患者提供一定的临终服务项目。主要包括住院临终关怀服务、家庭临终关怀服务和日间临终关怀服务,北京松堂关怀医院、香港的白普里宁养中心、上海浦东新区老年医院等较具代表性。

(2)附设临终关怀机构 在医院、护理院、养老院、社区保健站、家庭卫生保健服务中心机构内,附设"临终关怀病区""临终关怀病房""临终关怀单元(病室或病床)"或"附属临终关怀院"。附设的临终关怀机构是最常见的临终关怀服务机构类型。主要为临终患者提供医疗、护理及生活照料,如北京中国医学科学院肿瘤医院的温馨病房、天津医科大学肿瘤医院关怀科、四川大学华西医院姑息关怀科等。临终关怀病房和病区分为综合病种的临终关怀病房和专为癌症患者设立的临终关怀病房。

(3)居家式临终关怀 又称居家照护(home care),是临终关怀基本服务方式之一,指不愿意离开自己家的临终患者,使他们能感受到亲人的关心和体贴,从而减轻生理上和心理上的痛苦,由临终关怀组织提供常规的患者和家属所需要的各种临终关怀服务。患者住在自己家中,医护人员根据临终患者的病情每日或每周进行数次访视,并提供临终照护,由患者家属提供基本的日常照护。

(4)癌症患者俱乐部 这是一个具有临终关怀的群众性自发组织,而不是医疗机构。其宗旨是促进癌症患者互相关怀、互相帮助,愉快地度过生命的最后旅程。

2)临终关怀的理念

(1)以照料临终患者为中心 临终关怀是针对各种疾病的晚期、治疗不再生效、生命即将结束者的照护,一般在3～6个月实施临终关怀。对于这些患者,应从过去的治疗为主转向以照顾为主,不是通过治疗疾病使其免于死亡,而是通过对其全面的身心照料,提供临终前适度的姑息性治疗,控制症状,解除痛苦,消除心理焦虑、恐惧,获得社会支持,使其在最后的旅程上得到安宁。因此,临终关怀是以治愈为主的治疗转变为以对症为主的照料。

(2)提高临终患者的生命质量 临终关怀不是以延长患者生存时间为目的,而是以提高其临终阶段的生命质量为宗旨。对濒死患者生命质量的照料是临终关怀的重要环节,减轻痛苦使生命品质得到提高,让其在有限的时间里,能有清醒的头脑,接受关怀。给临终患者提供一个安适、有意义、有希望的生活,在可控制的病痛下和家人共度温馨时光,使患者在人生最后阶段能够体会人间真情,享受人生的余晖。

(3)维护临终患者的尊严和权利 临终患者尚未死亡,仍有思维、意识、情感,仍有个人的尊严和权利,尊重生命的尊严及尊重濒死患者的权利,充分体现临终关怀的目的。实行人道主义,使临终患者在人生的最后历程同样得到热情的照顾和关怀,临终关怀强调尊重生命的原则,体现患者生命的价值和生存的意义和尊严。医护人员应注意维护和保持患者的尊严和权利,在临终照料中应允许其保留原有的生活方式,尽量满足其合理要求,保护个人隐私和权利,鼓励患者,让其参与医护方案的制定等。

(4)加强死亡教育以使其接纳死亡 临终关怀将死亡视为生命的一部分,承认生命是有限的,死亡是一个必然的过程。虽然医务人员已经尽力对患者进行了治疗和护理,但仍不可避免地有患者因疾病不能治愈而死亡。临终关怀强调把健康教育和死亡教育结合起来,从正确理解生命的完整与本质入手,完善人生观,增强健康意识,教育临终患者把生命的有效价值和生命的高质量两者真正统一起来,善始善终,以健全的身心走完人生旅程。

(5)注重临终患者家属的心理支持 临终护理的效果与家属的积极配合密切相关,注重对家属提供心理支持,可使他们保持正常的心态,在患者临终阶段的心理和精神方面起到他人所不能替代的作用。因此,在对临终患者全面照料的同时,给予临终患者家属心理、社会支持,使其接受亲人死亡的事实,坦然面对亲人的死亡。

(6)提供全面的整体护理 包括对临终患者的生理、心理、社会等方面给予关心和照护,为患者提供24 h护理服务,照护时也要关心患者家属。

舒 缓 治 疗

　　舒缓治疗又称姑息治疗。依据世界卫生组织(WHO)定义,舒缓治疗是指为无治疗希望的终末期患者提供积极、人性化的服务,主要通过控制疼痛、缓解患者身心方面的不适症状和提供心理、社会和心灵上的支持,为患者和家属赢得尽可能好的生活质量。舒缓治疗体现了人类对生命的尊重和珍惜,让人生的最后一段旅途过得舒适、有尊严和少痛苦。舒缓治疗是临终关怀服务中主要的治疗手段,但并不仅限于临终关怀服务,也可用于长期照护等医疗卫生服务模式中。舒缓治疗的主要服务对象之一是癌症晚期患者,服务重点是改善癌症晚期患者的生活质量,减轻其躯体上的痛苦与情绪上的困扰。

(二)濒死及死亡

　　临终护理应以死亡学的知识为基础。护理人员只有熟悉和掌握死亡的概念、死亡过程的分期和各分期不同的特征,才能更好地在情感上支持、在行为上关怀临终患者,为临终患者提供优质的护理服务。

　　1. 濒死的定义　　濒死即临终,是指患者已接受治疗性或姑息性的治疗,虽然意识清楚,但病情加速恶化,各种迹象显示生命即将终结,是生命活动的最后阶段。濒死阶段和整个生命过程相比是很短暂的,与数十年的生存经历相比,也不过几个月、几天、几小时甚至几分钟,这个阶段又称"死程"。原则上属于死亡的一部分,但由于它有可逆性,故不属于死亡,但在死亡学中却占有重要地位,因此濒死生理、濒死心理及濒死体验等一直是医护工作者、临终关怀学和死亡学所关注和研究的对象。

　　2. 死亡的定义　　死亡是个体生命活动和新陈代谢不可逆的终止。传统的死亡概念是指心肺功能的停止。临床上,当患者呼吸、心跳停止,瞳孔散大而固定,所有反射都消失,心电波平直时,即可宣布其死亡。随着医学科学的发展,特别是人工维持心肺功能技术与药物的应用开展后,据有关临床资料显示,只要大脑功能完整,一切生命活动都有可能完全恢复。因此,传统的死亡标准被摒弃,医学界人士提出新的较为客观的判断标准,这就是脑死亡标准。

　　脑死亡既包括脑干在内全脑机能完全不可逆转地停止,是生命活动结束的象征。1968 年,在世界第 22 次医学大会上,美国哈佛医学脑死亡定义审查特别委员会提出"脑功能不可逆转性丧失",并制定了世界上第一个脑死亡诊断标准:

　　①不可逆的深度昏迷,即无感受性和反应性,对刺激完全无反应,即使剧痛刺激也不能引出反应。

　　②无运动、无呼吸,观察 1 h 后撤去人工呼吸机 3 min 仍无自主呼吸。

　　③脑干反射消失,即瞳孔散大、固定,对光反射消失,无角膜反射,无咽反射和跟腱反射。

　　④脑电波消失(平坦)。

　　凡符合以上标准,并在 24 h 内反复测试、多次检查,结果无变化,即可宣告死亡。但需排除体温过低(32.2 ℃以下)或刚使用过中枢神经系统抑制剂两种情况,即可做出脑死亡的诊断,宣告死亡。

脑死亡判定标准与技术规范(成人质控版)

　　一、判定的先决条件

　　1. 昏迷原因明确。

　　2. 排除各种原因的可逆性昏迷。

　　二、临床判定

　　1. 深昏迷。

　　2. 脑干反射消失。

3. 无自主呼吸　靠呼吸机维持通气,自主呼吸激发试验证实无自主呼吸。

以上3项临床判定必须全部具备。

三、确认试验

1. 短潜伏期体感诱发电位(SLSEP)　正中神经 SLSEP 显示双侧 N9 和(或)N13 存在,P14、N18 和 N20 消失。

2. 脑电图　脑电图显示电静息。

3. 经颅多普勒超声(TCD)　TCD 显示颅内循环和后循环血流呈震荡波、尖小收缩波或血流信号消失。

以上3项确认试验至少具备2项。

四、判定时间

临床判定和确认试验结果均符合脑死亡判定标准者可首次判定为脑死亡。首次判定12 h后再次复查,结果仍符合脑死亡判定标准者,方可确认为脑死亡。

3. 死亡过程的分期　大量医学科学和临床资料表明,死亡不是生命的骤然结束,而是一个从量变到质变逐渐进展的过程。医学上一般将死亡分为三期,濒死期、临床死亡期及生物学死亡期。

(1) 濒死期　又称临终期,是临床死亡前主要生命器官功能极度衰弱、逐渐趋向停止的时期,各种迹象显示生命即将终结,也是死亡过程的开始阶段。此期的主要特点是身体和重要器官功能发生严重紊乱和衰竭,中枢神经系统脑干以上部位的功能处于深度抑制状态,最初表现为意识模糊或丧失,各种反射减弱或逐渐消失,肌张力减退或消失。循环系统功能减退,心跳减弱,血压下降,患者表现为四肢发绀,皮肤湿冷。呼吸系统功能进行性减退,表现为呼吸微弱,出现潮式呼吸或间断呼吸,代谢障碍,肠蠕动逐渐停止,感觉消失,视力下降。某些猝死患者可不经过此期而直接进入临床死亡期。

濒死期的持续时间与死因、年龄、健康状况等密切相关。青壮年、体质健壮者、慢性病患者濒死期较长;老年人和体质瘦弱者,濒死期较短,其表现征象亦不明显;窒息、中毒、损伤等引起的死亡,一般都有或长或短的濒死期;猝死、严重的颅脑损伤等患者可直接进入临床死亡期。濒死期生命仍处于可逆性阶段,若得到及时有效的抢救治疗,生命仍可复苏;反之,将进入临床死亡期。

(2) 临床死亡期　又称躯体死亡期或个体死亡期,是临床上判断死亡的标准,此期中枢神经系统的抑制过程由大脑皮层扩散至皮质下部位,延髓处于深度抑制状态。临床表现为心跳、呼吸完全停止,各种反射消失,瞳孔散大。但各种组织细胞仍有短暂而微弱的代谢活动,持续时间极短。此期维持时间一般为5～6 min,若得到及时有效的抢救,生命仍有复苏的可能,若超过这个时间,大脑将发生不可逆的变化。临床死亡期的长短是可变的,如在低温或耗氧量低的情况下,此期就可能延长,甚至可以延长到1 h或更久。

(3) 生物学死亡期　又称全脑死亡、细胞死亡,是指全身器官、组织、细胞生命活动停止,死亡过程的最后阶段。此期从大脑皮层开始,整个中枢神经系统及机体各个器官的新陈代谢完全停止,出现不可逆的变化,整个机体无任何复苏的可能。随着此期的进展,相继出现尸冷、尸斑、尸僵及尸体腐败等现象。

①尸冷:最先发生的尸体现象,死亡后因体内产热停止,散热继续,尸体温度逐渐下降称尸冷。在通常室温环境中(16～18 ℃)死后的10 h内,平均每小时大约下降1 ℃,10 h以后下降速度减慢为每小时0.5 ℃,经过24 h左右,尸温就降至与环境温度基本接近。测量尸温常以直肠温度为标准。在温度高达40～50 ℃的环境中,尸体温度不冷却,甚至有可能上升,就不发生尸冷现象,因而也就不能利用尸温的变化来推断死亡时间。

②尸斑:尸斑的出现时间是死亡后2～4 h,经过12～14 h发展至高峰,24～36 h固定下来不再转移,一直持续到尸体腐败。由于地心引力的缘故,血液向全身的最低部位坠积,该处皮肤呈现暗红色斑块或条纹,称尸斑。

③尸僵：尸体肌肉僵硬、关节固定称尸僵，形成机制主要是三磷酸腺苷（ATP）学说，即死后肌肉中ATP不断分解而不能再合成，致使肌肉收缩，尸体变硬。尸僵多从小块肌肉开始，表现为先由咬肌、颈肌开始，向下至躯干、上肢和下肢。尸僵一般在死后1～3 h开始出现，4～6 h扩展至全身，12～16 h发展至高峰，24 h后尸僵开始减弱，肌肉逐渐变软，称尸僵缓解。老年人、小儿、体弱者的尸僵因其肌肉不发达，故出现较早，消失也早，程度也不强。婴儿有时在死后10～30 min即可发生尸僵。

④尸体腐败：死亡后机体组织蛋白质、脂肪和糖类因腐败细菌的作用而发生分解的过程。尸体腐败常见的表现有尸臭、尸绿等，一般在死后24 h先从右下腹出现，逐渐扩展至全腹，最后波及全身。

知识链接

安 乐 死

"安乐死（euthanasia）"一词来源于希腊文，原意是"快乐地死亡"或"无痛苦幸福地死亡"。它包括两层含义：一是无痛苦地死亡，安然地去世；二是无痛致死术，即为结束患者的痛苦而采取致死的措施。

安乐死的合法化问题，不仅在法学界、司法界、医学界是一个争论不休的问题，而且在社会上也是一个热门话题。2001年4月1日，荷兰通过"安乐死法案"，成为世界上第一个把安乐死合法化的国家。比利时众议院于2002年5月16日通过法案，允许医生在特殊情况下对患者实施安乐死，从而成为继荷兰之后第二个使安乐死合法化的国家。奥地利、丹麦、法国、德国、匈牙利、挪威、斯洛伐克、西班牙、瑞典和瑞士，允许"被动"安乐死，只准终止为延续个人生命而治疗的做法。英国、意大利及葡萄牙对这个问题有激辩；希腊和波兰禁止安乐死。中国由于安乐死涉及道德、伦理及法律等诸多方面，至今尚未立法。

二、临终患者及家属的护理

对临终患者及家属的护理应该体现出护理的关怀和照顾。对患者提供全面积极的综合护理，包括生理和心理。对家属给予心理安抚与护理，鼓励他们战胜心理危机，促进其心理健康舒适。用护士的责任心、爱心、细心、耐心、同情心，以尊重生命、尊重患者的尊严及权利为宗旨，了解患者和家属的需求并给予满足，对他们表示理解和关爱，营造安详和谐的环境，使临终患者及家属获得帮助和支持。

（一）临终患者的生理变化及护理

1. 临终患者的生理反应

（1）肌肉张力丧失　主要表现为吞咽困难、大小便失禁或便秘，无法维持良好舒适的功能体位，肢体软弱无力，不能进行自主躯体活动，脸部外观改变呈现希氏面容（面部呈铅灰色、眼眶凹陷、双眼半睁半滞、下颌下垂、嘴微张）。

（2）胃肠功能减退　主要表现为胃肠蠕动较弱，患者出现恶心、呕吐、腹胀、食欲不振、便秘或腹泻、脱水等。

（3）循环功能减退　主要表现为皮肤苍白或发绀、湿冷、斑点，大量出汗，脉搏快而弱、不规则或测不出，血压逐渐下降，少尿等，心尖搏动常最后消失。

（4）呼吸功能减退　主要表现为呼吸频率变快或变慢，呼吸深度变深或变浅，出现鼻翼呼吸、潮式呼吸、张口呼吸等，最终呼吸停止。由于分泌物在支气管内潴留，出现痰鸣音及鼾声呼吸。

（5）感知觉改变　主要表现为视觉逐渐减退，由视觉模糊发展到只有光感，最后视力消失；眼睑干燥，分泌物增多。听觉常是人体最后消失的一个感觉。

（6）意识改变　若病变未侵犯中枢神经系统，患者可保持意识清醒；若病变在脑部，则可出现嗜睡、意识模糊、昏睡或昏迷。

（7）疼痛　主要表现为烦躁不安，血压及心率改变，呼吸变快或减慢，瞳孔散大，大声呻吟，疼痛面容（五官扭曲）。

2. 护理措施

1）促进患者舒适

（1）病室环境适宜　病室应安静,空气新鲜,通风良好,温度和湿度适宜。

（2）加强皮肤护理　维持良好舒适的体位,定时翻身,更换卧位,以防压疮发生。大小便失禁者,注意会阴、肛门附近皮肤的清洁干燥,必要时留置导尿;大量出汗时,应及时擦洗干净、勤换衣裤、床单位保持清洁、干燥、平整、无碎屑。

（3）重视口腔护理　晨起、餐后、睡前协助患者漱口,保持口腔清洁卫生;口唇干裂者可涂石蜡油,有溃疡或真菌感染者酌情涂药;口唇干燥者可适量喂水,也可用棉签湿润口唇或用湿纱布覆盖。

（4）减轻患者疼痛　观察疼痛的性质、部位、程度及持续时间,帮助患者选择减轻疼痛的最有效方法。若患者选择药物止痛,可采取世界卫生组织推荐的三步阶梯疗法止痛。注意观察用药后的反应,把握好用药的阶段,选择恰当的剂量和给药方式,达到控制疼痛的目的。某些非药物控制方法也能取得一定的镇痛效果,如松弛术、音乐疗法、催眠意象疗法、外周神经阻断术、针灸疗法、生物反馈法等。护士采用同情、安慰、鼓励方法与患者交流,稳定患者情绪,并适当引导使其注意力转移,以减轻疼痛。

2）改善营养状况

（1）增进食欲　主动向患者和家属解释恶心、呕吐的原因,以减少焦虑,取得心理支持。了解患者的饮食习惯,注意食物的色、香、味,少量多餐。

（2）加强营养　给予高蛋白质、高热量及含水分和纤维素的饮食。进食困难者给予流质或半流质饮食,便于患者吞咽。必要时采用鼻饲法或完全胃肠外营养,保证患者营养供给。加强监测,观察患者电解质指标及营养状况。

3）改善血液循环　密切观察患者的各项生命体征、皮肤色泽和温度等,注意皮肤清洁干燥。加强保暖,四肢冰冷时给予热水袋保暖。

4）改善呼吸功能

（1）保持室内空气新鲜,定时通风换气。

（2）意识清醒者,采用半坐卧位,扩大胸腔容量,减少回心血量,改善呼吸困难;昏迷者,采用仰卧位头偏向一侧或侧卧位,防止呼吸道分泌物误入气管引起窒息或肺部并发症。

（3）保持呼吸道通畅,及时拍背协助排痰,应用雾化吸入,必要时使用吸痰器吸痰。

（4）视呼吸困难程度给予吸氧,纠正缺氧状态,改善呼吸功能。

5）减轻感知觉改变的影响

（1）提供合适的环境,安静,空气新鲜,通风良好,有一定的保暖设施,适当照明。

（2）用湿纱布拭去眼部分泌物,若患者眼睑不能闭合,可涂金霉素、红霉素眼膏或覆盖凡士林纱布,以保护角膜,防止角膜干燥发生溃疡或结膜炎。

（3）护理中应避免在患者周围窃窃私语,可采用触摸患者的非语言交流方式,配合轻柔温和的语调、清晰的语言交谈。

6）观察病情变化

（1）密切观察患者的意识状态、瞳孔、生命体征、疼痛等。

（2）监测心、肺、脑、肝、肾等重要脏器的功能。

（3）观察治疗反应及效果。

7）做好持续护理　患者出院后,护理照料仍在门诊或家里持续进行,这种做法就是持续护理,也是临终护理的技能之一。在进行家庭护理时需要做好病情控制工作,即对患者有可能出现的失眠、疼痛、恶心、呕吐、便秘、幻想等症状进行医疗和护理控制。

（二）临终患者的心理反应及护理

1. 心理反应的分期　当个体接近死亡时,其心理反应和行为是十分复杂的,濒死期的心理研究发现了普遍性的规律。多年来,很多西方研究者在探讨临终患者的心理状况时常引用美国医学博士布勒·罗斯于 1969 年所著的《On Death and Dying》一书中的内容,他观察了数百位临终患者,提出临终

281

患者通常经历五个心理反应阶段,即否认期、愤怒期、协议期、忧郁期、接受期。

(1) 否认期　当患者得知自己病重将面临死亡时会表现出震惊与否认,心理反应是"不,不可能,他们一定搞错了"。极力否认拒绝接受事实,怀着侥幸的心理四处求医,希望是误诊。这种否认是一种防御机制,是为了暂时逃避现实的压力,每个人经历否认期的时间有所不同。甚至有的患者直到迫近死亡仍处于否认期。

(2) 愤怒期　当否认难以维持,随之而来的心理反应是怨恨、暴怒或指责甚至辱骂,这一阶段患者会产生"为什么,这太不公平了"的心理,于是将愤怒的情绪向医护人员、朋友、家属等接近他的人发泄,或对医院的制度、治疗等方面表示不满,以发泄他们的苦闷与无奈。

(3) 协议期　患者愤怒的心理消失,开始接受临终的事实。为了延长生命,有些患者认为许愿或做善事能扭转死亡的命运,有些患者则对所做过的错事表示悔根。出现"请让我好起来,我一定……"的心理,此期患者变得和善,对自己的病情抱有希望,能配合治疗。临终患者在经历"否认"和"愤怒"阶段之后,就会千方百计地寻求希望免受死亡的痛苦与不适。

(4) 忧郁期　当患者发现身体状况日益恶化,已经无法阻止死亡来临时,就产生了强烈的失落感:"好吧,不幸的人就是我。"患者心情极度伤感,郁郁寡欢甚至有自杀的想法,要求与亲朋好友见面,希望由他喜爱的人陪伴照顾。

(5) 接受期　经历一段忧郁后,患者的心情得到了抒发,变得平静,产生"好吧,既然……那就去面对吧"的心理,接受即将面临的死亡事实。患者喜欢独处,表情淡漠,常处于嗜睡状态,平静等待死亡的到来。

上述五个心理反应阶段,并非完全按顺序发生或发展:有的可以重合,有的可以提前,有的可以推后,也有的可以始终停留在否认期。总之,临终患者的心理变化十分复杂,需要认真细致地观察。在实际工作中,护士应根据个体的实际情况进行具体的分析和处理。

2. 临终患者的心理护理

(1) 否认期　护士应具有真诚、忠实的态度,既不要揭穿患者的防卫机制,也不要欺骗患者,可耐心倾听患者的诉说,维持患者适当的希望,顺势诱导,给予关心和支持,坦诚温和地回答患者对病情的询问,注意与其他医护人员及家属言语的一致性。经常陪伴在患者身旁,注意非语言交流,协助患者满足心理方面的需要,让患者感到他并没有被抛弃,时刻受到医务人员及家属的温暖与关怀。

(2) 愤怒期　对临终患者的这种"愤怒",应该看成是正常的适应性反应,不宜回避。要尽量让患者表达其愤怒,以宣泄内心的不快,充分理解患者的痛苦,加以安抚和疏导。密切注意患者的情绪,注意预防意外事件的发生。必要时辅以小剂量的镇静药物。做好患者家属的思想工作,共同给予患者宽容、理解和关爱。

(3) 协议期　处于这一时期的患者对治疗是积极的。因其抱有希望,试图通过自己的合作,友善的态度改变命运,延长生命,护士应当给予患者指导和关心,加强护理,尽量满足患者的要求,使其更好地配合治疗,以减轻痛苦,控制症状。在交谈中,应鼓励患者说出内心的感受,尊重患者的信仰,积极引导,减轻压力。为了不让患者失望,对于患者提出的各种合理要求,护士应尽可能地予以实施,以满足患者的心理需求。最重要的还是给予患者更多的关爱。

(4) 忧郁期　护士应多给予患者同情和照顾、鼓励和支持,使其增强信心。允许患者用不同方式宣泄情感,如忧伤、哭泣等。安排亲朋好友见面、相聚,尽量取得社会方面的支持,给予精神上的安慰。并尽量让家属陪伴身旁,鼓励患者保持自我形象和尊严。密切观察患者,注意安全,进行心理疏导和合理的死亡教育,预防患者的自杀倾向。

(5) 接受期　加强生活护理,保证临终前的生活质量。尊重患者,不要强迫与其交谈,但要保持适度的陪伴和支持,尊重临终患者的信仰,帮助患者实现未完成的愿望。认真、细致地做好临终护理,使患者平静、安详、有尊严地离开人间。

(三) 临终患者家属的护理

在临终关怀中,患者家属不仅承担着照顾患者的角色,而且也是医护人员的服务对象。医护人员在

做好临终患者护理的同时,也要做好对临终患者家属的关怀照顾工作。

1. 临终患者家属的心理反应

(1)忧伤和悲痛 当患者家属得知亲人的病情已处于治疗无望的阶段时,他们的心情会极度悲痛,有些家属能将痛苦克制于心中,而不表露出来,也有少数家属由于震惊而无法克制自己的感情,在患者面前痛哭流涕,影响患者的情绪,加重了病情。

(2)委屈 当患者得知自己病重将面临死亡时,家属是其发泄情绪的主要对象。如果家属有任何对抗表现,都会导致患者情绪变坏,可能加速病情变化。所以为了患者,家属只好忍气吞声,委曲求全。

(3)忧虑和烦恼 当家属也患病时,生活秩序和工作秩序将被打乱,更多问题的出现使家属难以应付,可出现忧虑与烦恼情绪。

(4)悲观失望 照料临终患者期间,家属长期陪伴,精神、体力及经济的耗费,使其对患者疾病的治疗产生悲观失望的心理,在照顾患者方面露出不耐心怕麻烦的情绪。

2. 临终患者家属的护理

(1)满足家属照顾患者的需要 1986年费尔斯特和霍克提出临终患者家属主要有以下七个方面的需要:①了解患者病情、照顾等相关问题的需要;②了解临终关怀医疗小组中,哪些人会照顾患者;③参与患者的日常照顾;④确认患者受到临终关怀医疗小组良好的照顾;⑤被关怀与支持;⑥了解患者死后的相关事宜(后事的处理);⑦了解有关资源:经济补助、社会资源、义工团体等。

(2)鼓励家属表达感情 护理人员要注意与家属沟通,建立良好的关系,取得家属的信任。与家属交流时,尽量提供安静、私密的环境,耐心倾听,鼓励家属说出内心的感受及遇到的困难,积极解释临终患者生理、心理变化的原因和治疗护理情况,减少家属疑虑。对家属过激的言行给予容忍和谅解,避免纠纷的发生。

(3)指导家属对患者进行生活照顾 鼓励家属参与患者的照护活动,如计划的制定、生活护理等。护理人员对患者家属应耐心指导、解释,示范有关的护理技术,使其在照料亲人的过程中获得心理慰藉,同时也减轻患者的孤独情绪。

(4)协助维持家庭的完整性 协助家属在医院环境中,安排日常的家庭活动,以增进患者的心理调适,保持家庭的完整性,如共进晚餐、看电视等。

(5)满足家属本人生理、心理和社会方面的需求 护理人员对家属要多关心体贴,帮助安排陪伴期间的生活,尽量解决其实际困难。

三、死亡后的护理

死亡后的护理包括死亡后的尸体护理和死亡后家属的护理。做好尸体护理既是对死者同情和尊重,也是对家属最大的心理安慰。尸体护理是对临终患者实施整体护理的最后步骤,也是临终关怀的重要内容之一。尸体护理应在确认患者死亡,医生开具死亡诊断书后尽快进行,这样既可减少对其他患者的影响,也可防止尸体僵硬。

(一)尸体护理

见实训4-17-1。

实训4-17-1 尸体护理

【目的】

(1)使尸体整洁,外观良好,易于辨认。

(2)安慰家属,减轻哀痛。

(3)尊重死者。

【评估】

(1)患者诊断、治疗、抢救过程、死亡原因及时间,是否有传染性。

(2)尸体清洁程度、有无伤口、引流管等。

(3)死者的民族、宗教信仰,以及死者家属对死亡的态度。

【计划】

1. 操作者准备　着装整洁,修剪指甲,洗手,戴口罩,戴手套。

2. 用物准备

(1) 治疗车上层　血管钳、剪刀、松节油、绷带、不脱脂棉球、梳子、尸袋或尸单、衣裤、鞋、袜等;有伤口者备换药敷料,必要时备隔离衣和手套等;擦洗用具、手消毒液。

(2) 治疗车下层　生活垃圾桶、医用垃圾桶。

(3) 其他　酌情备屏风。

3. 环境准备　安静、肃穆、必要时屏风遮挡。

【实施】

1. 操作步骤

操作步骤	要点说明
1.准备　备齐用物携至床边,屏风遮挡	• 维护死者隐私,减少对同病室其他患者情绪的影响
2.劝慰家属　请家属暂离病房或共同进行尸体护理	• 若家属不在,应尽快通知家属来院
3.停止治疗　撤去一切治疗用品,如输液管、氧气管、导尿管、引流管等	• 便于尸体护理,防止受压
4.安置体位　将床支架放平,使尸体仰卧,头下置一软枕,脱去衣裤,留一层大单遮盖尸体	• 防止面部淤血变色
5.整理遗容　洗脸,有义齿者代为装上,闭合口、眼。若眼睑不能闭合,可用毛巾湿敷或于上眼睑下垫少许棉花,使上眼睑下垂闭合。嘴不能闭紧者,轻揉下颌或用四头带托起下颌固定	• 装上义齿,可避免面部变形,使面部稍显丰满;口、眼闭合维持尸体外观,符合习俗
6.填塞孔道　用血管钳将棉花垫塞于口、鼻、耳、肛门、阴道等孔道	• 防止体液外溢,注意棉花勿外露
7.清洁全身　擦净全身,更衣梳发。用松节油或乙醇擦净胶布痕迹,有伤口者更换敷料,有引流管者应拔出后缝合伤口或用蝶形胶布封闭并包扎	• 保护尸体清洁,无渗液,维持良好的尸体外观
8.包裹　将第1张尸体识别卡系在尸体右手腕部,用尸单包裹尸体,尸单上、下两角遮盖头部和脚,再用左右两角将尸体包严,用绷带在胸部、腰部、踝部固定牢固,将第2张尸体识别卡缚在尸体腰前的尸单上	• 便于尸体运送及识别
9.运送　移尸体于平车上,盖上大单,送太平间,置于停尸屉内,将第3张尸体识别卡放尸屉外面	• 避免认错尸体
10.处理　处理病床单位,脱手套洗手	• 非传染病患者按一般出院患者方法处理,传染病患者按传染病患者终末消毒处理
11.记录　填写死亡通知单,完成各项记录,整理病历、归档	• 在当日体温单上记录死亡时间,注销各种执行单(治疗、药物、饮食卡等)
12.整理遗物　整理患者遗物交给家属	• 若家属不在,应由两人清点,列出清单交给护士长保管

2. 注意事项

(1) 必须先由医生开出死亡通知,并得到家属许可后,护士方可进行尸体护理。

(2) 在向家属解释过程中,护士应具有同情心和爱心,沟通的语言要体现对死者家属的关心和体贴,安慰家属时配合使用体态语言会收到良好效果。

（3）患者死亡后应及时进行尸体护理，以防尸体僵硬。

（4）护士应以高尚的职业道德和情感，尊重死者，严肃、认真地做好尸体护理工作。

（5）传染病患者的尸体应使用消毒液擦洗，并用消毒液浸泡的棉球填塞各孔道，尸体用尸单包裹后装入不透水的袋中，并做传染标识。

【评价】

（1）尸体整洁，姿势良好。

（2）表情安详，易于辨认。

（二）丧亲者的护理

1. 丧亲者的心理反应 1964 年安格乐（Engel）提出悲伤过程的六个阶段。

（1）冲击与怀疑期 本阶段的特点是感觉麻木，否认，暂时拒绝接受死亡事件，让自己有充分的时间加以调整，此期在意外死亡事件中表现最为明显。

（2）逐渐承认期 意识到亲人确已死亡，于是出现空虚、发怒、自责和哭泣等痛苦表现，此期典型特征是哭泣。

（3）恢复常态期 家属带着悲痛的心情着手处理死者的后事，准备丧礼。

（4）克服失落感期 此期是设法克服痛苦的空虚感，但仍不能以新人代替逝去的可依赖的人，常常回忆过去的事情。

（5）理想化期 此期死者家属产生想象，认为逝去的人是完美的，为过去对已故者不好的行为感到自责。

（6）恢复期 此阶段机体的大部分功能恢复，但悲哀的感觉不会简单消失，常忆起逝者，并永远怀念逝者。恢复的速度受所逝去人的重要性、对自己的支持程度、原有的悲哀体验等因素的影响。

据观察，丧亲者经历上述六个阶段大约需要一年时间，但丧偶者可能要经历两年或更久的时间。

2. 影响丧亲者居丧期悲伤心理的因素

（1）对死者的依赖程度及亲密度 家属对死者经济上、生活上、情感上的依赖性越强，原有的关系越亲密，家属的悲伤程度就越重，亲人死亡之后的调适也越困难。

（2）患者病程的长短 如果死亡适时到来，家属已有预期的思想准备，悲伤程度相对较轻；如果是因意外突然死亡，家属心理毫无准备，受到打击会很大，易产生自责、内疚等心理。

（3）死者的年龄与家人年龄 死者的年龄越轻，家人越易产生惋惜和不舍之情。家属的年龄反映其人格的成熟度，影响其解决、处理后事的能力。

（4）家属的文化水平与性格 文化水平较高的家属能正确地理解死亡，一般能够面对死亡现象。外向性格的家属，因其悲伤能够及时宣泄出来，居丧悲伤期会较短，而性格内向的家属悲伤持续时间则较长。

（5）其他支持系统 家属的亲朋好友、各种社会活动、宗教信仰等能提供支持满足其需要，对调整哀伤期有一定的作用。

（6）失去亲人后的生活改变 失去亲人后生活改变越大，越难适应新的生活，如中年丧偶、老年丧子等。

3. 丧亲者的护理

（1）做好尸体护理 做好尸体护理能够体现护士对死者的尊重，也是对丧亲者心理的极大抚慰。

（2）心理疏导 安慰家属面对现实，提供有关知识，使其意识到安排好未来的工作和生活是对亲人最好的悼念。

（3）尽量满足丧亲者的需要 丧亲是人生中最痛苦的经历，护理人员应尽量满足丧亲者的需求，无法做到的应善言相劝，耐心解释，以取得其谅解与合作。

（4）鼓励丧亲者之间相互安慰 需通过观察发现死者家属中的重要人物和"坚强者"，鼓励他们相互安慰，相互给予支持和帮助。应协助丧亲者勇敢面对失去亲人的痛苦，引导他们发挥独立生活的潜能。

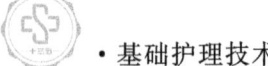

（5）协助培养新的兴趣　鼓励丧亲者参加各种社会活动,协助丧亲者重新建立新的生活方式,寻求新的经历与感受。要鼓励丧亲者积极参加各种社会活动,因为活动本身就是复原,也是一种治疗。通过活动可以抒发家属内心的郁闷,获得心理的安慰,尽快从悲伤中解脱出来。

（6）对丧亲者的访视　对死者家属要进行追踪式服务和照护,一般临终关怀机构可以通过信件、电话、访视等方式对死者家属进行追踪随访,以保证死者家属能够获得来自医务人员的持续性关爱和支持。

直通护考

一、A1/A2 型题

1. 某冠心病患者死亡 3 h 后,家属为其更换衣服时发现腰背部出现暗红色条纹,这种现象说明尸体出现了（　　）。

A. 尸冷　　　　　B. 尸斑　　　　　C. 尸僵　　　　　D. 尸体腐败　　　　E. 尸体受伤

2. 患者,女,79 岁,胰腺癌晚期,现处于临终状态,护理该患者的主要措施是（　　）。

A. 患肢体于功能位　　　　　　B. 帮助患者刷牙　　　　　　C. 检验生化指标

D. 帮助其行走　　　　　　E. 减轻疼痛

3. 患者,女,78 岁。多器官功能衰竭,表现为意识模糊,肌张力消失,心音低钝,血压 70/40 mmHg,潮式呼吸。此时患者处于（　　）。

A. 濒死期　　　　B. 临床死亡期　　　C. 机体死亡期　　　D. 生物学死亡期　　E. 脑死亡期

4. 患者,男,63 岁。骨癌晚期,近日病情逐渐加重,怨恨家属照顾不周,心生不满,患者心理反应处于（　　）。

A. 否认期　　　　B. 愤怒期　　　　C. 忧郁期　　　　D. 协议期　　　　E. 接受期

5. 目前医学界主张的死亡诊断标准是（　　）。

A. 心跳停止　　　B. 呼吸停止　　　C. 脑死亡　　　　D. 反射消失　　　E. 瞳孔散大

6. 患者,女,64 岁。肺癌,抗癌治疗效果差,患者情绪不稳定,经常生气,抱怨,与家属争吵,此时患者心理反应处于（　　）。

A. 忧郁期　　　　B. 愤怒期　　　　C. 否认期　　　　D. 协议期　　　　E. 接受期

7. 患者,男,50 岁,尿毒症,目前神志模糊,肌张力消失,心音低钝,脉搏细弱,血压下降,呼吸呈间歇式,该患者处于（　　）。

A. 濒死期　　　　B. 临床死亡期　　　C. 躯体死亡期　　　D. 生物学死亡期　　E. 脑死亡期

8. 临终患者最后消失的感觉是（　　）。

A. 视觉　　　　　B. 听觉　　　　　C. 触觉　　　　　D. 嗅觉　　　　　E. 味觉

9. 患者,女,67 岁。胰腺癌晚期,自感不久于人世,常常一人呆坐,泪流满面,十分悲哀,相应的护理措施为（　　）。

A. 维持患者希望　　　　　　B. 鼓励患者增强信心　　　　　　C. 指导患者更好配合

D. 尽量不让患者流露失落情绪　　　E. 安慰患者并允许家属陪伴

10. 某癌症晚期患者,处于临终状态,感到恐惧和绝望,当其发怒时,护士应（　　）。

A. 热情鼓励,帮助其树立信心　　　　　　B. 指导用药,减轻患者痛苦

C. 说服患者理智面对病情　　　　　　D. 理解、陪伴、保护患者

E. 同情照顾,满足患者要求

二、A3/A4 型题

(11～12 题共用题干)

患者,男,27 岁。因车祸伤及内脏出现循环衰竭症状,经抢救无效死亡。

11. 护士进行尸体护理的前提是（　　）。

A. 患者心跳、呼吸停止后　　　B. 医生做出死亡诊断　　　C. 呼吸、脉搏消失

D. 测量不到血压　　　E. 无意识

12. 头部垫枕头的主要目的是（　　）。

A. 安慰家属　　　B. 保持舒适　　　C. 防止面部淤青　　D. 保持姿势　　　E. 便于辨认

（铁岭市中心医院　石春娟）

参考答案

在线答题

任务十八　患者出院的护理工作

 **护考提示**

1. 出院前评估患者的身心需要、护理措施。
2. 出院时有关文件的处理。
3. 出院后床单位的处理。
4. 出院后延续护理。

 学习目标

1. 知识目标：能正确叙述患者出院前、出院时的护理措施及出院后延续护理的方法和内容。
2. 能力目标：能正确处理患者出院后的病室和床单位。
3. 素质目标：具有高度责任心、细心、耐心和独立思考能力；具有认真严谨的工作态度，视患者如亲人的关爱之心。

PPT 课件

案例引导

　　患者，男，36 岁，因突发右上腹疼痛，伴有腹胀、恶心等症状入院。通过 B 超检查诊断为"急性结石性胆囊炎"。体检：T 38 ℃、P 90 次/分、R 21 次/分、BP 150/100 mmHg。经系统、整体的治疗和护理，10 天后病情稳定，医生开写出院医嘱。请完成以下任务：①按照正确顺序排列该患者出院病案；②如何对该患者进行健康教育？③如何对患者进行出院后延续护理？

案例解析

一、出院护理

　　住院患者经过诊疗和护理，病情好转、稳定、痊愈需出院或需转院（科），或不愿接受医生的建议而自动离院（需患者或家属签字），经医生同意方可出院。医生决定患者出院日期，由医生开出院医嘱填写出院通知单，家属或患者可持出院通知单到住院处办理出院手续。

（一）出院前护理

护士根据医生开出的出院医嘱，护理人员应做好下列工作。

1. 评估患者的身心需要

（1）需要被尊重和照顾　　部分病情好转或病情稳定的患者出院后仍然需要继续护理，有些患者生活尚不能完全自理，希望得到别人的尊重和继续照料。

（2）需要提供康复信息和指导　　患者希望得到疾病预后的相关信息、治疗、生活等方面的指导。

情境训练

Note

287

2. 护理措施

（1）通知患者和家属　医生根据患者健康情况，决定出院日期并开写出院医嘱。护士按出院医嘱提前通知患者及家属，并协助患者做好出院准备。

（2）健康教育　护理人员根据患者的康复现状，适时对患者进行健康教育，如患者出院后在休息、睡眠、饮食、用药、功能锻炼、心理调节和定期复查等方面应注意的事项，必要时为患者提供相关书面资料，帮助患者和家属了解有关疾病的防治、护理和康复知识。

（3）加强心理护理　注意观察患者的情绪变化，尤其是病情无明显好转、转院、"自动离院"的患者，应给予针对性的安慰、鼓励和劝解，增进患者康复信心，以减轻患者因离开医院所产生的依赖感、恐惧感。

（4）征求患者意见　出院前，征求患者对医院各项工作的意见和建议，以便改进工作，不断提高医疗护理质量。

（二）出院时的护理

护理人员在患者出院当日应完成下列护理工作。

1. 执行出院医嘱

（1）注销各类执行单　如服药卡、注射卡、治疗卡、饮食卡、护理卡等。

（2）撤卡　撤去"患者一览表"上的诊断卡及床头（尾）卡。

（3）填写　填写出院患者登记本；在体温单 40～42 ℃之间的相应时间栏内，用红笔纵行填写出院时间。

（4）用药指导　患者出院后需继续服药时，凭医生处方到药房领取药物，交予患者带回，并指导用药方法及注意事项。

2. 填写出院通知单、出院护理评估单　根据出院医嘱，填写出院通知单，通知患者或家属到出院处办理出院手续，结算患者住院期间的治疗、护理等费用。填写患者出院护理评估单。

3. 整理用物　协助整理用物，归还寄存的物品，收回患者所借物品并做好终末消毒处理。

4. 护送患者出院　根据患者的病情用轮椅、平车或步行护送患者至病区门外或医院门口。

（三）出院后的护理

1. 床单位的处理

（1）病室开窗通风。

（2）撤下污被服，放入污衣袋中，送洗衣房。根据患者疾病种类决定清洗、处理方法。

（3）床垫、床褥、枕芯、棉胎放在日光下曝晒 6 h 或用紫外线灯照射消毒或使用臭氧消毒器消毒。

（4）病床、床旁桌、床旁椅、呼叫装置用消毒液擦拭。

（5）非一次性脸盆、痰杯用消毒溶液浸泡消毒。

（6）传染病患者的床单位按传染病终末消毒法进行处理。

2. 准备床单位　铺好备用床，准备迎接新患者。

3. 整理出院病历　按出院病历排列顺序整理好，交病案室保存。出院病历排列先后顺序如下：住院病案首页、出院或死亡记录、入院记录、病史及体格检查、病程记录、会诊记录、各种检查及检查报告单、护理记录单、医嘱单和体温单。

二、出院后的延续护理

我国传统医院照护仅限于医院，患者出院即意味着和医院关系的终结，但患者出院后仍会遇到不同的问题，只能通过回院复诊才能得到相关的健康信息，这种护理模式难以满足患者的健康需求。经国外研究发现，延续性护理可以很好地让院内护理工作得到延续，可提高患者的总体满意度，减轻医院的负担，降低医疗费用，节省人力资源，延长患者出院后再次入院时间、缩短住院天数，有效地改善患者出院后的健康状况和生活质量。

(一) 延续护理的概念

延续护理是指通过一系列的行动设计,以确保患者在不同的健康照护场所(如从医院到家庭)及同一健康照护场所(如医院的不同科室)受到不同水平的协调性与延续性的照护。通常是指从医院到家庭的延续,包括由医院制定的出院计划、转诊、患者回归家庭或社区后的持续性的随访与指导。

知识链接

延续护理的产生背景和发展

延续护理最早源于1981年美国宾夕法尼亚护理学院率先开展的一项为提早出院的老年患者提供"延续护理干预"的临床试验,对于减少患者返院次数和降低医疗费用取得了显著效果。在其后的20余年里美国一直致力于对延续护理的应用和推广。1983年日本政府在社区设立了日间照护中心,主要针对需要康复、日常生活需要照顾的老年人;在医疗机构增设了访问护理科或在社区医疗链接部门设置专门的护士为出院老年人提供服务。1990年英国成立了第一家危重病护理后的跟踪随访诊所,主要针对接受过危重病护理的患者,出院后2个月至6个月对患者身体和精神水平进行评价。

近年来,受国外研究学者的启发,我国开始注重延续护理的研究。香港地区最早引入延续性护理模式,开展糖尿病、慢性肾病、慢性阻塞性肺病等多项慢性疾病的延续性护理研究,并取得实效。自2001年起我国内地护理学者也开始将延续护理模式应用于临床实践,主要针对产后、糖尿病、颅脑损伤、高血压、慢性阻塞性肺疾病、脑卒中及骨科、神经外科、泌尿外科等术后患者。研究证实,延续性护理是整体护理的组成部分及住院护理的延续,大大改善了患者出院后的健康状况和生活质量。

(二) 延续护理服务的对象

自20世纪80年代美国宾夕法尼亚护理学院通过研究总结形成了延续性护理模式(transition care modal,TCM)开始,随着临床应用的逐步开展,发现延续护理的适用范围十分广泛,特别是有着较高再入院率或出院后对居家护理仍有较高需求的患者。

1. 慢性疾病患者 如糖尿病、脑卒中、心血管疾病、肾衰竭、类风湿、慢性阻塞性肺疾病等。

2. 外科疾病及手术后 如髋部骨折、周围血管疾病、冠状动脉搭桥术后、器官移植、肿瘤切除术等。

3. 其他 妇产科产褥期的产妇、早产儿、儿科慢性病患者以及有特殊且复杂的卫生护理需求的青少年患者;长期接受放疗和化疗的肿瘤患者、痴呆症患者、退休期的老人等;如大小便失禁,长期置管,需长期换药等患者。

(三) 延续护理服务的方法及内容

1. 开设护理门诊 遴选临床护理经验丰富、专科护理技术扎实、综合素质较高的护士,经过专门培训并取得专科护士资格证,可开设专科护理门诊,开展面对面服务、一对一交流。

2. 家庭访视 通过面对面的沟通,有利于护士针对患者、家属的具体情况进行个体化服务。

3. 电话随访 方便、经济、有效的随访方式。可指导患者饮食、用药、做相关检查、复诊时间和了解目前的健康状态等,使出院后患者仍能得到科学、专业、便捷的技术服务和指导,从而更好地战胜疾病、改善生活质量。

4. 基于网络平台的健康教育 通过建立QQ群、微信群实现在线答疑、发送健康知识及进行个性化指导。也有学者建立网络平台,患者可根据自己的时间和意愿,随时随地、多次反复地学习健康宣教知识。此法弥补了电话随访中的不足,解决了家庭访视对人员和时间要求高的难题,节省资源,深受患者欢迎。

5. 成立延续护理中心 延续护理中心一般由专业知识面广、临床护理经验丰富、沟通能力强、职称较高的人员组成,在患者出院时与患者签订延续性护理协议,建立随访本,为患者提供包括评估患者一

般情况、疾病知识掌握情况、建立亲情卡、心理疏导等多种方式的延续性护理措施。我国已有多种形式的延续性护理服务中心,如产妇及新生儿护理指导、慢性病护理、临终关怀等技术服务及康复指导的延续性护理中心。

6. 医院-社区防治一体化模式 医院将患者住院期间的一般资料、诊断、处理状况及患者对疾病相关知识掌握情况与自我管理能力等登记入册,通过建立医院-社区信息化网络平台,实现双向转诊服务。当社区的患者出现急性并发症或应急情况时可通过该网络反馈到医院,从而达到医院与社区资源共享。医院与社区防治一体化模式可有效降低疾病复发率,减少疾病并发症,并改善患者的生存质量。

延续性护理是确保护理服务连续协调以及提高护理质量的关键,是改善患者出院后的健康状况,预防不良事件的发生,减少不必要的卫生资源浪费等的重要措施,因此实施延续性护理已成为医院发展的必然趋势。然而,如何开展适应我国医疗体制的延续护理服务模式,为患者提供高质量、多元化的延续性护理服务,还有待于进一步的探索。

直通护考

一、A1/A2 型题

1. 出院后医疗护理文件应保管于( )。

A. 出院处　　　B. 病区　　　C. 医务处　　　D. 护理部　　　E. 病案室

2. 出院护理中,错误的一项是( )。

A. 办理出院手续　　　　　　　　B. 健康教育

C. 停止注射,口服药继续使用　　　D. 征求患者意见

E. 护送出院

3. 出院患者床单位处理错误的一项是( )。

A. 撤去被服送洗　　　　B. 被褥曝晒 4 h　　　　C. 床、桌用消毒液擦拭

D. 茶具、痰杯浸泡于消毒溶液中　　E. 准备备用床

4. 患者,女,48 岁,因冠心病在内科治疗数周,病情基本稳定,近日因丈夫骨折需要照顾而要求出院,患者写下字据后,医生开了出院医嘱,这种出院方式为( )。

A. 同意出院　　B. 自动出院　　C. 被动出院　　D. 被迫出院　　E. 转院

5. 患者,男,75 岁。诊断为"慢性肺心病"入院,经积极治疗后,患者康复出院,下列哪项不属于出院时护士应做的工作?( )

A. 注销各种卡片　　　　B. 填写出院通知单　　　　C. 撤去床头(尾)卡

D. 铺备用床　　　　　　E. 指导患者用药常识

6. 患者,女,65 岁,诊断为白内障入院,在积极治疗后经医生同意准备出院。护士为该患者进行出院护理,下列哪项是错误的?( )

A. 通知患者及家属做好出院准备　　　B. 整理病历,将医嘱单放在最后一页

C. 凭医生处方领取患者出院后须服药物　　D. 介绍出院后注意事项

E. 填写患者出院护理评估单

二、A3/A4 型题

(7～9 题共用题干)

患者,男,60 岁,慢性支气管炎住院 15 天康复出院,护士遵出院医嘱进行出院护理。

7. 下列哪项不属于患者出院前的护理?( )

A. 通知患者及家属出院时间　　B. 进行健康教育　　　　C. 征求患者意见

D. 清洁、消毒床单　　　　　　E. 指导患者及家属办理出院手续

8. 患者出院后,下列哪项不属于护士应完成的工作?( )

A. 撤去污被服　　　　　　　　　　　　B. 用消毒液擦拭床旁桌、床旁椅及床

参考答案

C.病室开窗通风   D.整理病历,交病案室保存

E.暂不铺备用床直至新患者的到来

9. 患者出院后,床垫、床褥、枕芯、棉胎需放在日光下曝晒(   )。

A.3 h   B.4 h   C.5 h   D.6 h   E.8 h

在线答题

(枣庄科技职业学院   王芳)

Note

参考文献

CANKAOWENXIAN

[1] 全国护士执业资格考试用书编写专家委员会.2019年全国护士执业资格考试指导[M].北京:人民卫生出版社,2019.

[2] 章晓幸,邢爱红.基本护理技术[M].2版.北京:高等教育出版社,2018.

[3] 李小寒,尚少梅.基础护理学[M].6版.北京:人民卫生出版社,2017.

[4] 王惠珍.急危重症护理学[M].3版.北京:人民卫生出版社,2014.

[5] 张波.急危重症护理学[M].4版.北京:人民卫生出版社,2017.

[6] 陈永强,李庆印.重症监护发展现状与趋势展望[J].中国护理管理,2017(09):1153-1158.

[7] 周春美,张连辉.基础护理学[M].3版.北京:人民卫生出版社,2014.

[8] 秦淑英,廖颖辉,余霖.护理学基础[M].武汉:华中科技大学出版社,2017.

[9] 周更苏,左凤林,孟发芬.基础护理技术[M].武汉:华中科技大学出版社,2016.

[10] 周春美,陈焕芬.基础护理技术[M].北京:人民卫生出版社,2016.

[11] 王芳,马锦萍,王秀琴.基础护理技术[M].武汉:华中科技大学出版社,2016.

[12] 湖北省病历质量控制中心.医疗机构病历书写规范[M].武汉:湖北人民出版社,2016.

[13] 张扬,李国宏,刘敏.我国外科出院患者延续护理实施现状及建议[J].中华护理杂志,2016,51(04):409-412.

[14] 王丹,李善玲,徐玉林.国内外延续护理研究现状[J].护理研究,2016,30(07):2436-2438.

[15] 高艳红,刘万芳.护士执业资格考试历年考题纵览与考点评析[M].北京:军事医学科学出版社,2016.

[16] 护士执业资格考试研究专家组.护士执业资格考试考点速记[M].北京:中国医药科技出版社,2016.

[17] 于洪宇,崔慧霞.护理基本技术 [M].北京:科学出版社,2018.

[18] 国家卫生计生委医院管理研究所医院感染质量管理与控制中心.医院感染管理文件汇编(1986—2015)[M].北京:人民卫生出版社,2015.

[19] 胡必杰,刘荣辉,刘滨,等.医院感染预防与控制操作图解[M].上海:上海科学技术出版社,2015.

[20] 钱瑾,刘菲,尹小兵.延续性护理的研究进展[J].护理研究.2014,28(03):777-779.

[21] 覃桂荣.出院患者延续护理的现状及发展趋势[J].护士学杂志.2012,27(03):89-91.